中国国际战略评论

2019（下）

CHINA INTERNATIONAL STRATEGY REVIEW

世界知识出版社

目　录

专题：建国70周年中国外交（2）*

* 浅论中日关系的鉴往知来　　　　　　　　　　　　　　　　1
　　王缉思

* 中印外交关系70年　　　　　　　　　　　　　　　　　　　10
　　马加力

* 中美关系40年：正式但尚未正常　　　　　　　　　　　　　24
　　[美] 冯稼时

* 评估中美关系的恶化：美国政府对经济——安全关联的看法　34
　　[美] 罗斯玛丽·富特　[澳] 艾米·金

* 竞争中的战略：中国、美国和印太安全困境　　　　　　　　45
　　[美] 吴志远

美国对华政策中的"文明"问题 56
于 滨

西方的"困局"与"出路" 75
刘德斌

全球卫生安全：威胁、挑战与应对 87
徐彤武

WTO争端解决机制危机：美国立场与改革前景 105
张玉环

阻力重重的体系重塑——特朗普政府的移民政策调整 120
赵建伟

马英九时期的日本和台湾地区关系 149
[日] 松田康博

"极限施压"对阵"战争边缘"——莫迪执政以来的印巴关系 171
吴孟克

战争记忆与澳大利亚的亚洲观 188
师小芹

中东阿拉伯国家与大国关系的互动方式、成因及其影响 200
岳晓勇

委内瑞拉危机——"革命""新冷战"与难民问题 211
郭 洁

避免下一场冷战 ———— 231
[美] 梅尔文·P. 莱弗勒

自主武器如何变革未来战争——
《无人军队：自主武器与未来战争》评介 ———— 238
朱启超　龙　坤

专题：建国70周年中国外交（2）

浅论中日关系的鉴往知来

王缉思

在《中日和平友好条约》签订40周年之际，博源基金会总干事何迪先生主编了一本画册，选取那些具有典型意义的摄影作品，对19世纪中期迄今约180年的中日关系历史进行回顾，为两国人民的相互理解、友好合作聊尽绵薄之力。画册编辑委员会以近年来中外的学术研究成果为基础，努力探索切磋中日关系的内在规律以及影响双边关系的诸多因素。我在参考了汪朝光、于铁军、李寒梅等学者观点的基础上，在此提出一孔之见，以为序言。

一、简单的历史回顾

过去180年中日关系之历史，可以划分为四个阶段进行阐述。

第一阶段是从1840年的中国鸦片战争至1915年日本强迫北洋政府签署修改过的"二十一条"。在这一阶段，面对西方列强向亚洲的扩张，中日两国都被迫"开国"。但两国选择了不同的发展道路，日本相对成功地融入了国际体系，并学习西方国家的殖民主义政策，向其周边地区扩张。1894年，中日之间因朝鲜问题而爆发甲午战争，中国战败。根据1895年的《马关条约》，中国割地赔款，日本则攫取台湾和澎湖列岛，中日国势完全逆转。甲午战争从根本上颠覆了以中国为中心的华夷秩序。1904—1905年，日本又在日俄战争中战胜俄国，将势力范围扩张到中国的辽东半岛，随后又独占朝鲜半岛，进而觊觎满蒙和中国内地。1914年第一次世界大战在欧洲爆发后，日本向德国宣战，借机出兵中国山东省，

王缉思　北京大学国际关系学院教授、国际战略研究院院长。

原文为《中日关系180年》（何迪主编，香港：中国书局2019年版）画册的序言，本文发表时做了少量文字修改。

接管了德国在山东强占的权益。中国政府要求日本撤军无果。日本于1915年1月向中国提出"二十一条"要求，强行勒索在华的各种特权，试图谋求日本在满蒙权益的永久化。1915年5月，北洋政府在日本的军事威胁下，签署了经过修改的"二十一条"（即《中日民四条约》），激发了中国的反日浪潮。

第二阶段是从1915年到1945年。在中国革命和内战的背景下，日本对华政策的侵略性逐步增强，于1931年发动"九一八事变"，武力占领中国东北，建立了"满洲国"傀儡政权。1937年发生了"七七卢沟桥事变"和"上海八一三事变"，中国的抗日战争全面爆发。这场战争给中国造成了巨大的人员伤亡和物资损失，中国的命运一度危在旦夕。凭借坚强的民族意志、庞大的人口数量、辽阔的国土，也凭借国际反法西斯同盟的合力，中国于1945年赢得了抗日战争的最终胜利。

1945年至1972年，是中日关系的第三个阶段。抗战胜利后，国民政府没有严厉追究日本的战争责任，致使中国的战胜国权利不能得到充分的彰显。1949年新中国成立，朝鲜战争随即于1950年爆发。新中国政府和台湾（地区）国民党政权都没有参加1951年旧金山对日和约的签订。旧金山和会实际上成为美国主导的对日片面媾和，在台湾回归中国主权等问题上留下了严重的后果和隐患。

在中美对抗、美日结成军事同盟、中美官方关系难以推进的情况下，中国在20世纪50年代决定通过民间外交，逐步实现中日关系正常化。20世纪60年代初，中日民间交流初具规模，双边贸易也得到官方认可。但是到了20世纪60年代中期，日本政治向右转，中国政治向"左"转，发生了"文化大革命"，双边关系遇到了更大阻力。1972年2月美国总统尼克松访华，中美关系解冻，带动了中日关系的突破。1972年9月日本首相田中角荣访华，实现了中日邦交正常化。

1972年两国建交，标志着中日关系进入了第四个阶段。从1978年《中日和平友好条约》签订到20世纪90年代初期，中日双边友好合作取得巨大进展。这一时期正值中国开始改革开放，日本则处在经济高速发展阶段，可以称为中日关系发展的"黄金时期"。不过值得注意的是，从20世纪80年代中期开始，日本官方修改教科书、首相参拜靖国神社等事件，使历史认识问题成为中日关系的主要摩擦点。此时，钓鱼岛争端开始浮现，但中日政府当时在领土问题上达成了"搁置争议"的共识，使之未酿成冲突。

20世纪90年代中期之后，特别是进入21世纪之后，中日关系在各个领域取得新进展的同时，双边摩擦开始增多、加剧，甚至几度呈现危机状态。日本历史教科书、首相参拜靖国神社、钓鱼岛领土争端等问题连续发酵，在2012—2014年间将中日关系推入谷底。直到2014年11月习近平主席和安倍晋三首相在北京会晤之后，中日关系才开始回暖。2018年安倍首相正式访华，会见习近平主席、李克强总理，标志着双边关系重回正轨。但是要保证中日关

> 要保证中日关系不再"脱轨"，维持长期稳定合作，还有待双方艰苦的努力。

系不再"脱轨",维持长期稳定合作,还有待双方艰苦的努力。

二、中日两国的不同发展道路

决定近代以来中日关系的最重要因素之一,是两个国家不同的发展道路。在发展道路上,中日有两次决定性的分道扬镳。第一次分道扬镳发生在两国面对西方列强向亚洲扩张而被迫"开国"后。中日两国同受西方资本主义商品、资本入侵的冲击和安全威胁。清朝以"中学为体、西学为用"为指导思想的洋务运动予以回应,即保留传统的政治制度和思想体系,仅引进坚船利炮,学习西方器物层面的技术和经验。虽有所谓"同治中兴",清朝在进入现代化进程后步履蹒跚,危机四伏,无法建立先进的工业化体系和经济模式。日本则进入明治维新时代,以"脱亚入欧"为指导思想,大踏步融入了国际体系。在政治上,日本向欧美思想意识靠拢,在国内建构了一个合乎资本主义发展需要的政治体制,部分采取西式政体,又保留了日本特色,天皇高高在上,独揽权威,却不管理具体政务,政党政治不成熟。在经济上,日本走上了国家主导的私人资本主义发展道路,全面模仿西方的工业化。同是以富国强兵为目标,洋务运动和明治维新产生了迥异的结果,并在甲午战争中导致了中国的屈辱和惨败。

清朝覆亡,民国初立,中国的内忧外患不断,在发展道路上依旧徘徊犹疑。"以日为师""以(苏)俄为师""以美(英)为师",都分别有中国各党各派和一些志士仁人进行理论倡导和实践尝试。国民政府中据称有"亲日派"和"亲美派"之分,孙中山在执政后期提出"联俄容共"政策,中国共产党则在1931年成立了中华苏维埃共和国,定都江西瑞金。

彼时,由于国内市场和资源越来越难以满足经济发展的需要,日本开始严重依赖对外扩张,发展以军事工业为主的重工业,形成对周边发动战争的强烈冲动,首当其冲的对象国即是中国。欧美国家日益深重的经济危机加速了释放这种冲动的紧迫感。以极权主义、极端民族主义、种族主义为特征的法西斯主义在意大利和德国两国抬头,与之遥相呼应的是日本国内军部势力的嚣张和军国主义的鼓噪。在截然不同的政治背景下,中日之间爆发战争就有相当大的必然性了。

中日发展道路上第二次决定性的分道扬镳,出现在20世纪40年代后期。美国军事占领日本后,解除了日军武装和军事机构,取缔了军国主义的思想教育。在美国指导下,日本制订了保障基本人权和自由的和平宪法,天皇只有象征性权力而不干预政务。战后的日本进行农地改革、劳动立法,解散财阀,促使日本向民主制迈进。与战后日本形成鲜明对照的是,1949年中共建国后,在政治体制、意识形态、经济模式等方面,全面学习苏联经验,实行人民民主专政和计划经济,剔除美国和其他西方对中国的政治和文化影响。冷战初期,日本和中国分属以美国和苏联为首的两大意识形态、政治、经济、军事阵营。这次发展道路上分道扬镳的后果,在中日邦交正常化后乃至今天,仍在双边关系中时隐时现地产生影响。

耐人寻味的是,将中日在国家发展道路上的差异,同现代中俄(苏)、中美及中欧相比,意识形态和价值观色彩要浅得多。即使在两次战争和民族矛盾尖锐时期,意识形态和价值观问题也没有在中日关系中占据突出的位置。抗日战争结束之后,中日两国基本上不对对方国内政治秩序构成威胁。两国都没有将自己的发展道路强加给对方的意图,对方的政治制度对本国亦缺乏吸引力。将中日双边关系同两国各自同美国的关系相对照,这一现象尤其明显。此外,日本自知其侵华战争给中国带来过巨大伤害,问心有愧,在西方关于中国"人权问题"的鼓噪声中一直比较低调,在1989年北京政治风波后比西方国家更早恢复了对华正常关系。

在比较中日两国不同的发展路径时,还有一些值得回味的地方。比如,日本虽然提出过"脱亚入欧"的发展方向,步入过同西方列强争夺殖民地的歧途,二战后在政治上追随美国亦步亦趋,但在社会习俗、文化教育、精神信仰、伦理道德等方面仍然保持着东亚传统,从来没有"全盘西化",日本人也没有被很多西方人认可为"自己人"。反观中国,文化传统在100多年里不断受到巨大冲击、批判、损害。五四运动前后高喊"打倒孔家店","文化大革命"前后"移风易俗",市场经济大潮下"金钱至上"。一部分知识精英比日本人更激烈地批判西方,另一部分知识精英则在"西化"方向上比日本人走得更远(或愿意走得更远)。移民美国的中国人也远远多于移民美国的日本人。直至今日,中国主流意识形态和儒家传统观念的关系仍然剪不断、理还乱。

又如,战后日本在基本完成向市场经济体制的转轨之后,通过实施指导性经济计划,较为有效地实现了国家对宏观经济的间接调节。当代日本的"政府主导型市场经济模式"在资本主义发达国家中独树一帜,可以说是建立在东亚社会结构和文化传统基础上的市场经济体制,或可称之为"日本特色的资本主义"。日本的贫富差距在主要发达国家中是最小的,社会和谐稳定,社会保障和医疗卫生体系相对完善,注重环境保护和基础设施建设,强调人文关怀,教育和科技水平相当高。这些优势,在中国刚刚走上改革开放之路时,立即引起中国领导人和社会精英的注意。40年来,学习借鉴日本经验,对推动中国经济发展和社会进步功不可没。值得一提的是,**日本处理同美国的政治经济矛盾的经验教训**,无论是在宏观层面还是微观层面,**对于中国如何应对当前中美经贸摩擦**,都**有很大的借鉴意义**。

三、国际环境和地缘战略竞争

中日两国在相似的国际背景下,走上了不同的发展道路,一方面固然是各自的选择，另一方面也是国情的差异使然，其中最为明显的是地理条件不同。日本是岛国，同中国相比国土狭小，自然资源不足，缺少战略纵深和回旋余地。因此在近代西方入侵面前，日本的妥协与合作是理性的选择，而一旦强大起来，就要向海外扩张。太平洋战争后，日本被迫从朝鲜半岛、台湾等地撤回，借助新的国际秩序下的有利条件，洗心革面，通过技术立国、贸易立国，实现了经济飞跃。今天的日本再也不需要通过领土扩张来获取自然资源和劳动力，完全可以通过海外贸易、投资和在必要时吸收移民，来解决原料、能源与人力资源短缺的问题。

不过，地理环境决定了当代日本所需的资源仍然需要通过海上通道获取。在本国不能大幅度扩充军力的条件下，依靠美国来维护远洋航线的畅通，便成为日本眼中确定无疑的战略选择。承诺不发展核武器的日本，同已经拥核而尚未实现双边关系正常化的朝鲜仅一水之隔，于是依仗美国的核保护伞和军事联盟来保障国土安全，在日本看来也是理所当然的。

中国地处亚欧大陆东端，国土辽阔，邻国众多且情况千差万别。近代以前的中国是大陆国家，然而被西方列强打破国门之后，更多的安全威胁和通商机遇来自东方海上，但民族分裂和领土分割的危险也来自其他方向。中国所处的地缘战略环境和自身的巨大规模，决定了中国的国家安全不可能依赖任何单一大国的保障，20世纪50年代同苏联的短暂安全同盟被证明是失败的。中国要维护主权和领土完整，必须依靠自身强大的军事力量和面向四围的成功外交。

从历史上看，中国的国际国内环境远比日本要复杂，而亚太地区的安全问题对中国的挑战也远远大于对日本的挑战。比如，20世纪50至70年代，在朝鲜半岛和印度支那半岛发生的两场严酷战争，中美在台湾海峡的军事对抗，均给中国造成了巨大资源消耗和人员损失，日本却置身于其外，不仅毫发无损，反而发了几笔"战争财"。后来的柬埔寨战争、中越边境自卫反击战，直到最近缅甸国内局势的动荡，都在不同程度上给中国带来了损失，而对日本的负面影响并不大。

日本基本上不存在民族宗教、领土统一等中国遭遇的国内难题。只要能理顺与美国和中国的两对关系，适当处理朝鲜半岛和东南亚的问题，日本的安全就有了保障。日本早已进入现代社会，成为发达国家群体的当然成员，现存国际经济秩序对日本是有利的。所以，日本有条件集中精力处理其国内经济和社会问题（其中很多是"后现代"问题）。对中国来说，美国、日本、俄罗斯（苏联）、印度都同中国发生过严重冲突，必须谨慎处理同这些国家的关系。中国是发展中国家，国内现代化的任务远未完成，现存国际政治经济秩序对中国有利有弊，存在诸多需要改革的方面。可以说，双边关系在中日两国各自政治和外交议程中的权重是不同的。

100多年来中日两国的实力对比变化，也是影响双边关系的决定性变量之一。明治维新之前，中国的实力和国际地位远超日本，但日本后来居上的速度是惊人的，几十年内就形成了对中国的压倒性优势，同西方列强平起平坐，直至在第二次中日战争中企图占领中国全境。战后的日本只用了很短时间，就又一次超越中国实力，成为非西方国家中唯一的发达国家。然而中国反超日本的能力也是惊人的，在二三十年内便从一个贫穷落后的国家，一跃而成为世界第二大经济体，2018年的经济总量已经是日本的2.6倍，这一差距还会继续扩大。

于是在亚太地区的国际博弈中，中日之间的地缘战略竞争不仅不可避免，而且如果处理不好将可能日趋激烈。"一山容不得二虎"的心态，在两国社会精英中都是长久存在的。十几年以来，日本数次提出建立"自由繁荣之弧"或"亚洲民主繁荣之弧"的战略构想，即围绕欧亚大陆外围画出一条弧线，以东北亚为起点、绕过东南亚、印度次大陆、中亚、南高加索，直至欧洲。日本对中国提出的"一带一路"倡议一直拒绝做出明确的积极反应。在加强自身国防力量和日美合作的同时，日本近年来又侧重于同澳大利亚、印度、越南等进行战略协调。这些构想和政策的实施其实很难，不过日本并不隐讳其目标，即要"应对中国快速崛起"。中国对日本的态度也不含糊。前些年中国动用了大量外交资源，力图阻止日本成为联合国安理会常任理事国。这一努力获得了成功，但也在日本人心中留下了阴影。中日两国在亚太地区的一系列多边问题上，一直在合作的同时暗中"较劲"。

在亚太地区乃至全球范围内，一场更大的地缘战略博弈正在中国和美国之间展开。虽然中国一再表示无意同美国争夺世界霸权，但美国特朗普政府已明确认定中国为最大的战略对手，制订了"全政府"对华战略，其主导思想是对中国全面施加压力，要求中国大幅度修改现行的内外政策。一方面，中美关系趋于紧张，中国会因防止腹背受敌而努力推进中日关系的改善，日方也会借此机会减轻来自中国的战略压力。另一方面，在中美战略博弈中，日本显然站在美国一边，这就必然加剧中日之间的结构性矛盾和相互疑忌。此外，日本在台湾地区留有一定的政治和社会资源，"台独"支持者在日本政界大有人在。日美两国政府都没有真正承认过台湾属于中国领土的一部分，这是中国实现国家完全统一的最大外部隐患。

四、中日相互认知

中日战争结束之后，两国都没有用武力威胁过对方，也没有对对方构成国内政治稳定的重大挑战。在可预见的将来，两国在亚太地区的战略竞争没有酿成严重冲突的危险。在中国改革开放初期，中日经贸合作和人文交流扩大了许多倍，使双方都获益良多。令人遗憾的是，自20世纪90年代中期以来，双方关系从"政冷经热"转入"政冷经冷"，总是磕磕碰碰，风波不断，迄今为止从未重新热络过，未来几年估计也很难再热起来。这种状况究竟是什么原因造成的呢？

近二三十年来，中日关系的困难可以分成两大类，一类是战争遗留下来的历史问题和历史认识问题，另一类涉及领土主权和海洋权益的纷争，包括台湾问题。这两大类问题可能波及两边国内政权的威信以至合法性问题，却无关重大经济利益纠纷和意识形态对立。一旦一方遇到更严重的内部或外部挑战，就可以掩盖争议，暂时偃旗息鼓，这种情形已被历史所证明。不难看出，这两类问题的本质是民族感情的纠葛，是民族主义的碰撞。

中日两国之间相互看法之重要，感情之复杂，不亚于当代世界上任何一对双边国际关系。理解中日两国相互认知的特殊性，才能理解中日关系为何陷入了一个长期难以自拔的陷阱。

> 理解两国相互认知的特殊性，才能理解中日关系为何陷入了长期难以自拔的陷阱。

一些研究表明，日本自古至今从来没有以平等、正常的眼光看待过中国。古代日本怀着敬畏、崇拜之心仰视中国，全方位学习、模仿和接受中国的文化和政治制度。在甲午战争中打败中国，特别是在日俄战争中取得对俄国的胜利之后，日本开始同欧美列强平起平坐，不再对中国有任何的尊重感，而是开始滋生"引领亚洲"、对中国居高临下进行"启蒙"的心态。这种自命不凡的"亚洲使命感"，是日本在全面侵华战争中提出建立"大东亚共荣圈"的前奏。日本轻视乃至蔑视中国的民族沙文主义甚嚣尘上，直至最终发动侵华战争，奴役中国。

中国赢得抗日战争之后，作为战败国的日本按理说应当怀抱悔恨之心，转而尊敬中国。可惜的是，中国很快陷入内战，新中国成立后，联合国的中国席位长期被台湾当局占据。日本同台湾当局是"邦交国"，彼此交往甚密。"中国"的概念在日本出现了错乱。

不过，在20世纪50至60年代反对帝国主义、殖民主义和民族独立浪潮之下，日本民间反美情绪高涨，不少日本人开始羡慕中国的革命精神，崇拜毛泽东和周恩来，认识到近代以来日本对中国所犯的种种罪行，萌生了一层反省和赎罪的意识。然而好景不长，在中国"文化大革命"及其后几年里，日本视中国为"理想之国"的观念彻底崩溃，"羡慕崇拜"转为"彻底失望"。

中日邦交正常化之后，日本对中国的社会实际有了更多了解。当日本的经济实力远强于中国时，不少日本人又开始同情中国，希望能够帮助中国改变相对落后的面貌。20世纪90年代中期之后，中国实力迅速上升，对日本的态度随之发生变化。特别是钓鱼岛等争端发生之后，日本的中国观又一次发生转变，可以说既非"仰视"或"俯视"，又非"平视"，而是近年来一些民意调查中所说的"不服气""恐惧"，甚至"厌恶"。民意调查显示，即使在最近中日官方关系升温的环境下，日本人对中国的好感也并没有增加，远远低于对美国的好感。

近代以来，中国人对日本的感情和认知同样经历了很多波折。甲午战争之后，中国人没有致力于报仇雪恨，反倒有许多社会精英开始"仰视"日本。光绪皇帝于戊戌之年启用康有为、梁启超等人，试图效法日本，变法图新。从君主立宪到辛亥革命的一段时期内，日本成了中国实现富国强兵之梦的榜样。大批中国知识分子和年轻学生留学日本，在政、法、理、工、农、医、军事等各个领域开展学习，其中包括李大钊、周恩来、鲁迅、蒋介石、戴季陶等诸多在中国近现代史上产生过重要影响的人物。1905年，孙中山领导的反满革命组织——中国同盟会在日本东京成立。在日俄战争中，清政府宣布"局外中立"。但是上至朝廷，下至民间，中国人的感情大都倾向于日本。

以1915年向中国提出"二十一条"为开端，日本对中国不断采取蛮横的扩张，激起了中国强烈的反日情绪，中国现代民族主义意识日渐增强。1919年爆发的五四运动，其导火线便是中国民众坚决反对日本对中国主权的粗暴侵犯。此后中国人理所当然地将日本视为中华民族生存的头号威胁。日本在1931年至1945年侵略奴役中国的罪恶行为，连同对这段历史不可磨灭的记忆，构成了至今中国人对日本负面印象的主要来源。

中日战争结束之际，国民政府领导人蒋介石提出对日本"不念旧恶"，形成后来被称为"以德报怨"的对日处理政策，在很短时间内协助将二百余万日本战俘和侨民安全遣返回国。在此过程中，中国民众在艰难的生活环境下，救助、收养了很多被遗弃的日本妇女和战争遗孤，体现了中国民众的宽大胸怀和深切同情心。

新中国成立之初，最大的安全威胁来自美国和美国扶植的台湾国民党政权。新中国和台湾当局都没有深究日本的战争责任。在20世纪50至60年代，中国支持日本人民反对美国军事占领、摆脱美国控制的斗争，大力开展对日民间外交。毛泽东多次说过"日本民族是一个伟大的民族"，也说过中国和日本是平等的两个伟大民族。在毛泽东和周恩来会见的外国来宾中，日本客人所占的比例最高。20世纪60年代中苏关系恶化和1972年中日建交后，中国明确支持日本收回苏联在1945年占领的北方四岛。除了"文革"中的个别情况以外，直至20世纪90年代中期，中国人对日本人的感情总的来说是友善的。1996年中国出版的畅销书《中国可以说不》，其强烈的民族主义情绪主要针对的是美国。它的书名就借鉴了1989年出版的《日本可以说不》（盛田昭夫、石原慎太郎著）。《中国可以说不》和当时的民间情绪（以至某种官方思想），对日本的态度是"怒其不争"，希望中日能携手对抗美国霸权主义。

此后中国人对日本的反感，随着历史问题和钓鱼岛问题的升温而越来越强烈。一段时间内，中国电视节目里几乎每天都会上映"抗日剧"。2005年春，中国不少城市发生大规模的反日游行，有一些过激的言行，对中日关系伤害很大。2010年中国的国内生产总值超过日本之后，对日本"轻视""鄙视"的态度，在一部分中国人中间十分明显。中国国民乃至官员和社会精英的普遍印象，是日本从来没有为侵华战争道歉，或者没有过真正的反省（日方则认为历史认识问题是中方在需要时"敲打"日本的一个工具，道歉多少次都不会产生真正效果）。

2007年4月12日，中国总理温家宝在日本国会发表演讲时指出："中日邦交正常化以来，日本政府和日本领导人多次在历史问题上表明态度，公开承认侵略并对受害国表示深刻反省和道歉。对此，中国政府和人民给予积极评价。"温家宝同时还说："中国的改革开放和现代化建设，得到了日本政府和人民的支持与帮助，对此中国人民永远不会忘记。"不幸的是，后来激化的中日钓鱼岛争端又一次挫伤了两国间的感情，而温总理的话当时就没有多少人关注，后来更很快被忘却在脑后。

2015年中日官方关系再次回暖之后，中国人对日本的态度又一次发生显著的积极转变。赴日中国游客在2011年只有130万，到2018年猛增到800万以上，其中将近一半是"80后""90后"的年轻人。日本的社会安全、科技教育、服务态度、商品质量、生态环境等方面，以及对文化传统的保护，在中国游客心中普遍留下了良好印象。

五、以史为鉴，面向未来

同其他国家相比，中国与日本在人种和文化方面最接近，而日本对中国所造成的民族灾难和心理创伤也最严重。纵观历史，中日两国的相互认知和感情一直处在不断波动的过程中，俯视、仰视、平等、鄙视相继出现，循环往复。这种波动反映了两国文化传统的相互借鉴、发展道路和政治价值观的差异、相对实力和国际地位的变化，同时也深受双边官方关系和两国总体内外政策的影响。当代日本的发展变化比较缓慢而平稳，可预测性较强；当代中国的发展变化相当迅速，其前景预判容易引起争议。就此而言，中国在中日双边关系中所起的作用大于日本。

中国国内经常听到的一种观点，认为日本民族生性缺乏平等意识，只懂得尊崇和服从强者，轻慢弱者；日本人之所以现在还不尊重中国，是因为中国还不够强大。这种观点说，等到中国的实力足够厉害，在国际上跟美国平起平坐乃至超越美国，日本人就会乖乖地服气，就像现在对美国那样，对中国俯首称臣。不过，中日关系180年的历史事实，难以支持这一社会达尔文主义的立论。日本崛起之后对中国弱肉强食的态度和政策，不仅深深伤害了中国，也最终给日本招致了民族灾难。所以，在180年的中日关系历史中，最应当吸取的教训，是国家间关系不能只遵循实力原则，外交政策不能诉诸狭隘民族主义，而必须遵守国际行为规范与人类共同的道德准则。在相互尊重的基础上发展中日合作，假以时日，到21世纪中叶中日战争结束100年之时再回首，两国间和平与友好的记忆一定能超过惨痛和仇恨的记忆。

专题：建国70周年中国外交（2）

中印外交关系70年

马加力

内容提要：中国与印度是山水相连的邻国。印度独立和新中国成立以后，中华人民共和国与印度共和国建立外交关系，至今已近70年。70年来，中印关系经历了风雨波折，但是总体来看，中印关系保持着较好的状态。在世界正经历百年未有之剧变的国际大背景下，中印两国需要妥善处理边界争端，密切互利互惠的经济关系，积极推动人文交流和民间往来，努力减少战略互信赤字，强化在国际舞台上的有效合作，保证双边关系沿着正确方向健康稳定地发展。

关键词：中印关系　中印建交　边界争端　战略互信　国际合作

中华人民共和国与印度共和国建交于1950年4月1日，此时正是新中国成立之后不久。现在，中印两国政府正在安排纪念两国建交70周年的一系列活动，为进一步推动双边关系的发展和国际合作注入源源不断的正能量。

70年来，中印关系经历了风雨波折，除在20世纪有一段时间双方关系因边界争端陷入跌宕状态，双方关系总体保持着较好的状态。特别是在经历了一些困难和挫折之后，两国政府的基本态度和主要政策发挥了正向的引导作用。可以预计，今后中印关系的发展必将沿着正确的轨道持续健康地发展。

一、中印关系经历的主要阶段

在过去70年，中印关系经历了起伏波折的几个阶段。这里必须指出，由于中印关系的复杂性，每个发展阶段都不是绝对地呈现单一发展势头。下述每个时

马加力　中国改革开放论坛战略研究中心主任研究员。

期都存在着正向和负向两种运行态势，呈现出彼此交织、互相影响的现象。但是通过深入研究可以发现，某一特定阶段的主要特征还是十分明显的。用哲学的观点来看，其主要趋势质的规定性是明显的，即矛盾的主要方面或主要倾向决定着该阶段的主要特征。

回顾中印外交关系70年的历程，大致可以分为以下几个阶段：

第一个阶段——激情燃烧的蜜月期，具体是指1950年建交到1960年，其标志性事件是1954年双方签订《关于中国西藏地方和印度之间的通商和交通协定》、周恩来和尼赫鲁（Jawaharlal Nehru）的互访、毛泽东与尼赫鲁的互动。

1949年10月1日，中华人民共和国宣告成立。新中国的成立立即引起国际社会的极大关注，印度也毫不例外地给予高度关注。当时印度驻国民党政府的大使潘尼迦（Kavalam Madhava Panikkar）先生建议尼赫鲁总理早日承认新中国，尼赫鲁表示，承认中国是对"一项重大历史事件的承认"，"不承认这一现实，远东的任何事情都无法解决"。[1] 在尼赫鲁的积极推动下，印度政府于1949年12月30日公开宣布，断绝与台湾国民党当局的一切关系，并迅速派出谈判代表前往北京会谈。1950年4月1日，中印双方正式建立外交关系。特别值得指出的是，印度是第一个与新中国建立外交关系的非社会主义国家。

中印建交以后，两国之间的友好往来一直呈现良好势头。1951年1月26日，中国国家主席毛泽东在国内建设百废待兴、对外参与抗美援朝战争的特定条件下，亲自出席印度国庆招待会，并发表热情洋溢的讲话。他说道："印度民族是伟大的民族，印度人民是很好的人民。中国、印度这两个民族和两国人民之间的友谊，几千年来是很好的。今天庆祝印度的国庆节，我们希望中国和印度两个民族继续团结起来，为和平而努力。"[2] 毛泽东主席的这一举动在中国外交史上堪称罕见，为中印关系留下了令人赞誉的篇章。此时，在自身均处于经济困难的情况下，中印两个新独立的国家就进行了互助互惠的往来。1951年，中印签订换货合同，中国向处于饥荒之中的印度提供数十万吨大米，印度则向中国提供支援抗美援朝的大量麻袋。双方在国际舞台的合作也很默契。针对当时美国把联合国安理会作为实行霸权主义的工具的做法，印度敢于仗义执言，力主恢复中国在联合国的合法席位，公开批评美国排斥中国的行径。例如，1950年朝鲜战争爆发后，尼赫鲁亲自致信斯大林和时任美国国务卿迪安·艾奇逊（Dean Acheson），建议接纳中国进入联合国。1951年尼赫鲁指示印度驻联合国大使坚持正义立场，投票反对污蔑中国为"侵略者"的提案，对其他一些不利于中国的提案均投反对票或弃权票。中国政府对印度在国际社会的地位也给予了有力的支持。1954年4月29

---

[1]《印度人民院辩论集（卷3）》，1950年版，第1699页，转引自王宏伟：《喜马拉雅山情结：中印关系研究》，北京：中国藏学出版社，1998年版，第86页。

[2]《毛泽东外交文选》，北京：中央文献出版社，1994年版，第148页。

日,中印两国签订《关于中国西藏地方和印度之间的通商和交通协定》,解决了两国在西藏地方悬而未决的历史问题,开创了中印关系的新时代。1954年6月,周恩来总理访问印度,受到尼赫鲁总理和十万印度民众的热烈欢迎。同年10月,尼赫鲁率印度代表团访问中国,受到毛泽东等老一代中国领导人的欢迎和款待。访问期间,毛泽东主席与尼赫鲁先后进行了四次会谈。会谈中,两位开国元勋就双边关系、地区乃至国际形势进行了坦诚的沟通,达成了很多共识。据当时参与会谈的印方翻译白春晖(V.V. Paranjpe)回忆,毛泽东在送别尼赫鲁时,十分动情地吟诵中国古代大诗人屈原的诗句,"悲莫悲兮生离别,乐莫乐兮新相知"。[1] 由此可见当时二位领导人之间的醇厚友谊和真情实感。此后,中印友好往来接连不断。1956年11月28日至12月10日,周恩来总理第二次访问印度,受到印方热烈的欢迎。印度民众不断高呼"印地—秦尼帕伊帕伊"(印中是兄弟)的口号,表达两国友谊的真诚。1957年1月24日至31日,周总理在访问苏联和阿富汗等国途中顺访印度,在与尼赫鲁会谈之后,还接受了印度国际大学授予的名誉文学博士学位。此外,其他的高层互访相当频繁,例如1955年12月宋庆龄副委员长访印,1957年3月贺龙副总理访印,1957年时任印度副总统拉达克里希南(Sarvapalli Radhakrishnan)访华,以及叶剑英元帅率军事代表团回访印度,等等。在多边舞台上,印度方面对中国的支持令人难忘。在1955年4月举行的万隆会议期间,尼赫鲁为中国在国际舞台上显露头角发挥了重要作用,中印两国与许多国家一道,为亚非国家的团结反帝事业作出了杰出贡献。可以说,20世纪50年代是中印交往史上最好的时期。

但是必须指出,这段时期中印在政治领域的良好交往并未导致双方在边界领土方面放弃各自主张。在尼赫鲁看来,1954年印度已经在西藏放弃了某些治外法权,意味着印中之间不存在边界问题,也可以说,他认为印度以承认中国对西藏的主权换取了中国对非法的"麦克马洪线"(McMahon Line)的承认。由于中国在当时确实未对西藏地方与印度的传统边界实施有效控制,导致力量真空的出现。印度则派出武装力量实施蚕食推进,特别是在中印边界中段地区以及西段的巴里加斯,将历来属于中国的乌热、香扎和拉不底以及西段的巴里加斯纳入自己版图。为了将印度"印中间不存在领土争端"的主观臆想变成既成事实,印度在加紧实际占领"麦克马洪线"以南地区的同时,又单方面修改地图,将过去东段的"未定界"标明为"已定界",将西段的阿克赛钦也标明为印度版图。对于边界问题,双方当时采取的是"冷处理"的方式,即进行双边小范围讨论和领导人互致信件的方式,双方主张的内容没有公开化,但是已经透露出彼此主张的深刻分歧。

第二个阶段——矛盾激化的碰撞期,具体是指1960年到1980年,其标志性

---

[1] Vasant Vasudev Paranjpe, "Some Memories, Some Reflections," *Indian Horizons*, Vol. 43, No. 1-2, 1994.

事件是1962年的边界战争及其后的长期冷战。

20世纪50年代后期，中印之间对边界以及对西藏问题的态度开始出现龃龉。特别是1959年西藏叛乱之后，达赖喇嘛逃亡印度并被印度官方收容，导致中印关系迅速冷却。印度媒体围绕"西藏问题"发表大量攻击、谩骂中国政府的文章和报道，一些印度政客也随波逐流，谴责中国政府的各种政策。对此，中方总体上保持冷静态度，但是，印度媒体和官员的表现让中国非常不满，双边关系的气氛已然恶化。

几乎与此同时，印度方面在边界问题上采取了咄咄逼人的态势，公然向中国提出大面积的领土主张，甚至不惜采取武力推进的方式。1959年8月，印度军队在中印边界东段制造了"郎久事件"，同年10月又在边界西段制造了"空喀山口事件"。中国边防部队在首先遇袭的情况下被迫进行了自卫还击。事件发生后，双方都向对方提出抗议，但印方歪曲事实真相，以不实宣传误导印度民众，造成其国内民族主义情绪的高涨。中国国民的情感也受到严重影响，两国关系进一步恶化。1960年年初，印度政府内部制定"前进政策"（the Forward Policy），要求军队和有关武装力量把巡逻队和哨所推进到中方控制地区。1961年4月19日—26日，周恩来总理率团访问印度，谋求和平解决边界问题，但因尼赫鲁坚持其既有边界主张，罔顾中方诚意和合理要求，会谈无疾而终，随后的三轮官员级会谈也都最终失败。1961年11月2日，时任印度总理尼赫鲁召集负责国防与安全的高级官员开会，全面部署实施"前进政策"，要求印军部队在拉达克方向朝着印度认定的国际边界推进巡逻并建立哨所，在北方邦和其他北部地区"以进行巡逻或建立哨所的方式弥补空隙，对整个边境地区实施有效占领"。[1] 会后，印度陆军总部下达具体指令，要求前沿部队在西段300多公里宽的地域全线推进，建立43个哨所，与中方哨所形成犬牙交错的态势。在东段，印军沿"麦克马洪线"建立24个新哨所，开始在"麦线"以北的兼则马尼进行巡逻，并在相邻地区的扯东、绒不丢、扯果布和龙卡建立4个据点。中国方面对此虽然提出抗议和警告，但一直保持高度克制。虽然中国边防部队也重新建立了一些哨所，但尽力避免与印军发生军事冲突。

1962年9月，印度国防部长克里希纳·梅农（Krishna Menon）主持军事会议，正式出台代号为"莱克亨行动"的作战计划，其目标一是要把驻扎在边界东段扯冬地区的中国边防军"赶走"，二是要拔除中国边防军在西段的21个哨所。面对如此严峻的情况，中国最高领导层决定，实施自卫反击，歼灭越过"麦克马洪线"以北的印军，西线则要拔除印军越界建立的全部哨所。10月17日，中央军委下达《歼灭入侵印军的作战命令》。10月20日，战争正式打响。

---

[1]［英］内维尔·马克斯韦尔：《印度对华战争》，陆仁译，北京：世界知识出版社，1981年版，第245—246页。

中方将边界战争定性为边界自卫反击战，其含义已经十分清楚，就是中方在不得已的情况下展开军事行动，维护自身的主权利益。这一点可以从战争的进程体现出来。1962年10月20—24日，中国军队在东段收复了达旺，在西段清除了印军的37个据点。10月24日，周恩来总理致信尼赫鲁，提出三点建议：第一，双方确认中印边界问题必须通过谈判和平解决；第二，双方军队在实际控制线脱离接触；第三，两国总理举行会谈。然而，尼赫鲁断然拒绝了中国方面的建议，继续在东西两线大量增兵，准备向中国军队发起新的进攻行动。在这种情况下，中国领导人决定进行第二阶段的反击战。11月18日，中国军队攻克邦迪拉，两天后进驻临近传统习惯线的鹰巢山口和伏特山，逼近印度东部重镇蒂斯浦尔。在西段，中国边防军清除了尚存于中国境内班公湖地区的6个印军据点，加上前期的战果，印军在实施"前进政策"后设置的43个据点全部被拔掉。

中国方面在军事上的胜利引起了印度的全国性恐慌，尼赫鲁甚至写信给美国总统肯尼迪，请求美国给予紧急军事援助。但是人们未曾料到的是，中国政府于1962年11月21日宣布，从22日零时起，中国军队在中印边界全线停火，从12月1日起从1959年11月7日存在于中印双方之间的实际控制线后撤20公里。中方声明还呼吁印度同样从实际控制线后撤20公里，并与中国政府进行谈判。尼赫鲁未对中方声明做出明确答复，只是坚持中国方面恢复到1962年9月8日前的位置，否则不会进行谈判，而这显然是中方无法同意的。虽然印度方面未能回到谈判桌上来，但是实际上被迫放弃"前进政策"，边界地区的局势基本上维持着和平与安宁的状态。

1962年边界战争以后，中印外交关系严重恶化。其实在双方就边界问题发生严重争端之前，印度已于1961年7月召回了驻华大使，一年后中国驻印度大使潘自力也离任回国。从此两国外交关系降为代办级。1967年，双方还出现过相互驱逐外交官和包围对方使馆的外交危机。

中印关系的低潮一直持续到20世纪70年代中期。1976年，双方恢复大使级的外交关系。1979年2月12—18日，时任印度外长阿塔尔·比哈里·瓦杰帕伊（Atal Bihari Vajpayee）正式访问中国，这是中印两国高级官员时隔将近20年后的首次正式交往，时任中国外长黄华与瓦杰帕伊连续三天上午进行长时间的会谈，双方达成了不少共识和有益的谅解。邓小平副总理在会见瓦杰帕伊时提出："我们应该求同存异，边界问题可以通过友好协商、互谅互让、公平合理地一揽子解决。"瓦杰帕伊也表示了对解决边界问题的积极意向，但与中方立场还有不小距离。不巧，当时中国突然宣布对越南开展自卫反击战，瓦杰帕伊以未得到中方的事先通知为理由，提前结束对华访问行程。正如不少中国学者所说，此次事件体现了中印关系的脆弱性和复杂性。

第三个阶段——关系回暖的缓和期，具体是指1980年到2000年，其标志性的事件是拉吉夫·甘地（Rajiv Gandhi）率团访华以及中国国家主席江泽民访印。

20世纪80年代以来,国际形势发生了翻天覆地的巨大变化。特别是80年代后期,以对抗和紧张为特征的两极格局已经落幕。世界战略态势的变化,特别是大国关系的变化,为中印关系的改善创造了良好的国际条件。随着中美关系的改善以及中俄关系的进展,曾经对中印关系产生过较大影响的外部因素开始弱化。另外,随着冷战结束,中印两国增强自身国力、努力发展本国经济的主观意愿更加明确,改善彼此间外交关系被置于比较重要的位置。

> 世界战略态势的变化,特别是大国关系的变化,为中印关系的改善创造了良好的国际条件。

1981年6月25—29日,时任中国国务院副总理兼外长黄华率团访问印度,这是中印爆发战争以后中国高级领导人首次访问印度。黄华与时任印度外长纳拉辛哈·拉奥（Narasimha Rao）就国际形势、双边关系以及边界问题进行了会谈,双方同意就边界问题举行官员级的会谈,同时采取措施改善两国关系。黄华还会见了时任印度总理英迪拉·甘地（Indira Gandhi）,代表中国政府向其发出访华邀请。根据双方达成的谅解,中印两国副部长级官员于同年12月开始,直至1987年11月,持续开展了八轮边界谈判。在前五轮的谈判中,印方坚持"平行政策",即坚持必须在解决边界问题之后才能考虑发展其他关系,由于边界问题的解决难度极大,双方会谈的成果比较有限。从第六轮开始,双方对解决边界问题的原则进行了实质性探讨,中方阐述了自己的主张,即互谅互让、一揽子解决所有边界争端,印方则提出"互利互惠"原则,委婉放弃"平行政策",同意在经贸、文化和科技交流中发展友好关系,以便创造解决边界问题的良好气氛。

1988年12月19—23日,时任印度总理拉吉夫·甘地冲破国内巨大阻力,毅然决定对中国进行正式友好访问。这是自1954年尼赫鲁访华以后34年第一位印度总理访华,邓小平与拉吉夫·甘地进行了坦诚的会谈,提出双方要"忘记过去,面向未来"的大思路。此次访问具有极大的历史意义。双方在《联合新闻公报》中重申,中印要在和平共处五项原则的基础上进一步发展友好关系,承诺在寻求解决边界问题的同时,积极发展其他方面的关系,印方还做出政治承诺,即西藏是中国的一个自治区,印方不允许流亡藏人在印度从事反对中国的政治活动。中方对此表示欢迎。

1991年12月,李鹏总理应时任印度总理拉奥的邀请,对印度进行正式友好访问。当时,西方国家正在对中国进行严厉的政治制裁,中国领导人难得出国访问。在这次访问中,两国总理一致同意,继续保持两国领导人之间的高层互访,推动双方关系深入发展,开拓和深化政治、经贸、科技、文化等各个领域的合作,并一致认为,两国之间的边界问题不应成为发展关系的障碍,表示希望通过友好协商早日达成双方都能接受的解决方案。双方还签订了包括《中华人民共和国和印度共和国关于在孟买和上海设立总领事馆的协议》《中国政府和印度政府关于恢复边界贸易的备忘录》等六份文件。

1993年9月，拉奥应李鹏总理的邀请，对中国进行回访。拉奥访华期间，中印两国正式签署了《关于在中印边境实际控制线地区保持和平与安宁的协定》等四份文件。其中，《关于在中印边境实际控制线地区保持和平与安宁的协定》规定，中印边界问题应该通过和平友好方式协商解决，双方互不使用武力或以武力相威胁。在两国解决边界问题之前，彼此严格尊重和遵守双方之间的实际控制线。双方将把实际控制线地区各自的军事力量保持在最低水平，以便与两国日益发展的睦邻友好关系相适应。

1996年11—12月间，中国国家主席江泽民应印度总统夏尔马（Shankar Dayal Sharma）的邀请，对印度进行国事访问。印方对此次访问给予了高度的重视，进行了十分周密的安排。特别是对准备在访问期间闹事的西藏流亡分子采取了预防性的拘留措施，保证了访问的顺利和整体气氛的和谐。两国领导人在双边关系及不少国际性的问题上达成了多项共识，并签署了四项重要的协定，其中《关于在中印边界实际控制线地区军事领域建立信任措施的协定》把中印关系大大向前推进了一步。

不幸的是，带有明显印度教民族主义色彩的印度人民党上台以后，编造借口，渲染"中国威胁论"。1998年5月11日和13日，印度进行多次核试验。印方的言行直接伤害了中国人民的感情，使两国关系出现了挫折和反复，违背了两国人民的根本意愿和利益，两国关系严重下滑。

第四个阶段——理性回归的发展期，具体是指进入21世纪以来大约20年间，其标志性的事件包括《关于解决中印边界问题的政治指导原则》的签订、中印领导人的频繁互访、习近平与印度总理莫迪（Narendra Modi）在中国武汉的非正式会晤。

进入21世纪以后，中印两国开始理性平和地处理双边关系。2000年五六月间，时任印度总统纳拉亚南（K. R. Narayanan）访问中国，双方重申彼此互不构成威胁，表明中印对对方国家的基本定位。2001年，时任中国国务院总理朱镕基访问印度，为中印关系的改善增添了新的动力。2003年，时任印度总理瓦杰帕伊对中国进行了富有成果的访问，双方签署了发展两国关系的纲领性文件——《中华人民共和国和印度共和国关系原则和全面合作的宣言》。2005年4月，时任中国总理温家宝访问印度，双方发表了《联合宣言》，承诺建立面向和平与发展的战略合作伙伴关系，确立了较高的贸易目标，签订了《关于解决边界问题的政治指导原则》这一重要文件。2006年是两国共同确定的"中印友好年"，双方为此安排了几十项重要活动来体现两国发展友好关系的强烈愿望。同年11月，时任中国国家主席胡锦涛对印度进行了具有历史意义的访问。双方同意继续推动两国战略伙伴关系全面深入地发展，并在《联合宣言》中提出了发展和充实两国战略合作伙伴关系的十项战略，即：确保双边关系全面发展；加强制度化联系和对话机制；巩固贸易和经济交往；拓展全面互利合作；通过防务合作逐步增进互信；

寻求早日解决悬而未决的问题；促进跨境边境联系和合作；促进科技领域的合作；增进文化关系，培育民间交流；扩大在地区和国际舞台上的合作。2008年1月，时任印度总理曼莫汉·辛格（Manmohan Singh）访问中国，与中方共同发表《关于21世纪的共同展望》这一具有重要意义的文件。同年10月，曼莫汉·辛格还来华参加亚欧峰会，创造了印度领导人一年两次访华的先例。同年8月，在举办奥运会之际，中方邀请时任国大党主席索尼娅·甘地（Sonia Gandhi）来北京出席奥运会的开幕式，为双方友好往来增添了难得的篇章。2010年5月，印度总统帕蒂尔（Pratibha Patil）访问北京。同年，两国在各自的首都以及其他重要城市举办一系列纪念两国建交60周年的大型活动。2013年3月，李克强就任总理。5月19日，李克强抵达新德里，这是他担任总理后首次出访的第一站，表明中国新一届政府对印度的高度重视。2013年10月，时任印度总理曼莫汉·辛格访问北京，与李克强总理访问印度时隔仅5个月，这既是1954年周恩来总理和尼赫鲁总理在同一年内实现互访的重现，也是时隔将近60年来两国总理的首次互访。

2014年9月，应印度总统慕克吉（Pranab Mukherjee）的邀请，中国国家主席习近平访问印度。习近平在印度世界事务委员会发表了题为《携手追寻民族复兴之梦》的重要演讲，还向印度的友好人士、友好团体颁发了和平共处五项原则友谊奖，表彰其为中印友好事业所作的贡献。印度总理莫迪打破印度外交的惯例，在其故乡古吉拉特邦而不是在首都新德里接待习近平，其中的意涵十分清楚，那就是向中国方面传递积极的信号。莫迪还在印度的报纸上发表文章，将印度和中国的两个单词拼在一起（INCH），巧称印度与中国的关系应该实现从"英寸到英里的发展"。在这次访问期间，双方签订了十余份文件，希望建立更为紧密的发展伙伴关系。在双方的共同努力下，此次访问取得了丰硕成果。2015年5月，莫迪总理应邀访问中国，习近平主席也以打破惯例的方式，在其家乡陕西西安接待莫迪。莫迪还访问了北京，与李克强总理举行会谈，并到上海与商界领袖会晤。整个访问明显加强了中印彼此的政治关系、经济关系和文化关系。2015年11月，莫迪在会见到访的中国高级官员时表示，他十分珍视与习近平和李克强建立起来的个人友谊，认为中印两国传承友谊并加强合作将增进两国人民的福祉，对亚洲和发展中国家的振兴乃至世界经济的增长作出重大贡献。他还高度评价现在的中印关系，认为中印关系"已经进入黄金时代"。双方一致同意深化中印战略合作伙伴关系的内涵，推动中印关系进入"新的上升通道"。2016年5月，印度总统慕克吉访华，中印高层之间的密切交往又迎来一个高潮。

此外，特别值得指出的是，近年来，中印两国领导人除了在双边场合互访之外，还在许多不同的国际场合安排会面。会面的数量之多，足以说明两国领导人对双边关系的重视，充分体现了两国关系的热络与国际合作的加强。

2017年6月至8月，印度边防人员越过中印边界线进入中方境内，阻挠中国边防部队在洞朗地区的正常活动，并与中方边防部队发生相持。由于两国最高领导人在关键时刻保持了战略定力，及时化解了迫在眉睫的危机。2018年4月27—28日，习近平邀请莫迪在中国武汉进行了一次非正式会晤，就百年未有的世界大变局进行战略沟通，并就两国关系未来发展的全局性、长期性和战略性深入交换意见，促使遇挫下行的双边关系明显转圜，重新走上正确轨道。双方共同认识到，中印两国合则两利，斗则俱伤。唯有妥善处理双方争议和边界争端，才是正确可行的相处之道。也就是说，边界冲突和关系紧张不符合双方的最高利益，通过军事手段难以从根本上解决历史遗留下来的问题。同时，双方领导人都认识到，中印关系的意义远远超过双边关系的范畴，具有更广泛的地区意义和全球影响。正是基于上述共识，中印关系处于良性的发展之中。到目前为止，习近平主席和莫迪总理在各种不同的场合已经见面多次，可以说是"无会不会"，如在G20峰会、金砖峰会、上海合作组织峰会等国际场合，都要在紧张的日程中安排会晤。2019年10月，习近平赴印度与莫迪进行第二轮非正式会晤，双方进一步加强了深层次战略沟通，一致同意应照顾彼此重大关切，有效管控和处理分歧，发展更为紧密的伙伴关系；推动了各领域互利合作，决定设立高级别经贸对话机制，同意拓展"中印＋"合作，推进地区互联互通建设。双方一致同意旗帜鲜明地维护以联合国为核心的国际体系和以国际法为基础的国际秩序，维护多边主义和多边贸易体制，共同应对全球性挑战。双方还在筹划纪念建交70周年的一系列活动。**可以预期，今后相当长时期内，两国关系将沿着不断上升的轨迹快速发展。**

二、中印关系波折的主要原因

回顾中印关系发展70年来的历程，可以发现两国关系虽然总体上呈现向上发展的趋势，但是确实可以看出其中的起伏波折。究其原因，不外以下几个方面：

（一）边界争端是关系恶化的根本原因

中印边界从未正式划定，由于英帝国主义在中印边界不断推行蚕食政策，明目张胆地扩充英属印度的版图，以期获得对己有利的"战略边界"，采取武力征服和外交欺骗等不光彩的行径，侵吞了中国和印度之间的传统习惯线中方一侧的大量土地。中方对此不予承认并坚决反对。本来，中印建交后相当长的一段时间内，两国关系相当密切。然而，中印在政治领域的良好交往并未使得双方在边界领土方面放弃各自的主张。从印度方面来看，尼赫鲁自以为印度在1954年放弃在西藏的某些治外法权，这就意味着印中之间不存在边界问题。当时，中国未能对西藏地方与印度的传统边界实施有效控制，导致力量真空的出现。印度则趁虚而入，派出武装人员在中印边界中段地区以及西段进行蚕食。为了将"印中不存在领土争端"的主观臆想变成既成事实，印度在加紧实际占领"麦克马洪线"以南地区的同时，又单方面修改地图，将西段的阿克赛钦地区也标明为印度领土。尽管当时双方对边界问题采取了"冷处理"，但是已经透露出两国主张存在的深刻分歧。1960年以后，中印在边界问题上的争端日益表面化。由于边界争端涉及国家的根本利益，在当时特定的背景下，中国决定进行中印边界自卫反击战。

2017年6月，发生在洞朗地区的危机也是基于对边界问题的主权权益产生的争端，双方军队大规模近距离对峙，战争濒临一触即发的危险境地，险些出现难以预料的恶果。

（二）"西藏问题"是关系降温的敏感因素

1959年3月，西藏上层反动农奴主集团发动武装叛乱，公开喊出"西藏独立""汉人滚出去"的口号。3月31日，达赖喇嘛逃往印度。在西藏叛乱和达赖喇嘛出逃的过程中，印度扮演了很不光彩的角色。而从印度公开接受达赖喇嘛及叛乱分子的"政治避难"开始，中印关系就受到严重影响。西藏主权关乎中国的核心利益，印度公开或半公开地支持达赖集团分裂祖国的政治活动，甚至与美国一道帮助达赖集团重组叛乱武装，严重伤害了中国人民的感情。20世纪60年代前期，印度与美国联手，帮助达赖集团组建了两支武装部队：一是在印度大吉岭重新组建"四水六岗卫教军"，意在通过尼泊尔对中国西藏地区实施武装袭扰；二是与美国、达赖集团暗通款曲，共同组建以流亡藏人为主体的印藏边境特种部队。该部队驻守中印边境一带，平时的主要任务是负责刺探中国西藏地区的政治、经济和军事情报，战时则负责配合印军开展对华军事行动。据参与该部队创建的印度情报局长穆立克（B. N. Mullik）回忆，组建印藏边境特种部队的目的是帮助西藏恢复"至少是半独立的地位"。[1] 在国际场合，印度在涉藏问题上的态度也发生逆转，开始推动并投票支持联合国大会通过有关"西藏问题"的决议。近年来，印度虽然在涉藏问题的态度上有较大变化，但是骨子里还是希望西藏能够获得独立或半独立的地位，成为中印之间的缓冲区，同时成为中印边界谈判的重要筹码。另外，印度还特别积极地企图利用达赖的特殊身份，为自己的边界主张和诉求服务。达赖喇嘛则采取卖国求存的方式，将原本由西藏地方政府管辖的地方拱手相让，使我对印边界谈判徒增难度。例如，印度多次允许达赖喇嘛到中国政府向来不予承认的"阿鲁纳恰尔邦"（藏南地区）活动，特别是到达旺进行"弘法活动"。达赖公开声称，自己是"印度之子"，"达旺是印度领土"。近年来，印度政府承认西藏是中国的一部分，不允许流亡藏人在印度从事反对中国的政治

---

[1] B. N. Mullik, *My Years with Nehru: The Chinese Betrayal*, Bombay, London, and New York: Allied Publishers, 1971, p.571.

活动。但是,不少印度政客还是利用达赖宗教领袖和诺贝尔和平奖获得者的身份,与之频繁互动,向中国施加政治压力。这也正是中印外交实践中频繁对印交涉的重要内容。

(三)安全理念是关系紧张的深层动因

中印地处喜马拉雅山脉的南北两侧,本来属于背靠背的状况。作为两个文明古国,中国和印度在历史上一直友好相处。特别是在近代反帝反殖的斗争中,两国人民彼此同情,互相支持,结下了深厚的友谊。但是,1962年以后,由于发生了边界战争,中印关系处于敌对状态,对对方的威胁认知不言自明。随后近20年的敌视基本上也是在这种基础上延续的。

20世纪80年代以后直至90年代中后期,中印关系缓和升温,但是印度内心深处依然把中国视为战略威胁。1998年5月,印度以"中国威胁论"为借口,进行两轮共五次核试验。印度核试验之前,时任印度国防部长乔治·费尔南德斯(George Fernandes)就多次公开声称,中国是印度的"头号威胁",认为印度的主要威胁已经从过去的传统宿敌巴基斯坦变为了中国,攻击中国对印度安全构成全面的挑战。[1] 而时任印度总理瓦杰帕伊在致信美国总统克林顿的信件中,也以中国的安全威胁为借口,力图说明印度核试验的合理性和正当性。他在信中指出:"在我们的边界上存在一个在1962年曾武装入侵印度的国家。……由于边界问题没有得到解决,一种不信任的气氛持续存在。"他还说,"除了这种不信任,该国还给予我们的另一个邻国以物质帮助,使其也成了一个秘密的核武器国家……印度核试验对那些无敌意的国家不构成危险"。印度的这番解释虽然没有直接点名中国,但其指向十分明确。而时任国防部长费尔南德斯在会见日本记者时说的则非常直接,"虽然不能说中国是我们最大的敌人,但它是我们的最大威胁"。[2] 尽管有这些为自己狡辩的说辞,包括美国在内的国际社会仍然对印度进行核试验予以强烈的谴责。中国更是做出强烈的反应。在这种情况下,两国关系急转直下,迅速降温。

近年来,随着中国综合国力的大幅度上升,中国在印度洋地区呈现出积极的态势,特别是对"一带一路"的旗舰项目——中巴经济走廊进行大量投入,这被印度曲解为中国有意对其实施战略威胁。加之中印边界屡屡出现摩擦,"中国威胁论"的喧嚣在印度军队中再一次盛行,这也是洞朗对峙的深层背景之一。

(四)"第三方"是关系纠葛的外部因素

在当代国际关系格局中,大国之间的复杂关系除了双边的利害之外,还受制

---

[1] 马加力:《关注印度——崛起中的大国》,天津:天津人民出版社,2002年版,第184页。
[2] 赵蔚文:《印中关系风云录》,北京:时事出版社,2000年版,第368页。

于与其他主要国际关系行为体的制约，即人们常说的三角关系。在中印关系中，影响最大的要数中—印—巴和中—印—美这两组三角关系。

中—印—巴三角关系。20世纪50年代，中印关系发展迅速，当时作为美国盟友的巴基斯坦对华态度并不友好。1962年中印边界战争以后，中巴关系出现转折性变化，两国友好关系不断深化。中巴关系堪称不同制度国家间关系的典范。双方在涉及国家领土、主权、核心和重要利益的许多领域合作愉快。但是，由于印度和巴基斯坦曾经发生过三次战争，互为宿敌，长期对峙。中国在很多问题上支持巴方立场和主张，在政治、经济、军事上给予大力支持，在一些敏感问题上照顾巴基斯坦利益，特别是近年来大力推进"一带一路"建设，将中巴经济走廊作为旗舰项目并投入巨大资源，引起印度的严重不满，甚至抵触情绪。

中—印—美三角关系。20世纪60年代，印度与美国的关系明显发展起来，尼赫鲁在中印边界冲突前后甚至致信美国领导人，要求对方提供军事援助。在涉藏问题上，印度与美国暗通款曲，合力培训流亡藏人，对西藏地区的安全与稳定造成不小损害。进入21世纪以后，特别是近几年，美印关系开始热络。2014年，印度邀请时任美国总统奥巴马作为主宾参加印度共和国日的阅兵，这个举措被普遍解读为印美接近的标志。访问期间，双方发表《印美对于亚太及印度洋的共同愿景》，明确将印度的"东进政策"和美国的"亚太再平衡"政策相对接。同年6月美国防长卡特访问印度，双方正式签署新版的《印美防务合作框架协议》，确定15个防务合作领域，简化对印防务技术转让的手续，加强双方军工生产合作。2016年8月，印美签署《后勤交换协议备忘录》，2018年9月又签署《通讯兼容与安全协议》。2019年6月，美国国防部出台《印太战略报告》，对印度在其中可能扮演的角色寄予厚望，企图拉拢印度进入联合遏制中国的"圈子"。虽然印度对发展印美关系存在期待，以便获得战略好处，增加对华交往筹码，但是鉴于国际力量格局的制约，加之特朗普总统对包括印度在内的国家采取强权或压制态势，印度未必"入群"美国主导的印太战略。

> 虽然对发展印美关系存在期待，印度未必"入群"美国主导的印太战略。

三、中印关系发展的前景展望

中印两国山水相连，又同为新兴的发展中大国，推动世界多极化和经济全球化，符合两国的共同利益。当今世界正在经历前所未有的百年变局。可以预测，走过建交70年历史的中印两国将在未来的岁月中努力改善双边关系，大力加强国际合作。

（一）睦邻外交的内在动力

中印是有悠久友好历史的邻邦，两国之间的边界大约1700多公里。如此漫长的边界虽然未经正式划定，且双方之间对此存在很大争议，但是开展睦邻外交是中国改革开放以来的既定政策。印度自20世纪90年代推行经济改革以来，一直注意将国家战略的重点置于妥善处理邻国关系上来。即便是对于巴基斯坦，也先后进行了多轮次的缓和尝试。中国是印度北方的大邻居，印度自然高度关注与中国的关系。进入21世纪以来，历届印度政府基本上实行相对积极或理性务实的对华政策。自2014年执政以来，莫迪政府对华态度总体积极。2018年3月17日，习近平再次当选中华人民共和国主席，莫迪随即在社交媒体"推特"（Twitter）上表示祝贺，并于当月20日与习近平主席通电话，希望中印两大文明古国和在世界上有影响力的国家密切高层交往，深化双边关系，加强在国际事务中的合作，推动更紧密的发展伙伴关系取得更多发展。2019年5月，印度人民党再次获得大选胜利，开启了莫迪2.0时代。2019年10月在印度瓦拉纳西举行了第二次中印领导人非正式会晤。

（二）经济发展的重要考虑

自改革开放以来，中国经济持续多年高速增长，经济发展取得世界瞩目的成就，已成为世界第二大经济体。进入21世纪，中印两国间的贸易总体呈现快速递增的局面，2018年双方贸易额将近1000亿美元，几乎是1999年中印贸易额的40倍。另外，印度也是中国对外工程承包的重要市场，对印投资近年来也开始增多。中国的不少企业，如华为、中兴、小米等通信企业在印度市场寻找到巨大商机，海尔、中钢、东方电气等企业在印投资数额可观，经营比较顺畅。

自1992年启动经济改革以来，对经济发展的关注日益成为印度国家战略的重点。历届政府都将大力发展经济作为增强国力、增强政府声誉的首要任务。自2014年执政以来，莫迪总理锐意推进改革进程，提出不少鼓舞人心的口号，并努力将其付诸行动。例如，2014年印度推出"印度制造"的发展战略，希望以此将印度打造成"新的全球制造中心"。从增长率来看，近年来，印度的增长率一直是全球经济增速的佼佼者。国际信用评级机构穆迪（Moody's Investors Services）预计，2018年和2019年，印度的增长率分别为7.3%和7.5%。[1] 2018年，印度国内生产总值已经达到2.7亿美元，位列世界第七，但与第六和第五位的国家差距甚微。2019年，印度很可能连续超过法国和英国，挤进世界第五。2019年5月，莫迪再次当选，他在组阁后不久表示，印度将努力实现5万亿经济体的目标。这一目标要求印度必须大力改善基础设施，努力吸引外资，而在这方面，中国的确有相当大的优势。因此，中印经贸合作的潜力十分巨大，强化经济关系的内在需求十分旺盛。

---

[1] "Moody's Cuts India's 2018 Growth Forecast to 7.3% from 7.5%," *Times of India*, Oct 9, 2018.

（三）国际合作的增效作用

中印同属发展中国家，在应对世界经济、政治、安全和环境压力的过程中，面临基本相同的困难和问题。特别是在当前单边主义盛行、民粹主义猖獗、保护主义抬头的情况下，中印在很多方面面临相同或相近的问题。中印两国崛起中遭遇到的挑战不是单一国家能够抵挡或克服的。因此，中印之间乃至更多处于相似境地的国家间的默契、协调和合作必不可少。中印两国现在拥有28亿人口，接近世界总人口的40%。同为崛起中的新兴经济体和不断扩大影响力的大国，中印之间的合作具有战略意义和世界性影响。"中印共同发声，世界都要倾听"。在这种背景下，中国和印度加强在国际舞台的合作具有巨大意义。

专题：建国70周年中国外交（2）

中美关系40年：正式但尚未正常

[美] 冯稼时

内容提要：自1979年正式建交以来，中美两国之间个人与体制层面的联系日益广泛、深入和稳固，两国关系已然不能再以脆弱来形容。然而，至少在美国公民、企业和国际事务评论者看来，中美关系仍然不能被称作是正常的双边关系。中美是世界上最大的两个经济和军事强国，其双边关系中存在着诸多不对称的方面。中国公民和组织拥有更多、更广泛的机会和途径接触美国，而对于美国来说，想要接触中国则要困难得多。普通的美国民众日益感到这样的关系既是失衡的，也是不公平的。美国企业界长期以来都是中美两国交往最坚定的支持者，如今也因中国的态度和行为而对中国日渐疏离，不再担当制衡美国国内对两国关系现状不满情绪的稳定器。中美关系虽然不易把握，但并非注定走向冲突。两国已经学会如何解决和管控冲突，但是实践起来却愈加困难。

关键词：中国 美国 关系 争议 摩擦 不对称

中美关系的正常化仍在推进之中。中美建交及中国改革开放40年来，两国间关系日益广泛、深入和稳固。但与此同时，两国关系仍然受到诸多束缚（constrained），难以掌控，且令人沮丧。中美两国在诸多领域存在利益交叉或重叠，双方的目标和政策有时会产生竞争和冲突，但两国已经学会如何管控分歧，更认识到如今即便双方多数利益不完全一致，也可以实现兼容并存。两国也已经

冯稼时（Thomas Fingar） 斯坦福大学弗里曼·斯伯格里国际问题研究所亚太研究中心高级研究员。

原文刊载于由北京大学国际战略研究院主办的英文期刊 China International Strategy Review（Vol. 1, No. 1, 2019, pp. 11-20）。此处刊载已获得作者本人及 China International Strategy Review 出版商施普林格·自然（Springer Nature）出版集团的授权许可。

学会在可能的情况下开展合作；包容那些暂时无法解决的问题；两国不可能在所有问题上都达成一致，但两国已经学会在符合双方共同利益的情况下进行合作。中美两国关系是复杂的，并且受到诸多双边及跨国问题的困扰，但这一关系已经不再是脆弱的。

一、难以掌控（fractious）但并不脆弱

笔者认为中美关系虽难以掌控，但并不脆弱，之所以对两国关系的韧性做出这样的判断主要基于以下三个理由。

首先，必须驳斥当前普遍存在的错误论断，即认为中美关系的现状极其危险，除非一方或者双方立刻采取行动缓和紧张态势，否则两国矛盾可能会快速升级为武装冲突。这种观点既忽视了历史，同时又将问题归咎于中美关系一定程度的脆弱性，但实际上这种脆弱性已经消失多年。中美两国经历过不少关系紧张的时刻：如，里根及布什父子执政时期对台军售；中国驻南斯拉夫大使馆遭遇美军轰炸；中美南海撞机事件等。上述事件为评估当下中美之间的紧张态势并与之前的情形对比提供了经验基础。这并不是说之前的"危机"比如今的"贸易战"更加糟糕，笔者希望强调的是，尽管过去中美两国的关系并没有当下那么深入、多面和成熟，但双方仍克服了诸多困难。

其次，驳斥中美关系脆弱性的第二个理由在于，他们忽视或至少低估了中美之间的相互依赖、共同利益及两国民众的力量和重要性，两国关系的支持者们期待中美能够至少维持最低限度的合作关系。无论如何判断当前中美之间的问题，我们必须承认，处理两国关系的决策者们的确受到之前积累的经验、历史先例，以及来自关键部门和利益集团的压力的影响和制约。从两国经济精英身上便能发现这些制约因素的重要性。

最后，质疑中美关系脆弱性的第三个理由是，强调脆弱性将轻易转移话题，掩盖那些可能进一步破坏中美关系稳定的问题。强调中美关系的脆弱性实际上优先考虑维持两国关系中和谐的表象，而不是直面那些影响重要支持群体、有碍未来合作、贬损双边关系价值的诸多问题。中美都希望双边关系进一步发展，同时双方都有义务解决引起摩擦的具体问题。在两国建交之初的脆弱时期，中美聚焦于双边关系整体的健康发展或者两国关系中高优先级战略目标的实现，将具体问题低调处理或许是明智之举，但现在情况已不再如此。

二、对"正常"不同的定义

中美两国以及国际体系在过去40年中都发生了显著变化。几十年来推动中美两国走到一起并彼此接触的冷战目标,如今已经失去了意义。从美国的视角来看,中美关系本该更加正常化,如今却受到过多的限制。[1] 尽管中美之间拥有广泛的经济联系,然而相较美国与其他大多数国家的互动,美国人与中国、中国人及中国机构的接触仍旧十分有限。这种情况以中国的视角来看似乎更为"正常"(normal),因为中国限制其他所有国家的个人和机构与华接触。是中国的政策,而非绝大多数其他国家的行为,超越了国与国及人与人之间正常的互动范畴。美国像对待其他国家一样对待中国,所以最终的结果就是中美关系具有高度的不对称性。

这种不对称出现在诸多领域,如信息的获取、表达美国观点的能力、投资能力,以及商品及服务供给的能力。许多国家在进入美国市场、获得教育和媒体资源等方面享受了更多的机会,而美国并没有在这些国家享受同样的待遇。但这种不对等在中美关系中体现得更为明显,造成的后果也更为严重。对此,美国的公民、企业和政府也变得愈加难以接受这样的现实。

40年前,中美之间的互动几乎为零,并且受到两国政策的高度限制。然而当中国决定实施经济改革并更大程度地参与国际体系,追随日本、中国台湾和韩国实施的现代化战略后,这一情况开始发生改变。中国渴望通过发展经济来改善社会福利、增强政权合法性,并进一步加强国家安全,提高国际影响力。美国乐于对此提供帮助,因为这会将中国塑造成美国在对苏冷战中一个更强大的伙伴,并最终为美国商品开启一个更大的市场。中国希望变得富强,但不想改变本国的政治体制,或者深陷美国领导的基于规则的自由主义秩序中。美国决定给予中国"自由世界"体系绝大部分的好处,但并不谋求与中国建立正式的同盟关系或者改变中国的政治体制。美国想要一个更为强大的伙伴,但认为现代化的进程将推动中国发生符合美国利益的改变。中美当时的首要目标是对抗苏联,所以对美国来说,支持中国的现代化建设要优先于要求中国进行政治改革。令中美两国都始料未及的是,冷战在中国实行改革开放和中美关系"正常化"的十余年后就戛然而止,而中国经济发展和社会变革的速度却远超中美两国本来的预期。

上述总结简略地概述了过去发生的情况,但它足以证明,中美两国在愿望和预期上存在着根本性的差异,这种根本性的差异持续地塑造着两国的认知和政策。中国希望成为一个现代、繁荣和强大的国家,并且重振20世纪50年代斯大

---

[1] 虽然笔者通篇反复使用"美国的"来表明观点,但这只反映了笔者本人对中美两国态度的评估,这些应该被理解为一个近50年来一直致力于加强中美关系的美国公民的观点。

林/列宁式的政治体制。美国理解中国的目标是什么，但质疑其可实现性。正如马克思及现代化理论的倡导者所言，经济和社会方面的根本性变革也必将要求和推动政治体系进行相应的变革。

中美双方在预期方面的第二个重要差异在于，中国把参与到自由主义秩序看作是启动现代化征程的权宜之计，这可能而且必将限制中国融入和依赖国际体系的程度，以及接受国际体系制约的程度。事实上，美国方面表明欢迎中国在国际体系之中进行种种尝试，但持续的经济增长和现代化将导致而且要求中国与自由主义的国际秩序进行更为深入的接触，一旦中国减少或不再与国际秩序进行互动，其现代化进程和经济发展也将随之停止。如此美国方面期望的是，尽管中国领导人不情愿，但是最终也不得不为了维持经济持续增长，而更广泛地融入到国际体系中。

美国人曾预期，中国的现代化进程（包括政治体制的根本性变革）将经历很长一段时间。近期美国国内有评论称，中国并没有变得更像美国，因此美国政府及精英阶层对此大失所望，这种观点不仅令人费解，而且也是不准确的。包括笔者在内的许多人仍然期待，在治理机构（institutions of governance）是否将会或一定会随着其他机构的演进而变化这一问题上，马克思和现代化理论的观点是正确的。然而，在过去的20年中，无论是作为美国政府的高级官员，还是作为同中国长期密切接触的学者，笔者从未见过、也未曾听说过有人预言中国会成为美国的翻版，或者连成为近似美国的国家这种说法也闻所未闻。美国期待也希望中国变得更加繁荣、稳定和安全，也期待中国更加深入地融入基于规则的国际秩序中。

美国方面这样的预期带来了诸多后果。例如，帮助中国实现现代化将使其成为美国更强大的伙伴，并由此增强美国的安全和繁荣，这样的预期从根本上支持了给予中国几乎同美国盟友同样的接触美国技术和市场机会的决定。美国从未期待中国给予美国方面同等的待遇，而且中国也确实没有这么做。美国方面接受了，甚至是助长了这种不对称，因为这被证明是增强美国伙伴力量并增进美国繁荣的有效方式。由于预期冷战将无限期地持续下去，美国几乎没有思考应该何时或者在何种条件下，逐步抛弃美国与盟友和伙伴双边关系中的不对称性，毕竟这种不对称性更有利于美国的盟友和伙伴。

另一后果是，美国期待中国现代化和经济增长所需的必要条件及带来的结果，最终会促使中国朝着与美国利益兼容的方向进行转型，所以美国接受了帮助中国实现现代化所蕴含的诸多风险。短期来看，帮助中国有利于美国的安全和繁荣；长期来看，这样做有望增加中国在国际体系中的重要性。这些预期都假定中国会以类似于美国的欧洲和东亚盟友的方式行事并逐步发展演进。美国期待中国成为国际体系中一个"负责任的利益攸关方"，在这样的期待之下，美国认为使得中国遵守国际体系的规则并且逐步接受为维护国际体系承担责任更为重要。

三、结构差异与知觉差异

美国在冷战结束后享有的霸权地位，以及苏联解体后长久存在的不确定性，掩盖了美国公众对部分美国政策支持力度减弱的事实，这些政策给予美国的伙伴更多进入美国市场、接触美国技术和培训，以及获得其他方面收益的机会，这些好处远超美国在其他国家获得的收益。在冷战结束近30年后，许多美国人自然开始对自己还要接受对外关系中的不对称性及互惠的缺失产生疑问，显然维护美国国家安全和互利无法继续证明这种不对称性及互惠缺失的正当性。美国公众对美国冷战政策的质疑是普遍的，并非专门针对中国。特朗普总统对美国与盟友贸易协议的批评得到了美国公众的支持，从中不难发现这一点。但是中国的规模、发展的成功之处，以及采取的诸多与美国所谓的公平竞争不相符的行动，使得中国成为造成美国不满情绪最大的"贡献国"，也成为了"解决"这一问题显而易见的靶子。[1]

一方面不满于美国外交政策诸多广泛的方面，另一方面不满于美国对华政策具体的实施方式，这也表明了美国人在过去40年对华接触过程中，认识到了中美在期待和经验教训方面的诸多不同。其一，中国人对美国的关注超过了美国人对中国的关注。尽管由于篇幅限制，笔者所做的简化处理可能有点夸大其词，但可以断言：在大多数情况下，大多数美国人并不关心或者担忧中国。这种情况在近些年已经有所改变。但是我相信，无论在过去还是当下，大部分美国人仍认为从尼克松总统开始，历任美国政府执行的对华对冲接触战略（hedged engagement）是行之有效的，而且为美国带来了和平、稳定与繁荣。在大多数时候及在大多数方面，美国人认为中国"只是另一个国家"，很少将中国看作是一个应给予更多来自联邦政府关注的敌人、对手或问题焦点。[2] 换而言之，在笔者担任美国政府高级官员的近20年里，中国很少在美国最担心的问题领域中占据前十名的位置。

在笔者看来，中国对美国的关注程度则恰恰相反。中国媒体和官方评论对美方的政策陈述和行动给予了更多的关注，甚至包括关注那些在美国外交政策制定中没有发挥直接作用的人。作为确实参与到美国外交政策制定过程中的一员，笔者看到中国方面如此频繁且错误地描述美国的目标和政治考量，一方面觉得很有意思，另一方面也觉得很苦恼。中国媒体常常标榜通过某些名不见经传的人发现了华盛顿的"真实意图"，声称美国方面可能给中国带来负面影响的政策决定，

---

[1] 关于这些判断更详细的阐述，参见冯稼时：《美国外交的变迁：从冷战共识到争议与困惑》，《当代美国评论》，2018年第1期，第70—83页。

[2] 这里的具体参考框架是自1978年以来的时期，但它同样也适用于整个中美关系的历史，但不包括1950年中苏结盟后的20年。

一定是专门用来限制或者挫败中国的野心,但这些往往是无稽之谈。[1]

对于笔者在本文要表达的观点而言,上述对中国行为的描述是否准确或存在夸大的成分都不及这一事实更为重要,那就是它反映了"镜中观人"(mirror imaging)的危险。中美双方都是如此行事。很多时候,当我们归罪于对方的动机和行为时,反映的其实是我们自己面对相似的情况可能会采取的行为方式,而基于此得到的分析结果往往是错误的。本质主义者(essentialist)认为美国或者中国如此行事,是因为它们本质上是一类特殊的国家,这将问题进一步复杂化了。[2] 举例来说,有观点认为中国或者美国之所以心存邪恶的意图,是因为中国是"威权主义的党国体制"国家,美国是一个"霸权国家",这种观点掩盖了双方真实的动机,也阻碍了双方分歧的解决。

中美接触40年来的另一个经验教训便是,中美双方提出和解决问题的方式大不相同。美国希望中美双边关系中的每个问题单独解决,并尽可能地将问题置于较低层面去解决。美国认为这样的处理方式有助于积累经验和信任,使得双方更容易处理更加复杂和重大的分歧。应对其他问题时,美国政府亦是采取同样的方式。美国的国内政治授权于较低层次的官员并期望他们依照总体的和大体稳定的政策指引处理具体问题。一方面,从卡特总统到奥巴马总统,过去六届美国政府的对华总体政策框架是对冲接触(hedged engagement),因此可以说,美国对华政策保持了基本的稳定;另一方面,白宫面对着诸多更为危险、紧急和困难的议题,这些部分解释了为什么中国很少在美国政策决策过程中占据首要位置。中国对美国来说一直非常重要,但很少被看作是一个紧急的问题。

而中国在处理中美关系时采取了一种截然不同的方式,即需要频繁的高层授权来处理较低层面的问题。但有些时候,中国高层领导不会轻易给予授权,这取决于其他国家(比如美国)是否采取行动重建双方之间的信任,或者是否通过满足中国方面的某些要求营造有利于事态进展的氛围。笔者已经数不清在过去40年中,被中国同行告知过多少次,在解决美国议程上的具体问题前,美国必须首先取得中国的信任。为了搞清楚如何取得中国的信任,笔者也曾求教于那些获得中国信任的国家的高级官员,询问他们是如何做到的。遗憾的是,笔者从来没有得到关于此问题的任何答案。

美国倾向于在较低层面上单独解决不同的问题,而中国则乐于频繁重估中美关系的大局并对会面及谈判的许可重新授权。在笔者看来,这一差别表明中美双方对彼此的看法存在更为根本的差异。至少在中国一些评论家看来,敌对是中美之间的"自然"状态,除非两国建立"新型大国关系",否则这种敌对状态将必

---

[1] Thomas Fingar, "Worrying About Washington," *The Nonproliferation Review*, Vol. 18, No. 1, 2011, pp. 51-68.
[2] "镜中观人"指的是个人或实体倾向于认为他者看到事态的发展后会以同他们相似的方式行事。本质论者将他者的看法、目标和行动归因于其意识形态和/或政治或经济体系的特征。

然导致冲突。这种状态或被认为是崛起大国与现行霸权国家之间关系的本质特征（"修昔底德陷阱"）；或称其印证了毛泽东所谓"战争是不可避免的"之论断；或认为其正如邓小平所言："战争可能推迟爆发，但想必是无法永远阻止战争爆发。"在这种情况下，美国总是被嫁祸认为在竭尽所能地包围、遏制中国，挑唆邻国对抗中国，以及准备发动对华军事行动。以上对中国观点的表述可能有些夸张，但笔者相信这并不存在根本性的错误。在一定程度上它是准确的，解释了为何中国对美国的意图和声明心存疑虑，也不情愿承受中美相互依赖的脆弱性。

美国人不认为和中国或其他任何国家之间的战争不可避免，或者是很有可能发生的事情。事实上，美国将防止战争作为美国最为重要的战略目标之一。美国没有攻击中国的意图，并判断中国也无意攻击美国，因此对美国来说最为担心的是中美之间由于意外、误解或危机管理机制不足而引发意外冲突。中美对双边关系不同的处理方式/框架导致的后果之一就是，双方都致力于抵御那些不太可能发生但却很危险的情况；另一后果是，在美国看来有助于防止冲突的措施（如美苏/美俄核武器官员之间建立了直接对话机制，这一机制运行多年，减少了由于误解和过度反应给两国带来的危险），却被中国视为美国有意获取中方的机密。中国认为接受美方的建议将给美国在战时带来极大的优势，因而断然拒绝。这样的例子不胜枚举。美国希望采取的减少冲突危险的措施，往往被中国理解为美国在为中美军事冲突做准备。在中美建交40年后的今天来看，这种局面令人感到非常不安。

如今，中美关系拥有如此众多且多元的利益集团和选民的支持，在这种情况下，中美关系走向崩溃或者倒退回中苏结盟时期那样敌对状态的可能性，几乎是微乎其微的。

在过去40年中，中美关系已经变得更为广泛和深入，相互依赖的程度日益加深，同时也变得更为复杂。中美之间的和解始于20世纪70年代，并在1979年实现了中美关系"正常化"，这主要是源于两国对苏联共同的担忧，这种担忧也为美国支持中国的现代化提供了正当理由。到1992年冷战结束时，两国经济和社会（人与人之间）的联系为支撑中美关系提供了新的支柱。如今，中美关系拥有如此众多且多元的利益集团和选民的支持，在这种情况下，中美关系走向崩溃或者倒退回中苏结盟时期那样敌对状态的可能性，几乎是微乎其微的。[1]

然而，认为中美关系已经不再像10年前、20年前，甚至30年前那样脆弱，并不是当下满足于双边关系现状的借口。虽然无论在数量还是在韧性上，中美两国之间联系的纽带都大幅提升，但导致两国可能分道扬镳的问题也同样繁多且重大。通过共同努力来解决争端、避免利益冲突，中美在处理双边关系中已经积累

---

[1] 关于中美关系支柱的更多探讨，参见 Thomas Fingar and Fan Jishe, "Ties that Bind: Strategic Stability in the US-China Relationship," *The Washington Quarterly*, Vol. 36, No. 4, 2013, pp. 125-138。

了诸多经验，但如今两国面对的问题比以往更为复杂，往往也更为敏感。

几十年前，中美之间相对而言为数不多的问题几乎都可以、而且确实在两国政府层面得到了解决。由于两国的地缘战略关切和优先事项排序相互兼容，中美之间如此解决问题相对比较容易。不过，现在中美关系中有利害关系的行为体的数量和多样性都远超从前，两国行为体间争议的事项亦大幅增加，政府官员（至少是美国的政府官员）无法解决诸多关键的问题。私营部门中的企业是美国与中国经济交往的主体；而直到最近，中国的非国家行为体、学术机构、非政府组织等在中美交流中的重要性才逐渐彰显出来。

四、公平竞争

中美两国诸多结构性的差异令许多问题的解决变得复杂。举例而言，美国企业多年来都在抱怨中国不履行世贸组织框架内的承诺及相关义务，但并不希望美国政府代表它们出面干预此事。不论是美国企业认为自己可以成功地解决与中国有关的问题，还是担心美国政府的介入将会危害颇为脆弱的中美关系，总之，它们不希望华盛顿插手其中。事实上，早在20世纪80年代，美国商界就已成为倡导保持对华政策稳定最强有力的群体。由于商业组织和企业要员在美国政治中发挥着独特的影响力，美国商界对中美关系的支持极为重要。

大约在2010年后，中美关系中三种趋势或因素的串联在很大程度上显著地改变了这种情况。首先，中国的行为日渐疏远了诸多跨国公司，包括那些总部设在美国的跨国公司。窃取知识产权、未能给予跨国公司国民待遇、强迫进行技术转让、未能兑现对美开放更多部门、产业和市场的承诺，以及诸多其他行为，共同导致了跨国公司与中国的疏离。其次，中国国内过去扩大私营部门经营范围的趋势出现了逆转，中国政府采取了诸多措施支持和强化国有企业，这迫使外国企业必须与中国国有或国家支持的经济实体进行竞争，而这些经济实体往往拥有获得资本和法律保护的特许通道。最后，由于中国人口结构的变化，以及许多国家采用了中国式的出口导向型发展战略，中国丧失了作为大量廉价劳动力来源国的优势。外国企业现在拥有更多且更具有吸引力的选项。在美国企业开始敦促政府解决它们与中国纠纷的同时，美国企业自身也受到了来自股东的压力，要求它们降低在华经营的风险，积极利用其他国家的机会。

上述因素导致美国商界不再如此坚定地支持美国对华政策保持稳定，其要求政府采取行动改变中国行为的呼声越来越强烈。美国商界的这一转变至关重要，因为它改变了中美关系中的一个关键的动态平衡。在过去的三十多年里，美国商界一直支持对华接触，支持美国对华政策保持稳定，反对可能破坏中国经商环境的行为。美国企业在过去向白宫和美国国会清晰地传达了希望美国对华政策保持连续性和耐心的期望。而现今美国国内那些曾经制衡对华不满的力量已经削弱了很多。

对中国的行为和未兑现承诺失去耐心的不仅仅只有美国商界。事实上,"承诺疲劳"(promise fatigue)这个措辞不仅可以用来解释许多美国企业对华失去耐心的原因,同样也能够用以描述当前美国公众中其他群体和部门的对华态度。大部分美国人并不是"反中国",也并没有将中国看成是敌人,但他们同中国及中国机构合作的兴趣和愿望却明显减少了。中国曾在经济投资、教育合作、共同研究等诸多方面更有优势,而如今中国拥有了更多的竞争者。对美国人来说,印度、印度尼西亚、越南等潜在的合作伙伴的吸引力不断增加。在美国人看来,与中国打交道太过困难、亦太令人沮丧,且风险巨大。

上述情况并不意味着美国或者美国人已经与中国为敌,不过它确实表明美国正在疏远中国。在中美正式且多面的关系走过40年后的今天,双方面向更为深入、广泛合作的长期走势正在失去动力,而且在双边关系的一些领域,情况正在发生逆转。中美双边关系中的这些变化并不是美国政府的政策导致的;但美国政策的变化体现了美国公众对中国认知的变化。与1979年中美关系正常化及之后的许多年相比,当下美国公众对中国的兴趣已经显著降低。这并不预示着中美将要发生冲突或者美国处心积虑地想要改变中国的政治体制,但中美双边关系以及其他国家民众对中美关系的看法会受到影响。

五、底线

在中美关系正常化40周年之际,这一双边关系的现状令人担忧,而且有时令双方都感到十分沮丧,但是中美关系并不脆弱,两国也并不必然会发生对抗和冲突。中美虽然有时会发生问题和利益冲突,但双方在共同解决分歧、消除合作障碍方面有着丰富的经验。中美两国政府、机构和民众之间有着千丝万缕的联系,这些联系不仅为双方带来了互惠互利,同时也带来了相互依赖的制约。中美两国有着不同的抱负、需求及对优先事项的排序,但两国都同样受到来自国际体系中第三方行为体的压力和制约。

其他国家准确地评估了中美两国的行为将产生的国际影响,所以它们一直观察着两国关系的发展变化并为之感到担忧。没有任何国家希望中美关系过度恶化,因为由此导致的紧张态势和不稳定将危及它们自身的发展前景;同样也没有任何国家想要在中美之间"选边站"。不过,大多数国家也不希望中美关系过于紧密,因为其他国家可以利用大国关系中一定程度的紧张态势来维护自身的利益。对于许多国家来说,它们既担心自身卷入世界上规模最大的两个经济和军事大国的冲突之中,也同样担心中美"两国集团"(G2)势力范围的不断扩大。在此,笔者不禁联想起几年前在澳大利亚参加的一个有20多国代表与会的国际会议,是时许多与会者都提到了中美之间的紧张局势。与会者们的一长串发言表达了对中美无法解决双方分歧所带来的危险的担忧,笔者身边正好是一位中国的同事。他注意到,除了中美两国代表,几乎所有与会国的代表都谈到了中美摩擦的现实及危险。这位中国同事评论道,中国人和美国人并不像在座的其他人那样担心两国管理双边关系的能力,对此笔者深表赞同。

如果管理中美两国关系意味着避免冲突或关系进一步恶化,笔者对我们有能力继续管理好双边关系是充满信心的,但这只是最低门槛,而且也是一个无法令人满意的目标。仅仅管理中美双边关系以防其进一步恶化远远不够,对双方来说都是不可接受的。因为这样不仅限制了中美两国目标的实现,而且限制了双方在解决诸多重大跨国议题上的合作,如全球变暖、传染性疾病、海平面上升、人口变化、危险技术扩散等问题,这些问题只有通过中美两国的合作才能有效解决。[1] 中美两国关系发生摩擦的机会成本很高,不仅仅是因为中美两国就此失去了合作的机会,也是因为如果其他国家不能确信中美在诸多跨国问题上达成了基本共识,那么它们也不愿意去采取费力的、代价高昂且充满争议的应对之策。

在纪念中美关系正常化40周年之时,我们完全有理由为两国已经取得的成就而自豪,不过对两国关系现状的失望在一定程度上冲淡了这种自豪感,毕竟中美在诸多问题上仍有着明显的分歧,而且当下中美关系低迷的状态在未来还将持续一段时间。

(崔志楠译;曾楚媛校)

---

[1] 参见China-US Joint Working Group,"China-US Cooperation: Key to the Global Future,"Washington, DC: The Atlantic Council, September 17, 2013, https://www.atlanticcouncil.org/images/publications/China-US_Cooperation_Key_to_the_Global_Future_WEB.pdf。

专题：建国70周年中国外交（2）

评估中美关系的恶化：美国政府对经济—安全关联的看法

［美］罗斯玛丽·富特　［澳］艾米·金

内容提要：本文认为经济问题与安全问题的复杂关联是导致2010年代中期以来中美关系恶化的一个重要原因。奥巴马政府和特朗普政府的政策体现了这种关联的两个方面：一方面，中国在获取和发展具有重要商业和军事价值的新技术上有所进展；另一方面，在意识到中国带来的商业挑战与随之而起的更为广泛的战略竞争后，美国已采用经济和法律方面的工具与政策予以应对。本文首先追溯美国对华政策中经济—安全关联出现与固化的过程，随后比较奥巴马政府和特朗普政府对中国技术挑战的反应。尽管没有很快认识到这种挑战的严重程度，但奥巴马政府也已开始采取相应的战略，以缓解这一政策领域的竞争性零和博弈。相比之下，特朗普政府则直接关注于中国近年来技术创新的重大意义，不过，它发现几无可能找到一个协调一致的路径来应对这一问题。

关键词：美国　中国　经济　安全　技术

一、导论

诸多关于中美关系的文献都认为，中美关系在2010年代开始恶化，而且特朗普政府加速了这一恶化的进程。有很多因素可以解释中美关系恶化的原因，各

罗斯玛丽·富特（Rosemary Foot）牛津大学圣安东尼学院教授；艾米·金（Amy King）澳大利亚国立大学贝尔亚太事务学院战略与防务研究中心高级讲师。

原文刊载于北京大学国际战略研究院主办的英文期刊 China International Strategy Review（Vol. 1, No.1, 2019, pp.39–50）。原文为可开放获取的文章，此处刊载无需授权许可。

个因素也确实都起到了某种作用。一些观点认为，中美关系的恶化与两国官员的变动有关；另有观点将中美关系的恶化归因于2007—2008年全球金融危机后中美间相对权力的转移；还有观点认为，中美关系恶化与中国抱有更大的决心来改革全球治理体系，并希望更多地扮演全球领导者的角色有关。

本文聚焦于中美经济与安全关切之间的联系。尽管并非是唯一的原因，笔者认为这是导致中美双边关系紧张态势不断升级的关键原因。正如在奥巴马政府和特朗普政府的认知和政策中所体现出来的，笔者从两个方面界定了这种联系。第一个方面关注于兼具高度商业价值和军事价值的技术的发展，这些发展强化了美国如下的认知：中国在获取和发展新技术方面的重大进步，将可能使中国在这些领域获得制定全球标准，并制约美国战略选择的能力。不可避免的是，这种顾虑加深了两国在新技术方面的竞争态势，而对新技术的掌控被认为将决定一国的全球地位。第二个方面则重在阐述，在意识到中国的商业挑战对美国有着更为广泛的地缘战略影响后，美国所采取的一系列政策措施。随着时间的推移，华盛顿方面增加了对经济和法律方面工具与政策的使用，以应对这一广泛的战略竞争，比如征收关税，对来自中国的投资设置越来越多的政策限制，以及重点锁定中国的中兴、华为等信息技术公司。

接下来，笔者将对奥巴马政府和特朗普政府采取的政策做一个简要的对比，来展现这两位总统如何处理中美关系中这些不断增加的挑战。笔者认为，尽管没有很快认清中国挑战的深层含义，但奥巴马政府确已开始采取相应的战略，以缓解这一政策领域的竞争性零和博弈。相比之下，特朗普政府则直接关注于中国最近的技术创新的重大意义。不过，特朗普政府发现几无可能找到一个协调一致的应对路径。对美国来说，在处理对华关系上存在着两个极端：一端是对中国提出严苛的要求，要求中国对其政策进行结构性改革；而另一端则是，若中美就中国更多地购买美国商品达成协议，美国方面似乎就颇为满意。

二、经济—安全关联的出现

在想到中国时，美国总会或多或少地考虑到经济问题与安全问题之间的关联，不过在不同的时期，这种关联将中美关系推向不同的方向。例如，在冷战早期，经济制裁是美国对华遏制战略中的一个关键工具，美国通过阻止中国获取关键工业和军事相关的产品、技术，来限制中国的经济现代化和军事现代化。[1] 随着1979年中美关系正常化的实现，美国对中国的经济制裁放松了许多；同时由于苏联被中美两国视为共同的战略威胁，美国向中国提供了一些军事技术援助。

---

[1] Zhang Shuguang, *Economic Cold War: America's Embargo Against China and the Sino-Soviet Alliance, 1949-1963*, Washington, DC: Woodrow Wilson Center Press, 2001.

不过，美国对高端的两用技术仍然继续实行出口管制，如卫星技术、高性能计算机和通讯设备等，以此来减缓中国军事力量的发展，维持美国从密码破译到导弹预警系统等各方面的军事优势。[1]

> 在过去近30年到前不久，中美经济—安全关联持续推动着美国对华经济开放程度的不断扩大。

在过去近30年到前不久，这种经济—安全关联持续推动着美国对华经济开放程度的不断扩大。自克林顿总统以来，历届美国政府在对华战略上维持了大致的稳定性：美国以对华经济接触取得中国对当前美国领导的国际秩序的支持，同时推动中国国内经济和政治体系的自由化，并为美国经济创造机遇。[2] 这一战略给美国的对华政策带来了重大的期望，即美国寄希望于中国改变其国内和外交政策的意愿。不过，美国的政策制定者认为这一战略也符合美国企业和美国消费者的利益，美国的企业通过更多地进入中国市场而获益，而美国的消费者则可以购买到从中国进口的廉价商品。

当然，华盛顿方面在推行这一对华战略时也清楚地意识到，中国的廉价商品和制造业不仅拉低了美国的工资水平并将部分工作转移到中国，而且也让中国企业从美国那里获取了诸多极具价值的知识产权，因此美国的企业和个人也不得不为此承担一定的代价。2005年，时任美国副国务卿罗伯特·佐利克（Robert Zoellick）称中国"窃取"美国企业知识产权的行为是"美国对华议程上的头等大事"。[3] 不过，美国认为这些代价能够为美国经济其他部门获得的收益所弥补。例如，美国高科技企业的成功越来越依赖于制造零部件的中国供应链、在科学和工程领域工作的旅美中国研究生和熟练工人。因此，美国的高科技部门是美国国内推动对华经济接触的一个重要利益集团，他们认为，美国商业竞争力和创新领导力的实现取决于与中国进行更大程度的经济接触。

此外，并不仅仅只有美国商界认为与中国的经济接触会给美国带来优势。在克林顿政府时期，尽管中国被视为对美国不断增加的军事威胁，华盛顿方面还是开始放松美国对华军民两用技术的出口管制，这些技术对美国的先进武器系统十分关键。正如法国学者雨果·梅杰（Hugo Meijer）所述，这一看似违反直觉的政策决定是由五角大楼和美国国家安全委员会的关键官员驱动的，他们对中美关系中经济与国家安全的关联有着新的思考。[4] 五角大楼、美国国家安全委员会、美

---

[1] Hugo Meijier, *Trading with the Enemy: The Making of US Export Control Policy toward the People's Republic of China,* New York: Oxford University Press, 2016, pp. 4-5.

[2] Charles W. Boustany, Jr. and Aaron L. Friedberg, "Answering China's Economic Challenge: Preserving Power, Enhancing Prosperity," *NBR Special Report*, The National Bureau of Asian Research. No. 76, 2019, p. 4, https://www.nbr.org/wp-content/uploads/pdfs/publications/special_report_76_answering_chinas_economic_challenge.pdf.

[3] Andrew Kennedy and Darren Lim, "The Innovation Imperative: Technology and US-China Rivalry in the Twenty-first Century," *International Affairs*, Vol. 94, No. 3, 2018, p. 567.

[4] Hugo Meijer, *Trading with the Enemy: The Making of US Export Control Policy toward the People's Republic of China.*

国商务部及高科技部门的关键官员,都开始认识到在日益全球化的世界,阻止中国获得诸如超级计算机、半导体等先进技术变得越来越困难。一方面,中国本土的技术能力在不断进步;另一方面,即使美国对华设置单边的出口管制,中国仍然能够从欧洲和日本获得类似的技术。

更重要的是,20世纪80年代中期以后,五角大楼自身的工业基础也日益商业化,私人部门而非政府支持的军事研究驱动着美国的技术进步。因此,五角大楼目前在确保美国商业部门保持盈利,并维持全球竞争的领先优势方面有着浓厚的兴趣。相较于欧洲和日本的竞争对手,限制美国企业对华出口先进技术,会将美国高科技公司置于商业上的劣势地位,并将切断美国企业与不断扩大的中国市场的联系,而来自中国市场的利润本可以投入到美国进一步的研发中。因此,美国开始聚焦于在发展新技术方面比中国"跑得更快",而非通过实施严格的出口管制来阻止中国"进行追赶"。这一想法背后的两个关键假设是:其一,美国在先进技术方面的对华优势可以维持领先"两代"的水平;其二,可以通过对维持美国军事优势至关重要的技术设置藩篱来阻止中国获得这些技术。[1]

直到大约2010年代中期,美国方面对中美两国经济—安全关联的看法都倾向于要在两国之间建立更多的经济相互依赖。美国的对华政策基于这样的观点,即美国能够同时在军事和经济上维持显著的对华领先地位;美国的商界和社会能够更普遍地在对华贸易中获益;中美之间的经济相互依赖将最终引导中国实现政治和经济自由化,从而化解中国挑战美国至高无上地位或美国主导的国际秩序的野心。不过,在奥巴马政府和特朗普政府时期,几乎上述观点的每个侧面都受到了挑战。

三、经济—安全关联的固化

21世纪第2个十年的发展让美国方面对中美关系中经济—安全关联的思考发生了质变。美国政府曾认为中美经济相互依赖总体而言对两国都有好处;但现在许多美国人认为中国以牺牲美国的利益为代价不断取得进步。中国2001年加入世贸组织(WTO)已经对美国工资和就业水平造成了远超经济理论预测的、更大且更为长期的负面影响,这一事实部分地支持了现在许多美国人的观点。那些在最容易受到中国进口竞争影响的部门工作的美国工人,通常无法在新的部门或劳动力市场找到工作,他们一生都将承受更低的工资水平和更高的失业率。[2] 美国虚弱的社会安全网无法为受到对华贸易巨大影响的美国工人提供完备的社会保

---

[1] Hugo Meijer, *Trading with the Enemy: The Making of US Export Control Policy toward the People's Republic of China*, pp. 151-157, p. 267.

[2] David Autor, David Dorn, and Gordon Hanson, "The China Shock: Learning from Labor-Market Adjustment to Large Changes in Trade," *Annual Review of Economics*, Vol. 8, 2016, pp. 205-240.

障。而较之于其他群体，受影响的这部分工人具有更加贫穷、更白人化、受教育程度更低、相对高龄的特征。这也意味着对民主党和共和党候选人来说，美国对华贸易的经济影响都变成了一个日益突出的问题。

贸易之外，美国认为中国通过非法的或歧视性的手段取得经济进步。美国企业最为担忧的是，中国据推测在以前所未有的规模、系统化地从事工业和网络间谍活动，以获取关键的经济信息、设计方案、蓝图和技术情报。[1] 随着美国企业的抱怨日益强硬，美国贸易代表（USTR）于2018年将中国置于"优先观察名单"之首，名单内的国家被认为未能保护美国的知识产权。[2] 中国政府要求外国企业在华投资时将技术转移至本地的合资企业，未能制止猖獗的假冒和盗版的市场行为，缺乏执行知识产权法律的相关机制，这些都被广泛视为由国家发起的旨在使中国获取美国知识产权和技术的不公平措施。

不过，知识产权窃取行为和中国对美国就业与工资的影响等问题，一直以来都是美国专家们的关切所在。这些问题在奥巴马政府和特朗普政府时期获得了特别的关注，与同期两个方面的变化密切相关。

其一，习近平在2012年底成为中国共产党的最高领导人后，美国方面愈发感觉到，中国政府已开始强化国有企业在国家战略部门中的地位；着手实施《中国制造2025》计划（这是一项旨在提高中国独立研发关键先进技术的能力、力争推动中国在高端制造业领域获得全球领导地位的产业政策）；发起并推动"一带一路"倡议。与不断趋紧的国内政治控制和不断扩展的中国在全球事务中将要发挥作用的愿景相配合，中国的经济政策旨在维护中国共产党的权威并实现中华民族的伟大复兴。[3] 认识到美国政策在推动中国向着更深入的市场改革和政治自由化上的局限性后，一些美国前政府官员、学者和分析家现在将中国的经济政策划归为"重商主义"，认为这些政策旨在"维持并提高中国共产党在中国社会中的权力（相较于中国国内其他行为体），与此同时增加中华民族在国际体系中的权力（相较于国际系统中的其他行为体），特别是增加相较于当前全球霸主美国的权力"。[4]

---

1 William Hannas, James Mulvenon, and Anna Puglisi, *Chinese Industrial Espionage: Technology Acquisition and Military Modernisation*, New York: Routledge, 2013.

2 United States Trade Representative, *Special 301 Report*, April 2018, https://ustr.gov/sites/default/files/files/Press/Reports/2018%20Special%20301.pdf.

3 Xi Jinping, "Secure a Decisive Victory in Building a Moderately Prosperous Society in All Respects and Strive for the Great Success of Socialism with Chinese Characteristics for a New Era," speech delivered at the 19th National Congress of the Communist Party of China, Beijing, October 18, 2017, http://www.xinhuanet.com/english/download/Xi_Jinping's_report_at_19th_CPC_National_Congress.pdf.

4 Orville Schell and Susan L. Shirk, "Course Correction: Toward an Effective and Sustainable China Policy," *Report of Task Force on U.S.-China Policy*, New York: Asia Society, February 12, 2019, p. 9, http://asiasociety.org/center-us-china-relations/course-correction-toward-effective-and-sustainable-china-policy.

其二，对重塑美国有关中国经济—安全关联思考更具决定性的因素，也许是中国正在大力投入发展的若干技术本身，以及这些技术对美国安全和商业领导地位乃至全球秩序的潜在影响。其中尤其重要的是被认为在未来的商业创新，尤其在未来的军事革新中占据前沿位置的两用技术，包括人工智能、机器人、增强和虚拟现实技术以及电信设备和软件。历届中国政府都毫不掩饰其提高本土科技创新能力的愿望，尤其是现政府通过《中国制造2025》、2017年发布的《新一代人工智能发展规划》以及"十三五"规划（2016—2020年）等战略向科技领域投入了大量的资金。《新一代人工智能发展规划》宣称要确保足够的资源支持中国到2030年成为世界人工智能技术的主要领导者；"十三五"规划提出了75项中国"优先发展的技术"，而目前数以万亿计的资金已经投入到这些技术的研发中。[1] 在一份被认为对特朗普政府有着特别影响的报告中，布朗（Brown）和辛格（Singh）指出，中国现有的和规划中的技术进步挑战了克林顿政府、小布什政府和奥巴马政府对中国获得军民两用技术的两个核心假设。[2] 所谓的《国防创新试验小组报告》（《DIUx 报告》）表明，美国在先进技术方面已不再充分领先于中国，并且美国的开放经济体系使其难以牢靠地将这些技术与中国阻隔开来。他们认为，这种转变源于中国在关键技术领域进行了大规模的投资。过去几十年来，美国政府内部更为鹰派的人士已经做出与《DIUx 报告》内容类似的论断，不过《DIUx 报告》反映了美国在对华关系方面思考的质变，因为这是美国首次在人工智能等新兴关键技术创新方面未能跟上中国的步伐。[3]

除了对美国造成直接的安全影响外，中国在这些新技术领域的创新速度也给全球秩序带来了广泛的挑战。中国在5G通讯网络方面的发展意味着中国的企业、科学家和政府专家，将日益具备制定管理全球通讯的国际标准的能力，而这可能损害了美国或其他主要大国的利益。[4] 此外，中国在社会管理中对人工智能和面

---

1 Scott Kennedy and Christopher K. Johnson, "Perfecting China, Inc.: The 13th Five-Year Plan," *Report of the CISR Freeman Chair in China Studies*, Washington D.C.: Center for Strategic and International Studies, May 2016, p. 27, https://csis-prod.s3.amazonaws.com/s3fs-public/publication/160521_Kennedy_PerfectingChinaInc_Web.pdf; Ryan Hass and Zach Balin, "US China Relations in the Age of Artificial Intelligence," Washington D.C.: Brookings Institution, January 10, 2019, https://www.brookings.edu/research/us-china-relations-in-the-age-of-artificial-intelligence/.

2 Michael Brown and Pavneet Singh, "China's Technology Transfer Strategy: How Chinese Investments in Emerging Technology Enable a Strategic Competitor to Access the Crown Jewels of U.S. Innovation", U.S. Defense Innovation Unit Experimental, https://new.reorgresearch.com/data/documents/20170928/59ccf7de70c2f.pdf.

3 Lorand Laskai and Samm Sacks, "The Right Way to Protect America's Innovation Advantage," *Foreign Affairs*, October 23, 2018, https//www.foreignaffairs.com/articals/2018-10-23/right-way-protect-americas-innovation-advantage.

4 Andrew Kennedy and Darren Lim, "The Innovation Imperative: Technology and US-China Rivalry in the Twenty-first Century".

部识别技术的应用,给与中国有商业往来的外国企业带来了道德问题,它们担心中国的生意伙伴参与或卷入了这些监控技术平台的研发或生产。[1]

总的来说,当前中国政府的议程和中国在新技术领域的进步,导致了美国对华认知在奥巴马政府和特朗普政府时期明显趋于强硬。不过,这两位总统采取了截然不同的方式来应对这些来自中国的新威胁和管理更为广泛的中美关系。

四、比较奥巴马政府和特朗普政府对中国技术挑战的应对之策

在奥巴马执政初期,中国新技术发展的全部影响并不是那么明显,中美经济关系也没有像后来那样逐渐被安全化(securitized)。例如,奥巴马政府发布的2010年《美国国家安全战略》关注的不是来自中国的技术挑战,而是人们更熟悉的全球威胁,如与恐怖主义相关的暴力行为、核武器的扩散和气候变化等。奥巴马政府意识到,美国不会与中国在每一个外交政策问题上达成一致,并且需要监控中国的军事现代化,但其对华政策的重点仍是在广泛的领域与中国建立合作关系。[2]

美国一方面寻求同中国可以合作的领域,另一方面也并没有放弃防备中国军事实力、经济和政治影响力的提升,这体现在美国试图强化与其东亚盟友的关系,并在亚太地区建立其他的经济和安全伙伴关系。奥巴马也曾试图阻挠中国建立亚洲基础设施投资银行(AIIB),这一政策决定在美国国内并非没有争议,并且似乎与奥巴马的其他对华政策也存在矛盾。[3] 不过,奥巴马政府努力维持对华竞争与合作、接触和威慑并存的状态。例如,针对中国在南海水域建设和军事化人造岛礁的行为,奥巴马政府下决心支持南海的"航行自由行动"。不过,与此同时,奥巴马政府也决心与中国维持相当程度的合作,以确保该地区的繁荣与稳定的未来。[4] 即使奥巴马政府在2011年宣布"重返亚太"战略,即后来的"再平衡"战略,美国仍然强调意欲加深与中国的合作关系。这包括两国定期开展最高级别官员的对话,以及提升两国军事关系等。中国在2014年和2016年两度受邀

---

1 Sheena Chestnut Greitens, "Domestic Security in China under Xi Jinping," *China Leadership Monitor*, March 1, 2019, https://www.prcleader.org/greitens?utm_campaign=765d45e5-2c8f-442c-9a17-c48b64e0396a&utm_source=so.

2 The White House, *National Security Strategy*, May 2010, http://nssarchive.us/NSSR/2010.pdf.

3 Elizabeth C. Economy, *The Third Revolution: Xi Jinping and the New Chinese State*, New York: Oxford University Press, 2018, p.198.

4 Daniel R. Russel, "Remarks at the Fifth Annual South China Sea Conference," Washington DC: Center for Strategic and International Studies, July 21, 2015, https://2009-2017.state.gov/p/eap/rls/rm/2015/07/245142.htm.

参加环太平洋军事演习就被视为两国军事关系方面可喜的进展。

奥巴马政府的对华战略旨在维护美国的国家利益，同时寻求成功应对中美关系中的战略性变化。在某些方面，对华出口管制政策是展现奥巴马政府对华战略一个很好的政策实例。对华出口管制政策出自克林顿政府和小布什政府，奥巴马政府在前任政府的基础上改革了针对中国军用产品的出口管制措施，同时推动了一些民用高科技贸易的便利化，以此来帮助美国自身维持一个强大的高科技部门，这一政策后来被称为"围绕少数项目的高墙"（high walls around fewer items）。奥巴马政府在处理对华关系时主要关注于限制那些"给美国的作战人员带来军事优势"的技术，同时确保这不会切断美国与中国的经济和科学合作所带来的收益。[1]

在奥巴马的第二个任期内，美国方面在思考对华关系时，对新技术使用的担忧开始增长。然而，这并没有推翻奥巴马政府在对华问题上的信念，即与中国合作将有助于解决诸如流行病、气候变化和核扩散等问题。不过，尽管保持着与中国在全球问题上合作的兴趣，奥巴马决心关注中美关系中那些被认为无法接受的具体事项，包括中国为了商业利益通过网络窃取商业秘密的行为，以及美国商界能否在华享受自由的市场准入和知识产权保护。[2] 时任美国国家安全顾问苏珊·赖斯（Susan Rice）在2015年9月的演讲中进一步阐述了上述几点，其演讲因对中美关系给予了总体积极的评价而引人注目。她在演讲中讲道："当中国的经济政策妨碍了商业自由流通并加剧贸易不平衡时，中国造成了全球经济的扭曲。当中国强迫外国企业以技术转移作为进入中国市场的条件时，中国打压了创新。当美国企业日益质疑与中国做生意所付出的代价是否物有所值时，所有人的贸易和投资都减少了，美国国内对中美关系的支持也被削弱。"她接着强调网络安全的重要性，并指出奥巴马总统在与习近平主席的会晤中，已经"多次清楚地表示，国家支持的、以网络为载体的经济间谍活动必须停止。这绝不是轻微的恼人之事，这对美国来说是经济和国家安全的关切所在。它给中美双边关系带来了巨大压力，并且是决定中美关系未来走向的关键因素"。[3]

在某种程度上，奥巴马政府的官员们期望《跨太平洋伙伴关系协定》（TPP）能为极富活力的亚太地区设置贸易和投资条款，其中包括减少非关税壁垒、移除对国有企业的保护等一系列政策。奥巴马政府也希望TPP能够影响中国进行更

---

[1] Hugo Meijer, *Trading with the Enemy: The Making of US Export Control Policy toward the People's Republic of China*, pp. 323-329.

[2] The White House, *National Security Strategy*, February 2015, https://obamawhitehouse.archives.gov/sites/default/files/docs/2015_national_security_strategy_2.pdf.

[3] Susan Rice, "Remarks on the U.S.-China relationship at George Washington University," September 21, 2015, https://obamawhitehouse.archives.gov/the-press-office/2015/09/21/national-security-advisor-susan-e-rices-prepared-remarks-us-china.

进一步的经济改革,并且期望中国也许最终能够加入 TPP。关于网络窃取商业秘密的问题,奥巴马政府开始更加精准地锁定犯罪分子的身份。于是,美国以控告五名中国军官通过网络窃取美国商业秘密向中国进一步施加压力。2015年4月,奥巴马签署了一份行政命令,威胁制裁参与"恶意网络行为"的个人或实体。更重要的是,2015年9月,中美签署了一项协议,两国在协议中承诺"两国政府不得从事或在知情情况下支持通过网络窃取知识产权的行为,包括商业秘密或其他机密的商业信息",以获得具有竞争力的商业优势。[1] 2015年11月,G20峰会上所有的成员国都签署了这一保证书。

美国评论界数次提到中美于2015年达成的这一协议,表示它至少在一段时间内确实起到了积极作用。[2] 美国国家反间谍和安全中心(NCSC)2018年报告判定侵犯美国国家利益的网络间谍活动依然严重,而且持续不断,不过报告也指出,尽管"情报界和私人部门的安全专家仍发现了诸多来自中国的、进行中的网络活动",但"这些攻击的数量低于2015年9月中美双边协议签署之前"。[3]

奥巴马政府这一战略更广泛的意义在于,它试图在新技术的发展过程中,管控中美关系(尽管新技术的发展使中国在商业和战略上都获得巨大收益),而且这一战略并没有切断中美之间可以使美国获得至少同等收益的联系。[4] 我们认为,奥巴马政府应对中美关系的这一全球路径与特朗普政府有着显著的差异,后者有意避开了发表重大的政策声明,不再强调双方已经达成合作和在未来能够合作的领域,并且抛弃了以往的诸多合作性协议,如《伊核协定》、奥巴马时代在气候变化问题上达成的双边协定等。特朗普政府也未能在应对朝核问题上与中国维持足够高水平的合作。最后,特朗普政府拒绝加入 TPP,也就放弃了一个潜在重要的多边政策工具,以应对奥巴马政府时期发现的中美关系中关键的经济问题。

导致上述不同战略的一个主要原因在于特朗普执迷于对华贸易赤字,他相信可以从与习近平主席建立的良好私交中获益,同时他也没有兴趣关注未来对华关系上的优先目标。特朗普处理对华贸易赤字的首选方式包括加征关税、经常威胁提高关税等级,以及向中国释放与习近平主席举行高级别峰会的信号等。

不过,特朗普政府中的其他成员对中美关系的忧虑要更为深远,一位美国

---

[1] Andrew Kennedy and Darren Lim, "The Innovation Imperative: Technology and US-China Rivalry in the Twenty-first Century," pp.569-570.

[2] Robert Farley, "Did the Obama-Xi Cyber Agreement Work?" *The Diplomat*, August 11, 2018, https://thediplomat.com/2018/08/did-the-obama-xi-cyber-agreement-work/?.

[3] National counterintelligence and security center (NCSC), "Foreign Economic Espionage in Cyberspace," 2018, p. 7, https://www.dni.gov/files/NCSC/documents/news/20180724-economic-espionage-pub.pdf.

[4] Lorand Laskai and Samm Sacks, "The Right Way to Protect America's Innovation Advantage," *Foreign Affairs*, October 23, 2018, https://www.foreignaffairs.com/articles/2018-10-23/right-way-protect-americas-innovation-advantage.

评论员将这种忧虑描述为"对中国'整个社会'的再评估"。¹ 2017年12月发布的《美国国家安全战略》（NSS）和2018年1月发布的《美国国防战略》（NDS）概要对中国技术进步对美国带来的威胁做出了评估。² 这两份美国官方文件以及美国副总统迈克·彭斯（Mike Pence）于2018年10月在哈德逊研究所（Hudson Institute）就美国政府的中国政策发表的演说，都认定中国已经具备了将信息作为与美国进行地缘政治竞争的主要武器的能力，这无疑令美国担忧不已。据称，中国通过获取美国的技术已使得两国军事和技术方面的差距不断缩小，美国必须阻止中国的进步。作为对不断增长的中国挑战的合理应对，特朗普政府朝着中美经济广泛脱钩迈出的第一步，即明确为中国对美高科技企业的投资和关键科学领域的中国研究生设置诸多限制。³

特朗普政府对华政策的最终目标很难捉摸。特朗普政府中的关键人物就对华关系应有的总体目标持不同的看法。新加坡前外交官马凯硕（Kishore Mahbubani）撰文，简洁明了地描述了美国对华政策立场中的模糊性。他在文章中提到了美国对华为首席财务官孟晚舟的控告，并指出美国方面潜在的忧虑是中国政府控制华为的5G交换机系统。马凯硕发问：华盛顿的目标究竟是要改革（reform）、改良（improve）华为，还是要摧毁华为？马凯硕也对当下美国与华为公司进行的斗争如何与应对中国崛起的战略相契合提出了疑问。⁴ 正如其他人所评论的，人们很难辨识美国对中美关系中诸多事项的优先排序，难以评估美国在管理双边关系时愿意承受怎样的代价，亦很难理解华盛顿如何看待以谈判而非胁迫的方式达成某种结果。⁵

---

1 Bruce Jones, "The Era of U.S.-China Cooperation is Drawing to a Close – What Comes Next?" January 7, 2019, https://www.brookings.edu/blog/order-from-chaos/2019/01/07/the-era-of-u-s-china-cooperation-is-drawing-to-a-close-what-comes-next/.

2 Michael D. Swaine, "Chinese Views on the U.S. National Security and National Defense Strategies," *China Leadership Monitor*, May 1, 2018, https://carnegieendowment.org/2018/05/01/chinese-views-on-u.s.-national-security-and-national-defense-strategies-pub-76226.

3 The White House, *National Security Strategy*, February, 2015, https://obamawhitehouse.archives.gov/sites/default/files/docs/2015_national_security_strategy_2.pdf; U.S. Department of Defense, *Summary of the 2018 National Defense Strategy of the United States of America: Sharpening the American Military's Competitive Edge*, January 8, 2018, https://dod/defense/gov/Portals/1/Documents/pubs/2018-National-Defense-Strategy-Summary.pdf.

4 Kishore Mahbubani, "America's Strategy is Not the Best Way to Deal with Huawei," *Financial Times*, March 6, 2019, https://www.ft.com/content/3d489be2-3e73-11e9-9499-290979c9807a.

5 David Dollar, Ryan Hass, and Jeffrey A. Bader, "Assessing U.S.-China Relations 2 Years into the Trump presidency," January 15, 2019, https://www.brookings.edu/blog/order-from-chaos/2019/01/15/assessing-u-s-china-relations-2-years-into-the-trump-presidency/.

五、结论

中美关系的前景颇为暗淡,尤其是美国即将进入下一轮总统大选,无论是总统候选人还是现任总统都很可能继续将中国视为主要对手和对"基于规则的秩序"的主要挑战者。经济相互依赖曾经被认为是中美关系的主要特征,并能够缓和中美其他政策领域的紧张态势,但现在却被视为对美国国家安全造成重大影响的根源所在。正如一份对美国战略文件的解读尖锐指出的那样,美方对中美经济—安全关联看法的转变是当前中美关系恶化的一个主要原因。

特朗普政府能否找到合适的方式来成功管理世界上最关键的双边关系,对这一问题的回答既是难于确定的,也是难以预测的。奥巴马政府的总体战略表明,假如某一技术领域内的竞争不是零和博弈,那么其政府会在这些技术领域寻求对华合作。相比之下,特朗普政府未能认识到,随着中国技术进步不断加速,美国的商业和军事创新将愈发依赖与中国的合作,特朗普甚至对部分地满足中国方面的要求也没有任何兴趣。相反,特朗普政府提出了一长串期待中国单方面履行的要求清单。而美方的这些要求与当前中国的战略相冲突。特朗普正在挑战习近平的执政目标,这令中美在技术问题上的对抗更加复杂化,亦无助于未来中美紧张态势的成功化解。

(崔志楠译;李卓校)

专题：建国70周年中国外交（2）

竞争中的战略：中国、美国和印太安全困境

[美] 吴志远

内容提要：中美之间的安全困境很大程度上可以说是由两国对对方采取的地区战略的担心所驱动的。美国分析人士对中国的区域经济外交政策所可能产生的影响感到忧心忡忡，而他们的中国同行则视美国的战略为遏制阴谋。"一带一路"倡议和美国的印太战略在实践中大胆地推进，也使得双方的相互猜疑不断加深。这种认知又进一步加剧了双方的不安全感。尽管如此，双方在追求地区目标时也面对一些重要约束，而且均无力消解对方的关键战略优势，这两项认知缓和了中美之间的安全困境。因此政策制定者必须明白，己方对地区战略的解释和彼方对该战略的感知之间始终存在差距，他们应当避免那些会加剧紧张并引起反制措施的严重挑衅。同时，相互制约也意味着领导人不必过度敏感，两国关系中有希望被注入些许战略稳定性。

关键词：安全困境 遏制 "一带一路" 印太 同盟 中国 美国 战略

一、引言

中美战略竞争正日益加剧。经济上的相互依赖与双方在重大全球议题上的既有合作似乎再也不能像往昔一般，扮演好缓冲角色。这一情况，部分来说是由当下印太地区结构性权力转移所导致的，但也可以归因于中美之间安全困境的激化。安全困境通常被定义为一国对安全的追求引起了另一国的恐惧，由此引发螺旋式竞争。[1] 近年来，中美两国学者识别出了多个加剧安全困境的因素，包括中

吴志远（Joel Wuthnow） 美国国防大学国家战略研究院中国军事研究中心研究员。

原文刊载于北京大学国际战略研究院主办的英文期刊 *China International Strategy Review*（Vol. 1, No. 1, 2019, pp. 99-110）。此处刊载已获作者本人及 *China International Strategy Review* 出版商施普林格·自然（Springer Nature）出版集团的授权许可。

1 Robert Jervis, "Cooperation under the Security Dilemma," *World Politics*, Vol. 30, No. 2, 1978, pp. 167-214.

国有限的军事透明度、[1] 双方的核现代化、[2] 有关国际法的不同观点、[3] 美国对中国"强势（assertiveness）"的描述[4] 以及美军在中国周边地区的军事活动。[5] 有些学者也识别出了若干减缓安全困境的因素。[6]

尽管中美之间的安全困境涉及许多方面，但其根本问题在于，双方都怀疑对方贯彻地区战略的动机。中国的战略以对邻国的外交和经济政策为先声，但在美国决策层看来，这却是中国在谋求建立以中国为核心的地区秩序，而这将使美国的利益和价值观被边缘化。"9·11"后美国的战略重心一度转向反恐战争，如今重返亚洲，亦被中国视为欲盖弥彰的遏制战略。正如本文所述，双方领导人采取的大胆战略激化了上述问题。美国担心"一带一路"倡议会通过"债务陷阱外交"和其他手段将相关国家裹挟进中国的势力范围。中国则担心"自由开放的印太"战略将会强化美国在该地区的同盟体系。正如安全困境理论所预示，双方都在权衡思量反制措施，以期在确保己方影响力的同时，降低对手的影响力。

竞争中的中美战略激化了双方之间的安全困境，但也不能凭此预测双方必将进入全面的战略敌对。两国观察者都承认，金融、外交和政治上的各项限制会约束对方的行动，同时他们也发现己方无法消解对方的关键战略优势。美国的战略家明白，直接对抗中国的经济外交不可取；而他们的中国同行也意识到，打破美国的同盟体系是极其艰难的。对此类限制的相互意识使得双方减轻了对争取决定性优势的渴望，也降低了反制对方动作的紧迫性。从这一角度来说，华盛顿和北京应当采取措施，以避免螺旋式竞争，但也不必因试图避免挑衅而过度小心——很多情况下，另一方没有想象中那么杯弓蛇影。

二、美国对"一带一路"倡议的担忧

中美之间对"一带一路"倡议及其安全影响的认知差距在过去数年中不断拉

---

1 Adam P. Liff and G. John Ikenberry, "Racing toward Tragedy? China's Rise, Military Competition in the Asia-Pacific, and the Security Dilemma," *International Security*, Vol. 39, No. 2, 2014, pp. 52-91.

2 Kenneth Lieberthal and Wang Jisi, "Addressing U.S.-China Strategic Distrust," Washington, DC: Brookings, March 2012, https://www.brookings.edu/wp-content/uploads/2016/06/0330_china_lieberthal.pdf, 2019-04-16.

3 Teng Jianqun, "The Sino-U.S. Security Dilemma: The Root Cause and Way Out," China Institutes for International Studies, February 13, 2017, http://www.ciis.org.cn/english/2017-02/13/content_9334324.htm, 2019-04-17.

4 Alastair Iain Johnston, "How New and Assertive Is China's New Assertiveness?" *International Security*, Vol. 37, No. 4, 2013, pp. 7-48.

5 Wang Dong, "Addressing the U.S.-China Security Dilemma," Washington, DC: Carnegie Endowment for International Peace, January 17, 2013, https://carnegieendowment.org/2013/01/17/addressing-u.s.-china-security-dilemma-pub-50668, 2019-04-17.

6 例如，陆伯彬（Robert S. Ross）就认为地理条件是一个限制因素。Robert Ross, "The Geography of the Peace: East Asia in the Twenty-first Century," *International Security*, Vol. 23, No. 4, 1999, pp. 81-118.

大。中国官员和学者认为，由中国出资的基础设施建设贷款和建设项目将有助于增进地区安全，并常以"安全与发展关联"（security-development nexus）的习语来加以说明。[1] 中国的分析人士指出，基础设施建设支出所刺激的经济增长有助于从源头上控制恐怖主义、缓和因地区领土争端而产生的紧张局势、增进互信并推动安全合作的深入。[2] 那种认为"一带一路"倡议将削弱美国在亚洲影响力的观点，虽非无迹可寻，却也并没有那么引人注目。[3]

一开始美国官员是以友善的用词来谈论"一带一路"倡议的。奥巴马总统指出，"亚洲需要基础设施建设……中国愿意在该地区投资发展项目，这是好事"。[4] 在2017年5月的"一带一路"国际合作高峰论坛上，白宫国家安全委员会负责亚洲事务的高级主管马修·波廷格（Matthew Pottinger）发言中说，"美国认为高质量基础设施发展所推动的经济联结是重要的，因此欢迎包括中国在内的各个国家参与其中"。[5] 上述积极评论无疑并不反映美国对"一带一路"的热情，而是体现出美国内部对于各项议题的考虑有着不同的优先级。由于要在气候变化、贸易、伊朗和朝鲜等议题上争取中国的合作，美国需在习近平主席所重视的"一带一路"议题上做出积极表态——虽然这种表态并无实质性内容。

2017年下半年以来，美方开始更明确地将"一带一路"倡议视为对安全的挑战。2017年10月，美国国务卿雷克斯·蒂勒森（Rex Tillerson）形容基础设施建设贷款为"被强加于贫困借款人的巨额债务"，[6] 表达了美国对中国"债务外交"（指中国运用债权使别国政府的各项政策倾向中国）的明确担心。2017年12月发布的《美国国家安全战略》简要地提及了该问题，称"中国的基础设施建设投资和贸易战略强化了中国的地缘政治目标"。[7] 美国国防部的若干报告则称，北京

---

1 Frances Stewart, "Development and Security," *Conflict, Security & Development*, Vol. 4, No. 3, 2004, pp. 261-288. David Chandler, "The Security-Development Nexus and the Rise of 'Anti-Foreign Policy'," *Journal of International Relations and Development*, Vol. 10, No. 4, 2007, pp. 362-386.

2 Joel Wuthnow, *Chinese Perspectives on the Belt and Road Initiative*, Washington, D.C.: NDU Press, 2017, pp. 9-10.

3 Ibid., pp. 11-13.

4 Joel Wuthnow, "From Friend to Foe-ish: Washington's Negative Turn on the Belt and Road Initiative," *The Asan Forum*, May 21, 2018, http://www.theasanforum.org/from-friend-to-foe-ish-washingtons-negative-turn-on-the-belt-and-road-initiative, 2019-04-15.

5 "United States Says It Supports China's Infrastructure Connectivity," *Reuters*, May 14, 2017, https://www.reuters.com/article/us-china-silkroad-usa/united-states-says-it-supports-chinas-infrastructure-connectivity-plan-idUSKCN18A0D2, 2019-04-16.

6 Rex Tillerson, "Defining Our Relationship with India for the Next Century," Washington, D.C.: Center for Strategic and International Security, October 18, 2017, https://www.state.gov/remarks-on-defining-our-relationship-with-india-for-the-next-century, 2019-10-29.

7 The White House, "National Security Strategy of the United States of America," December 18, 2017, https://www.whitehouse.gov/wp-content/uploads/2017/12/NSS-Final-12-18-2017-0905.pdf, 2019-04-16.

可能会利用"一带一路"倡议"塑造"别国政府的利益,以使其与中国一致,并威吓那些对中国"处理敏感问题的方法"提出的批评。[1] 这些报告还指出,从军事角度来看,中国可能会利用其在斯里兰卡、希腊和澳大利亚的港口扩大其海军舰艇和设施的海外部署。

美国学术界也有同样的担心。纳德吉·罗兰(Nadège Rolland)发表文章称,中国希望用地区一体化来推动一个"新的地区秩序……其规则和规范将体现中国的价值观,反映中国的利益诉求;一个隔绝于美国海权的大陆堡垒"。[2] 伊莱·拉特纳(Ely Ratner)持类似看法,认为"一带一路"倡议将导致一个"非自由的地区秩序",中国能够控制"主要的交通设施,包括港口和机场",并通过提供新的"胡萝卜加大棒,强迫美国的盟友与合作伙伴减少与美国的合作"。[3] 新美国安全中心的其他学者也称,海外投资将使中国能够在"全球供应链的多个环节施加影响力",在未来的冲突中可能会"通过限制制成品和不可再生商品(如重要矿产资源)的供给以影响市场价格"。[4]

以下三种因素可以解释美国这种认知上的负面转向。

首先,中美合作的基石正在日渐销蚀。特朗普政府一开始试图在双边贸易逆差和朝鲜问题上寻求与中国合作,但由于无法达成贸易协定,以及美国转向与朝鲜直接谈判,美国的合作动力减退。这意味着,美国可以较少考虑,是否有必要在像"一带一路"倡议这种问题上避免与中国对立。

其次,中国执行的"有害的"经济政策、在南海的领土主权宣示和军事建设活动,以及被一些观察者认为将会颠覆"民主进程"的"影响力行动",都在美国引起了广泛的关注。美国两党正逐渐取得共识,将中国视为战略竞争者。[5] 这种认知已经在相关文件(例如2017年《国家安全战略》和2018年《美国国防战

---

1 U.S. Department of Defense, "Assessment on U.S. Defense Implications of China's Expanding Global," December 20, 2018, p. i, https://media.defense.gov/2019/Jan/14/2002079292/-1/-1/1/EXPANDING-GLOBAL-ACCESS-REPORT-FINAL.PDF, 2019-04-16; U.S. Department of Defense, "Annual Report to Congress: Military and Security Developments Involving the People's Republic of China 2018," May 16, 2018, p. 12, https://media.defense.gov/2018/Aug/16/2001955282/-1/-1/1/2018-CHINA-MILITARY-POWER-REPORT.PDF, 2019-04-16.

2 Nadège Rolland, "China's 'Belt and Road Initiative': Underwhelming or Game Changer?" *The Washington Quarterly*, Vol. 40, No. 1, 2017, p.137.

3 Ely Ratner, "Geostrategic and Military Drivers and Implications of the Belt and Road Initiative," Testimony before the U.S.-China Economic and Security Review Commission, January 25, 2018, pp. 3-4, https://www.uscc.gov/sites/default/files/Ratner_USCC%20Testimony%20CORRECTED.pdf, 2019-04-16.

4 Daniel Kliman and Abigail Grace, "Power Play: Addressing China's Belt and Road Strategy," Washington, DC: Center for a New American Security, September 20, 2018, https://www.cnas.org/publications/reports/power-play, 2019-10-29.

5 Michael Pence, "Remarks by Vice President Pence on the Administration's Policy toward China," Washington, D.C.: Hudson Institute, October 4, 2018, https://www.whitehouse.gov/briefings-statements/remarks-vice-president-pence-administrations-policy-toward-china, 2019-04-16.

略》)中得到了官方背书,使得两国合作更加缺乏吸引力,而且令"一带一路"倡议——被认为是中国区域扩张野心的缩写——成为关注焦点。

最后,当下一些情况的变化使美国更加关注"一带一路"倡议可能对美国战略利益造成的影响。例如,中国正利用港口建设和投资保护其在新地区的军事通道。一份2018年美国国防部的报告声称,中国在吉布提新建的军事基地(该基地获得了大量中国基础设施建设贷款)及后续可能会修建的基地将"增强中国使用常规军事力量进行威慑的能力,支持中国进行海外军事行动的能力,和控制本处于风险之中的战略经济走廊的能力",并增加解放军在"可能出现的冲突中使敌对行为复杂化"的全球行动能力。[1] 这些情况令美方观点与中方解释之间的差异越来越大。

三、中国对"自由开放印太"的担心

与美国对"一带一路"的担心类似,美方所描述的"自由开放印太"和中方对特朗普政府地区战略的认知之间的差距也日渐拉大。在2017年11月访问亚洲各国期间,美国总统特朗普宣称要"加强印太地区所有国家之间的商贸联系和友好往来,以促进共同繁荣和安全"。[2] 2018年4月,美国副助理国务卿黄之瀚(Alex Wong)诠释了战略的指导原则,包括"免于强制的自由(freedom from coercion)""开放的海上通道和空中航路"以及有利于太平洋两岸人民的互惠贸易协定等。[3] 这些论述有时不点名地提及了中国的行为,例如,黄之瀚提到需要以一种"不给对方造成沉重负担"的方式向小国进行基础设施建设投资,虽然这一提法的重点在于为该地区提供一个积极的愿景。

> 中美之间对"一带一路"倡议及其安全影响的认知差距,以及美方语境下"自由开放印太"和中方对特朗普政府地区战略的认知差距,在过去数年中不断拉大。

中国官方对此反应不一,或是不予评论,或是心存疑虑。当被问及"印太"这一概念时,一位中国外交部发言人称其应当"不针对第三方,且有助于维护地区安全、稳定和繁荣"。[4] 中国外交部长王毅称其为"一时引人注目的想法",并

---

1 U.S. Department of Defense, "Assessment on U.S. Defense Implications of China's Expanding Global," p. i.

2 The White House, "Remarks by President Trump at APEC CEO Summit, Da Nang, Vietnam," November 10, 2017, https://www.whitehouse.gov/briefings-statements/remarks-president-trump-apec-ceo-summit-da-nang-vietnam, 2019-04-16.

3 Alex Wong, "Briefing on the Indo-Pacific Strategy," April 2, 2018, https://www.state.gov/r/pa/prs/ps/2018/04/280134.htm, 2019-04-16.

4 Chinese Ministry of Foreign Affairs, "Foreign Ministry Spokesperson Geng Shuang's Regular Press Conference on Nov 13," November 14, 2017, https://www.fmprc.gov.cn/mfa_eng/xwfw_665399/s2510_665401/t1510216.shtml, 2019-04-18.

强调"当今时代,再挑起冷战已经不合时宜,再搞小圈子对抗更没有市场"。[1] 当美国宣布决定将在亚太地区增加价值1.13亿美元的经济投资时,王毅揶揄道,"一开始我还以为自己听错了。对于一个GDP高达16万亿美元的国家来说,这数字应该至少有10倍以上吧"。[2] 虽然中方并未提出公开批评,但这些言论无疑说明,北京对美国印太战略的目的抱有疑虑,同时也展现了其有能力与美方这种试图削减中国影响力、强化美国对该地区承诺的政策相抗衡的自信。

虽然中国官方在回应中保持了克制,但中国的分析人士已对美国的地区战略公开表达了强烈的担忧。例如,中国国防大学的李大光大校认为,印太战略的内容诸如强化美日、美韩和美澳同盟,与越南和印尼等小国建立安全伙伴关系等,均显示出美国的目标是要"保持其对西太平洋地区的影响力,平衡区域内其他大国的力量"。[3] 中国现代国际关系研究院(CICIR)学者宿景祥同样指责特朗普政府"重新构筑冷战围堵框架,在遏制与平衡中国崛起的同时,也使美国能最大程度地分享这一地区的经济发展成果,尽可能长时间地维系美国的全球霸权地位"。[4]

中方尤其关注"印太战略"的两个核心内容:一是美日印澳四国安全对话以及联合军事演习的重启。对于一些中方观察者来说,美国似乎正谋求制造一个围堵中国的"亚洲版北约"。[5] 二是对美印安全合作的强调。虽然这也是美国前几任政府追求的目标,但"印太"这个词(包括以此重命名的美国印太司令部)以及频繁的高层接触还是引起了中国的强烈关注。夏立平和钟琦担心这种合作将促使印度挑起中印边界紧张局势,并对"一带一路"倡议采取更加强硬的立场。[6] 社科院南亚研究中心主任叶海林则警告,美印合作将在已有的美日同盟之外,给中国制造新的周边战略方向上的压力。[7]

这些评估反映出了长期以来中国对美国军事同盟的重重疑虑。中国主要担心的是,这些军事同盟,包括相关军事演习、前沿基地部署以及其他因素,都意味

---

[1] Chinese Ministry of Foreign Affairs, "Foreign Minister Wang Yi Meets the Press," March 9, 2018, https://www.fmprc.gov.cn/mfa_eng/zxxx_662805/t1540928.shtml, 2019-04-18.

[2] Charissa Yong, "U.S. Announces U.S. $300 Million to Fund Security Cooperation in Indo-Pacific Region," *Straits Times*, August 4, 2018, https://www.straitstimes.com/politics/us-pledges-nearly-us300-million-security-funding-for-south-east-asia, 2019-04-18.

[3] 李大光:《从〈国防战略〉报告看特朗普"印太战略"端倪》,《中国经贸导刊》,2018年第7期,第71—72页。

[4] Su Jingxiang, "Containment and Its Discontents after Trump's Asia Trip," *China-U.S. Focus*, November 17, 2017, https://www.chinausfocus.com/foreign-policy/containment-and-its-discontents-after-trumps-asia-trip, 2019-04-17.

[5] Joel Wuthnow, "U.S. 'Minilateralism' in Asia and China's Responses: A New Security Dilemma?" *Journal of Contemporary China*, Vol. 28, 2019, pp. 133-150.

[6] 夏立平、钟琦:《特朗普政府"印太战略构想"评析》,《现代国际关系》,2018年第1期,第27页。

[7] 叶海林:《"印太"概念的前景与中国的应对策略》,《印度洋经济体研究》,2018年第2期,第10—11页。

着美国试图限制中国的崛起并施以军事包围。[1] 虽然也有一些中国专家认识到美国在转向亚洲的过程中也包含更具善意的经济动机，[2] 但在中国看来，奥巴马政府的"亚太再平衡"战略与印太战略一样寻求巩固美国在该地区的同盟关系和军事存在，这正坐实了中国的疑虑。此外中国还担心，这些同盟关系非但不能缓和地区内竞争，反而使得中国的对手更加无所顾忌，从而火上浇油，加剧地区内对立——经典案例如美日同盟，中国学者认为正是其促使日本摆脱二战后所受到的武力使用限制。[3] 总之，虽然美国描述了"一个自由而开放的地区"的愿景，中方观察者仍然对其动机持怀疑态度。

中国的其他担忧则集中于美国围绕中国边界进行的大小军事活动。一个引人注目的例子是，特朗普政府上台后，美国在南海更加频繁地进行"自由航行"（FON）巡航。复旦大学学者吴心伯指出，特朗普执政首年，美军在南海开展巡航的频率远超奥巴马政府时期，他认为这是由于军方被赋予了在南海更大的"行动自由"。吴心伯还认为，美国正向包括澳大利亚和英国在内的盟友施压，要求他们"派军舰巡航南海，以加大对中国的压力"。[4] 南京大学学者朱锋也有类似的观点，他指出特朗普政府上台后的所谓"自由航行行动"中，"多次出现并非是'无害通行'的直线和不间断航行，而是有多次改变航线、故意在中方水域延长滞留时间的航行"。[5] 总之，对于特朗普政府所阐释的印太战略的积极目的，中方观察者是不予采信的。

四、相互限制

虽然双方均坦承本国所追求地区战略的动机并非出于恶意，但追求地区战略的行为确实引起了对方的关注。正如安全困境的逻辑所预示的那样，每一方的战略都是为了应对另一方的战略。为了应对"一带一路"倡议，美国的分析人士鼓吹要散布一种具有说服力的"反叙事"，增强盟友和合作伙伴的军事能力，在替代性基础设施投资计划上与盟友合作，并采取措施"遏制中国向印度洋的军事进入"。[6] 为了应对特朗普政府的战略调整，中国的分析人士建议推进"一带

---

[1] Adam P. Liff, "China and the U.S. Alliance System," *The China Quarterly*, Vol. 223, 2018, pp. 157-158. 亦可见 John Garver and Fei-Ling Wang, "China's Anti-Encirclement Struggle," *Asian Security*, Vol. 6, 2010, pp. 238-261。

[2] 袁鹏：《新时代中国国际战略思想与战略布局》，《现代国际关系》，2017年第11期，第1—8页。

[3] Thomas J. Christensen, "China, the U.S.-Japan Alliance, and the Security Dilemma in East Asia," *International Security*, Vol. 23, No. 4, 1999, pp. 49-80.

[4] 吴心伯：《特朗普执政与美国对华政策的新阶段》，《国际问题研究》，2018年第3期，第85—86页。

[5] 朱锋：《"印太战略"阴影下的南海大国较量》，《世界知识》，2018年第1期，第19页。

[6] Daniel Kliman and Abigail Grace, "Power Play: Addressing China's Belt and Road Strategy," pp. 22-24.

一路"倡议,通过经济上的让步分化印度等国,[1] 并加强在周边海域的军事力量存在。[2] 双方咄咄逼人的尺度决定了下一轮往来会否更甚一步地增加各自的不安全感。

尽管如此,竞争升级的预测也不应被夸大。理由之一是双方的观察者均认识到了加之于对方雄心壮志之上的多重限制。美国观察者举出了"一带一路"倡议的几处弱点:首先,中国的外汇储备有限,且其注意力正集中于由中美贸易战所导致的对美出口减少,这些都降低了中国扩大对外基础设施投资的能力,而这正是"债务陷阱外交"的关键所在。[3] 其次,"一带一路"倡议面临合作伙伴资信较差、法律纠纷和安全风险等问题,这使得中国官方在推进投资活动时更加谨慎,甚至对部分私人投资者进行限制。例如,最近的一些证据显示,由于担心资本外流,"一带一路"相关的商业地产交易出现了"显著放慢"。[4] 最后,即使美国主导的"反叙事"响应寥寥,倘若"一带一路"倡议不能惠及当地人口,中国仍然要面对来自包括马尔代夫、马来西亚在内各国的外交抵制。

中国的分析人士也在持续关注美国印太战略的短板。有观点认为,鉴于特朗普政府主张"美国优先"、在经贸方面采取粗暴做法以及对同盟价值的怀疑主义,印太地区国家对于美国推进该战略的承诺持怀疑观望态度,[5] 这最终会危及美国在该地区的影响力。另一个观点是,多数第三国,包括美国的盟友,重视与中国的经贸联系,因此并不愿追随美国的遏制图谋而与北京对立。[6] 许多中方分析人士也怀疑美国是否能将印度纳入其战略轨道。新德里历史上曾奉行不结盟战略,美印关系中存在许多裂痕(如印度与俄罗斯的军售往来),中国与印度之间也有

---

[1] 夏立平、钟琦:《特朗普政府"印太战略构想"评析》,第28页;王鹏:《"对冲"与"楔子":美国"印太"战略的内生逻辑》,《当代亚太》,2018年第3期,第51页;胡仕胜:《特朗普的"印太战略"构想与中印互动前景》,《世界知识》,2018年第5期,第28—30页。

[2] Liang Fang, "Indo-Pacific Strategy Will Likely Share the Same Fate as Rebalance to Asia-Pacific," *Global Times*, December 3, 2017, http://www.globaltimes.cn/content/1078470.shtml, 2019-05-16.

[3] Cecilia Joy-Perez and Derek Scissors, "Be Wary of Spending on the Belt and Road," Washington, D.C.: American Enterprise Institute, November 14, 2018, http://www.aei.org/publication/be-wary-of-spending-on-the-belt-and-road, 2019-10-29.

[4] Don Weinland, "China's Belt and Road Property Boom Cools Off," *Financial Times*, March 31, 2019, https://www.ft.com/content/49bdc916-5033-11e9-b401-8d9ef1626294, 2019-04-18.

[5] Zhang Jiadong, "Uncertainty Lingers in U.S. Indo-Pacific Move," *Global Times*, June 5, 2018, http://www.globaltimes.cn/content/1105664.shtml, 2019-04-18. Chen Jimin, "The Indo-Pacific Strategy's Obstacles," *China-U.S. Focus*, October 10, 2018, https://www.chinausfocus.com/foreign-policy/the-indo-pacific-strategys-obstacles, 2019-04-18.

[6] "'Indo-Pacific': A New Term for Old Anxieties," *Global Times*, November 14, 2017, http://www.globaltimes.cn/content/1075216.shtml, 2019-04-18.

经济合作。¹ 也有观点较为乐观，认为双方都认识到了维持一个稳定、富有成效的中美关系的重要性，这将能够限制美国战略中的挑衅性。²

同时，中美双方均认识到，己方无法消解对方的关键性战略优势，这一点能缓和安全困境。美方分析人士指出，对于"一带一路"倡议，一个对等的回应无论在政治还是经济上都是不可行的。虽然国会在《更好利用投资引导发展法案》（BUILD）下授权为基础设施建设新增300亿美元的投资基金，但美国的支出仍然远低于中国所承诺的数千亿美元。美方分析人士认为，在承认"一带一路"倡议是许多国家的主要资金来源的前提下，美国最多只是一个有意义的备选项。特朗普政府正准备削减包括美国国际开发署和亚洲开发银行在内各机构的预算，而这些机构本可以对"一带一路"倡议提出有力的挑战。美方观察家也了解到，第三国对"一带一路"倡议及类似动议（如亚投行）态度不一，有些国家出于经济考虑倾向于加入合作（或是希望以参与其中的形式来拉拢中国）。³ 这些都将使美国难以协调一个制衡联盟。

> 双方均认识到加之于对方雄心壮志之上的多重限制，而且均无力消解对方的关键战略优势，这两项认知缓和了中美之间的安全困境。

中方的观察者同样认识到，北京对于阻止对手的计划是心有余而力不足的。关键原因是，中国并无意在该地区瓦解美国的同盟关系、并组建一个由中国领导的安全架构取而代之。中国现代国际关系研究院院长袁鹏指出，中国的"经济、文化优势"使其能够与美国的军事同盟"全面相持"，而且这一局面一时"难有根本改观"。⁴ 2017年发表的《中国的亚太安全合作政策》白皮书中也称，"历史形成的军事同盟"将在东亚安全板块中长期存在，但其他机制如东盟和上海合作组织也将与之并行。白皮书中提出展望，"地区安全架构演进过程中"，"多种机制将齐头并进"，而未论及对现有秩序的取代。⁵ 瓦解美国的地区同盟或许是中国的长期目标，但至少在可预见的未来，这一目标是不可及的。

---

1 Zhang Zhaozhong, "Will U.S. and India Achieve Objective of Jointly Containing China?" *China Military*, November 1, 2017, http://eng.chinamil.com.cn/view/2017-11/01/content_7808509.htm, 2019-04-18. Zhang Jiadong, "Trump Cranks Up Pressure on India by Rejecting Invitation," *Global Times*, November 4, 2018, http://www.globaltimes.cn/content/1125760.shtml, 2019-04-18. 夏立平、钟琦：《特朗普政府"印太战略构想"评析》，第26页。

2 Chen Jimin, "The Indo-Pacific Strategy's Obstacles".

3 Tobias Harris, "'Quality Infrastructure': Japan's Robust Challenge to China's Belt and Road," *War on the Rocks*, April 9, 2019, https://warontherocks.com/2019/04/quality-infrastructure-japans-robust-challenge-to-chinas-belt-and-road, 2019-10-29.

4 袁鹏：《新时代中国国际战略思想与战略布局》，第8页。

5 Chinese State Council Information Office, "China's Policies on Asia-Pacific Security Cooperation," January 11, 2017, http://english.gov.cn/archive/white_paper/2017/01/11/content_281475539078636.htm, 2019-04-16.

五、结论

毫无疑问，中美之间的战略竞争正在加速进行，而日益加剧的安全困境正是其中关键。北京和华盛顿都认为自己的地区战略将对地区安全产生"净正面效益"（考虑到双方都试图开发新的市场并挖掘该地区巨大的经济潜力，其所带来的经济效益也将是可观的），但这些阐述均为对方的精英和学者所曲解。其结果是，双方持续进行战略调整，以期在面临对方威胁时能够维护己方的利益。尽管如此，双方的领导人也都能意识到，在目前状况下谋求地区主导权乃是追求海市蜃楼：由于双方所受到的内部约束和来自对方的挑战，霸权是不可实现的。战略竞争的紧张程度由此得以缓解。

本文同时具有理论和现实意义。理论方面，在中美关系现状中廓清"安全困境"的含义需要考虑双方对地区战略的感知，而非只关注某种能力（正如国际关系理论中所强调的那样）。[1] 中国的关注焦点集中于美国的同盟网络以及相关活动，例如联合军演、前沿部署和共同巡航，以及像四方安全对话这样的关键性的安全伙伴关系和倡议。[2] 美国则关注"一带一路"倡议中的经济内容，包括"债务外交"和港口投资，认为其潜在的安全影响将扩大两国之间的安全困境。

另一个相关的意义则事关安全困境如何得以缓解。现在已经没有人认为，经济相互依赖和在气候变化、核不扩散等全球重大议题上的合作还能够继续对两国关系发挥稳定作用了。更为重要的是，当前情况下双方都不确定是否存在战略上战胜对手的必要性和可行性。一些观点可能会夸大对手执行战略的能力，但是对于己方实力和对方实现地区霸权的能力，两国明智的观察者皆已表达了持平之论。资金方面的限制，和第三国对于"选边站"的不情愿，对双方来说都是约束，此外还有一些像特朗普"美国优先"原则这样怪异的限制条件（见第46页注释3）。[3] 对己方的局限有清醒的认识，这将减少参与竞争的冲动。美国承认，与"一带一路"倡议正面抗衡将是徒劳无益的，而中国也接受了美国同盟在该地

---

[1] 关于进攻性武器加剧安全困境的讨论，可参考斯蒂芬·范·埃弗拉（Stephen Van Evera）、柯庆生（Thomas J. Christensen）和查尔斯·格拉泽（Charles L. Glaser）的讨论。Stephen Van Evera, "Offense, Defense, and the Causes of War," *International Security*, Vol. 22, No. 4, 1998, pp. 5-43; Thomas J. Christensen, "China, the U.S.-Japan Alliance, and the Security Dilemma in East Asia"; Charles L. Glaser, "The Security Dilemma Revisited," *World Politics*, Vol. 50, No. 1, pp. 171-201.

[2] 亚当·利夫（Adam P. Liff）和约翰·伊肯伯里（G. John Ikenberry）就美国的同盟做出了类似的论述，见 Adam P. Liff and G. John Ikenberry, "Racing toward Tragedy? China's Rise, Military Competition in the Asia-Pacific, and the Security Dilemma"。

[3] 约翰·伊肯伯里指出，许多第三国并不希望"选边站"，而是更愿意"渔翁得利"。见 G. John Ikenberry, "Between the Eagle and the Dragon: America, China, and Middle State Strategies in East Asia," *Political Science Quarterly*, Vol. 131, No. 1, 2016, pp. 9-43.

区的长期存在，这些认识都已经在一定程度上得到证实了。

从现实政策角度来说，本文可以提供两条建议：第一，鉴于双方均将对方的战略视为威胁并考虑采取应对措施，两国领导人必须认识到，他们正卡在一个"行动—反应"的死循环里。公开释放的"再保证"迄今为止并未奏效，由于双方皆疑虑重重，继续喊话很可能仍是徒劳无功。一些有可能令对方反应升级的敏感行动（例如，中国对黄岩岛领土主权的宣示和美国的近距离侦察行动）亟待评估。它们是否有可能被暂时搁置或加以修正，这需要双方进行持续对话，深入了解对方能够或不能接受的行为。另外可以预见的是，两国的军事力量将在南海和台湾海峡等地继续保持近距离活动，这也需要官方建立机制，以便在发生沟通误解时缓解紧张状态。

第二，尽管必须小心地应对竞争，但北京和华盛顿的决策者也不应该由于太想要避免挑衅而过度紧张。由于双方各自面临限制，某些行动未必会被认作打破地区平衡的关键祸因。"一带一路"倡议的投资不会消解（但可能会弱化）美国的同盟体系，而"自由航行"行动也不会破坏中国广泛存在的经济优势。过度的自我限制对避免一场大对抗来说并不必要，毕竟对方也不会在第一时间就意识到这种危险。总之，两国官方需要考虑并设法缓解印太地区日益加剧的战略竞争，冷静评估己方的目标及其实现的可能性，以助改善局面。

（马相伯译；李卓、曾楚媛校）

美国对华政策中的"文明"问题

于 滨

内容提要：特朗普执政以来，美国政治的泛种族化愈演愈烈。美国国务院前高官斯金纳在文明/种族层面界定美国对华政策，为双边关系注入新的不稳定因素。本文以20世纪初美国国际关系研究为切入点，考察百余年来文明/种族问题在美国内外政策中的特定含义，梳理二者之间的共生（symbiotic）现象，进而探究美国国际关系理论、地区研究和对华政策中更为深层的观念。种族问题在美国内政外交中表现出的韧性和力度，既源于历史沉积，也有强烈的人工塑造的痕迹。在美国高度意识形态化和日益种族化的话语体系和决策观念中，改善中美关系的难度极大。对此，中方应未雨绸缪，对未来双边关系继续恶化做好充足的心理准备；同时冷静应对双边关系已经开启的长期震荡和低谷期，继续推进文明对话，以期减少文明/种族因素对中美关系的影响，为未来改善双边关系创造条件。

关键词：中美关系　国际关系　文明冲突　泛种族化　冷战

特朗普执政以来，在贸易、科技、安全等领域奉行全面制衡的对华战略，不断试探、挑衅和突破中美双边关系的底线，使本来就相当脆弱的中美关系日益滑向"修昔底德陷阱"。不仅如此，特朗普团队欲"高屋建瓴"，将世界上两个最大国家之间复杂的共生/互动关系，推向所谓"文明冲突"（即种族冲突）的不归之路。

于 滨　美国文博大学（Wittenberg University）政治学教授，上海美国学会和华东师范大学俄罗斯研究中心资深研究员。

本文部分内容根据作者2018年6月15日在北京大学国际战略研究院"北阁论衡"第24讲：《美国的中俄问题》整理而成。在此感谢北京大学国际战略研究院王缉思教授和关贵海副教授在写作过程中提出的宝贵意见。

一、斯金纳的"文明""快闪"

2019年4月29日，时任美国国务院政策规划办公室主任凯伦·斯金纳（Kiron Skinner）表示：美中之间的竞争是两个文明和两个人种之间的斗争，是美国从未经历过的。为此，她所主持的国务院正在制定一项类似冷战期间由乔治·凯南（George Kennan）提出的对付苏联的"遏制"战略，以便应对中国这样一个"非高加索人种[1]的强大竞争对手"。相比之下，冷战期间美国与苏联的竞争不过是"西方家族的内部之争"。[2]

一位非洲裔女性外交高官从白种人的视角出发，透过具有强烈种族色彩的所谓"文明"棱镜来审视世界两强之间错综复杂的关系，不仅在美国外交史上前所未有，即便在当下"政治正确"占主导的美国外交圈内，也是一个匪夷所思的现象。对此，美国政治精英的反应相当复杂。斯金纳的论点虽得到一些极右人士的支持（如史蒂夫·班农（Steve Bannon）等），[3]但在华盛顿圈内却遭到了几乎一边倒的批评。[4]除了难以认同斯金纳露骨的种族主义和蹩脚的历史观以外，[5]建制派还担心"文明冲突论"不仅不利于团结非西方盟友共同遏华，还会弱化美国对世界的道义感召力。[6]建制派最为忌讳的是，"文明冲突论"会给人以某种印象，即美国与同为白种人的纳粹的关系远超其与中国的关系。[7]斯金纳的"大战略"虽颇具争议，但却很快淡出了公众的视野，支持者和反对者似乎都无心恋

---

[1] 非高加索人种即指白人。

[2] Joel Gehrke, "State Department Preparing for Clash of Civilizations with China," *Washington Examiner*, April 30, 2019, https://www.washingtonexaminer.com/policy/defense-national-security/state-department-preparing-for-clash-of-civilizations-with-china, 2019-07-15.

[3] Bill Gertz, "State Department Policy Leader Unfairly Criticized as Racist, Supporters Say," *Free Beacon*, May 7, 2019, https://freebeacon.com/national-security/state-department-policy-leader-unfairly-criticized-as-racist-supporters-say/, 2019-07-16.

[4] Ibid.; John Pomfret, "Why The United States Doesn't Need to Return to A Gentler China Policy," *Washington Post*, July 9, 2019, https://www.washingtonpost.com/opinions/2019/07/09/why-united-states-doesnt-need-return-gentler-china-policy/, 2019-07-16.

[5] 斯金纳将中美之间的竞争定义为"首次黄白文明冲突论"，完全忽视了二战期间美日之间进行的太平洋战争。

[6] 参见 Hal Brands, "'Clash of Civilizations' Has No Place in U.S. Foreign Policy," *Bloomberg*, May 4, 2019, https://www.bloomberg.com/opinion/articles/2019-05-04/-clash-of-civilizations-has-no-place-in-u-s-foreign-policy，2019年7月16日登录。

[7] Fareed Zakaria, "The Trump Whisperer and His Dark Worldview," *Washington Post*, May 2, 2019, https://fareedzakaria.com/columns/2019/5/2/the-trump-whisperer-and-his-dark-worldview?rq=skinner, 2019-07-16.

战，斯金纳本人在2019年8月离职前也从未公开回应众多的质疑和批评。[1] 她在任时鼓吹的"文明冲突论"会在多大程度上体现在美国国务院的对华大战略中，人们还要拭目以待。

然而这番"斯金纳快闪"还是揭示了美国外交理念中一些深层问题。多年来，"种族"在美国外交中一直是一个被刻意回避的符号。在亨廷顿（Samuel P. Huntington）1993年发表的《文明的冲突？》中，其论断主要基于宗教、文化、历史和语言等因素，未直接涉及种族问题。[2] 2001年"9·11"恐袭事件后，"文明冲突论"盛行一时。即便如此，小布什政府顶住巨大压力，拒绝将整个伊斯兰文明当作西方的敌手。[3] 亨氏文章问世四分之一世纪后，美国外交决策的最高智囊机构为何在对华政策上把文明与种族和肤色直接挂钩？这种以"文明"包装的"惊人的野蛮"[4] 是斯金纳本人的"无知"或心血来潮，还是美国对华政策中更为深层的理念和战略焦虑的表露？是特朗普及其团队的独有现象，还是具有更广泛的、超越时空的政治文化基础？中美建交40载，双方在经贸、社会、文化等方面深度交融，如若美方执意将种族问题引入世界上最重要的双边关系，那么这一变量在对华政策中将如何操作（operationalize）？当年凯南提出的对苏"遏制"战略，在他本人看来是在"绥靖"与第三次世界大战两个极端选项中的第三条道路；[5] 以文明冲突主导美国对华大战略是否会排除凯南式的"妥协"？如此众多悬而未决的问题，不是斯金纳快人快语、说完走人就可以了结的。

> 观察和分析美国高度意识形态化和日益泛种族化的政治生态，有助于应对中美关系的长期震荡和低谷期，也有利于把握中美双边关系互动的底线、方向和力度。

有鉴于此，本文首先以美国外交和国际关系理论发展为切入点，考察百余年来文明/种族问题在美国内外政策中的特定含义，梳理二者之间的共生现象，进而探究美国对华政策中更为深层的观念。观察和分析美国高度意识形态化和日益泛种族化的政治生态，有助于应对中美关系已经开启的长期震荡和低谷期，也有利于把握中美双边关系互动的底线、方向和力度。[6] 最后本文在理论与政策的交汇层面，观察

---

[1] 斯金纳因"虐待下属"于2019年8月初被解职。可参见 Joel Gehrke, "Mike Pompeo Fires Top State Department Official Accused of Abusing Staff," *Washington Examiner*, August 2, 2019, https://www.washingtonexaminer.com/news/top-pompeo-adviser-fired-after-unhappy-staffers-revolt，2019年8月2日登录。

[2] Samuel P. Huntington, "The Clash of Civilizations?" *Foreign Affairs*, Vol. 72, No. 3, Summer 1993, pp. 22-49.

[3] 参见 Hal Brands, "'Clash of Civilizations' Has No Place in U.S. Foreign Policy"。

[4] 沈逸：《华盛顿焦虑到不再掩饰，露出了惊人的野蛮》，观察者网，2019年5月6日，https://www.guancha.cn/ShenYi/2019_05_06_500459.shtml，2019年7月16日登录。

[5] John Lewis Gaddis and George F. Kenna, *An American Life*, New York, NY: Penguin Book, 2012, p.694.

[6] Wang Jisi and Hu Ran, "From Cooperative Partnership to Strategic Competition: A Review of China-U.S. Relations 2009-2019," *China International Strategy Review*, Vol. 1, No. 1, 2019, https://doi.org/10.1007/s42533-019-00007-w, 2019-07-18.

"斯金纳现象"与美国国际关系理论、地区研究和外交决策的互动关系。

二、种族的诱惑与尴尬

斯金纳将中美关系置于文明/种族层面探讨之时，正值种族问题在美国国内呈井喷之势，[1] 这与百年前的美国何其相似。19世纪末20世纪初，美国完成本土开拓并征服西半球，开始摆脱孤立主义，走向充满诱惑却又难以把控的外部世界。面对强国林立的"老欧洲"和广袤、动荡的非西方世界，刚刚起步的美国国际关系学（IR），却是以"种族"（即白人至上主义和信奉适者生存的社会达尔文主义）为基准来透视复杂多变的国与国关系。在国际关系学者笔下，处于国际秩序顶端的是"文明"的欧洲人及美洲、澳洲和南非的白种人，最底层的是黑人，二者之间的是其他各色"野蛮"人种。在这一"文明"vs"野蛮"的等级建构中，有色人种"文明"程度的提升，必须由"宽宏大量的"（magnanimously）白种人加以"教化"才能实现。不仅如此，生物学上"劣等"的有色人种之间没完没了的冲突，需要白种人以武力加以控制。有色人种的这些秉性不仅使奴隶制、帝国征服、殖民主义和种族灭绝的行为名正言顺，也催生了为之理论化的国际关系研究，即事实上的"种族关系理论"（interracial relations）。[2]

在那个种族至上（centrality of race）的时代，美国第一份也是聚焦外交问题最重要的杂志1910年创刊时取名为《种族发展研究》（*Journal of Race Development*），九年后更名为《国际关系杂志》（*Journal of International Relations*），1922年美国外交委员会将其确定为旗舰刊物，杂志再度更名为《外交季刊》（*Foreign Affairs*）并使用至今。[3] 与此同时，彼时的美国政治学被认定为美国白种人"最宝贵的财富"，[4] 很多政治学家极为崇拜纳粹德国高效率的统治机能。[5]

---

1 如特朗普与四位民主党女性议员和黑人议员伊莱贾·卡明斯（Elijah Cummings）的口水战，参见 Deb Riechmann, "Trump Blasts 4 Congresswomen; Crowd Roars, 'Send Her Back!'" *AP News*, July 16, 2019, https://www.apnews.com/eb7f2bf6a7bd41e282a95dcf3904a877, 2019年7月18日登录；Allan Smith, "Trump Calls Cummings A 'Racist' in Second Day of Attacks on Lawmaker, Baltimore," *NBC News*, July 28, 2019, https://www.nbcnews.com/politics/donald-trump/trump-continues-attacks-cummings-baltimore-n1035406, 2019年7月18日登录。

2 Robert Vitalis, *White World Order, Black Power Politics*, Ithaca, NY: Cornell University Press, 2015, pp.5-6; Errol Henderson, "Hidden in Plain Sight: Racism in International Relations Theory," *Cambridge Review of International Affairs*, Vol.26, No.1, March 2013, pp.1-22.

3 Robert Vitalis, "Birth of A Discipline," in David Long and Brian Schmidt, eds., *Imperialism and Internationalism in the Discipline of International Relations*, New York, NY: State University of New York, 2005, pp.159-181.

4 Ibid.

5 Ido Oren, *Our Enemies and US: America's Rivalries and the Making of Political Science*, Ithaca, NY: Cornell University Press, 2002.

20世纪初，当快速崛起的美国步入国际社会之时，所谓"文明问题"也充斥着"英语文化圈"（the Anglosphere），"文明"与"野蛮"被认为是西方（白种人）与非西方（有色人种）之间不可逾越的鸿沟。[1] 然而这一"文明"讨论的背后，也有西方老牌殖民国家（英国）与新兴大国（美国）的利益交换：前者惧于德国的快速崛起，而且已经难以支配广大的殖民帝国；年轻而富有活力的美国则跃跃欲试，有意在西半球之外有所作为。英国作家吉卜林（Rudyard Kipling）在他著名的《白人的负担》一诗中，呼吁美国承担更多统治非西方的责任，以便把那些"半人半鬼"的"郁闷的侏儒们"提升到"文明"的水平。[2] 至少在英语世界中，文明与种族问题已成为一枚硬币的两面，相互衬托，不分彼此。

百年前美国学界对种族问题的执着有其特定的国内背景。南北战争以后，美国经济发展进入快车道，但在此后百年中，南方数以百万计摆脱奴隶身份的有色人种（主要是黑人）仍然生活在大规模的种族隔离政策的禁锢之中。对于主流社会来说，种族问题挥之不去，又无法摆脱，只能用"隔离"的方式冷处理，这在西方国家中是独一无二的。

英语世界以外，美国政治生态和社会的这一特殊建构也不乏魅力。比如，1933年德国纳粹上台之初，苦于无法名正言顺地"处理"大批犹太人和其他"劣等"族群（吉普赛人、残疾人等），美国以立法方式固化的种族隔离制度为其提供了一个现成的范本，具有很强的可复制性和可操作性。为此，德国在20世纪30年代派遣大批律师、学者和官员赴美，实地考察美国的种族隔离法，并以此为蓝本制定了针对犹太人的《纽伦堡法》（Nuremberg Laws）。[3]

其实早在希特勒上台十多年前的1921年，美国官方就开始限制来自被认为是劣质基因的南欧和东欧移民，其中很多东欧移民是犹太人。[4] 1924年新移民法正式颁布，美国大幅度削减了来自东欧、南欧和亚洲的移民配额。[5] 根据丹尼尔·奥克伦特（Daniel Okrent）的新作《移民免入》，当时反移民的急先锋是美国东北部，尤其是波士顿和纽约一带热衷于优生学的各类精英，其中包括很多"进步"人士。时任美国副总统小卡尔文·柯立芝（Calvin Coolidge, Jr.）公

---

1 Ellen Sebring, "Civilization & Barbarism: Cartoon Commentary & 'The White Man's Burden' (1898-1902)," https://visualizingcultures.mit.edu/civilization_and_barbarism/cb_essay02.html, 2019-07-18.

2 Rudyard Kipling, "The White Man's Burden" (1899), https://sourcebooks.fordham.edu/mod/Kipling.asp, 2019-07-18.

3 James Whitman, *Hitler's American Model: The United States and the Making of Nazi Race Law*, Princeton, NJ: Princeton University Press, 2017.

4 从1880—1924年，大约两百万来自俄国、奥匈和罗马尼亚的犹太人移居美国，参见Joellyn Zollman, "Jewish Immigration to America: Three Waves," https://www.myjewishlearning.com/article/jewish-immigration-to-america-three-waves/, 2019年7月18日登录。

5 即The Immigration Act of 1924 or Johnson–Reed Act, 其中包括Asian Exclusion Act 和 National Origins Act。参见http://www.legisworks.org/congress/68/publaw-139.pdf, 2019年7月18日登录；http://legisworks.org/sal/43/stats/STATUTE-43-Pg153a.pdf, 2019年7月18日登录。

开宣称,"生物定律"证明南欧和东欧人属于劣等人种。这一针对"劣等人"的歧视性政策延续了40余年,期间纳粹大规模屠杀欧洲犹太人,但直至二战结束,美国仍拒绝放宽对包括犹太人在内的东欧移民的限制。[1] 令战胜国异常尴尬的是,在纽伦堡审判中,很多纳粹官员都引用战前美国主导的优生学为他们的罪行辩护。[2]

二战前美国与种族主义的不解之缘,似乎到1945年戛然而止。在美国国际关系学者笔下,二战后美国的国际关系理论基本上承袭了古希腊古典现实主义的精髓(即对实力消长和国家利益的关注),[3] 摒弃了欧洲学派的理想主义和对外政策中的绥靖主义;汉斯·摩根索(Hans Morgenthau)等欧洲学者中的现实主义论者,只有在美国才得以安身立命,将其学说发扬光大;[4] 20世纪初,美国虽然也有美国版的自由主义(即威尔逊主义),但很快就被孤立主义所抵消。[5] 如此叙事,构筑了美国作为修昔底德两千余年以后西方现实主义真正传承者的地位,但却完全忽视了种族变量在美国早期国际关系理论中占据中心地位的历史,给人以一步到位的感觉。直到冷战以后,美国学者罗伯特·维塔里斯(Robert Vitalis)在麻省克拉克大学图书馆中,偶然发现20世纪初美国国际关系理论初创时有关种族问题的大量文献。[6] 此前,只有美国历史学家迈克尔·亨特(Michael Hunt)在20世纪80年代后期,系统地指出种族主义在美国外交中不可或缺的作用,[7] 但这一批判性论点被完全淹没在西方赢得冷战的狂欢之中。

冷战结束后,国际关系理论中的女权主义、[8] 建构主义[9] 异军突起,挑战传统

---

[1] Daniel Okrent, *The Guarded Gate: Bigotry, Eugenics and the Law That Kept Two Generations of Jews, Italians, and Other European Immigrants Out of America*, New York, NY: Scribner, 2019.

[2] Paul Weindling, "German Eugenics and the Wider World: Beyond the Racial State," in Alison Bashford and Philippa Levine, eds., *The Oxford Handbook of the History of Eugenics*, Oxford, UK: Oxford University Press, 2010, p.327.

[3] 如修昔底德在《伯罗奔尼撒战争史》一书中对公元前5世纪斯巴达和雅典之间战争的描述。

[4] 汉斯·摩根索1904年生于德国,年轻时期在欧洲先后攻读哲学、文学、法律和国际政治,毕业后先后在日内瓦大学和西班牙马德里国际研究学院任教。由于法西斯对犹太人的迫害,他无法回到德国,遂于1937年辗转来到美国,并于1943年加入美国国籍。

[5] Robert Vitalis, *White World Order, Black Power Politics*, pp.5-6.

[6] Ibid., pp.1-54.

[7] Michael Hunt, *Ideology and U.S. Foreign Policy*, New Haven, CT: Yale University Press, 1987.

[8] Cynthia Enloe, *Bananas, Beaches and Bases: Making Feminist Sense of International Politics*, Oakland, CA: University of California Press, 1990. 2019年7月底,美国政治学权威期刊《美国政治科学评论》(*American Political Science Review*)的12位编辑为清一色的女性政治学家,参见 Sarah Todd, "A Top US Political Science Journal Ignored Race and Gender-Until 12 Women Took Over," *Quartz at Work*, July 31, 2019, https://qz.com/work/1679115/the-top-us-political-science-journal-will-now-be-led-by-12-female-professors/,2019年7月18日登录。

[9] Alexander Wendt, "Anarchy is What States Make of It: The Social Construction of Power Politics," *International Organization*, Vol. 46, No. 2, Spring 1992, pp. 391-425.

的现实主义和自由主义范式，并迅速成为国际关系理论的重要部分，唯有种族问题仍不登大雅之堂。进入21世纪，个别学者开始论及种族在国际关系理论建构中的作用，但仅限于在对历史的发掘和评判，远远谈不上理论化。[1] 美国大学的国际关系教科书基本不论及种族问题，[2] 完全回避种族在美国早期国际关系理论建构中的中心作用。[3]

> 对于美国国际关系学界，种族问题确实是一个难以启齿却又无法消除的历史痕迹，冷处理也许是唯一的出路。

对于美国国际关系学界，种族问题确实是一个难以启齿却又无法消除的历史痕迹（inconvenient truth），冷处理也许是唯一的出路。按英国学者苏珊·佩德森（Susan Pedersen）的话说，种族问题在美国国际关系学界"命中注定要销声匿迹"（destined to disappear）。[4] 即便在亨廷顿1993年发表的《文明的冲突？》中，也有意无意地排除了任何"种族"字眼。[5] 这种人工建构的种族"中立"表象，既漂白了自身污点，也占据了道义制高点。直至2016年底，美国政界和国际关系理论界再度为种族问题所缠绕。

三、2016年："种族"归去来兮

2016年美国大选，种族问题再次回归美国内政外交主场。与以往不同的是，特朗普及其反对者都攻击对方为种族主义、法西斯主义和麦卡锡主义，且愈演愈烈。奥巴马执政的八年为黑人入主白宫首开先河，促成了白人种族主义的强力反

---

[1] Robert Vitalis, "Birth of a Discipline"; Also see Zeynep Gulsah Capan, "Decolonising International Relations?" *Third World Quarterly*, Vol. 38, No. 1, March 2017, pp. 1-15; Isaac Odoom and Nathan Andrews, "What/Who is Still Missing in International Relations Scholarship? Situating Africa as An Agent in IR Theorizing," *Third World Quarterly*, Vol.38, No.1, March 2017, pp. 42-60; Duncan Bell, "Race and International Relations: Introduction," *Cambridge Review of International Affairs*, Vol. 26, No.1, March 2013, pp. 1-4; Alina Sajed, "Fanon, Camus and the Global Colour Line: Colonial Difference and the Rse of Decolonial Horizons," *Cambridge Review of International Affairs*, Vol. 26, No. 1, March 2013, pp. 5-26; Errol Henderson, "Hidden in Plain Sight: Racism in International Relations Theory"; and Robbie Shilliam, "Race and Research Agenda," *Cambridge Review of International Affairs,* Vol. 26, No. 1, March 2013, pp. 152-158.

[2] Henry Nau, *Perspectives on International Relations; Power, Institutions, and Ideas*, 5th edition, Washington, DC:CQ Press, 2016; Russell Bova, *How the World Works*, 3rd edition, Glenview, IL: Pearson, 2016.

[3] Errol Henderson, "Hidden in Plain Sight: Racism in International Relations Theory".

[4] Susan Pedersen, "Destined to Disappear," *London Review of Books*, Vol. 38, No. 20, October 2016, https://www.lrb.co.uk/v38/n20/susan-pedersen/destined-to-disappear, 2019-07-19.

[5] 尽管如此，众多批评者仍对亨氏不依不饶。参见 Edward Said, *From Oslo to Iraq and the Road Map*, New York, NY：Pantheon, 2004；Editorial, "Simple Categories Just Don't Explain the World," *The New York Times*, July 18, 1993, https://www.nytimes.com/1993/06/18/opinion/l-simple-categories-just-don-t-explain-the-world-577593.html, 2019年7月19日登录。

弹。[1] 美国实行民权法案半个多世纪以来，一直受到压抑的白人至上主义情结，终于在2016年得以井喷式宣泄，特朗普"使美国再次伟大"的口号，至少在民主党及其支持者看来，是要使美国白人再次伟大。[2] 而在白人至上主义者看来，美国的种族问题已经到了必须用暴力"解决"少数族裔在美国彻底取代白人的时刻。[3]

（一）杰克逊主义回潮

在政策层面，特朗普政府反难民、反移民、反有色人种的激烈言辞与政策取向，被认为是典型的白人至上的杰克逊主义（Jacksonianism）。在美国的外交理论中，主流的自由主义和现实主义均来自"老欧洲"，美国开国之父的理念中多有欧洲启蒙思想的痕迹。有别于"老欧洲"的美利坚政治文化的真正成型，始于美国第七任总统安德鲁·杰克逊（Andrew Jackson），他告别了欧洲色彩浓厚的精英主义，将其社会基础及合法性建置于美国殖民扩张时期不断驱逐、杀戮印第安人的"边民"大众（frontiersmen），这些白种基督徒极端敌视那些"没有德行"（dishonorable）的"危险的异类"（dangerous others），即有色人种，必取缔之而后快。在对外政策中，杰克逊主义往往拒绝妥协，要么满盘通吃，要么洗手不干（all-or-nothing）。[4] 特朗普版的杰克逊主义也许难以复制早期赤裸裸的白人至上的种族主义，但他对有色移民、难民和中国人（包括华裔）粗言恶语，甚至不加掩饰。[5] 传统的杰克逊主义在21世纪似又以民粹的方式，顽强地表露其最原始的本能。

---

[1] Michael Tesler, "The Return of Old-Fashioned Racism to White Americans' Partisan Preferences in the Early Obama Era," *The Journal of Politics*, Vol. 75, No. 1, December 2012, pp. 110-123.

[2] Steven Dennis, "Pelosi Says Trump Seeks to 'Make America White Again' in Census," *Bloomberg*, July 8, 2019, https://www.bloomberg.com/news/articles/2019-07-08/pelosi-trump-s-goal-is-making-america-white-again-with-census, 2019-07-19.

[3] Tim Arango, Nicholas Bogel-Burroughs and Katie Benner, "Minutes Before El Paso Killing, Hate-Filled Manifesto Appears Online," *The New York Times*, August 3, 2019, https://www.nytimes.com/2019/08/03/us/patrick-crusius-el-paso-shooter-manifesto.html, 2010-07-19; Editorial, "'White genocide' and 'the great replacement': a primer on the US alt-right movement," *The Guardian*, March 26, 2019, https://www.scmp.com/lifestyle/arts-culture/article/3003143/racism-fascism-and-white-supremacy-us-explained-alt-right, 2019-07-19.

[4] Taesuh Cha, "The Return of Jacksonianism: The International Implications of the Trump Phenomenon," *The Washington Quarterly*, Vol. 39, No. 4, Winter 2017, pp. 83-97; Henry Kissinger, *Does America Need a Foreign Policy?* New York, NY: Touchstone, 2001, Chapter 5, "Peace and Justice," pp. 245-48.

[5] 在竞选和执政期间，特朗普多次声称："非法"移民和难民是强奸犯和犯罪分子，中国"强暴了"(rapes) 美国经济，非洲人和海地人是"shitholes"。参见 Josh Dawsey, "Trump derides protections for immigrants from 'shithole' countries,"*The Washington Post*, January 12, 2018, https://www.washingtonpost.com/politics/trump-attacks-protections-for-immigrants-from-shithole-countries-in-oval-office-meeting/2018/01/11/bfc0725c-f711-11e7-91af-31ac729add94_story.html?utm_term=.845c8ac261f2，2019年7月20日登录。

（二）"白化"国际关系学界的忏悔

2016年底特朗普胜选，美国主流媒体、建制派以致美国的整体价值观都陷入巨大的信任危机。然而很少有人注意到，美国国关理论界也经历了一次突如其来却又意味深长的反思。时任美国政治学会主席戴维·莱克（David Lake）在2016年12月号的《政治观点》（Perspectives on Politics）上撰文指出，美国的国际关系学是由白人主导、为白人服务的建构（institution）。对于美国国关界这一持久的"白化"现象，莱克建议的解决方式是增加少数族裔和女性在国关专业的人数。[1]

莱克希望美国国关学界多元化的动机也许不应被质疑，但其"智者的忏悔"（intellectual confession）和改革措施仅仅是对美国"白化"的国关界"掺沙子"，完全不涉及亨特早就指出的更为深层的认知体制（discursive system），[2] 这包括美国对外政策中对非西方社会持有的持久且无处不在的种族主义倾向。在亨特看来，种族等级观念与美国至上和仇视革命等信条，构成美国外交中三合一的意识形态。[3] 亨特的上述定义产生于冷战这一特定的历史背景下。冷战以后，美国进入为所欲为时代，[4] 在世界范围内不惜代价、不计后果地推进美式民主和自由资本主义，成为最具"革命性"和破坏性的国家，直接间接地削弱甚至破坏了二战后美国亲手打造的自由国际秩序。[5] 而美国至上论和美国例外论在相当程度上掩盖、取代了露骨的种族等级观念，成为美国在世界范围内摆脱国际义务、鼓吹单边主义的重要推手。

关于意识形态在美国政治生活中的作用，美国学者理查德·霍斯泰德尔（Richard Hostadter）有点睛之语："美国作为一个国家，其命运不在于是否具有意识形态，美国本身就是意识形态的化身。"[6] 在此范式中，尽管美国学界允许相当大的自由度，个体学者可以在象牙塔中不问天下事，或纵论天下事，甚至可以

---

[1] David Lake, "White Man's IR: An Intellectual Confession," *Perspectives on Politics*, Vol. 14, No. 4, December 2016, pp. 1112-1122.

[2] Naoko Shibusawa, "Ideology, Culture, and the Cold War," Chapter 3 in Richard Immerman and Petra Geodde, eds., *The Oxford Handbook of the Cold War*, Oxford, UK: Oxford University Press, 2013; Chengxin Pan, *Knowledge, Desire and Power in Global Politics: Western Representations of China's Rise*, Cheltenham, UK: Edward Elgar Publication, 2013, particularly chapters 1-3.

[3] Michael Hunt, *Ideology and U.S. Foreign Policy*.

[4] Stephen Brooks and William Wohlforth, "American Primacy in Perspective," *Foreign Affairs*, Vol. 81, No.4, Jul/Aug. 2002, pp. 20-33.

[5] Fareed Zakaria, "The Self-Destruction of American Power: Washington Squandered the Unipolar Moment," *Foreign Affairs*, Jul/Aug. 2019, https://www.foreignaffairs.com/articles/2019-06-11/self-destruction-american-power, 2019-07-20.

[6] Richard Hostadter, "It has been our fate as a nation not to have ideologies but to be one," quoted from Godfrey Hodgson, *The Myth of American Exceptionalism*, New Haven, CT: Yale University Press, 2009, p. 1.

公开挑战、批判民主和自由资本主义体制，但这些反体制的言论和著述很难进入国关主流，更不可能为外交决策界接受，注定要被边缘化。[1] 即便是对美国冷战战略有重大影响的凯南，一旦对美国外交的主流做法和论断提出质疑——如冷战结局、[2] 北约东扩、[3] 2003年美国入侵伊拉克[4] 等——都会被无情地边缘化；而鹰派的保罗·尼采（Paul Nitze）等总是主流派的宠儿。[5] 认知的高度一致，使得打造美国"自由霸权主义"的精英团队一直被禁锢在自我设定的范式之中。哈佛大学教授斯蒂芬·沃尔特（Stephen Walt）于2018年底指出，尽管美国在后冷战期间战略性错误频频，但由于美国外交/国关领域的封闭性，美国外交基本无力自我纠错。[6] 如此强韧的意识形态建构，不是增加几个女性和少数族裔学者就可改弦更张的。

（三）身份认同与错位

事实上，在美国高度意识形态化和泛种族化的政治生态中，少数族裔和弱势群体的观念和行为常常发生扭曲和错位。奥巴马执政八年期间，种族矛盾持续恶化，以致在其任内的最后两年中，警方对少数族裔的暴力执法大幅飙升。[7] 对此，奥巴马离任前在华沙召开的北约峰会上居然闪烁其词，认为是智能手机普及之过。[8] 在美国正统意识形态稳居主导地位的政治生态中，少数族裔精英必须也只能认同以盎格鲁—清教徒（Anglo-Protestant）为主体的美国信条。[9] 同理，在美国国际关系的女权主义看来，女性是和平、务实的象征，可以从根本上改变男

---

1 Stephen Walt, *The Hell of Good Intensions: America's Foreign Policy Elite and the Decline of U.S. Primacy*, New York, NY: Farrar, Straus and Giroux, 2018.

2 George Kennan, "The G.O.P. Won the Cold War? Ridiculous," *The New York Times*, October 28, 1992, https://www.nytimes.com/1992/10/28/opinion/the-gop-won-the-cold-war-ridiculous.html, 2019-07-20.

3 George Kennan, "A Fateful Error," *The New York Times*, February 5, 1997, https://www.nytimes.com/1997/02/05/opinion/a-fateful-error.html, 2019-07-20.

4 Albert Eisele, "George Kennan Speaks Out About Iraq," *History News Network*, https://historynewsnetwork.org/article/997, 2019-07-20.

5 参见 John Lewis Gaddis, *George F. Kennan: An American Life*, New York, NY: Penguin, 2012, pp. 635-640; pp. 693-698。

6 Stephen Walt, *The Hell of Good Intensions: America's Foreign Policy Elite and the Decline of U.S. Primacy*.

7 Olga Khazan, "In One Year, 57,375 Years of Life Were Lost to Police Violence," *The Atlantic*, May 8, 2018, https://www.theatlantic.com/health/archive/2018/05/the-57375-years-of-life-lost-to-police-violence/559835/, 2019-07-20.

8 The White House, "Press Conference by President Obama after NATO Summit," July 9, 2016, https://obamawhitehouse.archives.gov/the-press-office/2016/07/09/press-conference-president-obama-after-nato-summit, 2019-07-20.

9 即自由、平等、民主、宪政、有限政府和私有经济。参见 Samuel Huntington, "Erosion of American National Interests," *Foreign Affairs*, Vol. 76, No. 5, Sept./Oct. 1997, pp. 28-29.

性主导的外交中穷兵黩武的秉性。但在美国的外交实践中，冷战结束后的几位女性外交高官却都是典型的鹰派，如国务卿奥尔布赖特（Madeleine Albright）[1]和希拉里·克林顿。[2]

除了斯金纳以外，在身份认同上严重错位的还有美国前国家安全事务助理苏珊·赖斯（Susan Rice）。2019年7月15日，赖斯在其推特上指责中国驻巴基斯坦外交官赵立坚是"可耻且极度无知的种族歧视者"，起因是赵在推特上批评美国社会广泛存在的种族问题，尤其是在住房方面。对此，赖斯甚至要求中国驻美大使崔天凯把赵立坚送回中国。[3] 赖斯作为政府前高官，挺身捍卫美国在国际社会的道义制高点，可以理解。然而将批评美国国内种族主义的行为本身界定为种族主义，却表露了赖斯在认知上的巨大偏差。美国的族裔关系经过南北战争、民权法案、黑人总统，确有巨大进步；但美国社区仍然"黑白分明"，这也是不争的事实。[4] 如果美国之外的人对这些都熟视无睹，赖斯又是否会批评他们是美国种族隔离的事实帮凶呢？

（四）冷战与族裔

赖斯在身份/种族问题上的认知错位源于其对历史的无知。作为非洲裔并且在冷战期间修完大学历史专业的斯坦福高材生，赖斯应该明白，处于种族隔离状态的黑人等少数族裔，正是在冷战期间获得了更为人道的待遇。2003年，在美国民权领袖马丁·路德·金（Martin Luther King, Jr.）《我有一个梦想》演讲发表40周年之际，笔者曾撰文指出，与苏联争夺道德制高点的意识形态之争，迫使美国政治精英很不情愿地废除了该国的种族法律。[5] 艾森豪威尔总统和肯尼迪总统都意识到，美国的种族隔离制度削弱甚至破坏了美国的外交政策。他们心照不宣的是，除非美国采取行动，废除那些针对本国有色人种普遍存在的种族歧视行

---

1 Walter Isaacson, "Madeleine's War," *Time*, May 9, 1999, http://content.time.com/time/magazine/article/0,9171,24446-1,00.html, 2019-07-21.

2 Micah Zenko, "Hillary the Hawk: A History," *Foreign Policy*, July 27, 2016, https://foreignpolicy.com/2016/07/27/hillary-the-hawk-a-history-clinton-2016-military-intervention-libya-iraq-syria/, 2019-07-20.

3 Iain Marlow and Dandan Li, "'You Are a Racist Disgrace,' Former National Security Advisor Susan Rice Chides 'Ignorant' Diplomat on Twitter," *Time*, July 15, 2019, https://time.com/5626551/susan-rice-twitter-chinese-diplomat/, 2019-07-20.

4 Editorial, "Blacks Still Face a Red Line on Housing," *The New York Times*, April 14, 2018, https://www.nytimes.com/2018/04/14/opinion/blacks-still-face-a-red-line-on-housing.html, 2019-07-21; John Eligon, "A Year After Ferguson, Housing Segregation Defies Tools to Erase It," *The New York Times*, August 8, 2015, https://www.nytimes.com/2015/08/09/us/a-year-after-ferguson-housing-segregation-defies-tools-to-erase-it.html, 2019-07-21.

5 Yu Bin, "Americas War against Racism," *Asia Times Online*, June 26, 2003. 2003年8月28日，美国广播公司（NBC）主播彼得·詹宁斯（Peter Jennings）制作了一期特别节目，纪念马丁·路德·金《我有一个梦想》演讲发表40周年，他也得出相同结论，即冷战迫使美国政治精英直面美国国内的种族隔离政策，参见 https://www.thedocumentarygroup.com/single-post/project/I-Have-a-Dream，2019年7月21日登录。

为，否则美国将无法说服和指令世界其他国家效仿美国模式。应该指出，冷战期间美国精英阶层这些言行变化，并非完全出自内心，而是不得不为。他们中的大部分人（如里根和尼克松）对少数族裔和非西方世界的观念，仍然停留在20世纪初的种族决定论，只不过不便公开表露罢了。[1] 尽管如此，冷战在客观上迫使美国人开始从自私自利的原始和本能状态中抽身，至少做到在法律层面平等对待少数族裔。[2] 赖斯本人的成长也受惠于美国在冷战期间不得已而为之的政策。

冷战结束后，美国作为唯一的超级大国，处于国际体系之巅峰，不再受到任何限制。[3] 与此同时，美国在伦理和道德层面也傲视全球，既无必要更无压力再去与他者竞争。事实上，冷战结束后不久，美国国内就对平权运动（Affirmative Action）产生了"疲劳感"，认为多元文化是"矫枉过正"。[4] 这些思潮最终助推特朗普赢得2016年总统大选。与此同时，主流社会对穷人和弱者变得越来越缺乏耐心，越来越苛刻，以致白宫的"颜色革命"（即奥巴马就任总统）甚至加快了美国种族不公正现象的回归，比如越来越多的黑人被白人警察枪杀。[5] 对此，俄罗斯问题专家杰弗里·曼科夫（Jeffrey Mankoff）最近指出："如果没有意识形态上的竞争对手来促使其反省自己的错误和虚伪，美国历史上一些更丑陋的部分就将卷土重来。"[6] 曼科夫的警示不幸言中。对此，亨廷顿在冷战结束几年后哀叹道："没有冷战，作为美国人还有什么意义？"[7]

身为非洲裔的美国外交高官，斯金纳将中国与文明/种族问题挂钩，这不禁打破了一个世纪以来美国外交和国关理论界淡化种族问题的"禁忌"，[8] 对世界文明史（或不文明史）也是一个巨大的讽刺。但以美国的少数族裔人士挑起与中国的"文明"之战，在美国的政治语境中不仅是一个可以理解的"非理性的理性

---

[1] 根据最近披露的时任加州州长里根1971年与尼克松总统的电话通话，里根对在联大支持中国代表权的非洲国家代表异常反感，认为他们是"光脚"的"猴子"和"食人族"（monkeys and cannibals），要求美国退出联合国。上述原始档案（录音）直到2019年7月才公布于众。参见 Tim Naftali, "Ronald Reagan's Long-Hidden Racist Conversation With Richard Nixon," *The Atlantic*, July 30, 2019, https://www.theatlantic.com/ideas/archive/2019/07/ronald-reagans-racist-conversation-richard-nixon/595102/, 2019年7月21日登录。

[2] Yu Bin, "Americas War against Racism".

[3] 参见 Stephen Brooks and William Wohlforth, "American Primacy in Perspective"; Keir Lieber and Daryl Press, "The Rise of U.S. Nuclear Primacy," *Foreign Affairs*, Vol. 85, No. 2, March/April 2006, pp. 42-54。

[4] Yu Bin, "Americas War against Racism".

[5] Jon Swaine, Oliver Laughland, Jamiles Lartey and Ciara McCarthy, "Young black men killed by US policy at highest rate in year of 1134 deaths," *The Guardian*, December 31, 2015, https://www.theguardian.com/us-news/2015/dec/31/the-counted-police-killings-2015-young-black-men, 2019-07-21.

[6] Jeffrey Mankoff, "American Ideals Beat the USSR. Why Aren't We Using Them Against Russia?" *Defense One*, January 4, 2018, https://www.defenseone.com/ideas/2018/01/american-ideals-beat-ussr-why-arent-we-using-them-against-russia/144954/, 2019-07-21.

[7] Samuel Huntington, "The Erosion of American National Interests," *Foreign Affairs*, Vol. 76, No. 5, September/October 1997, pp. 28-49.

[8] 参见 Robert Vitalis, "Birth of a Discipline"。

行为"（rationality of irrationality），¹ 而且在一定意义上可能是对抗中国更有效的手段。正如在美国政治正确的语境中，保守派往往启用少数族裔人士，批评自由派的平权和扶持弱势群体的措施。同理，像章家敦（Gordon Chang）这样的华裔评论家，多年宣扬"中国崩溃论"虽未见其效，但其"优势"在于其华裔身份本身，加上逢中必反，确保了章在美国公共空间中拥有一席之地。

如今在美国的集体意识和观念建构中，中国作为西方和基督教文明以外的国家，其快速崛起之路既是无法解释的，也是不可理解的，因此它一定是不可预测的，甚至是危险的。在这个意义上，斯金纳一语道破的不仅仅是"惊人的野蛮"，² 而且表明至少部分美国精英已经将对华关系上升到文明/种族冲突的层面。他们也许自认为是亨廷顿的得意门生，有志于复制凯南式的宏大的遏制战略，但却自觉或不自觉地坠入种族冲突的陷阱，而这恰恰是美国政治和知识精英百年来力图忘却和极力漂白的一段难以启齿的污点过往。³ 斯金纳作为美国知识精英中的一员，又身处美国外交决策部门，也许在事后才意识到自己对历史惊人的无知和健忘，不得不选择以沉默对待所有批评。

四、国关理论，地区研究，美式"旋转门"？

即便是在泛种族化的政治环境中，斯金纳的文明/种族论还是语惊四座，她对"高加索人种"的苏联的偏爱更是让人印象深刻。⁴ 致力于研究冷战后期美苏关系的斯金纳⁵ 应该意识到，冷战期间美国国关理论界也怀有类似的"重俄轻华"（Russia-heavy-and-China-lite）情结。

在国际关系理论层面，冷战作为一个特殊的国际体系，实际上确认了苏联这个共产主义大国在国际体系中的合理地位。如肯尼思·沃尔兹（Kenneth Waltz）认为，两极体制的稳定性要远远优于单极和多极体制，⁶ 充分肯定了苏联对国际

---

1 冷战期间，美国经济学家托马斯·谢林（Thomas Schelling）首次将这一概念引入美国对苏核战略的制定之中，认为美国核战略的制定应该充分考虑在对方看来是非理性的观点和利益。参见 Thomas Schelling, *The Strategy of Conflict*, Cambridge, MA: Harvard University Press, 1960; *Arms and Influence*, New Haven, CT: Yale University Press, 1966. 谢林的观点影响了整整一代美国核战略学者和专家。他本人于2005年与罗伯特·奥曼（Robert Aumann）共同获得诺贝尔经济学奖。

2 沈逸：《华盛顿焦虑到不再掩饰，露出了惊人的野蛮》。

3 Peter Schneider, "A Hero with a Blind Spot," *The Wilson Quarterly*, Vol. 25, No. 2, Spring 2001, pp. 66-71.

4 Bill Gertz, "State Department Policy Leader Unfairly Criticized as Racist, Supporters Say".

5 Kiron K. Skinner, ed., *Turning Points in Ending the Cold War*, Stanford, CA: Hoover Institution Press, 2007; Kiron K. Skinner, Serhiy Kudelia, Bruce Bueno de Mesquita, and Condoleezza Rice, *The Strategy of Campaigning: Lessons from Ronald Reagan and Boris Yeltsin*, Ann Arbor, MI: University of Michigan Press, 2007.

6 Kenneth Waltz, *Theory of International Relations*, New York, NY: McGraw-Hill, 1979, pp. 132-133.

体系稳定的贡献。约翰·加迪斯（John Gaddis）著名的"长和平论"认为，相对于多极和战乱不已的20世纪上半叶，在美苏主导的两极体制中，双方都遵循一系列成文或不成文的行为规则，这包括尊重彼此势力范围，避免直接军事对抗，承认核武器的不可使用性，不在对方领导层危机时（领导人正常或不正常死亡时）落井下石等。对此，加迪斯指出：

"［冷战体制的］稳定需要双方都采取某种审慎、成熟和负责的态度。这要求双方都有能力辨别对方的行为是领导人惯用的虚张声势，还是真正的挑衅行为。这需要双方都承认国与国之间的竞争是一种正常而非反常的现象，正如商业竞争关系一样，不应排除竞争者之间在个体和普遍层面的共同利益。最为重要的是，双方都要意识到安全不是绝对而是相对的，即自身的安全不仅取决于本国所采取的防务措施，还要考虑这些行为是否会对对方造成不安全感。"[1]

美国国关学界主流对冷战体制的偏好，也体现在与地区研究"大户"——苏联学的互动关系上。政治学中许多概念，如发展研究（developmental studies）、结构—功能主义（structural-functionalism）、政治发展论（political development）、技术理性论（technical rationality）、政治/经济发展趋同论（convergence）、政治文化理论（political culture）、多元主义理论（pluralism）、官僚政治模式（bureaucratic politics）等，都程度不同地引入苏联学的范畴。在这个过程中，布热津斯基（Zbigniew Brzezinski）等人在20世纪60年代创立的极权主义理论（totalitarianism）反而被边缘化，苏联学因此部分地实现了去意识形态化，与美国主流政治学和国际关系理论体系实现有限却"正常的"互动。而推动这一互动的学者包括美国政治学领军人物、战后西方比较政治学之父、斯坦福大学政治系教授阿尔蒙德（Gabriel Almond）。[2]

进入21世纪，中国的经济总量以及与国际经济体系的融合度，已经远超苏联的鼎盛时期；与此同时，中国在意识形态方面不挑战西方，而是兼容并取西方多种理论、经验和政策中的合理成分，结合本国实际，摸索出一条适合中国自身发展的路径。但在美国政治学和国际关系学的理论层面，中国的"痕迹"少之又少，美国国关理论的主要范式从未对中美两大经济实体所构成的事实上的"两

---

1 John Lewis Gaddis, "The Long Peace," *International Security*, Vol. 10, No. 4, Spring 1986, pp. 99-142, particularly p. 140.

2 阿尔蒙德晚年赶上戈尔巴乔夫启动西化改革，苏联政局的走向似愈发接近西方学界的预期。1985年底，阿尔蒙德上完退休前的最后一课，向他最后一班的博士生（含笔者）散发了多年积存的书籍，只身前往令其兴奋和着迷的苏联讲学和研究数年。对阿尔蒙德来说，苏联的"春天"已经到来。然而他肯定不会想到，苏联最后的冬天亦不再遥远。参见于滨：《西方苏联学的内核与外延》，《俄罗斯研究》，2013年第6期，第167—196页。

极"秩序进行任何理论化的尝试。相反,异军突起的进攻性现实主义(offensive realism),将国与国之间的关系建立在人类最原始的贪婪本能之上,基本排除了大国之间达成均势的可能,认为国际秩序也不可能实现和平转型。[1]而最热门的新国际政治经济学(the new IPE),更热衷于纯理论的建构,对国际经济中的现实问题(包括中国崛起)不感兴趣。[2]美国国关理论界对中国的"冷处理",与苏联在冷战时期受到的"厚待"形成鲜明反差。反映在政策层面,美国一直拒不接受与中国的对等关系(新型大国关系),但总有人(如特朗普)为俄罗斯"回归"西方(如G7)而不懈努力。[3]

近期,历来"重俄轻华"的美国国关理论界一反常态,罕见地关注中国,欲将中国崛起视为某种非正当性。一方面,现实主义在国际体系层面聚焦"权势转移"问题(power transition discourse),[4]认定崛起的中国将无法避免地冲击"守成"大国(status-quo powers),必然挑战甚至颠覆现存国际秩序;[5]另一方面,自由派学者则对西方主导的国际自由体制的弱化和破碎感到震怒,认为中国的崛起侵蚀了西方的自由秩序。[6]美国学界对挑战西方秩序的苏联及其继承者俄罗斯网开一面,对致力融入同一秩序的中国却百般挑剔和排斥,斯金纳的文明/种族论应该可以解释美国对待这两者的巨大差异。

相对于冷战期间苏联学的"正常化",美国的中国学(China studies)则是高度政治化的"是非之地",尽管这一领域不乏重量级学者和众多流派。[7]中国学的窘境可以追溯至1949年新中国成立以后,彼时肆虐美国的麦卡锡主义以"谁丢失了中国"为由,将问罪矛头首先指向美国政府内部的中国问题专家,[8]认定

---

1 John J. Mearsheimer, *The Tragedy of Great Power Politics,* New York, NY: W.W. Norton, 2001.

2 Robert Keohane, "The Old IPE and the New," *Review of International Political Economy,* Vol. 16, No. 1, 2009, pp. 34-46.

3 Amanda Macias, "Trump Says Others Support His Call to Add Russia Back Into the G7," *CNBC*, August 25, 2019, https://www.cnbc.com/2019/08/25/trump-says-others-support-his-call-to-add-russia-back-into-the-g7.html, 2019-08-26.

4 Richard Ned Lebow and Benjamin Valentino, "Lost in Translation: A Critical Analysis of Power Transition Theory," *International Relations,* Vol. 23, No. 3, 2009, p. 389.

5 Graham Allison, *Destined for War: Can America and China Escape Thucydides's Trap?* Boston, MA: HMH, 2017.

6 尼尔·弗格森(Niall Ferguson)尤其坚持这一观点,参见Niall Ferguson and Fareed Zakaria, "The Future of Geopolitics: Be it resolved, the liberal international order is over…" *The Munk Debates*, April 28, 2017, http://munkdebates.com/, 2019年7月22日登录。

7 Yu Bin, "The Study of Chinese Foreign Policy: Problems and Prospect," *World Politics*, Vol. 46, No. 2, January 1994: pp. 235-261.

8 如美国国务院的"三约翰":约翰·谢伟思(John Service)、约翰·文森特(John Carter Vincent)、约翰·戴维斯(John Davies)等。参见"John Service, 89, Mccarthy Era Victim," New York Times News Service, *The New York Times*, Feburary 5, 1999, https://www.chicagotribune.com/news/ct-xpm-1999-02-05-9902050382-story.html, 2019年9月11日登录。

美国"失去"中国是这些美国内部的"通共"和"亲共"人士所为。一时间，美国政府内外与中国有关者人人自危，大批左派和自由派人士都受到程度不同的指责、怀疑和迫害。而研究中国和与中国有关的美国人似乎都有"通共"之嫌。

冷战结束以后，华盛顿圈内在对华问题上的"政治正确"即必须对华强硬，否则就会被贴上所谓"红队"（red team）或"熊猫派"（panda huggers）的标签。[1] 进入21世纪，有意从政或进入华盛顿圈子的美国的中国问题学者，仍然难以摆脱麦卡锡主义的阴霾，因此时而发表"沈大伟式"的"中国垮台/威胁论"，以此作为进入决策界的护身符。对此，笔者曾有感而发："做美国人难（总是想要解救全世界），做美国的知华派更难，做知华派中有志从政者最难。"[2]

相比之下，研究苏联的学者鲜有此种职业恐惧。像斯蒂芬·科恩（Stephen Cohen）这样著名的俄罗斯问题学者，即便在美俄关系最困难的时候，仍常在主流媒体强力发声，主张现实主义的对俄政策。他所主持的《国家》杂志（The Nation）更是美国公共空间反俄浪潮中的理性平台。[3]

美国学界和决策界"重俄轻华"的取向，似乎还体现在美国政界和学界特有的"旋转门"现象上。冷战以来，美国高层安全和外交决策人士中（国务卿、国家安全助理等）不乏科班出身的苏联问题专家，如基辛格、布热津斯基、赖斯等。然而，不管中国自身是强还是弱、与美国是敌是友，如此"殊荣"却从未降临到美国的中国问题专家头上。同样是研究共产主义，为何研究欧洲/白人共产主义的美国学者可以担任要职，其职业前景要远远好于研究黄种人共产主义的学者？这种差异也许纯属偶然。笔者就此询问过一些美国学者，对方要么无言以对，要么模棱两可，也许根本无法想象、更难以接受研究东方共产主义的美国人比研究西方共产主义的美国人"低人一等"的推论。美国国内对华裔和中国人的特殊情结，居然会株连研究中国的美国人！

卡内基国际和平研究院副院长包道格（Douglas Paal）最近指出，造成中美目前困境的部分原因是主管美国对华事务的官员不了解中国，因此对中国失去耐心。[4] 此种论点值得商榷。当年尼克松和基辛格对一个封闭的中国知之甚少，但仍然开拓了中美关系。[5] 笔者认为，如今主管中国/亚太事务的美国中高层官员

---

1 参见 Bill Gertz, *The China Threat*, Washington, DC: Regnery Publishing, 2002, p. 46。

2 于滨:《希拉里刚参选，中国却早已躺枪——沈大伟的"突变"与美国的"中国学"》，观察者网，2015年4月13日，https://www.guancha.cn/YuBin/2015_04_13_315644.shtml，2019年7月23日登录。

3 参见 *The Nation* 的网站 https://www.thenation.com/。

4 《包道格：美国新一代主管官员不了解中国》，澎湃新闻，2018年11月11日，https://www.thepaper.cn/newsDetail_forward_2623857，2019年7月23日登录。

5 亨利·基辛格:《中国人和我们在看问题时存在哲学层面的差异》，观察者网，2018年11月8日，https://www.guancha.cn/JiXinGe/2018_11_08_478753.shtml，2019年7月23日登录。

不是不了解中国，而是太了解中国。¹ 中美交往40载，知华派厌华反华，部分美国的"中国通"们走到这一地步，也许是他们的前辈——费正清（John King Fairbank）、鲍大可（A. Doak Barnett）等——始料不及的。

笔者在特朗普入主白宫以后曾断言，中美关系好也好不到哪去，但坏起来是没有底线的。² 如今特朗普政府对华全面脱钩，极限施压。横跨学界和决策界的斯金纳抛出文明/种族论，对已经处于低谷的中美双边关系无疑是雪上加霜。

五、结语

斯金纳2019年4月底的"文明"谈话来去匆匆，中美关系似又恢复了"竞争大于合作"的新常态。然而不争的事实是，中美关系的各个层面在特朗普任期内已遭受重创。特朗普执政两年半来，中美关系在和平时期下滑幅度之大、速度之快，下行空间之大、未来之不确定，在双边关系史上绝无仅有。³ 至于有无所谓

---

1 白宫负责中国和东亚事务的马修·波廷格（Matthew Pottinger）大学时主修中文，汉语流利，在华任记者期间（1998—2005年）与中方有过纠葛，属对华"苦大仇深"之列。白宫新任中国事务主任伊勒特·比尔（Elnigar Iltebir）为中国出生、高学历（哈佛毕业）的美籍维吾尔族女性。现任美国务院负责东亚及太平洋事务的助理国务卿（退役空军准将）戴维·史迪威（David Stilwell），在华任职期间"爱看故宫，逛胡同"，但也属于爱打"台湾牌"、给中国制造麻烦的"厌华派"，他于2019年6月正式取代国务院首席汉学家、对华现实/温和派苏珊·桑顿（Susan Thornton，董云裳）。五角大楼方面，2018年1月被任命分管亚太事务的助理国防部长兰德尔·施赖弗（Randall Schriver）曾经在克林顿和小布什任总统期间在国防部和国务院分管亚洲事务，属"亲台派"，非常反对中美两军的交往，认为中国在其中占尽了便宜。参见兰德勒（Mark Landler）、裴若思（Jane Perlez）：《驻华记者出身的白宫高参将出席中美峰会》，《纽约时报》，2017年4月5日，https://cn.nytimes.com/asia-pacific/20170405/matthew-pottinger-trump-china/，2019年7月23日登录；Josh Rogin, "Retired Air Force General in Contention to Lead Pompeo's Asia Team," *The Washington Post*, July 18, 2018, https://twitter.com/joshrogin/status/1019602467196059650，2019年9月11日登录；徐蕾：《特朗普欲提名鹰派亚太助卿：曾任驻华武官、爱看故宫逛胡同》，观察者网，2018年10月19日，https://www.guancha.cn/international/2018_10_19_476092.shtml，2019年7月23日登录；Randall Schriver, "The Case for US Ship Visits to Taiwan," *The Diplomat*, May 9, 2016, https://thediplomat.com/2016/05/the-case-for-us-ship-visits-to-taiwan/，2019年7月23日登录；Dan Blumenthal and Randall Schriver, "Reality Check: Trump's Taiwan Call was A Step toward Balanced Relations," *The National Interest*, December 5, 2016, https://nationalinterest.org/feature/reality-check-trumps-taiwan-call-was-step-toward-balanced-18612?nopaging=1，2019年7月23日登录；Simone McCarthy, "White House Appoints Uygur-American Elnigar Iltebir to Top China Policy Advisory Job," *South China Morning Post*, August, 15, 2019, https://www.scmp.com/news/china/diplomacy/article/3023002/white-house-appoints-uygur-american-elnigar-iltebir-top-china，2019年8月16日登录。

2 于滨：《特朗普治下的美国军政关系》，2017年3月6日在暨南大学国际关系学院的讲座。

3 参见潘维：《中美贸易战，是一场冰冻和平之战》，观察者网，2019年7月31日，http://www.guancha.cn/PanWei/2019_07_31_511666_s.shtml，2019年8月3日登录。

"两党共识",¹ 或是目前美国国内的对华关系大辩论有何结果,² 其实都是无关紧要的了。而文明／种族问题的显现，反映了美国政治精英在对华战略层面，涌动着一股难以遏制、甚至是非理性的情绪和冲动，这种情绪和冲动也在特朗普眼花缭乱的对华动作中若隐若现，为中美关系的下滑起到加速器的负面作用。

百年前美国崛起之时，对外政策中文明／种族成分凸显，并伴随着以白人为主体的美国对外部世界的强烈征服欲；进入21世纪，种族问题在美国内外政策中沉渣泛起，对已成颓势的美利坚是强心剂还是精神鸦片，还要拭目以待。无论如何，那个持续了大半个世纪、充满自信、相对包容、有一定自我更新能力的美国，似已成过去时。这无论对美国本身，还是国际社会，都是一个挑战。

"斯金纳现象"对美国的对华政策会产生何种影响，是一个值得继续密切关注的问题。本文认为，种族问题在美国内政外交中是一个常量，只是在不同的时期以不同的程度和表现方式呈现出来；³ 其消长沉浮既源于历史沉积和惯性，也有强烈的人工塑造的痕迹，在不同的社会环境、政治生态和学术环境中，会以不同方式和不同程度有意无意地表露，

> 种族问题在美国内政外交中是一个常量，在不同的时期有不同的程度和表现方式。

而且不会完全消亡，尤其是在美国国力沉浮的拐点（百年前和现今）。在美国高度意识形态化的话语体系中，华裔、中国和中国人也因此常常与"黄祸"（the Yellow Peril）、邪恶之类的标签相连，强烈地影响美国对华观念和政策的形成、制定和实施。

特朗普执政以来，美国政治的泛种族化愈演愈烈。几乎在所有问题上，左右、黑白、自由—保守势力之间，都竞相攻击对方为种族主义。⁴ 尽管这一泛种族化趋向并非始于今日，⁵ 特朗普及其对手都在最大限度地利用甚至强化种族问题，攫取更多政治资本，为2020年大选排兵布阵，其结果是造成美国政治进一步种族化、碎片化和极端化。在这个意义上，"斯金纳现象"也属自然表露，而非心血来潮。在认知和历史层面，西方观念中所谓的文明冲突，实际上是各类冲突的最高阶段和最后阶段，且无可化解。

---

1 陶文钊：《美国对华政策真的形成共识了吗？——基于当前对华政策辩论的分析》，《国际关系研究》，2019年第3期，第3—21页；张志新：《美国"友华""反华"势力大论战，与"中国为敌"尚未成为压倒性共识，特朗普将何去何从？》，今日头条，2019年7月26日，www.toutiao.com/a6717871425031504397/，2019年8月3日登录。

2 Kurt Campbell and Jake Sullivan, "Competition Without Catastrophe: How America Can Both Challenge and Coexist with China," *Foreign Affairs,* Vol. 98, No. 5, Sep/Oct 2019, pp. 96-110.

3 Michael Hunt, *Ideology and U.S. Foreign Policy*.

4 Thomas Edsall, "The Deepening 'Racialization' of American Politics," *The New York Times*, February 27, 2019, https://www.nytimes.com/2019/02/27/opinion/trump-obama-race.html, 2019-08-01.

5 Adam Enders and Jamil Scott, "The Increasing Racialization of American Electoral Politics, 1988-2016," *American Politics Research*, Vol. 47, No. 2, March 2019, pp. 275-303.

对此，中国学界和决策界应给予足够关注。在具体应对中应避免两种极端倾向：要么完全无视种族因素在美国对华战略中的存在，要么以简单的情绪化方式加以抨击；而是应该把握大局，冷静应对，在目前中美关系的低谷期未雨绸缪，对未来中美关系进一步恶化有足够的心理准备；同时在双边和多边场合继续推进文明之间的对话、共存、共荣；秉承中华文明世俗、务实和包容的传统，以和而不同、多元共荣的命运共同体的理念，应对不文明、非文明和反文明、带有强烈种族色彩的"文明冲突论"；尽量减少、化解文明／种族因素在中美关系中的成分，为未来逐步改善双边关系创造条件。

西方的"困局"与"出路"

刘德斌

内容提要：西方正在遭遇一场前所未有的历史"困局"：在冷战后"他者崛起"的大势面前，西方却陷入了种种因素促成的"衰落"之中，不仅失去了冷战期间的那种凝聚力，而且也失去了主导世界的野心和动力。西方的历史表明西方并不是一成不变的，西方心目中的"东方"也不是一成不变的。西方最早意义上的东方是西方学界自我构建的一个"他者"，但当下的中国却"后来居上"，成了"新东方"的代表。中国的"崛起"不仅映衬了西方的"衰落"，而且有可能成为西方"困局"的一个"出路"，即中国在新的历史条件下被塑造成西方全方位的竞争对手和重塑西方凝聚力最可宝贵的声讨对象。但西方已经多元化了。中国应对西方的战略应该是消解西方，避免新的东西方两极对抗局面的形成，力争把世界引导到一个超越东西方对抗的境界之中。

关键词：西方　东方　西方衰落　历史困局　中国崛起　超越东西方

我们正在经历一场国际关系的历史性变革。这场变革的动力不仅来自以中国为代表的"非西方世界"的崛起，而且也来自美国世界主导地位的动摇，来自西方的衰落与困局。2016年，在英国通过"脱欧"公投的第二天，欧盟理事会主席唐纳德·图斯克（Donald Franciszek Tusk）就公开声明，作为一个历史学家，他担心英国"脱欧"可能不仅是欧盟解体的开始，也是整个西方政治文明瓦解的开始。也是在同一年，唐纳德·特朗普（Donald Trump）"意外"当选美国总统，处处奉行"美国优先"政策，不仅加剧了美国与中国、俄罗斯和伊朗等国的矛盾，而且也与西方盟国渐行渐远，甚至公开支持和鼓励英国脱离欧盟，使"西方"实

刘德斌　吉林大学国际关系研究所所长。

际上陷入了四分五裂的状态。2019年8月七国（G7）峰会之后，东道国法国总统马克龙在对法国外交官发表演讲的时候明确警告："我们正在经历西方霸权的终结。""西方"看来前途不妙。有关西方"衰落"的观点，早在100年前施宾格勒（Spengler）就已经开始讨论。但有关西方"命运"的讨论是近年来才突然增加起来的。人们难以相信"西方"已经"终结"了，但它的确正在经历一场前所未有的困局。这场困局如何演进，无疑将对世界局势的发展变化产生重大影响，对中国的影响可能尤其巨大。

一、有关西方"衰落"和"终结"的论述

100年前，施宾格勒以《西方的没落》一书为西方文明敲响了警钟。根据他对文明生态史观的阐释，施宾格勒认为西方文明已经经过鼎盛期，走向没落了。

百年之后，西方学界已经很少有人再从同一个角度来阐释西方文明的兴衰了，但有关西方"衰落"和"终结"的声音依然不绝于耳。实际上，西方正在遭遇一场前所未有的历史困局：在以中国为代表的"新东方"崛起的大势面前，西方陷入了种种因素促成的衰落之中，不仅失去了冷战期间的那种凝聚力，而且作为几百年来支配世界的主导力量，西方也似乎正在失去主导世界的野心和动力。

在以中国为代表的"新东方"崛起的大势面前，西方陷入了种种因素促成的衰落之中，不仅失去了冷战期间的那种凝聚力，而且也似乎正在失去主导世界的野心和动力。

第一，美欧关系的变化导致西方的"终结"。现代西方的基石是美欧关系，美欧关系的存续决定着西方的未来。早在2002年，也就是"9·11"恐怖袭击发生之后不久，美国和欧洲国家团结一致，共同打击伊斯兰恐怖势力的时候，美国知名学者查尔斯·库普乾（Charles A. Kupchan）却发表了《西方的终结》一文，认为对于美国来说，崛起的挑战者既不是中国也不是伊斯兰世界，而是美国的西方伙伴欧盟。他认为，欧盟是一个新兴政体，正在整合欧洲各独立民族国家的资源和野心，挑战美国的主导地位。库普乾历数欧盟与美国之间的种种分歧和竞争，甚至回溯到东、西罗马帝国分裂后的冲突，认为"历史又回到了原点。在脱离大英帝国之后，美国作为一个统一的联邦走到了一起，成为一个领先的国家，并最终超越了欧洲的强国。现在轮到欧洲崛起，脱离拒绝放弃其首要特权的美国""一度团结的西方将分裂成两个相互竞争的半场。"[1] 同年，库普乾在其推出的《美国时代的终结：美国外交政策与21世纪的地缘政治》一书中，更为详细地阐释了他的思想。他认为，欧洲将不可避免地崛起并与美国分庭抗礼，美国与欧洲正在分手告

---

[1] Charles Kupchan, "The End of the West," *Atlantic*, November 2002, https://www.theatlantic.com/magazine/archive/2002/11/the-end-of-the-west/302617/, 2019-9-11.

别,美欧之间几十年的战略伙伴关系正在让位于新的地缘政治竞争关系。他还特别指出,美国民众已经对做"全球卫士"给国家带来的沉重负担日益反感,这种反感只是因为反恐战争而暂时得到缓解,但大势不可逆转。世人在21世纪见证的不是"历史的终结",而是"美国时代的终结"。[1]

第二,传统优势的丧失导致西方的"衰落"。哈佛大学历史系和商学院双栖教授尼尔·弗格森(Niall Ferguson)在他的《巨人》《文明》以及《西方的衰落》中都谈及西方衰落的问题。在2011年出版的《文明》一书中,弗格森集中阐释了1500年以后西方崛起并领先于世界的"秘诀",即被他称为6个"撒手锏"的一系列体制创新,包括竞争、科学革命、法治和代议制政府、现代医学、消费社会和工作伦理。他在这本书的中文版序言里写道:"几百年来,这些撒手锏为欧洲或派生的北美及澳大利亚所独享。西方人不仅比其他地区的人更富有,而且体格上更高大,更健康和长寿,他们也变得更为强大。自日本开始,非西方国家相继效仿搬用这些撒手锏。东西方差距之所以在我们这个时代开始缩小,尤其是中国在1978年实行改革开放后开始崛起,其中一半原因便是因为这些国家成功地借鉴了西方经验,而另一半原因则是西方国家自己却在逐渐抛弃这些成功经验。""西方与其他地区之间历时500年的'大分流'即将落幕。"[2]

第三,欧洲的穆斯林化导致西方的"终结"。加拿大专栏作家马克·斯坦恩(Mark Steyn)2006年撰写的《美国独行:西方世界的末日》一出版就引发争议,甚至被禁,但影响力却一直都在,十年之后欧洲的"难民危机"更为这本书的传播提供了新的助力。斯坦恩认为,当前西方面临的主要危险根本不是什么伊核武器、全球变暖导致海平面上升之类,而是西方国家特别是欧盟国家的穆斯林化。欧洲国家的高福利制度已经不堪重负,而人口的衰减又导致经济发展的内生动力不足,不得不依靠外来移民提供支撑;而穆斯林移民的涌入正在改变欧洲的人口结构和政治版图,从而导致"欧洲的伊斯兰化"和欧洲人逃离欧洲,所谓的西方世界将在21世纪寿终正寝。作者甚至预言,大部分西方国家,特别是一些欧洲国家,将在他这一代人的有生之年消失于无形。"这并非历史的终结,而是我们所熟知的西方世界的终结。"[3] 斯坦恩甚至搬来莎士比亚四大悲剧之一《哈姆雷特》中的一句名言"生存或者毁灭"作为这本书序言的标题,可见他的"危机意识"有多强烈!当然,认为他"危言耸听"的也大有人在。

第四,地缘战略的失误和美国自身的麻烦导致西方的"终结"。美国战略家兹比格涅夫·布热津斯基(Zbigniew Brzezinski)持有这种观点。布热津斯基

---

[1] [美]查尔斯·库普乾:《美国时代的终结:美国外交政策与21世纪的地缘政治》,潘忠岐译,上海:上海人民出版社,2004年版。

[2] [英]尼尔·弗格森:《文明》,曾贤明、唐颖华译,北京:中信出版社,2012年版,第V页。

[3] [加]马克·斯坦恩:《美国独行:西方世界的末日》,姚遥译,北京:新星出版社,2016年版,第34页。

2017年去世，他生前撰写的最后一本书是2012年出版的《战略远见：美国与全球权力危机》。布热津斯基认为，苏联解体之后，欧亚大陆出现了权力真空，美国获得了一次独特的机会协助欧亚大陆发展新型国际政治结构，构建一个从符拉迪沃斯托克到里斯本的"大西方"，其中包括把土耳其和俄罗斯纳入这个"大西方"的框架之中，但这个机会被浪费了。与库普乾的观点不同，布热津斯基担心的不是欧盟国家的团结，而是它们的涣散和"不争气"，"欧洲过于自满，从其表现来看，似乎其中心政治任务就是成为世界上最舒适的养老地"。[1] 而且欧洲国家各自为战，成为美国主导的统一的西方的隐患。"一方面，欧盟的成员国缺少真正的跨越国界的政治身份，自然就不用说在全球扮演统一角色了。另一方面，一些深刻的地缘政治裂痕也很容易伤害到欧盟的统一。"[2] 这位波兰移民对欧洲大国的描述很是"刻薄"："英国一方面紧紧追随美国，另一方面又谋求在欧盟内部拥有特殊地位。法国一直都在嫉妒德国在欧盟内的地位不断上升，所以不时地提出请求，要与美国、俄罗斯和德国分享领袖地位。此外，法国还一直在谋求做那个不伦不类的'地中海联盟'的领袖。德国越来越喜欢玩俾斯麦当年玩的德俄特殊关系的把戏，这不可避免地使中欧国家感到惊恐，恳求与美国加强安全联系。"[3] 布热津斯基对美国社会存在的问题，包括不平等的加剧，都有清醒认识，甚至预见到特朗普时代的来临，警告说："世界所需要的是经济上充满活力，社会具有吸引力，强大而且负责任，具有战略意识，在国际上受尊重，以及在与新的东方保持全球接触方面对历史了如指掌的美国。"[4]

第五，中国的崛起导致西方的"终结"。中国的崛起是当今世界的热门话题，论者经常把中国的崛起与西方的衰落联系在一起。甚至有些著作的中文版把《后西方世界：新兴大国如何重构全球秩序》（*Post-Western World: How Emerging Powers are Remaking Global Order*）直接翻译成《中国之治终结西方时代》。[5] 这类作品中，论述最翔实的是马丁·雅克（Martin Jacques）的《当中国统治世界：中国的崛起与西方世界的衰落》。这本书分成"西方世界的终结"和"中国世纪的来临"两个部分，"明目张胆"地把西方衰落的原因与中国的崛起联系在一起。与其他学者关于中国的崛起是借鉴了西方国家成功经验的观点不同，马丁·雅克认为中国的发展模式，甚至中国作为一个国家构建的本身，都与西方发展模式和作为"民族国家"的西方国家不同。在这个充满"全球性竞争"的世界上，中国将成为全球竞技场上的核心角色，中国的崛起标志着西方民族国家全球主导地位

---

[1] ［美］兹比格涅夫·布热津斯基：《战略远见：美国与全球权力危机》，洪漫、于卉芹、何卫宁译，北京：新华出版社，2012年版，第32—33页。

[2] 同上，第132页。

[3] 同上。

[4] ［美］兹比格涅夫·布热津斯基：《战略远见：美国与全球权力危机》，前言，第3页。

[5] ［巴西］奥利弗·施廷克尔：《中国之治终结西方时代》，宋伟译，北京：中国友谊出版公司，2017年版。

的终结。虽然西方发达国家的现代化模式依然主导着世界,但中国所代表的"另类发展模式"将取代西方模式的主导地位,世界将按照中国的概念重新塑造,中国的崛起正在改变世界。[1]

概括起来,导致西方的"衰落"和"终结"的因素有许多。从统一的欧洲与美国分庭抗礼,到分裂的欧洲不顾西方统一大局,从穆斯林移民涌入欧洲改变西方的政治版图,到1500年以来西方崛起"秘诀"的流失,从美国和西方国家社会的封闭、僵化和缺乏远见卓识,到非西方国家的崛起,中国模式的全球影响力,等等,这些因素导致了西方的衰落。特别是中国的崛起,甚至能够导致世界的"改朝换代"。西方是否如此脆弱?西方是否真的衰落或走向终结了?我们有必要回到"什么是西方"这个问题。

二、西方的流变

什么是"西方"?人们一般都把"太阳升起的地方"称为"东方","太阳落下去的地方"自然就被称作"西方"。但在人们的现实生活中,"西方"往往既是一个地理的概念(以西欧为起点的欧洲大部),也是一个文化的概念(基督教国家),同时也是一个经济的概念(市场经济国家)和政治的概念("法治"和"民主"国家)。当然,人们提到"西方"的时候,往往把这几种因素综合在一起了。实际上,有关"什么是西方"这个问题存在着诸多争论,见仁见智。菲利普·尼摩(Philippe Nemo)认为"五大奇迹"构成当今的西方,它们是:古希腊人创立城邦,并创造了法治自由、科学和学校;古罗马人发明了法律、私有财产、"人格"和人文主义;《圣经》的伦理学和末世学革命;11世纪到13世纪的"教皇革命";由那些应当称为重大民主革命而完成的自由民主的提升。[2] 按照这个标准,西方国家大都在西半球和北半球,包括欧盟国家、美国、加拿大、澳大利亚和新西兰等。而俄罗斯等东正教国家、拉丁美洲的天主教国家,以及"脱亚入欧"且已经跻身发达国家的日本,都不能完全达标,都是"准西方国家"。

实际上,西方的形成和发展经历了一系列的流变。上述关于西方"衰落"和"终结"的讨论说明西方的"流变"仍然在进行之中。但在许多国人心中,西方却是一个恒久不变的存在。人们在谈到"西方"的时候,有的时候指的是"西方国家",甚至指的就是美国;有的时候指的是"西方阵营""西方文明""西方世界""西方意识形态"和"西方资本主义体系"的综合体。这个"西方"是技术先进、生产力发达的代名词;是改革开放以来中国寻求投资、技术、市场的地

---

[1] [英]马丁·雅克:《当中国统治世界:中国的崛起与西方世界的衰落》,张莉、刘曲译,北京:中信出版社,2010年版。

[2] [法]菲利普·尼摩:《什么是西方:西方文明的五大来源》,阎雪梅译,广西:广西师范大学出版社,2009年版,引言,第3页。

方；又是曾经欺辱过中国，并且对1949年之后中国建立起来的社会主义制度怀有敌意，谋求以某种方式颠覆中国共产党领导的敌对势力集聚地。随着冷战的终结和中国的崛起，冷战期间东西方之间的竞争和对抗已经消失，中国与西方国家的关系似乎越来越具有新的"东西方"国家之间竞争的性质，国人已经自觉或不自觉地把"中西关系"和"东西方关系"混淆起来了，把中国置于和西方相对立或对抗的位置上。

但历史地看，无论是地理意义还是文化意义上，西方都一直处于不断的变化之中。仅就地理范围而言，对西方的划定就有7个不同版本，从西欧一隅开始，逐渐向中东欧扩展，直到北美和澳大利亚等。[1] 在欧洲的历史上，希腊世界与拉丁世界存在着根深蒂固的文化差异，这种差异随着基督教大分裂而进一步加剧。因此，所谓西方最初也是最持久的核心部分就是罗马帝国的西部，也就是后来的拉丁基督教界或罗马天主教界，与之相对的"东方"就是东罗马帝国治下的希腊东正教界。中部欧洲作为西方的一部分，地位一直不稳，德国以东部分被认为是分隔欧洲与亚洲、文明与野蛮的缓冲区和中间地带。随着阿拉伯帝国的崛起，西亚、小亚细亚东部、埃及以及北非相继转入伊斯兰世界，西方、东方和伊斯兰世界曾一度形成一种三足鼎立的局面，但欧洲东西方之间的博弈一直在进行之中。在西方，教权与王权一直在博弈；而在东方，"政主教从"的传统却得到了君士坦丁堡教会的默认。11世纪罗马教宗发起的"十字军东征"原本是讨伐伊斯兰世界"异教徒"的，但最后却蹂躏了君士坦丁堡，并在那里建立了一个短命的拉丁帝国。只是随着地理大发现欧洲国家开始殖民于世界各地之后，欧洲基督教界内部东西方区分的重要性才开始下降，"欧洲"才成了西方的代名词。二战之后，随着冷战开启，铁幕降临，美国成为西方的主要组成部分。美国曾经视欧洲为"旧世界"，从乔治·华盛顿开始就竭力避免陷入欧洲列强的纷争中去。但从二战开始，美国的国家身份经历了一个重塑过程，美国与西欧国家一起，形成了现代意义上的"西方"。[2] 美国的身份认同之所以发生了历史性的变化，是因为苏联的崛起及其对美国和西方国家社会制度和生活方式构成了挑战和威胁。冷战期间，东西方的对抗蔓延到全世界。关于冷战的性质一直存有争论。塞缪尔·亨廷顿（Samuel Huntington）就认为，无论一战、二战还是冷战，本质上都是西方的内战。[3]

关于西方地理和文化上的起源和发展，实际上有许多不同的观点和版本。布赖恩·莱瓦克（Brian Levack）等人认为，西方的历史并不是欧洲历史的延伸，

---

[1] [美]马丁·W.刘易士、[美]卡伦·E.魏根：《大陆的神话：元地理学批判》，杨瑾、林航、周云龙译，上海：上海人民出版社，2011年版，第36页。

[2] 王立新：《美国国家身份的重塑与"西方"的形成》，《世界历史》，2019年第1期，第1—26页。

[3] 参见[美]塞缪尔·亨廷顿：《文明的冲突与世界秩序的重建》，周琪等译，北京：新华出版社，2010年版。

西方是一个超越欧洲政治和地理界线的范畴。我们称之为"西方文明"的很多要素，其实源于在地理上并不属于欧洲的地区，例如北非和中东。西方的起源、发展、成熟经历了一个连续的过程，是不同群体内部以及彼此之间一系列碰撞的融合与排斥的结果。外在的碰撞发生在不同文明的种族之间，如希腊人与腓尼基人，马其顿人与埃及人、罗马人与凯尔特人之间，以及11世纪之后欧洲人在探险时期、扩张时期以及帝国主义时期与非洲人、亚洲人以及美洲土著民族的"碰撞"；内部的碰撞通常发生在处于支配地位的群体与处于从属地位的群体之间，如领主与农民之间、统治者与臣民之间、男人与女人之间、工厂主与工人之间、主人与奴隶之间；意识形态碰撞发生在基督教与多神教之间，19世纪自由主义与保守主义之间，20世纪法西斯主义与共产主义之间。[1]

但早在20世纪80年代中期，就有西方学者对西方的"胜利"忧心忡忡。J. M. 罗伯茨（J. M. Roberts）历数西方在与非西方文明竞争中逐步胜出的过程之后，认为进入20世纪，一连串的社会运动和世界大战使西方人失去了方向感，不管是一战前的欧洲列强，还是二战后的美苏两个超级大国，都一心忙于内斗，西方人自身对于西方的身份认知已经出现了裂痕。[2] 进入21世纪之后，更有学者对"世界历史的逻辑和西方文明的变动不居的身份认同"进行了系统的梳理和反思。戴维·格雷斯（David Gress）把西方分成了"旧西方"和"新西方"两个部分：即古典文化、基督教与日耳曼因素综合体的"旧西方"和理性、民主与资本主义的"新西方"，并认为如果新西方摆脱了自身的历史，那么其必然的命运就是成为全球文明，但在实现这一目标的过程中，它仅存的那点认同就会丧失殆尽。而从另一个方面说，如果新西方只有作为旧西方的继承者才有可能生存下去，那么普遍主义就否定了西方认同，威胁着要把它消灭在全球文化中。这一困境给第三个千年提出了西方认同的问题。[3] 这或许是西方永远难以脱离的困境。

与"西方"相对应的就是"东方"。当人们谈论"东方"的时候，往往首先想到爱德华·萨义德（Edward W. Said）和他的《东方主义》（《东方学》）。这是一本有关欧美学界如何看待中东、阿拉伯和伊斯兰世界两百年学术传统的学术著作，1978年出版后在世界上引起强烈反响，甚至改变了人们观察世界和理解自身文化的方式。萨义德认为，在欧美学术界，所谓的"东方"实质是欧洲人为了自身需要而想象和建构的"他者"，是西方殖民势力对东方世界的权力支配，是知识再生产的霸权架构，是殖民与被殖民、西方与东方不对等关系的体现。[4] 从

---

[1] [美]布赖恩·莱瓦克等：《西方世界：碰撞与转型》，陈恒等译，上海：格致出版社、上海人民出版社，2013年版，前言，第1—5页。

[2] J. M. Roberts, *The Triumph of the West*, Boston and Toronto: Little, Brown and Company, 1985, pp. 245-290.

[3] [丹麦]戴维·格雷斯：《西方的敌与我：从柏拉图到北约》，黄素华、梅子满译，上海：世纪出版集团、上海人民出版社，2013年版，第449页。

[4] 参见[美]爱德华·W. 萨义德：《东方学》，王宇根译，北京：生活·读书·新知三联书店，2009年版。

欧洲人的视野出发,"东方"的地理位置也经历了一个不断变化的过程。最早的"东方"(the Orient)起源于东地中海,当时印度是欧洲人所知的东方世界的尽头,而中国对于他们还只是一个传说。当东方和伊斯兰教具有相同意义后,它便由东地中海向外扩展。随着欧洲的殖民网络扩张到印度洋和南中国海,概念上的东方便向东延伸。在19世纪期间,印度渐渐取代了黎凡特地区成为东方学家研究的主要课题,中国也开始明确地出现在地图上。20世纪中期,西方学者渐渐地倾向于将西南亚和北非排除在东方之外,有学者认为阿拉伯不完全属于东方,而是西方和真正的(更远的)东方之间的"媒介"。从20世纪90年代起,至少在西方大众的想象中,似乎中国已经取代了伊斯兰世界成为东方的核心。[1] 应该指出的是,近年来,关于东西方关系的阐释发生了很大变化。美国学者安东尼·帕戈登(Anthony Pagden)的《两个世界的战争:2500年来东方与西方的竞逐》主要阐释的还是传统意义上东方和西方的竞争,中国并没有在他的视野中占有重要位置。[2] 而伊恩·莫里斯(Ian Morris)2010年发表的《西方将主宰多久:从历史的发展模式看世界的未来》,则纵横5万年,并主要把中国作为东方的代表,讲的都是中国模式与欧洲或欧美模式比较的故事。[3]

历史地看,西方的流变一直没有中断。冷战结束之后,特别是进入21世纪以来,西方似乎正遭遇一个历史的转折点。而西方视野中的"东方",曾经也是西方自我构建的产物,直到以中国为代表的一批非西方大国崛起,开始挑战西方在世界上的主导地位,西方与东方的关系才进入了一个新阶段。但所谓的"东方",自古以来就是多样化的世界,用"西方"和"非西方",而不是用"东方"和"西方"来区分当前的世界可能更为贴近现实。当然,也有人认为西方是一个特别的存在,是一个相对的概念,它的确切含义基于你何时站在何种立场。持这种观点的人有沃尔特·拉塞尔·米德(Walter Russell Mead)。他举例说,"西欧是一个美国人常认为墨守成规和传统的地方,而东欧、亚洲和非洲的人觉得这里惊人地西方;横穿中国迁往东方,在上海找工作的中国农民认为他们接触到了西方;横穿美国到东部旅行的加州人一旦到了波士顿和萨凡纳,会以为他们几乎到了欧洲……富有、自由,却也冷酷、不人道:这就是东方对西方的看法。这就是欧洲人对盎格鲁-撒克逊世界的通常看法;这就是世界大部分地方对欧洲的看法。这是泰国农村对曼谷的看法;这是斯威士兰对约翰内斯堡的看法,这是意大利南方人对米兰的看法。很大程度上,这也是今天中东阿拉伯世界对美国的

---

[1] [美]马丁·W.刘易士、[美]卡伦·E.魏根:《大陆的神话:元地理学批判》,第41—55页。

[2] 参见[美]安东尼·帕戈登:《两个世界的战争:2500年来东方与西方的竞逐》,方宇译,北京:民主与建设出版社,2018年版。作者认为东西方之间的长期斗争似乎不太可能很快结束,2300年前希波战争划定的战线,几乎丝毫没有发生变化。参见此书第450页。

[3] 参见[美]伊恩·莫里斯:《西方将主宰多久:从历史的发展模式看世界的未来》,钱峰译,北京:中信出版社,2011年版。

看法。"[1]

三、中国的崛起与西方的困局

从西方学者关于西方"衰落"和"终结"的种种论断,到西方流变的阶段性变化,我们可以发现,虽然西方认为自己赢得了"冷战",但在冷战之后正在遭遇一场历史性的困局。这种困局既表现在世界形势的变化,如美欧关系的变化、非西方世界的崛起;也表现在美国和西方自身所遭遇的诸多挑战,如美国和西方竞争优势的流失,美国冷战后的战略失误,西方身份认同的多元化,以及西方社会在经济全球化深入发展过程中贫富分化的加剧,人口老化与活力的降低,民粹主义的兴起和参与全球事务动力的丧失,等等,甚至把持有"反西方"观念的人(如唐纳德·特朗普)推选成国家领导人。[2] 尼尔·弗格森在《世界战争与西方的衰落》一书结尾处写道:"100年前,东西方的边界位于波斯尼亚和黑塞哥维那附近之间的某个地方,现在,这条边界线贯穿着每一座欧洲城市。"[3] 作为现代西方"核心力量"的英国和美国,分别因"脱欧"和特朗普当选总统而陷入难以预测的"不正常状态"。西方似乎失去了引导和方向。这对西方的前途和命运来说,绝对不是好事情。

反观非西方世界则是另一番景象。虽然还有相当一批发展中国家依然在国家构建的路上踯躅前行,但更有一批非西方国家,特别是中国和印度这样的非西方大国,已经在冷战后经济全球化的进程中乘势而起,成为全球经济发展的重要驱动力量。实际上,原来世界经济体系的"中心—外围"结构已经被打破,一批非西方国家挺进到原来由西方国家独占的世界经济体系的中心。朱云汉认为,人类社会正在面临一场"世界秩序在权力及价值结构上的质变",以西方为中心的"一元现代性"框架不得不为"多元现代性"所取代。[4] 实际上,自1500年以来,特别是自19世纪在世界上逐渐占据主导地位以来,西方世界第一次真正体会到了来自非西方世界的竞争和压力,体会到了非西方世界要与西方世界"分庭抗礼"的滋味。

在这样一种形势面前,中国的"崛起"和美国的"衰落"形成了鲜明的对比,被认为是当今世界最大的变局;中国也非常容易被美国和其他西方国家视为最主

---

[1] [美]沃尔特·拉塞尔·米德:《上帝与黄金:英国、美国与现代世界的形成》,涂怡超、罗怡清译,北京:社会科学文献出版社,2017年版,第232—234页。

[2] Bill Emmott, *The Fate of the West: the Battle to Save the World's Most Successful Political Idea,* London: Profile Books, 2017, pp. 1-8.

[3] [英]尼尔·弗格森:《世界战争与西方的衰落》,喻春兰译,广州:南方出版传媒、广东人民出版社,2015年版,第630页。

[4] 参见朱云汉:《高思在云:中国兴起与全球秩序重组》,北京:中国人民大学出版社,2015年版。

要的威胁，同时也是"涣散的"西方重塑凝聚力的声讨对象。首先，无论从经济实力、政治实力和军事实力来衡量，中国已经成为"新东方"的代表，成为西方世界具有"全方位"性质的竞争对手，也是西方世界新的最主要的外部"碰撞对象"。其次，中国越是高举具有中国特色的社会主义旗帜，越是愿意在这个"不确定的世界"中承担更多的国际责任，就越是容易被西方视为"异类"，加剧西方的危机感，也越是容易成为西方社会制度卫道士攻击的目标和发动"颜色革命"的对象。这是不以中国人的意志为转移的。最后，虽然西方已经陷入一种空前"衰落"的困局之中，作为二战后"现代西方"领袖的美国已经丧失了承担世界责任的意志和能力，但作为一种"安全共同体"和"价值观联盟"，西方依然有形和无形地存在着。对比其他"非西方大国"，如印度（"最大的民主国家"）、俄罗斯（欧洲历史与文化共同体的一部分）和土耳其（北约成员），中国的"非西方性"（non-Western Nature）是最明显和最强烈的。实际上，在西方学术界和新闻界，"中国威胁论"已经升级换代为"中国统治论"。斯蒂芬·哈尔珀（Stefan Halper）的观点有其代表性。他认为，中美之间是模式之争，美国"和平演变"中国的幻想已经不复存在，不存在中美（G2）共治的可能性，中国的优势在于中国的"国家资本主义"，中美之间最后将是"孔夫子和杰斐逊"的对决。[1]

但是，改革开放以来，中国已经不是以前的中国，西方同时也发生了戏剧性的变化。第一，改革开放以来，中国已经逐步与西方国家在经济上融为一体，形成了日趋密切的依存关系。这种依存关系有可能在特殊的情况下发生逆转，但完全"脱钩"已经办不到了。在西方兴起和发展的历史上，还没有一个被它视为"异类"的国家在经济上与其形成如此密切的协作关系。

第二，改革开放40年来，中国不仅在经济上与西方国家乃至全世界形成了日益密切的依存关系，而且通过投资、旅游、留学和移民等方式与其他国家形成了大规模的互动，这种互动对中国社会发展变化的影响是深刻的、历史性的。对比其他国家，在过去半个多世纪的时间里，中国社会精神面貌的变化是最迅速和最剧烈的。中国已经从一个封闭、僵化的社会，转变为一个开放和进取的社会。卡赞斯坦说得有道理，中国的崛起既不是断裂，也不是回归，而是重组，是一个超越东西方文明的进程。[2] 在西方崛起的过程中，西方的学者一直把东方社会视为停滞和僵化的代名词。而今天的中国却以"变化太快了"为人所知。中华民族或许是当今世界学习欲望最为强烈的民族。以西方国际关系理论思想与方法的传播为例，无论是美国的三大主流国际关系理论流派，即（新）现实主义、（新）自由主义和建构主义，还是英国学派理论有关国际体系和国际社会理论的最新发

---

[1] Stefan Halper, *The Beijing Consensus: How China's Authoritarian Model Will Dominate the Twenty-First Century,* New York: Basic Books, 2010.

[2] 参见［美］彼得·J.卡赞斯坦主编：《中国化与中国崛起：超越东西方的文明进程》，魏玲、韩志立、吴晓萍译，上海：上海人民出版社，2018年版。

展，在中国都能找到忠实的粉丝和拥趸，其热情之高让来访的西方学者感到意外和震惊。当然，也正是在学习和借鉴西方国际关系理论的过程之中，在与西方学界的交流和对话之中，中国风格的国际关系理论，或者说国际关系理论的"中国学派"，正在逐步成长起来。

第三，就西方的戏剧性变化而言，西方的"衰落"和"困局"遮盖不住的一个现实是，西方自身已经多元化了，西方世界与非西方世界的界限已经不是那样壁垒分明，而是"多个西方"并存于世了。[1] 实际上，西方依然处于一个不断的演进之中，西方的边界从来没有固定下来过，现在就更加模糊了。俄罗斯作为深度介入欧洲历史与文化的国家却被排除在欧洲和西方之外，而远在东亚边缘地带的日本似乎却成了西方的核心部分。土耳其是北约组织的正式成员，并且一直在申请加入欧盟组织，但现在却似乎正在和西方分道扬镳。即使是位于欧洲核心地带、为欧洲和西方的历史和文化演进贡献了诸多哲学家的德国，其西方的身份也曾遭质疑和排除。德国学者兰克（Leopold von Ranke）曾把所有的斯拉夫人都排除在西方文明之外；但德国本身又曾"自视"或被"他视"为西方的"异类"。一战战败之后，德国遭受了严厉的惩罚和耻辱，一些德国学者宣布德国并不是真正意义上的西方国家，一战代表德国与西方文明之间古老矛盾的延续。二战之后，欧洲有历史学家认为德国从其精神实质上来说并不是西方国家。冷战结束之后，随着北约东扩与欧盟"扩编"，西方与非西方的边界进一步向东推进，但内部的分化更严重了。

综上，西方并不是恒久不变的存在，迄今它依然处于变化之中。冷战时期构建起来的美国主导的西方正在瓦解，西方国家之间的利益诉求和身份认同实际上已经多元化了。在这样一种形势面前，中美关系不可能是中国与西方国家关系的全部，中国和西方国家的关系更不可能是东西方国家关系的全部。面对这样一个处于"困局"，探索"出路"和寻求"敌人"的西方，中国的应对战略应该是消化和消解西方，避免一个新的两极对抗世界的形成，力争把世界引导到一个超越东西方对抗的境界之中，而不是相反。比尔·埃莫特（Bill Emmott）认为西方核心价值的精髓不是"自由"和"民主"，而是"平等"和"开放"。[2] 这有一点"贪天之功据为己有"的意味。因为在世界历史上，封闭是任何一个国家、地区和文明延续与

---

[1] 参见［美］彼得·J.卡赞斯坦主编：《英美文明与其不满者》，魏玲、王振玲、刘伟华译，上海：上海人民出版社，2018年版。

[2] Bill Emmott, *The Fate of the West: The Battle to Save the World's Most Successful Political Idea*, p. 209.

发展的死敌。只有在开放的环境中不断拓展与外部世界的交流与合作，增强大多数人民的福祉，才能保证一个国家、地区和文明的生命力延续下去。这在一个经济全球化的世界上尤为如此，而东西方的差别和对抗也将在一个日趋开放和依存的世界上发生转变，让位于一个更加多元竞争和并存的世界。在1963年就以《西方的兴起：人类共同体史》跻身世界一流历史学家的威廉·麦克尼尔（William McNeill），于1997年刊文指出，"世界历史远比西方文明更能指引方向。最大限度地说，西方文明只不过是人类传奇中的一段插曲：无疑是一段重要的插曲，任何理性的世界历史都不会遗漏它，但终究是同一段插曲"。[1]

---

[1] William McNeill, "What We Mean by the West," *Orbis,* Vol. 41, No. 4, Fall 1997, p. 523.

全球卫生安全：威胁、挑战与应对

徐彤武

内容提要：2030年可持续发展议程的根本着眼点是全人类的安全与福祉，全球卫生安全是实现这一宏伟蓝图的前提条件和关键标志。在多种因素交叉作用下，当代复合型生物威胁对公众健康和国家安全构成前所未有的挑战，高风险的"灰犀牛"极易演变为公共卫生的"黑天鹅"。全球卫生安全能力是大国综合战略能力的集中体现，以美国和英国为代表的主要发达国家在全球卫生安全治理体系中占有支配性地位。中国作为最大的发展中国家，应勇于模范地承担大国卫生安全责任，以人为本，积极防御，实施系统性、全方位的卫生安全战略。必须高擎全人类共同价值观大旗，坚持"一体健康"（One Health）理念，结合国家现代化和"一带一路"建设，全面提升自身科技实力和卫生安全能力，以更积极的姿态和更睿智的行动为全球卫生安全治理作出新贡献。这是中国发展和捍卫自身核心利益的必然选择，也是与各利益相关方精诚合作、携手构建人类命运共同体的必由之路。

关键词：生物威胁　全球卫生安全　国家安全　"一带一路"倡议　人类命运共同体

进入21世纪以来，"人的安全"（human security）受到国际社会空前重视。[1]

徐彤武　中国全球卫生网络（CGHN）特聘顾问，北京大学公共卫生学院兼职教授。

衷心感谢前世界卫生组织助理总干事—总干事顾问、北京大学公共卫生学院刘培龙教授对本文初稿所提宝贵意见，作者文责自负。

[1] 联合国开发计划署（UNDP）在20世纪90年代中期最早提出"人的安全"概念，相关定义及重要文件可见联合国人的安全信托基金（United Nations Trust Fund for Human Security）官方网站：https://www.un.org/humansecurity/，2019年10月10日登录。

接续联合国千年发展目标（MDGs）的2030年可持续发展议程（SDGs）在促进"人的健康与福祉"方面取得了来之不易的进展。[1] 过去25年间全球总人口增长约20亿，而2019年各大洲居民平均预期寿命达到72.6岁，比1990年提升8岁多。[2] 同时，当代全球卫生安全（global health security）的大局不稳，某些方面甚至恶化。除了各种疾病之外，武装冲突、气候变化、环境污染、经济不平等以及第四次工业革命的冲击，[3] 前所未有地增加了各国有效应对卫生安全挑战的困难。"一带一路"沿线区域严峻的公共卫生形势，以及中美两个大国"敌对式共存"（hostile co-existence）长期化的趋势，[4] 正在对中国乃至全球的卫生安全产生深刻影响。目前国内迫切需要消除认知盲区与研究赤字，[5] 并在此基础上推动制定和实施积极防御的国家卫生安全战略，促使相关各方迅速采取系统性和整体性的行动。

一、警惕全球卫生安全的"灰犀牛"与"黑天鹅"

"灰犀牛"代表着人们熟视无睹但可能造成严重后果的现象，而这种现象很可能一夜之间变成超出人们想象的巨灾"黑天鹅"。目前关乎全球卫生安全的"灰犀牛"至少有三：

（一）半数地球村居民公共卫生境况堪忧

许多亚非拉低收入或中低收入国家的国民卫生体系难以为本国民众提供可持续的基本服务，大量公共卫生问题积重难返，卫生健康事业的发展举步维艰。在很大程度上，世卫组织（WHO）的统计数据就是这批发展中国家卫生健康状况的写照：每一年中，母婴保健和儿童卫生服务的匮乏使260万婴幼儿夭折，1.51亿5岁以下儿童发育不良；约300万人死于艾滋病、疟疾、结核病和病毒性肝炎

---

1 参见《2018年可持续发展目标报告》（中文版），纽约：联合国，2018年。https://unstats.un.org/sdgs/files/report/2018/TheSustainableDevelopmentGoalsReport2018-ZN.pdf，2019年10月10日登录。

2 世界总人口在2019年的年中达到77亿，中国占比19%。参见United Nations, Department of Economic and Social Affairs, Population Division：*World Population Prospects 2019*：Highlights（ST/ESA/SER.A/423），https://population.un.org/wpp/publications/Files/WPP2019_Highlights.pdf, p. 5, p. 8, 2019年10月22日登录。

3 第四次工业革命最基本的特征是技术融合创新模糊了物质、数字和生物三个领域的界限，颠覆性地改变全人类的生产方式、生活方式和思维方式。参见Klaus Schwab, *The Fourth Industrial Revolution*, Switzerland: World Economic Forum, 2016.

4 Ambassador Chas W. Freeman, Jr., "On Hostile Coexistence with China: Remarks to the Freeman Spogli Institute for International Studies China Program," Stanford University, California, May 3, 2019, https://fsi.stanford.edu/events/hostile-coexistence-china, 2019-10-10.

5 全国干部培训教材编审指导委员会组织编写的相关教材并没有涉及卫生安全的内容。参见《全面践行总体国家安全观》，北京：人民出版社、党建读物出版社，2019年2月版。

等主要传染病;15亿人受到被忽视的热带疾病侵害;[1] 91%的公众(含半数城镇居民)呼吸着肮脏空气,造成约700万人死亡。此外,全世界77亿人口中至少半数无法享受最基本的医疗卫生服务,约1亿人患病后陷入绝对贫困。[2]

(二)各国公众健康受到空前威胁

1. 国际社会应对生物威胁能力不足。 当今公众健康面临的生物威胁(biothreat)种类繁多,[3] 在生物技术革命、人工智能和气候变化的影响下,新的威胁和卫生安全危机层出不穷。进入21世纪以来,流感和大流感(pandemic influenza)疫情及艾滋病、埃博拉、中东呼吸综合征(MERS)、寨卡等高危传染病接续发力;抗微生物药物耐药性(AMR)形势逼人;[4] 有害物种入侵、重大实验室或工业事故,以及利用核生化(chemical, biological, radiological and nuclear, CBRN)手段发动敌对行动或恐怖袭击的现实可能性等构成了前所未见的复合型卫生安全威胁。而依照世卫组织评判,大多数国家对这些生物威胁的理解、警惕、侦测、防范、准备和应急响应的能力不足。由世卫组织和世界银行联合发起、旨在全面评估国际社会应对突发公共卫生事件能力的全球备灾监测委员会(Global Preparedness Monitoring Board,GPMB)严厉警告:倘若今天暴发像1918年"西班牙大流感"那样经空气传播的特大传染病疫情,全世界在不到两天之内就可能有5000万—8000万人殒命。[5]

2. 传染病及病媒传播风险倍增。 在贸易、交通、旅游和互联网的紧密联系

---

[1] 被忽视热带病(neglected tropical diseases, NTDs)是对血吸虫病、登革热等20种主要发生于热带地区的传染病的总称。参见 World Health Organization: *Integrating Neglected Tropical Diseases into Global Health and Development: Fourth WHO Report on Neglected Tropical Diseases*, Geneva: WHO Press, 2017。

[2] World Health Organization, *World Health Statistics 2018: Monitoring Health for the SDGs, Sustainable Development Goals*, Geneva: WHO Press, 2018, pp. 3-9.

[3] 生物威胁也被称为生物风险(biological risk or biorisk),泛指一切能够导致大规模突发公共卫生紧急事件的事物。除大流感疫情和重大传染病疫情、抗生素及其他抗微生物药物耐药性、涉及核生化的事件(含恐怖袭击)以及各种严重工业事故外,还包括:动植物病害的大范围扩散、气候变化的影响、滥用杀虫剂的后果、生物科学技术研究中有害生物的外泄、伪劣药品和疫苗、食品生产和消费过程中的污染、互联网及"暗网"中核生化技术和材料的非法交易,等等。参见 HM Government: *UK Biological Security Strategy*, July 2018, https://www.gov.uk/government/publications, https://assets.publishing.service.gov.uk/government/uploads/system/uploads/attachment_data/file/730213/2018_UK_Biological_Security_Strategy.pdf,2019年10月10日登录。

[4] 联合国专题小组新近提交联合国秘书长的报告称:如国际社会不立即采取行动,到2050年,全球每年可能有上千万人因抗微生物药物耐药性而死于各种疾病。参见 Interagency Coordination Group (IACG), "No Time to Wait: Securing the Future from Drug-Resistance Infections," Report to the Secretary General of the United Nations, April 2019, https://www.who.int/antimicrobial-resistance/interagency-coordination-group/IACG_final_report_EN.pdf?ua=1,2019年10月10日登录。

[5] Global Preparedness Monitoring Board, "A World at Risk: Annual Report on Global Preparedness for Health Emergencies," pp. 1-5, https://apps.who.int/gpmb/assets/annual_report/GPMB_annualreport_2019.pdf, 2019-10-10.

下，发生在任何遥远角落的疾病都可以在36小时或更短时间内"跑"到半个地球以外的大都会，所以任何一个传染病例、局部疫情、其他已知或未知的生物威胁都对全人类的健康构成威胁，任何国家要想"御敌于国门之外"，几乎都是不可能的。例如："一带一路"沿线国家基础设施的联通和贸易的增长，客观上也便利了各种生物威胁借助陆海空运输工具、人员、货物、邮政及快递的跨境传导。2018年中国海关开展出入境传染病监测体检104.9万人次，检出传染病2.7万例；截获病媒生物222.66万只，检出病原体阳性420例；截获植物有害生物4583种、68.5万种次，发现检疫性有害生物335种、7.1万次。[1]

3. "脆弱国家"疫情成"达摩克利斯之剑"。"脆弱国家"的根本特征是国家治理体系无法满足基本公共服务与安全需求。[2] 在诸多历史与现实因素的合力下，这些国家的公共卫生系统千疮百孔，极易成为重大跨境传染病疫情策源地。最为典型的案例是刚果民主共和国2018年8月1日宣布暴发的第十轮埃博拉疫情。因疫区各种矛盾交错，暴力事件频仍（除民众外已有约200名医疗卫生人员遇难），公共治理失序，疫情防控反复"拉锯"，病例数和致死人数一路攀升，遂演化成为史上第二严重的埃博拉疫情。2019年7月17日，世卫组织依据《国际卫生条例（2005）》（International Health Regulation 2005）宣布本次埃博拉疫情为"国际关注的突发公共卫生事件"，这是国际社会在五年内第二次把埃博拉疫情列为全球性重大卫生安全威胁。[3]

4. 某些"老旧"传染病卷土重来。由于反疫苗运动、网络谣言及气候变化等原因，早已在欧美发达国家销声匿迹的麻疹，从2017年起成为新的公共卫生热点；[4] 2019年初以来，地处南亚的孟加拉国以及东盟多国（菲律宾、越南、老挝、泰国、新加坡等）登革热病例数量均呈现异常增幅。[5]

---

[1] 贺红：《严守国门 筑牢防线：海关总署公布去年口岸卫生检疫和动植物检疫数据》，《中国国门时报》，2019年1月22日，第2版。

[2] 据美国智库和平基金会（The Fund for Peace）对178个国家的评估，2019年度"脆弱国家"指数（Fragile State Index, FSI）榜单前20名依次为：也门、索马里、南苏丹、叙利亚、刚果民主共和国、中非共和国、乍得、苏丹、阿富汗、津巴布韦、几内亚、海地、伊拉克、尼日利亚、布隆迪、喀麦隆、厄立特里亚、尼日尔、几内亚比绍和乌干达。参见 https://fragilestatesindex.org/data/，2019年10月10日登录。

[3]《国际卫生条例（2005）》是全球卫生安全领域的国际法，在2005年世界卫生大会（WHA）上经世卫组织196个成员一致通过，2007年6月15日生效。2019年之前只有四次疫情被宣布为"国际关注的突发公共卫生事件"：2009年甲型H1N1大流感、2014年脊髓灰质炎疫情、2014—2016年西非特大埃博拉，以及2016寨卡疫情。截至2019年11月12日，刚果民主共和国已发现埃博拉病例3287例，其中2193人死亡。参见 WHO Regional Office for Africa, "Ebola Virus Disease Democratic Republic of Congo: External Situation Report 67 (12 November 2019)," p. 2, https://www.who.int/emergencies/diseases/ebola/drc-2019/situation-reports，2019年11月18日登录。

[4] 欧文·戴尔（Owen Dyer）：《麻疹：联合国发出警告，全球病例数激增，严重威胁儿童》，郭利劼译，《英国医学杂志》（中文版），第22卷，2019年第6期，第315页。

[5] 孙广勇：《东南亚全力应对登革热疫情》，《人民日报》，2019年7月31日，第17版。

（三）全球卫生发展援助陷于停滞

21世纪第二个十年里，发展中国家获得的卫生发展援助（Development Assistance for Health，DAH）进入"平台期"，2013—2018年间年均增长率为负0.3%。[1] 2018年全球卫生发展援助总额为389亿美元，比上一年减少3.3%，使得迫切需要改善公共卫生状况的穷国迟迟不能形成有效的卫生安全能力。[2] 与此同时，美国为首的北约持续扩军备战，刺激和裹挟全球军费支出在2018年达到冷战后峰值（18220亿美元），[3] 这不可避免地分流了本可用于全球卫生公共产品的宝贵资源。[4] 2019年，因所需资金迟迟得不到落实，世卫组织及合作伙伴在紧急应对刚果民主共和国埃博拉疫情时，不得不在最需要扩大疫情应对措施的关键时刻缩减相关工作。[5]

二、欧美代表性大国的全球卫生安全战略及举措

现今"安全"（security）概念有被泛化和滥用的趋向，如特朗普政府以国家安全为由提高进口钢铝制品关税。然而事实反复证明，卫生安全的确关乎国运，从某种意义上说，卫生安全是每一个国家的"命门"。大流感、重大传染病疫情以及其他生物威胁的大范围扩散，能够在很短时间内造成严重公共卫生后果，打乱正常生产与生活，瘫痪公共秩序，使来之不易的经济社会进步毁于一旦。世界银行的研究报告指出：2014—2016年西非特大埃博拉疫情使几内亚、利比里亚和塞拉利昂多年发展努力"归零"，三国经济仅在2015年就损失20亿美元，而整个西非地区因本次疫情遭受的损失

---

1 卫生发展援助指援助方（含国际组织、政府、私立基金会或官民合作平台）向低收入或中等收入国家提供的卫生健康援助，主要领域是各种传染病防控、母婴保健、儿童健康、非传染病防控、卫生体系的加强以及覆盖卫生部门的相关措施。Institute for Health Metrics and Evaluation (IHME), *Financing Global Health 2018: Countries and Programs in Transition*, Seattle, WA: IHME, 2019, p. 48。

2 Institute for Health Metrics and Evaluation (IHME), *Financing Global Health 2018: Countries and Programs in Transition*, p. 47。

3 Nan Tian, et al., "Trends in World Military Expenditure, 2018," *SIPRI Fact Sheet*, April 2019, p. 1, https://www.sipri.org/sites/default/files/2019-04/fs_1904_milex_2018.pdf, 2019-10-10。

4 全球卫生公共产品（Global Public Goods for Health, GPGH）是一个内容丰富的概念，主要指：卫生发展援助，医学知识的生产与应用，公共卫生常识的传播，相关国内立法，跨境知识产权保护和国际公共卫生法律。参见 Richard Smith, Robert Beaglehole, David Woodward and Nick Drager, eds., *Global Public Goods for Health: Health Economic and Public Health Perspectives*, Oxford, UK: Oxford University Press, 2003。

5《世卫组织：埃博拉应对行动经费不足 "面临着被资金而非需求所左右的窘境"》，联合国新闻，2019年6月20日，https://news.un.org/zh/story/2019/06/1036631，2019年10月10日登录。

高达300亿美元。[1]

国际社会对全球卫生安全与国家安全的关联高度认同，各国也不断承诺要有所行动。[2] 在可预见的一段时间内，全球卫生安全的领军者，更准确地说是全球卫生安全治理结构中的权力主导者，将仍然是以美国和英国为典型代表的西方大国。这些国家的经济社会发展早已步入"后工业化"阶段，综合国力较强；在卫生安全的基础调研、知识体系、战略与政策规划、军民融合、[3] 国际规则与标准、卫生发展援助以及公共卫生应急能力等方面，均处于领先状态；织造了遍及各主要国际组织、各大洲和关键地理节点的多层次合作伙伴关系网络；积累了相当丰富的经验。对此应当予以深入研究、密切关注。

现存唯一超级大国美国也是世界头号卫生安全强国，其理念、战略和行动不仅塑造着全球卫生安全的基本格局，也将在很大程度上决定"一带一路"沿线区域和重点国家的卫生安全能力，不可避免地对中国的发展战略、海外利益乃至国家安全产生直接和间接的影响。

（一）美国的全球卫生安全优势主要体现为

1. 超群的知识生产与传播能力。 全球卫生安全是一个知识密集领域，涉及到医学、自然科学、社会科学和工程技术的数十个学科。美国拥有以国立卫生研究院（National Institutes of Health）、冷泉港实验室（Cold Spring Harbor Laboratory）为代表的科学研究机构群体，[4] 以兰德公司（RAND）、战略与国际问题研究中

---

[1] Ramesh Govindaraj, Christopher H. Herbst, and John Paul Clark, eds., *Strengthening Post-Ebola Health Systems: From Response to Resilience in Guinea, Liberia, and Sierra Leone*, World Bank Group, Washington, DC, 2018, p. 1, http://documents.shihang.org/curated/zh/707921513841518782/pdf/Strengthening-post-Ebola-health-systems-from-response-to-resilience-in-Guinea-Liberia-and-Sierra-Leone.pdf, 2019-10-25.

[2] 2018年5月，第71届世界卫生大会审议通过了世卫组织未来五年的工作规划，确立的三大战略目标之一就是建立和维持国家、区域和全球卫生安全能力，使全世界能够抵御流行病和其他突发卫生事件。参见世卫组织：《2019—2023年第十三个工作总规划》（中文版），日内瓦：世界卫生组织，2018年1月，http://apps.who.int/gb/ebwha/pdf_files/EB144/B144_7-ch.pdf?ua=1，2019年10月25日登录；2019年6月，亚洲相互协作与信任措施会议（CICA）第五次峰会宣布：加强合作应对诸多传统和非传统威胁和挑战，并防止恐怖主义分子和犯罪团伙企图获取化学、生物和放射性武器及其运载工具和相关材料。参见《亚信第五次峰会宣言——共同展望：一个安全和更加繁荣的亚信地区》（2019年6月15日，杜尚别），《人民日报》，2019年6月16日，第2版。

[3] 五角大楼向来是美国国家卫生安全的重要支柱，也是美国构建对全球卫生安全治理体系主导权的关键力量。参见 Thomas R. Cullison and J. Stephen Morrison, *The U.S. Department of Defense's Role in Health Security*, Washington, D.C.: Center for Strategic & International Studies, June 2019, https://www.researchgate.net/publication/335632220_The_US_Department_of_Defense's_Role_in_Health_Security_Current_Capabilities_and_Recommendations_for_the_Future，2019年10月25日登录。

[4] 冷泉港实验室于1890年创建，系私立非营利科研机构，在生物医学研究和教育领域享有盛誉，在其600名科学家组成的研究团队中产生过8位诺贝尔奖得主。详情可见其官方网站：https://www.cshl.edu/，2019年10月10日登录。

心（CSIS）为代表的智库群体，[1] 以"常春藤学校"为龙头的高等院校群体，世界上规模最大的国家情报研究系统，[2] 以及总部设在美国的跨国医药公司的研究部门。这五大研究力量人才济济、成果丰硕，为美国政府、军方和公共卫生系统的决策提供了大视野、跨学科、全方位的知识基础和智力支撑。

2. 完备的卫生安全战略体系。 21世纪以来，美国和世界一道经历了"9·11"恐怖袭击、炭疽邮件攻击和日趋频繁的新发再发传染病疫情，华盛顿决策圈对卫生安全议题高度敏感，空前重视。特朗普政府上台后，密集制定了三个相互配套的卫生安全战略文件：2017年美国《国家安全战略》是总体战略，提出了维护公共卫生安全、应对生物威胁的原则要求；[3] 2018年美国《国家生物防御战略》侧重国土安全和公共卫生应急准备，明确了生物威胁、生物防御等概念内涵，提出了防范、侦测和应对生物威胁的基本思路、主要目标及具体方案；[4] 2019年5月发布的《美国政府全球卫生安全战略》聚焦美国对全球卫生安全事务的领导力，强调与国际社会各类行为体的伙伴关系，提出美国促进全球卫生安全的主要路径与目标，规定了美国国际开发署（USAID）和美国疾控中心（USCDC）的相关任务，明确了美国涉及全球卫生安全的优先领域、主要议题、机构分工与责任。[5]

3. 有效的"全政府"工作模式。 "全政府"（whole-of-government）的工作模式要求联邦政府各部门服从国家整体利益，在一个中心的统一指挥下，打破行政壁垒实现跨部门协作。50年前实现载人登月的"阿波罗计划"堪称美国跨部门协作范例。根据《国家生物防御战略》，美国生物防御协调机制由国家安全委员会领导、联邦卫生与公众服务部具体牵头，各部首长组成国家生物防御指导委员

---

1 在美国各界支持下，2018年4月，战略与国际问题研究中心组织了一个包含民主、共和两党参议员和众议员、关注美国卫生安全的高级别委员会（The CSIS Commission on Strengthening America's Health Security），该委员会计划在两年内系统地研究卫生安全议题并提出政策建议。参见该中心官方网站：https://healthsecurity.csis.org/，2019年10月20日登录。

2 该系统包含分布于美国联邦政府各部门的16家机构，它们在国家情报总监办公室（Office of the Director of National Intelligence）的协调下开展大量研究，公开发布的代表性成果有《全球趋势》报告。参见 U.S. National Intelligence Council, "Global Trends: The Paradox of Progress," January 2017, https://www.dni.gov/index.php/global-trends-home，2019年10月10日登录。

3 2017年美国《国家安全战略》首章第一节的第二项标题就是"抗击生物威胁和重大传染病疫情"。White House, *United States National Security Strategy*, December 2017, p. 9. http://nssarchive.us/wp-content/uploads/2017/12/2017.pdf，2019-10-10。

4 White House, *United States National Biodefense Strategy*, 2018, https://www.whitehouse.gov/wp-content/uploads/2018/09/National-Biodefense-Strategy.pdf, 2019-10-10.

5 White House, *United States Government Global Health Security Strategy*, 2019, https://www.whitehouse.gov/wp-content/uploads/2019/05/GHSS.pdf, 2019-10-25.

会，督促落实工作计划。[1]《美国政府全球卫生安全战略》的实施由国家安全委员会指导，主要部门各司其职，相关预算由联邦管理与预算局制定，科学技术事项归白宫科技政策办公室协调。[2]

4. 广泛的卫生安全伙伴关系网。美国对外卫生安全合作的支柱是"三条腿"：即双边合作、多边合作和与民间利益相关方的合作。双边合作是主渠道，2018年，美国51.3%的卫生发展援助经由美国国际开发署、总统疟疾倡议、[3]总统艾滋病紧急救援计划（PEPFAR）[4]和美国疾控中心等渠道，落实到与60多个国家的双边合作中；[5]多边合作伙伴主要是联合国系统机构、全球基金（Global Fund）[6]和全球疫苗与免疫联盟（Gavi）；[7]民间利益相关方包括医药跨国公司、以比尔和梅琳达·盖茨基金会为代表的私立基金会及其他民间非营利组织（也常被称为NGO）。2018年度美国把34.1%的卫生发展援助（45亿美元）用于资助本国和国

---

[1] 参加国家生物防御指导委员会（Biodefense Steering Committee）的联邦政府部门首长包括：国务卿、国防部长、司法部长、农业部长、退伍军人事务部长、国土安全部长和环境保护署署长。White House, *United States National Biodefense Strategy*, p. 5。

[2] 除白宫行政机关外，14个相关责任机构是：国务院、财政部、国防部、内政部、农业部、卫生与公众服务部、交通部、国土安全部、环境保护署、美国国际开发署、联邦调查局、疾病控制和预防中心、国立卫生研究院以及食品和药品管理局。White House, *United States Government Global Health Security Strategy, 2019*, pp. 22-25。

[3] 美国总统疟疾倡议（President's Malaria Initiative, PMI）由小布什政府于2005年发起，旨在帮助撒哈拉以南非洲和东南亚的一批国家大幅度降低疟疾感染病例和死亡率。截至2018财年，美国为推进该倡议投资63亿美元，约使700万人免于疟疾死亡，并提升了受援国病情监测、病媒控制和信息处理能力。参见该倡议官方网站 https://www.pmi.gov/，2019年10月10日登录。

[4] 美国总统艾滋病紧急救援计划（President's Emergency Plan for AIDS Relief, PEPFAR）由小布什总统于2003年发起，并获得美国国会两党一致和持续支持，是美国最大的双边卫生发展援助项目，也是有史以来由单一国家发起的最大全球公共卫生安全项目，惠及全球50多个国家（多数为非洲国家）。参见 Anthony Fauci and Robert Eisinger, "PEPFAR-15 Years and Counting the Lives Saved," *The New England Journal of Medicine*, 2018, Vol. 378, No.4, pp. 314-316。

[5] Institute for Health Metrics and Evaluation (IHME), *Financing Global Health 2018: Countries and Programs in Transition*, p. 53。

[6] 全球基金即抗击艾滋病、结核病和疟疾全球基金（Global Fund to Fight AIDS, Tuberculosis and Malaria），于2002年成立，总部位于日内瓦，是最著名的以消除三大传染病为己任的多边机构，成立以来已挽救约2700万人的生命。该基金每年向100多个国家的相关项目投入约40亿美元，其中撒哈拉以南非洲占比65%，亚太地区占比19%。该基金所需经费95%由各国政府认捐，5%来自私营部门（含各种基金会）。美国等发达国家是该基金最大的资金来源国。参见该基金官方网站 https://www.theglobalfund.org/en/，2019年10月10日登录。

[7] 疫苗联盟全称为全球疫苗与免疫联盟（The Global Alliance for Vaccines and Immunization, Gavi），于2000年创建，总部位于日内瓦，基本使命是通过接种疫苗促进儿童健康。该联盟成立以来，已经为700多万儿童接种疫苗，约使上千万儿童避免因病死亡。其资金主要依靠约30个国家、欧盟及盖茨基金会的捐助。2000—2020年度累计获捐209亿美元，三家最大捐助方及占比为：英国（23.56%）、盖茨基金会（19.59%）、美国（10.80%）。参见该联盟官方网站 https://www.gavi.org/，2019年10月10日登录。

际性的民间非营利组织。[1]

需要指出的是，尽管近年来美国频繁"退群"，但依然把世卫组织、世界银行、联合国儿童基金会（UNICEF）、联合国粮农组织（FAO）、世界动物卫生组织（OIE）等视为全球卫生安全治理的重要多边机构。在特朗普政府的精心指导和持续资助下，由奥巴马政府发起的多边平台"全球卫生安全议程"（GHSA）顺利渡过了初创期，从60多国参与的卫生安全论坛向固定工作机制转化。[2]与此同时，美国着力把这一转化进程与本国的全球地缘政治和安全考量紧密融合。[3]

5. 丰富的全球卫生公共产品。 迄今为止，美国是全球卫生公共产品的最大提供方。2018年美国卫生发展援助总额达132亿美元，全球占比33.8%，涉及约100个国家。[4] 美国卫生外交（health diplomacy）的重点与本国的全球卫生安全战略清晰吻合：首先是防控传染病，特别是艾滋病、结核病和疟疾这三种危害最甚的疾病；其次是通过资金、科技和管理手段加强受援国的卫生健康系统，有的放矢地提升其全球卫生安全能力；[5] 再者是综合性地提高受援国妇幼保健水平，努力降低孕产妇和婴幼儿死亡率，改善儿童营养状况。例如，总统艾滋病紧急救援计划创立15年来，累计资助数十个国家（多为撒哈拉以南非洲国家）的1460万感染艾滋病毒的人服用抗逆转录药品（2003年这一数字为5万人），使240万婴儿免遭艾滋病母婴传染，为680万艾滋病孤儿、弱势儿童及他们的照护者提供帮助。[6] 来自美国的卫生公共产品构筑起捍卫美国本土和海外利益公共卫生安全的

---

1 Institute for Health Metrics and Evaluation (IHME), *Financing Global Health 2018: Countries and Programs in Transition*, p. 53.

2 全球卫生安全议程（Global Health Security Agenda, GHSA）由美国于2014年2月发起，愿景是建设"一个免于传染病威胁的世界"。截至2019年3月31日，共有包括中国在内的67个国家加入，世卫组织、联合国粮农组织、世界动物卫生组织、国际刑警组织、西非经济共同体（ECOWAS）、联合国减灾署以及欧盟等均是其合作伙伴。参见其官方网站：https://www.ghsagenda.org/about，2019年10月10日登录。

3《美国政府全球卫生安全战略》列出了美国通过全球卫生安全议程提供卫生安全能力建设援助的17个伙伴国家，它们是：孟加拉国、布基纳法索、喀麦隆、科特迪瓦、埃塞俄比亚、几内亚、印度、印度尼西亚、肯尼亚、利比里亚、马里、巴基斯坦、塞内加尔、塞拉利昂、坦桑尼亚、乌干达和越南。White House, *United States Government Global Health Security Strategy, 2019*, p. 16.

4 Institute for Health Metrics and Evaluation (IHME), *Financing Global Health 2018: Countries and Programs in Transition*, p. 53.

5 美国国际开发署认为：卫生系统（health system）不仅指政府主办或主管的卫生机构，也包括公众、其他致力于改善公众健康的公立或私立组织、资源与活动。国际开发署的相关项目涉及卫生筹资、药品管理、卫生系统服务质量、卫生人力资源、改变社会行为（social behavior）和透明度等方面。参见 U.S. Agency for International Development (USAID), "Report to Congress on an Interagency Plan to Strengthen the Capacity of Health Systems in Developing Countries," 2018, https://www.usaid.gov/sites/default/files/documents/1869/Strengthening_the_Capacity_of_Developing_Country_Health_Systems_Web.pdf，2019年10月10日登录。

6 Office of the spokesperson of U.S. Department of State, "Secretary Pompeo Announces Latest Lifesaving Pepfar Results," November 27, 2018, https://www.state.gov/secretary-pompeo-announces-latest-lifesaving-pepfar-results/, 2019-10-10.

屏障，极大地提升了美国的国际声望，带动了美国医药产业的发展，促进了美国卫生安全理念、管理及卫生健康产品的全球营销，为维护全球卫生安全发挥了至关重要的作用。

（二）全球卫生安全的第二强国是英国

英国的独特贡献和地位在于：它不仅是继美国之后提供卫生发展援助最多的国家，[1] 是现代公共卫生事业的发源地，还拥有其他许多国家不具备的优势。这些优势包括但不限于：脱胎于英帝国殖民遗产的全球性联盟、国际贸易与商务联系；英语是使用最广的跨文化交流工具；成熟的科学、教育、法律、管理和享有盛誉的国民卫生系统（NHS）；与各种国际行为体的良好关系；深谋远虑的战略研究传统和在全球落实各种行动计划的能力，等等。在西方大国中，英国2008年率先公布了本国的全球卫生战略，2018年7月又第一个发表了关于全球卫生安全的国家战略文件《英国生物安全战略》。[2] 英国的战略文件凸显了"一体健康"（One Health）的先进理念，主张在维护人类健康的同时重视动物界和植物界的健康；强调面对全球卫生安全的严峻局势，政府必须主动作为，从根源上消除各种生物风险（威胁）；提出协调一致的跨部门努力应聚焦于对生物威胁的理解、预防、侦测与应对四个方面。

三、中国：必须采取积极防御的卫生安全战略

全球卫生安全、气候变化和地球生态恶化是当代全球治理的三大战略性议题，关系到"地球村"里每个人的健康与生活质量。[3] 经济全球化、远超预期的气候变化和生态系统的加速度退化已经永久性地改变了人类所处环境，大幅度增加了流行性疫病暴发和有害媒介传播的几率。[4] 贫困、动荡、移民和难民潮、收入不平衡、治理失序、霸权行径以及核生化技术门槛降低等因素的交互作用，使

---

[1] 2018年英国卫生发展援助总额为33亿美元，全球占比8.4%。参见 Institute for Health Metrics and Evaluation (IHME), *Financing Global Health 2018: Countries and Programs in Transition*, p. 54.

[2] HM Government, *UK Biological Security Strategy*, London, July 2018, https://assets.publishing.service.gov.uk/government/uploads/system/uploads/attachment_data/file/730213/2018_UK_Biological_Security_Strategy.pdf, 2019-10-25.

[3] 2019年10月16—17日，由中国科协、中国科学院、中国工程院联合主办的首届世界科技与发展论坛在北京召开，论坛发布了2019年度人类社会十大科学问题，第一个就是如何预防并阻断新发传染病的大规模流行。张盖伦：《2019年度人类社会发展十大科学问题发布》，《科技日报》，2019年10月17日，第1版。

[4] 2019年5月6日，联合国在巴黎发布《全球生物多样性和生态系统服务全球评估报告》要点，指出全世界800万个物种中，有100万个正因人类活动而濒临灭绝。若不立即采取全面有力的生态保护措施，2030年可持续发展目标将注定落空。刘玲玲：《全球百万物种濒临灭绝》，《人民日报》，2019年5月8日，第16版。

全球卫生安全的形势变得空前严峻。作为有着14亿人口的最大发展中国家和联合国安理会常任理事国，中国面临的公共卫生风险之高前所未有，捍卫国家卫生安全的难度举世无双，维护全球卫生安全的责任日益重大。2018年8月非洲猪瘟首次传入中国（亦是首次传入亚洲），给生猪存栏量占世界半数的中国养猪业以沉重打击，邻国也未能幸免。[1] 鉴于60%危害人类健康的疾病来自动物界，近年来75%的新发和再发传染病属于动物源性疾病（如禽流感、埃博拉、中东呼吸综合征和肺鼠疫等），非洲猪瘟的入侵无异于再次拉响卫生安全的红色警报。若不能真正贯彻"一体健康"理念，未雨绸缪，迅速、有效和全方位地强化中国的国家卫生安全能力，"灰犀牛"将极有可能在某个意想不到的时间和地点突变为"黑天鹅"，引发公共卫生灾难和大规模公众恐慌，危害中国的国家卫生安全、海外利益乃至全球公共卫生安全，这绝非危言耸听。以时不我待，只争朝夕的精神，从战略高度把握主动权，扭转被动局面，以制度化的积极防御措施系统性地应对复合型生物威胁，[2] 是坚持"共同、综合、合作和可持续的新安全观"的内在要求，[3] 也是中国作为负责任大国的重要体现。

基于国内经验教训和两个"没有变"的基本国情，[4] 积极防御的卫生安全战略应涵盖以下方面：

（一）高擎人类共同价值观大旗

共同价值观是各国人民和平交往的心灵纽带和精神支柱，也是维护全球卫生安全与捍卫国家卫生安全的基准线。第二次世界大战结束以后，超级大国定义的"普世价值"影响广泛，但在这一旗号下，自私和任性地滥用支配地位的

---

[1] Wang Youming, et al., "African Swine Fever in China: Emergence and Control," *Journal of Biosafety and Biosecurity*, Vol. 1, No. 1, 2019, pp. 7-8；2018年8月至今非洲猪瘟已经传播到6个亚洲国家：中国、朝鲜、蒙古、越南、老挝和柬埔寨，造成重大经济损失。《非洲猪瘟暴发一年　亚洲近500万头猪丧生》，联合国新闻，2019年8月9日，https://news.un.org/zh/story/2019/08/1039781，2019年10月10日登录。

[2] 中国共产党十九届四中全会通过的决定指出："强化提高人民健康水平的制度保障　加强公共卫生防疫和重大传染病防控。"《中共中央关于坚持和完善中国特色社会主义制度　推进国家治理体系和治理能力现代化若干重大问题的决定》，《人民日报》，2019年11月6日，第1版。

[3] 冯维江、张宇燕：《新时代国家安全学》，《世界经济与政治》，2019年第4期，第4—27页。

[4] 两个"没有变"的具体国情，即："我国仍处于并将长期处于社会主义初级阶段的基本国情没有变，我国是世界最大发展中国家的国际地位没有变。习近平：《决胜全面建成小康社会　夺取新时代中国特色社会主义伟大胜利——在中国共产党第十九次全国代表大会上的报告》（2017年10月18日），北京：人民出版社，2017年10月，第1版。

做法制造了无数人间悲剧,对全人类健康和环境构成严重且持久的威胁。[1] 事实证明,"放之四海而皆准"的价值观就是以人为本,敬畏生命和人的尊严,其要点包含在《联合国宪章》《世界卫生组织组织法》和《世界人权宣言》等国际法文献里,[2] 也体现在中国援外医疗队、无国界医生组织(MSF)等的高尚理念和伟大实践中。[3] 中国是《世界人权宣言》9国起草委员会成员,承认和平、发展、公平、正义、民主、自由等是全人类的共同价值。2018年12月习近平向在北京举行的纪念《世界人权宣言》70周年座谈会致信,首次把秉持人类共同价值、促进人的全面发展与构建人类命运共同体联系起来。[4] 全球卫生安全的核心是人的安全,人类共同价值观是保障安全与健康的根本哲学与精神支柱。中国应高擎这面大旗,在捍卫自身与全球卫生安全时理直气壮地抢占道德制高点。

(二)大力强化国家公共卫生系统

新中国成立70年来,公共卫生事业的成就举世公认。比如:肆虐中华3000载、1949年流行2/3县域的疟疾,在2017—2018年已无本土原发病例;[5] 公共卫生应急体系已初步建立并不断完

---

[1] 2019年5月联合国秘书长古特雷斯访问斐济时,对美国和法国冷战期间在南太平洋岛屿进行核武器试验造成的健康与环境后果表示了极大担忧。冷战期间,仅美国就在马绍尔群岛进行了67次核试验。20世纪70年代,美军将8.5万立方米核废料及污染土壤归集到环形山内,覆以45厘米厚水泥盖。现在这座"核棺材"已风化龟裂,一旦泄露将造成全球卫生安全灾难。Chauncey Alcorn, "UN Chief Worries 'Nuclear Coffin' Made and Abandoned After the Atomic Era May be Leaking Radioactive Material into the Pacific Ocean," *Daily Mail*, May 20, 2019, https://www.dailymail.co.uk/news/article-7047757/,2019-10-10。

[2] 1948年4月7日生效的《世界卫生组织组织法》(Constitution of the World Health Organization)规定:享受可获得的最高水准的健康是一项基本人权,也是和平与安全的基础,需要所有个人与国家的通力合作。参见世卫组织《基本文件》第48版(2014中文版),日内瓦:世界卫生组织,2014年,http://apps.who.int/gb/bd/PDF/bd48/basic-documents-48th-edition-ch.pdf#page=1,2019年10月10日登录。

[3] 2013年3月30日习近平在访非期间指出:不畏艰苦、甘于奉献、救死扶伤、大爱无疆的中国医疗队精神是激励一代又一代医疗队员不懈奋斗的强大精神动力,也是我们民族精神的生动写照。参见杜尚泽、张建波:《习近平为中刚友好医院竣工剪彩并出席恩古瓦比大学图书馆启用和中国馆揭牌仪式》,《人民日报》,2013年3月31日,第1版。

[4] 习近平强调:《世界人权宣言》是人类文明发展史上具有重大意义的文献,对世界人权事业发展产生了深刻影响。中国人民愿同各国人民一道,秉持和平、发展、公平、正义、民主、自由的人类共同价值,维护人的尊严和权利,推动形成更加公正、合理、包容的全球人权治理,共同构建人类命运共同体,开创世界美好未来。参见《习近平致信纪念〈世界人权宣言〉发表70周年座谈会强调:坚持走符合国情的人权发展道路 促进人的全面发展》,《人民日报》,2018年12月11日,第1版。

[5] 张磊:《我国连续两年无本土原发疟疾病例》,《健康报》,2019年4月26日,第1版。

善；[1] 70年来中国总人口增加约9亿，居民人均预期寿命从不到40岁延长到77岁，[2] 毫无疑问，这些都是对全球公共卫生安全的巨大贡献。同时也必须承认，中国当前的卫生安全局面难言乐观：人口流动的数量和密度在全球高居榜首，疾病防控难度非比寻常；尚未立法构建"严密的国家生物安全体系"；公共卫生系统负荷沉重：2008—2018年间，每年报告的法定传染病例从526.27万上升到777.07万，致死人数从12622人增至23377人；[3] 公众健康问题堆积如山，数亿慢性病人、[4] 贫困群体、吸烟等危害健康行为，以及2.49亿"银发人"汇成的洪流，对卫生健康系统形成了全方位高强度冲击。更令人担忧的是："重医疗轻公卫"的倾向未能得到根本纠正，国家卫生安全能力存在多方面缺陷。[5] 全国人大常委会认为，国家疾病预防与控制机构的基础设施、能力建设和队伍实力均须改进；基层防治能力与所承担的职责不相适应，突出问题是基础设施落后、监测检测能力不强、经费保障不足、人才严重缺乏；[6] 疾控机构职能在事业单位改革中存在被弱化的风险，公共卫生队伍不稳定。[7] 倘若不能尽快在法治基础上建成人才充实、设施完备、手段全面、能力先进、资金充足且有一定海外布局的疾病防控系统，中国难以有效应对全球卫生安全挑战。

（三）加速夯实自身科学技术基础

生命科学直接关系人类健康与可持续发展，是全球卫生安全的科学基础。中国正在全面实施创新驱动发展战略，在生命科学领域也已取得了若干独创性成果。2019年4月，美国国家科学院宣布中国科学院院士、中国疾病预防控制中心主任高福博士当选该院外籍院士，这体现了世界顶尖科学殿堂对中国生命科学家

---

1 中国公共卫生应急体系有管理、资源和行动三个维度，包括"一案三制"（应急预案、体制、机制和法制）、全球最大传染病疫情与公共卫生突发事件直报系统、58支国家卫生应急队（其中有5支通过世卫组织认证的国际应急医疗队）。许雯：《后SARS时代，上演最大规模应急演练》，《新京报》，2019年8月4日，第A10版。

2 白剑锋：《我国居民人均预期寿命达77岁》，《人民日报》，2019年5月23日，第13版。

3 参见国家卫健委疾病预防控制局官方网站：http://www.nhc.gov.cn/jkj/new_index.shtml, 2019年10月10日登录。

4 据国家卫健委发布，全国现有高血压患者2.7亿、脑卒中患者1300万、冠心病患者1100万；糖尿病患者超过9700万；慢阻肺患者近1亿；每年新发癌症病例约380万，总体癌症发病率平均每年上升3.9%左右。参见白剑峰：《健康中国有了行动"路线图"》，《人民日报》（海外版），2019年7月16日，第2版。

5 2019年11月12日北京市确诊两例由内蒙古自治区输入的鼠疫，随即启动了本地公共卫生应急机制。此事在部分居民中引发恐慌，暴露出诸多需要重视和解决的问题。姚秀军：《鼠疫患者在京获妥善救治》，《健康报》，2019年11月15日，第1版。

6 王比学：《传染病防治应强化基层防控》，《人民日报》，2018年8月30日，第4版。

7 叶龙杰：《给"医师总量不足"开处方》，《健康报》，2019年4月23日，第1版。

的认可与尊敬。¹ 但总体而言，中国仍处在奋力追赶发达国家科研机构和科学家群体组成的"第一集团"进程之中，大量基础性研究和卫生安全关键技术的创新研究亟待开展或深化，² 多数相关产品和技术与发达国家差距明显。例如：世卫组织科学部门新近推出的《卫生产品概况目录》（Health Product Profile Directory）中，196个产品几乎全部被23家欧美发达国家的科研组织、高等院校和医药公司垄断。³ 2019年11月中旬先后通过欧盟委员会批准和世卫组织预认证的首款埃博拉疫苗也是由发达国家团队研发，跨国药企默克公司（Merck，在北美以外称MSD）生产。⁴

中国必须在更大程度的开放中，主动加强与"第一集团"的交流，以提升自身能力。卫生安全与国家安全关系密切，相关专业交流对于担心或刻意防范中国崛起的国家来说，具有一定敏感性。但是，科学知识属于全人类，生物威胁从来不会止步于国境。没有国际合作，即便全球卫生安全的头号强国也无法做到"洁身自好"。中国与美国为首的"第一集团"之间的交流会因特朗普政府的强硬立场遭遇严重困难，但绝不会中断。面对生物威胁这个共同敌人，中外卫生安全交流与合作必将不断深化。2019年7月，天津大学和约翰·霍普金斯大学在华盛顿联合主办了中美合成生物学安全议题的对话，两国上百位科学家、学者和官员出席，这是全球卫生安全离不开国际合作的极好例证。⁵

（四）以公共卫生为中心优化卫生发展援助

卫生发展援助政治敏感度低，民生效果好，容易成为最大利益契合点和合作的最佳切入点。中国应当结合落实"一带一路"倡议，在跨学科综合性研究、多领域实地调查和同利益相关方交流磋商的基础上，摸清域外卫生安全"底数"，确定主要生物威胁来源，结合卫生发展援助，有针对性地化解卫生安全风险。据估算，1990—2018年的29年间，中国共向其他发展中国家和国际组织提供了85亿美元的卫生发展援助，其中2018年为6.447亿美元。⁶ 与主要国家相比，卫

---

1 美国国家科学院（National Academy of Sciences, NAS）始创于1863年，是经国会特许、林肯总统批准成立的非营利组织，代表精英科学家群体，其院士中产生过近500名诺贝尔奖得主。参见该院官方网站：http://www.nasonline.org/，2019年10月10日登录。

2 张强：《专家呼吁加强国家生物安全关键技术创新研究》，《科技日报》，2018年9月7日，第3版。

3 参见世卫组织官方网站：https://www.who.int/tdr/product-profile-directory，2019年10月10日登录。

4《世卫组织埃博拉疫苗预认证为在高风险国家接种埃博拉疫苗铺平了道路》，世界卫生组织新闻稿,2019年11月12日，https://www.who.int/zh/news-room/detail/12-11-2019-who-prequalifies-ebola-vaccine，2019年11月18日登录。

5 刘海东：《中美举行合成生物学安全性问题"二轨会谈"》，《科技日报》，2019年7月29日，第2版。

6 Institute for Health Metrics and Evaluation (IHME), *Financing Global Health 2018: Countries and Programs in Transition*, pp. 57-59.

发展援助在中国对外援助中占比过小。[1] 事实上，若能够优化援外决策，注意避险止损，仅节省下来的钱就足以让卫生发展援助有大幅度增长。[2]

包括大流感在内的各种高危传染病始终是全球卫生安全的核心议题。[3] 世卫组织列出的2019年全球卫生十大威胁里四种是传染病。[4] 在社交媒体普及的情况下，关于传染病疫情和疫苗的不实信息极易引发大范围公众恐慌甚至社会秩序崩溃。[5] 因此，中国的卫生发展援助应当全面转型，优化资源配置，把公共卫生作为"主战场"，持续聚焦让广大公众受益的传染病防控。要精心选择一批具备战略支撑作用、与我合作基础牢固、卫生安全核心能力相对薄弱的国家，为它们提供具有指导性、针对性和实质性的支持，尤其重视培育当地公共卫生人才。应充分发挥自身优势，主攻消除疟疾。[6] 在这个问题上，中国最缺少的绝不是资金，而是战略决心、高效全面的协调和各个层面的合作伙伴关系。[7] 第二次世界大战结束以来，全球公共卫生最伟大的成就之一是消灭了天花，这也是人类迄今为止在世界范围内消灭的唯一一种传染病。今天，中国完全有条件把消除疟疾作为卫生发展援助的重点和亮点，为维护全球卫生安全作出历史性贡献。

---

[1] 据美国援外数据智库（AidData）核算，在2000—2014年中国援外总额中，卫生发展援助、灾害应急响应、人口与计划生育三类项目的资金占比略高于1.3%。参见 Axel Dreher, et al., "Aid, China and Growth: Evidence from a New Global Development Finance Dataset," *AidData Working Paper*, No. 46 , October 2017, http://docs.aiddata.org/ad4/pdfs/WPS46_Aid_China_and_Growth.pdf，2019年10月25日登录；2015年度主要国家卫生发展援助在官方援助中的比重分别为：美国30%，英国11%，加拿大17%，日本4%，德国和法国3%。参见 Tiaji Salaam-Blyther, "U.S. Global Health Assistance: FY2001-FY2018 Request," *CRS Report for Congress*, R43115, October 6, 2017, p. 11, https://www.hsdl.org/?abstract&did=804889, http://docs.aiddata.org/ad4/pdfs/WPS46_Aid_China_and_Growth.pdf，2019年10月25日登录。

[2] 据荣鼎咨询集团（Rhodium Group）研究，过去10年间，中国与24个国家重新谈判了40笔贷款（总额500亿美元），减免债务数十亿美元。参见 Agatha Kratz, Allen Feng, and Logan Wright, "New Data on the 'Debt Trap' Question," April 29, 2019, https://rhg.com/research/new-data-on-the-debt-trap-question/, 2019年10月10日登录。

[3] GHRF Commission (Commission on a Global Health Risk Framework for the Future), "The Neglected Dimension of Global Security: A Framework to Counter Infectious Disease Crises," January 2016, http://nam.edu/wp-content/uploads/2016/01/Neglected-Dimension-of-Global-Security.pdf, 2019-10-10.

[4] 《2019年全球卫生面临的10项威胁》，世卫组织官方网站，2019年1月，https://www.who.int/zh/emergencies/ten-threats-to- global-health-in-2019，2019年10月10日登录。

[5] Jennifer Kavanagh and Michael D. Rich, *Truth Decay: An Initial Exploration of the Diminishing Role of Facts and Analysis in American Public Life*, Santa Monica, Calif.: RAND Corporation, RR-2314-RC, 2018, pp.22-25. https://www.rand.org/pubs/research_reports/RR2314.html, 2019-10-25.

[6] 世卫组织对于中国消除疟疾的进展给予高度评价。参见世卫组织：《21国消除疟疾E-2020倡议：2019年最新情况》（中文版，WHO/CDS/GMP/2019.07），2019年7月，https://apps.who.int/iris/bitstream/handle/10665/325304/WHO-CDS-GMP-2019.07-chi.pdf?ua=1，2019年10月10日登录。

[7] 2017年全球为疟疾防控投入31亿美元，主要出资方及占比为：美国12亿美元（39%），发展援助委员会（DAC）成员国7亿美元（21%），英国3亿美元（9%），盖茨基金会1亿美元（2%）。World Health Organization, "World Malaria Report 2018," Geneva, 2018, p. xiv, https://apps.who.int/iris/bitstream/handle/10665/275867/9789241565653-eng.pdf?ua=1, 2019-10-25.

（五）更加主动睿智地参与全球卫生安全治理

中国是全球卫生安全治理体系中不可或缺的行为体，在各种现行治理机制中，完全可以通过多重路径更巧妙地发挥作用。

1. 模范和全面地遵循全球卫生安全治理的规则与指南。除《国际卫生条例（2005）》和《世卫组织烟草控制框架公约》（WHO, FCTC）这两部由世卫组织主持制定的国际法外，全球卫生安全治理还依赖其他一系列有法定约束力或公认指导意义的文件，包括（但不限于）：2030年可持续发展议程，联合国安理会相关决议，[1] 世界动物卫生组织兽医体系效能指南（PVS Pathway），[2] 世卫组织、联合国粮农组织及世界动物卫生组织关于用"一体健康"方式应对动物源性疾病的指导性意见，[3] 有关禁止生物和化学武器、打击核恐怖主义的国际公约，等等。实际上，中国实现国家治理体系和治理能力现代化的进程，也包含逐步熟悉和融会贯通所有相关国际规则的任务，无法一蹴而就。

2. 加强与主要大国的卫生安全合作。中俄"新时代全面战略协作伙伴关系"含有丰富的卫生安全内涵，双方在海关检疫，突发公共卫生事件的应急响应，危险病毒性疾病和自然疫源性传染病的研究监测，强化禁止细菌（生物）及毒素武器国际公约，推动制止生物恐怖主义行为国际公约的多边谈判等方面存在广阔合作空间。[4] 中印互为重要邻国，是仅有的两个人口超过10亿的大国，两国在卫生安全领域有巨大的合作潜力。西方七国集团（G7）成员都是卫生安全强国，扫除各种障碍，努力发展和提升与它们的卫生安全合作，不仅符合所有大国的切身利益，亦是改善全球卫生安全治理的关键一环。

3. 更有效地利用多边机制。中国必须加强对世卫组织相关工作的参与度、话语权和协调力。对美国彰显其领导力的全球卫生安全议程，应秉持开放和包容态度，以合作促安全，同时警惕技术或策略陷阱。要更积极主动地参与世界银行、世界贸易组织、二十国集团（G20）、金砖国家、上海合作组织、中非合作论坛、中国—阿拉伯国家合作论坛、中国—中东欧国家合作、澜沧江—湄公河合

---

[1] 如联合国安理会2018年10月30日全票通过的关于刚果民主共和国埃博拉疫情的第2439号决议，参见联合国官方网站：https://www.undocs.org/zh/S/RES/2439(2018)，2019年10月10日登录。

[2] 兽医能效体系（Performance of Veterinary Services Pathway, PVS Pathway）是世界动物卫生组织（OIE）在"同一健康"（One Health）理念指引下推出的公共产品，2007年开始实施，旨在指导各国根据统一动物卫生标准提升兽医服务能力和水平，有效防控动物疫情，保护人类健康。详情参见世界动物卫生组织官方网站：http://www.oie.int/en/support-to-oie-members/pvs-pathway/，2019年10月10日登录。

[3] World Health Organization, Food and Agriculture Organization of the United Nations, and World Organization for Animal Health, "Taking a Multisectoral, One Health Approach: A Tripartite Guide to Addressing Zoonotic Diseases in Countries," 2019, http://www.fao.org/3/ca2942en/ca2942en.pdf, 2019-10-25.

[4] 《中华人民共和国和俄罗斯联邦关于发展新时代全面战略协作伙伴关系的联合声明》《中华人民共和国和俄罗斯联邦关于加强当代全球战略稳定的联合声明》，《人民日报》，2019年6月6日，第2—3版。

作等平台涉及卫生安全的议程，周全考虑"一带一路"沿线区域性多边公共卫生合作。

4. 显著增加对重点多边筹资平台的捐助。世卫组织突发事件应急基金（CFE）、热带病研究和培训特别计划（TDR），[1] 以及被称为"三大全球卫生筹资机构"的全球基金、全球疫苗与免疫联盟和国际药品联合采购机制（Unitaid）是全球卫生安全领域的"名牌"平台，对它们的捐赠可用较少的钱"四两拨千斤"，这对于人均国民收入仍低于全球平均水平，[2] 依照联合国标准穷人数量依然庞大的中国来说，[3] 是极其划算的安全、民生与国际影响力投资。遗憾的是，这些机构公布的财务数据中，涉及中国的数据着实令人汗颜。例如，世卫组织突发事件应急基金可在24小时内响应传染病疫情，2015年创立至今共有22个成员国累计捐献1.26亿美元，其中德国4164.2万美元，日本3288.8万美元，英国2141.4万美元；中国自2015年捐赠200万美元后再无贡献。[4]

（六）充分挖掘和发挥民间社会潜力

卫生安全事关千家万户的幸福，与民间社会有一种内生的依存关系，说到底它涉及人民大众的科学素养、责任意识、组织状态、志愿精神、社会创新能力乃至对当代世界的全面认知。从纽约联合国总部到南太平洋岛屿，从瑞士小镇达沃斯到撒哈拉南部的非洲村落，21世纪全球卫生健康议题的讨论和行动，无一不有形形色色的民间社会组织参与其中。2019年二十国集团民间社会（G20）会议也就全球卫生安全提出了政策建议。[5] 顺应普通民众深度参与全球治理和可持续

---

[1] 热带病研究和培训特别计划（Special Programme For Research and Training in Tropical Diseases, TDR）于1975年由世卫组织发起，联合国儿童基金会、联合国开发计划署、世界银行和世卫组织共同制定，世卫组织作为该计划的执行机构并领导其秘书处。1974—2015年，各国政府和其他行为体累计捐助10.86亿美元，其中挪威、瑞典均超过1亿美元，丹麦8160.5万美元，英国8173.8万美元，美国8768.3万美元。详情参见世卫组织官方网站：https://www.who.int/tdr/about/en/，2019年10月10日登录。

[2] 林火灿：《2018年我国人均国民总收入达9732美元》，《经济日报》，2019年7月2日，第1版；世界银行公布的当年全球平均水平为11100.88美元，参见世界银行官方网站：https://data.worldbank.org/indicator/NY.GNP.PCAP.CD，2019年10月10日登录。

[3] 贫困标准依据购买力平价（PPP）方法计算人均每日生活费用，分1.9美元和5.5美元两档。参见："From Development to Differentiation: Just How Much Has the World Changed?" *UNCTAD Research Paper*, No. 33, June 2019, https://unctad.org/en/PublicationsLibrary/ser-rp-2019d5_en.pdf, 2019-10-10。

[4] 该基金2015—2019年获捐情况和资金用途（均截至2019年10月7日），参见世卫组织官方网站：https://www.who.int/emergencies/funding/contingency-fund/allocations/en/，2019年10月11日登录。

[5] 相关政策建议涉及抗微生物药物耐药性、全球卫生应急（特别是针对刚果民主共和国等危机易发区域的措施）和诊断技术、药品与疫苗的研发。参见 *C20 POLICY PACK 2019*, https://civil-20.org/working-groups/global-health/, 2019年10月29日登录。

发展进程的国际潮流，参照联合国的做法定义民间社会组织（CSO），[1]鼓励国内科教文卫事业单位以民间非营利机构身份参与各种国际交流与卫生发展援助项目，有助于在全球卫生事业中构建各个层面的合作伙伴关系。倘若中国能够培育起一批类似于盖茨基金会、帕斯适宜卫生科技组织（PATH）[2]那样熟悉国际规则、具备专业水准和海外项目执行力的民间社会组织，中国的卫生发展援助和全球卫生安全合作必会别开生面。

"和平与发展仍然是当今时代主题，人类的命运从没有像今天这样紧密相连，各国的利益从没有像今天这样深度融合，和平、发展、合作、共赢的时代潮流不可阻挡。"[3]中国是爱好和平的负责任大国，以全方位积极防御的战略举措促进与维护本国乃至全球的卫生安全，让卫生发展援助更加有效地向外部世界释放善意，防范、减缓乃至消除生物威胁，这不仅符合中国自身的核心利益，更是中国对人类作出较大贡献、与各国携手共建人类命运共同体的题中应有之义。

---

[1] 联合国的"民间组织综合系统"（Integrated Civil Society Organizations System）把民间社会组织划分为15个类别，其中包括社团（association）、基金会（foundation）、机构（institution）、学术组织（academics）、私营部门（private sector）、非政府组织（non-governmental organization, NGO）等。参见联合国官方网站：https://esango.un.org/civilsociety/login.do，2019年10月10日登录。

[2] 帕斯适宜卫生科技组织（PATH）系国际非营利组织，也是世卫组织的合作伙伴，1977年由三名科研人员创立，总部位于美国西雅图。其宗旨是以专业知识、技术资源和创新方式，通过技术、系统和健康行为解决人类的健康问题。该组织共有1600名员工，在70多个国家（主要是亚非拉发展中国家）开展项目，在北京设有办事处。参见其官方网站：https://www.path.org/，2019年10月10日登录。

[3] 习近平：《坚持可持续发展 共创繁荣美好世界——在第二十三届圣彼得堡国际经济论坛全会上的致辞》（2019年6月7日，圣彼得堡），《人民日报》，2019年6月8日，第2版。

WTO 争端解决机制危机：美国立场与改革前景

张玉环

内容摘要：美国作为世界贸易组织（WTO）的主要缔造方，从一开始就对争端解决机制与成员国家主权方面的矛盾存在不满，并尝试推动争端解决机制改革，但以失败告终。当前，特朗普政府持续阻挠上诉机构法官甄选，导致争端解决机制面临停摆危机，WTO 改革迫在眉睫。欧盟等成员将上诉机构改革作为"优先选项"，美国以未能解决其关心的系统性问题为由，对改革方案持反对态度，且要求以透明度、"特殊与差别待遇"等为优先改革议题。WTO 争端解决机制陷入危机的直接原因是美国对多边主义和经济全球化的不满，同时也与逆全球化浪潮蔓延、国际贸易形势不断演变、国际政治经济权力格局转变的大背景密不可分。从特朗普政府对外贸易政策全局来看，美国依然采取单边、双边和多边相结合的多轨制贸易政策，并对多边贸易体系采取了两手准备，即"先破后立"和"另起炉灶"，利用上诉机构危机施压 WTO 改革向有利于美国利益的方向发展，同时积极推进双边贸易谈判以确立美国在21世纪新贸易规则方面的主导地位，最终目的是构建一个体现"美国优先"效应，符合美国认定的"自由、公平、对等"标准的多边贸易体系，维护其全球经济与贸易霸权。

关键词：世界贸易组织改革 争端解决机制 上诉机构危机

张玉环 中国国际问题研究院助理研究员。

本文为中国人民大学2020—2022年度研究品牌计划"中国经济外交的理论与实践"（批准号：14XNJ006）的相关成果。

本文引用的 WTO 文件均来源于 WTO 文献数据库：https://docs.wto.org/dol2fe/Pages/FE_Search/FE_S_S005.aspx。根据文章编码可在该数据库中检索到所需文章的全文。因篇幅所限，文内引用 WTO 文件仅列明文章名称、编码、登录时间，具体网址以 WTO Documents Online 替代。

作为第二次世界大战结束后美国主导的国际秩序的重要组成部分，关税与贸易总协定／世界贸易组织（GATT/WTO，为行文方便以下均用英文缩写）承担了贸易谈判、贸易监督以及争端解决三大职能。GATT八轮关税减让谈判维护了自由开放的全球多边贸易体制，争端解决机制更是作为延续至WTO的核心制度安排成为多边贸易体系"皇冠上的明珠"。近年来，WTO多哈回合谈判停滞不前，WTO的贸易谈判和贸易监督职能受到极大弱化。在贸易保护主义不断蔓延的背景下，由于美国持续阻挠上诉机构法官遴选，WTO唯一仍在发挥作用的争端解决机制面临严峻挑战，WTO正处于生死存亡的危急关头。在WTO酝酿多年的改革中，争端解决机制上诉机构改革成为欧盟、中国等成员试图解决的优先事项，美国同其他成员在该议题上矛盾和分歧明显，这已经成为WTO改革最突出的障碍。本文旨在论述WTO争端解决机制的历史演进与当前困境，分析争端解决机制改革中各方的立场与危机根源，并结合特朗普政府治下的美国对外经贸政策，展望WTO的改革前景。

一、WTO争端解决机制的历史演进与当前困境

WTO争端解决机制建立在GATT的相关机制基础之上，并在规则化和司法化方面取得了重要进展，成为多边贸易体系的核心支柱。WTO成立伊始，美国已认识到争端解决机制与成员主权方面存在一定矛盾，并提出改革倡议，但没有得到其他成员的积极响应。在国际政治经济形势动荡之际，特朗普政府挑起争端解决机制的上诉机构危机，阻止上诉机构法官甄选程序，使WTO争端解决机制陷入困境之中。

（一）GATT/WTO争端解决机制的历史演进

第二次世界大战结束后，美国等23个国家在古巴哈瓦那签署《关税与贸易总协定》（GATT），奠定了战后多边贸易体系的基本规则，其中，争端解决机制在处理国际贸易摩擦上发挥了重要作用。不过，GATT争端解决机制有其先天不足之处：从文本上看，仅包含三小段文字的条款未能全面涵盖争端解决机制内容；[1] 从规则上看，专家组就贸易争端所提出的报告必须遵循全体"协商一致"原则，裁决结果可能被成员"一票否决"；[2] 从运行规则上看，GATT争端解决机制

---

1 GATT起草者预计，国际贸易组织（International Trade Organization, ITO）宪章中会包含一个非常全面的争端解决机制章节，以构成必要的争端解决体制，然而ITO筹建夭折。参见WTO总干事顾问委员会：《WTO的未来——应对新千年的体制性挑战》，商务部世界贸易组织司译，北京：中国商务出版社，2005年版，第96—97页。

2 到20世纪90年代，有一半以上的GATT争端解决机制专家组裁决报告被否决。参见于鹏：《WTO争端解决机制危机：原因、进展及前景》，《国际贸易》，2019年第5期，第10—18页。

起初依赖于政治和外交渠道的磋商而非法律规则，随后渐渐向司法化转变。[1] 上述先天不足在一定程度上导致 GATT 争端解决机制缺乏规则基础、权威性和独立性，不过这些问题在乌拉圭回合谈判中得到了很好的解决，在美国主导下，一套全面且相对完善的 WTO 争端解决机制得以问世。

1994 年，乌拉圭回合谈判达成了《关于争端解决规则与程序的谅解》（Understanding on Rules and Procedures Governing the Settlement of Disputes，以下简称《谅解》），并以此为法律基础建立了 WTO 争端解决机制。《谅解》规定成立争端解决机构（Dispute Settlement Body，DSB），这一机构被授权管理争端解决事宜，由 WTO 总理事会组成，有权成立专家组和上诉机构，决定是否采用其报告，并有权监督裁决的执行情况等。贸易争端解决包括四个步骤：磋商、专家组裁定、上诉机构判决和执行裁决。相比 GATT，WTO 的争端解决机制实现了两个重大创新：一是争端解决机构对专家组及上诉机构报告采取"反向一致"同意原则，即除非全体成员一致反对报告，否则报告将被通过和采纳，这大大提高了争端解决机制的有效性和权威性；二是设立了常设上诉机构，上诉机构设有 7 名法官，任期为 4 年，可连任 1 次，每一个贸易争端都需要 3 名法官共同审议。常设上诉机构的成立克服了成员对自动采纳专家组报告的担忧，同时也能确保各个判例的和谐性和一致性。[2]

自 WTO 争端解决机制建立以来，积极处理成员贸易争端，对维护自由开放的多边贸易体系发挥了重要作用。从 1948—1995 年，GATT 争端解决机制共受理 316 起贸易争端，平均每年受理约 7 起争端。然而，自 1995 年 WTO 成立到 2018 年底，WTO 争端解决机构共受理磋商请求 573 件，远超 GATT 在长达半个世纪里受理的案件数量，平均每年受理约 25 起，其中对 336 项争端成立了专家组，并发布了 249 项专家组报告，[3] 共 166 项争端进入到上诉程序。[4] 近年来，WTO 争端解决机制受理的案件与日俱增，对专家组和上诉机构提出的要求也越来越高。受限于资源不足等原因，专家组和上诉机构发布报告的时间严重滞后，这也暴露出 WTO 争端解决机制当下面临的困境，是美国对 WTO 争端解决机制不满的原因之一，亦是此轮 WTO 改革的重要内容。

---

1 GATT 成立之初，成员发生贸易争端时一般通过政治和外交程序解决。成员可先进行双边磋商，如磋商未果，则将贸易争端提交至 GATT 缔约方全体会议进行"集体磋商"。由于争端案件越来越多，GATT 成立了专家组，由专家组负责处理贸易争端，1979 年东京回合谈判中确立了其法律地位。

2 Robert McDougall, "Crisis in the WTO: Restoring the WTO Dispute Settlement Function," Center for International Governance Innovation, October 16, 2018, p. 5, https://www.cigionline.org/publications/crisis-wto-restoring-dispute-settlement-function, 2019-09-16.

3 并非所有成立专家组的案例都会发布专家组报告，因为即使在专家组成立后，各方也可能自行解决他们的争议。

4 WTO, "Dispute Settlement Activity — Some Figures," https://www.wto.org/english/tratop_e/dispu_e/dispustats_e.htm, 2019-09-16.

（二）美国与争端解决机制当前困境

特朗普就任美国总统以来，单边主义、保护主义、孤立主义成为其国际贸易战略的主要"标签"。特朗普政府通过对进口钢铝产品加征关税挑起全球范围内贸易战，对以 WTO 为核心的多边贸易体系形成严重冲击，其阻止争端解决机制上诉机构成员任命的举动也将直接导致 WTO 面临瘫痪危机。美国对争端解决机制的不满由来已久，自 WTO 成立伊始至今可分为三个阶段。

第一阶段，1995年 WTO 成立之初至2008年，美国积极推动 WTO 争端解决机制的建立，与此同时主张对这一机制增加制衡。WTO 争端解决机制的最终确立离不开美国的主导和努力，乌拉圭回合谈判期间，美国积极协调欧共体、日本等成员立场，对提高 WTO 争端解决机制司法性、使其从"权利主导"转变为"制度主导"等方面发挥了无可替代的作用。美国是 WTO 争端解决机制的最大受益国之一，自 WTO 成立以来，美国频繁使用争端解决机制起诉贸易伙伴国，其起诉案件占全球比重超过20%，其中有91%的案件获得胜诉。[1] 但是，WTO 争端解决机制成立伊始，美国就意识到该机制缺乏监督和制衡，并渐渐开始增加制衡 WTO 争端解决机制的改革努力，然而得到的响应寥寥，其他成员反而更倾向于巩固争端解决机制的独立性，以应对美国的单边主义贸易政策，并且积极利用协商一致原则反对美国提出的争端解决机制改革建议。[2]

早在1994年马拉喀什贸易部长会议上，各成员一致决定在1998年前完成对 WTO 争端解决机制的全面审议，但各方矛盾和分歧突出，未能达成一致。2001年多哈会议上，WTO 成员决定继续进行争端解决机制改革谈判，此后至2008年，包括美国在内的各成员对争端解决机制改革提出建议和方案，但由于无法弥合彼此之间的分歧，最终没有取得任何成果。[3] 美国主张增加对争端解决机制的制衡，欧共体等其他成员则强调增强争端解决机制的司法独立性，这一根本立场的对立成为美国同其他国家无法调和的矛盾，对争端解决机制改革的讨论也暂时搁置。

第二阶段，2009年至2016年，美国要求改革争端解决机制的声音平息，但开始对上诉机构法官任命行使否决权。虽然奥巴马政府不再就争端解决机制改革的问题发起公共讨论，但是美国依然以实际行动表达了对 WTO 争端解决机制

---

[1] Dan Ikenson, "US Trade Laws and the Sovereignty Canard," *Forbes*, Mar 9, 2017, https://www.forbes.com/sites/danikenson/2017/03/09/u-s-trade-laws-and-the-sovereignty-canard/#38ccd19d203f, 2019-09-16.

[2] Robert McDougall, "Crisis in the WTO: Restoring the WTO Dispute Settlement Function," Center for International Governance Innovation, October 16, 2018, p. 8, https://www.cigionline.org/publications/crisis-wto-restoring-dispute-settlement-function, 2019-09-16.

[3] Tetyana Payosova, Gary Clyde Hufbauer and Jeffrey J. Schott, "The Dispute Settlement Crisis in the World Trade Organization: Causes and Cures," Peterson Institute for International Economics, March 2018, p.2, https://www.piie.com/publications/policy-briefs/dispute-settlement-crisis-world-trade-organization-causes-and-cures, 2019-09-18.

的抗议。2016年5月，WTO争端解决机制上诉机构韩国籍法官张胜和（Chang Seung Wha）第一个任期结束，美国出人意料地以张胜和参与裁决的涉美案件存在越权行为为由，没有依照惯例同意张胜和连任。[1]这一行为挑战了上诉机构的公正性和独立性，也为此后美国挑起WTO争端解决机制危机埋下伏笔。

第三阶段，特朗普就任美国总统至今，美国挑起争端解决机制瘫痪危机。特朗普上任以来，美国持续阻止争端解决机制启动上诉机构法官甄选程序，直接导致WTO面临停摆危机。2017年1月，WTO争端解决机构会议提出对上诉机构即将空缺的两个法官职位进行甄选的问题，在当年上半年WTO成员对此问题的讨论中，矛盾集中在甄选的程序步骤和时间表上，有成员对一次性启动两个法官职位的甄选程序存在疑问，但也有成员认为此举可提高效率，且有利于开展当年下半年部长级会议的筹备工作；美国等少数成员则认为应优先填补当年6月份届满的墨西哥籍法官埃尔南德斯（Ricardo Ramirez-Hernandez）的空缺，随后再开启12月份空缺法官的甄选程序。[2]

2017年8月，由于韩国籍法官金铉宗（Kim Hyun Chong）辞任，上诉机构面临3个职位空缺的情况。在8月31日的争端解决机构会议上，美国首次就上诉机构法官甄选提出诸多系统性问题，并在此后的多次会议上做出阐释。[3]综合美国在历次WTO争端解决机制会议的表态、美国贸易代表办公室发布的《2018年总统贸易政策议程》，[4]以及美国贸易代表莱特希泽（Robert Lighthizer）在多个场合的表态，[5]美国提出的WTO争端解决机制存在的系统性问题包括以下内容：第一，上诉机构自行决定法官任期到期后继续审理案件的行为违背了《上诉审议工作程序》第15条规定，这一决定应由争端解决机构来做出。第二，上诉机构无法在90天内按《谅解》的要求提交报告。第三，上诉机构对争端以外的问题发表咨询性意见。第四，以上诉机构报告作为先例缺乏法律依据，意味着上诉机构法官放弃对案件做出客观裁决，而只是遵循先前的上诉机构报告。总体来看，

---

1 杨国华：《WTO上诉机构的产生与运作研究》，《现代法学》，2018年第2期，第147—156页。

2 WTO, "Minutes of Meeting of the Dispute Settlement Body," WT/DSB/M/397, WTO Documents Online, May 22, 2017.

3 WTO, "Minutes of Meeting of the Dispute Settlement Body," WT/DSB/M/400, WTO Documents Online, August 31, 2017.

4 2018年，美国贸易代表办公室对外发布《2018年总统贸易政策议程》，详细阐释了美国对WTO争端解决机制上诉机构的不满。Office of the United States Trade Representative, "2018 Trade Policy Agenda and 2017Annual Report," March 1, 2018, https://ustr.gov/sites/default/files/files/Press/Reports/2018/AR/2018%20Annual%20Report%20FINAL.PDF, 2019-09-19。

5 2017年12月，美国贸易代表莱特希泽在阿根廷举行的WTO第11次部长级会议上发表演讲，阐释了特朗普政府对WTO的不满，莱特希泽指责WTO沦为以诉讼为中心的机构、WTO的规则没有得到充分执行以及WTO缺乏新规则的制定能力。Robert Lighthizer, "Opening Plenary Statement of USTR Robert Lighthizer at the WTO Ministerial Conference," December 11, 2017, https://ustr.gov/about-us/policy-offices/press-office/press-releases/2017/december/opening-plenary-statement-ustr, 2019-09-18。

美国认为 WTO 争端解决机制侵犯了成员的主权政策选择，损害了美国国家利益。

从 2017 年 8 月至今，针对墨西哥等国提出的进行上诉机构法官甄选程序的提案草案，美国一直以系统性问题为由表达反对意见，导致上诉机构法官七个席位中仅余三位在职，这是审理案件所需法官数量的最低要求。到 2019 年 12 月 10 日，还有两位法官的任期到期，彼时上诉机构法官将仅剩 1 人，WTO 争端解决机制将在事实上陷入无法正常运转的境地。[1] 特朗普政府对启动上诉机构法官甄选和任命程序的大力阻挠直接导致 WTO 争端解决机制身处困境，其关切的系统性问题一方面反映出争端解决机制本身存在资源不足等问题，另一方面也包含了争端解决机制自诞生之日起就存在的机制独立性和主权国家之间的矛盾。在争端解决机制即将陷入瘫痪之际，WTO 成员积极提出改革方案回应美国的关切，以挽救和维护自由开放的多边贸易体系。

二、各方围绕争端解决机制改革所产生的分歧

在特朗普政府于全球范围内发动贸易战、挑起 WTO 争端解决机制危机的背景下，部分成员迫切希望通过 WTO 改革恢复自由有序的多边贸易体系。近两年的 G20 峰会上，成员均对 WTO 改革形成共识。欧盟、中国等 WTO 成员均希望采取措施使争端解决机制重回正轨，并将此作为 WTO 改革的优先选项，提出多个联合改革方案。然而，美国以这些改革方案未能解决其关心的系统性问题为由大力反对，同时也未提出相关改革意见，这成为 WTO 争端解决机制改革的最大阻力。

（一）欧盟等成员提出的 WTO 争端解决机制改革方案

截至 2019 年 9 月，已有多个成员提出了涉及 WTO 争端解决机制的改革方案或意见，包括欧盟发布的《WTO 现代化》概念文件；欧盟和中国等 14 成员方案；欧盟、中国、印度、黑山四方联合提案；非洲集团方案；加拿大世贸组织改革部长级会议联合公报；洪都拉斯上诉机构改革方案；印度等发展中国家提出《促

---

[1] 本届上诉机构法官中，韩国籍法官金铉宗于 2017 年 8 月 1 日辞任，回韩国担任政府高级职务；墨西哥籍法官拉米雷斯—埃尔南德斯的第二个任期于 2017 年 6 月 30 日结束，比利时籍法官范登博斯（Van den Bossche）的第二个任期于 2017 年 12 月 11 日到期，毛里求斯籍法官斯旺森（Shree Baboo Chekitan Servansing）的第一个任期于 2018 年 9 月 30 日到期，其第二个任期未能获得美国批准，因此，上诉机构中的法官已由定员 7 人下降为 3 人。

进 WTO 发展和包容性》改革意见，等等。[1] 这些方案回应了美国在以下方面的质疑。

第一，关于上诉机构离任成员继续审案的过渡规则问题。欧盟等14成员方案认为，根据《上诉审议工作程序》第15条的规定，离任上诉机构成员有权完成在其任期内已举行听证会的未决上诉案件的审理。美国关切的问题是，应是争端解决机构而非上诉机构有权做出离任上诉机构成员继续审案的决定。因此，14成员方案建议，可通过修订《谅解》增加对这一问题的详细规则。非洲集团方案建议，《上诉审议工作程序》第15条应允许上诉机构离任成员继续审案直到空缺被填补，但这一时长不能超过2年。洪都拉斯方案建议，上诉机构离任成员应继续完成已开庭案件，但是在成员任期到期前60天内不应对其分配新案件。对于该问题的决定权，洪都拉斯提出三种方法，一是上诉机构决定离任成员继续审案但要通知争端解决机构；二是争端解决机构采取"反向一致"原则做出决定；三是争端解决机构采取"正向一致"原则做出决定，但不包括争端方。[2]

第二，关于上诉机构90天审理期限问题。欧盟等14成员方案建议，除非当事方同意延期，否则诉讼程序不能超过90天；如果当事方不同意延期，上诉机构可与当事方商议简化程序以满足90天的时限要求。例如，上诉机构可建议当事方自愿聚焦上诉请求的范围、对当事方提交的材料设置页数限制、缩减报告长度等。非洲集团方案和洪都拉斯方案进一步建议，上诉机构应继续遵守90天审理期限的规定，在特殊情况下可适当延长，但最长不可超过120天，与此同时，周末和节假日不应计算入内，等等。

---

[1] WTO争端解决机制的改革方案包括：欧盟、中国、加拿大、印度、挪威、新西兰、瑞士、澳大利亚、韩国、冰岛、新加坡、墨西哥、哥斯达黎加、黑山等14成员方案，该方案较为全面，内容涉及上诉机构90天审案时限、上诉机构离任成员过渡规则、与争端解决无关的裁决、上诉机构裁决先例规则等内容。WTO, "Communication from the European Union, China, Canada, India, Norway, New Zealand, Switzerland, Australia, Republic of Korea, Iceland, Singapore, Mexico, Costa Rica and Montenegro to the General Council," WT/GC/W/752/Rev.2, WTO Documents Online, December 12-13, 2018。欧盟、中国、印度、黑山等4成员方案，该方案强调增加上诉机构独立性、提高上诉机构效率和能力等。WTO, "Communication from the European Union, China, India and Montenegro to the General Council," WT/GC/W/753/Rev.1, WTO Documents Online, December 12-13, 2018。非洲集团方案针对上诉机构任期、离任成员过渡规则和甄选程序、90天审案期限等提出意见。WTO, "Appellate Body Impasse Communication from the African Group," WT/GC/W/776, WTO Documents Online, June 26, 2019。洪都拉斯上诉机构改革方案也较为全面地对离任成员过渡规则和甄选程序、90天审案期限、与争端解决无关的裁决等问题提出意见。WTO, "Fostering A Discussion on the Functioning of the Appellate Body—Communication from Honduras," WT/GC/W/758, WT/GC/W/759, WT/GC/W/760, WTO Documents Online, January 2019。印度等国改革意见，参见 WTO, "Strengthening the WTO to Promote Development and Inclusivity — Communication from Plurinational State of Bolivia, Cuba, Ecuador, India, Malawi, South Africa, Tunisia, Uganda and Zimbabwe," WT/GC/W/778, WTO Documents Online, July 11, 2019。加拿大等13国以及印度等发展中国家主要表达了WTO争端解决机制亟待正常运转的必要性，强调将上诉机构改革作为WTO改革的优先选项，但并未提出具体改革措施。

[2] WTO, "Fostering a Discussion on the Functioning of the Appellate Body—Communication from Honduras," WT/GC/W/759, WTO Documents Online, January 21, 2019.

第三，关于上诉机构将裁决作为先例问题。欧盟等14成员方案认为《谅解》第17.14条赋予上诉机构成员对案件做出裁决时发表意见的权利，建议建立上诉机构和成员定期交流机制，例如组织年度会议使成员对上诉机构的某些做法提出关注，但这一方式与上诉机构的独立性并不矛盾，不过依然需要充分的透明度规则约束，以避免给上诉机构成员带来不必要的压力。

第四，关于与解决争端无关的裁决。《谅解》第17.12条规定，上诉机构"应在上诉程序中处理当事方提出的每个问题"，欧盟等14成员方案建议修订该规定，增加"在解决争端的必要程度内"这一限定条款，这将解决上诉机构做出对解决争端不必要的"咨询性意见"或"附带判决"的关注，也间接解决上诉机构遵守90天审理期限的问题。

除此之外，成员改革方案还重点关注增加上诉机构独立性和公正性、提高争端解决机制运作效率、确保上诉机构离任法官空缺尽快填补等议题。例如，欧中印黑联合提案建议，上诉机构法官从7人增加至9人，任期由可连任一次的4年变为不可连任的6年或8年，上诉机构法官遴选程序不应迟于离任法官任期到期前一定期限内（如6个月）启动，如果没有新法官到任，已到期法官需继续处理案件，但时间不能超过2年。非洲集团方案建议将上诉机构法官的数量增加至9人、引入不可续任的7年任期、在现任任期结束前至少3个月自动启动新法官遴选工作。

（二）美国与WTO其他成员展开激烈交锋

除美国以外的成员对确保WTO争端解决机制上诉机构正常运行的共识已经达成，各方改革方案在回应美国不满的基础上也提出了路径略有不同但目标一致的操作建议。然而，自2017年年中至2019年9月，无论是对墨西哥等国提出的启动上诉机构成员甄选程序，还是其他成员提出的改革方案，美国均持反对态度，在历次WTO争端解决机构会议上，美国和其他成员针锋相对，上诉机构改革问题毫无进展。

一方面，美国消极阻挠争端解决机制上诉机构改革。美国对欧盟等成员提出的改革方案非常不满，美国驻WTO大使丹尼斯·谢伊（Dennis Shea）在WTO总理事会上表示，欧盟、中国和印度提出的改革方案并没有解决美国对于上诉机构"越权"的关切；同时，增加上诉机构成员、上诉机构成员由兼职变为全职等举措，会使其权力进一步扩大，使用资源进一步增加。[1] 针对其他成员提出的修订《谅解》相关条款，美国则表示当前的法律条文非常完善，不需要做进一步调

---

[1] Dennis Shea, "Statements by the United States at the Meeting of the WTO General Council," December 12, 2018, https://geneva.usmission.gov/2018/12/12/statements-items-7-and-8-by-the-united-states-at-the-meeting-of-the-wto-general-council/, 2019-09-16.

整。[1] 美国也从未针对WTO争端解决机制上诉机构提出任何改革建议，其自相矛盾的说法令上诉机构改革了无希望。

随着上诉机构停摆日期临近，WTO其他成员一面在多边会议上同美国展开唇枪舌战，希望尽快打破僵局推动改革，同时也在积极酝酿替代方案以应对最糟糕的情况。2019年7月，欧盟和加拿大向WTO总理事会提交文件，表示如果WTO争端解决上诉机构僵局持续存在，欧加将根据《谅解》第25条启动临时"上诉仲裁"安排解决贸易争端。[2] 此外，一些智库和学者也提出应对上诉机构停摆的方案，例如，欧洲智库提出以成员投票方式开启上诉机构成员甄选程序，不过这一方法需克服法律障碍，并需要付出诸多外交努力；[3] 还有学者提出其他成员重新建立一个不包括美国的争端解决机构，但这一方法需协调其他160多个成员的意见，在数月内也难以实现。[4] 各方解决此问题的核心都是试图在眼下基于WTO既有法规寻求建立一个"没有美国"的争端解决机制，但长期来看还是需要推动争端解决机制规则完善。事实上，美国和其他成员的争议焦点依然是争端解决机制上诉机构的司法性和独立性问题，各国方案并未从根本上改变美国关注的上诉机构越权问题。因此，目前仍看不到这一延续多年又难以调和的矛盾的解决方案。

另一方面，美国与其他成员对WTO改革的重点存在分歧。WTO其他成员将争端解决机制上诉机构改革作为优先选项，然而，美国无视迫在眉睫的上诉机构停摆危机，更加关注WTO透明度、"特殊与差别待遇"原则、不公平竞争等问题。[5] 美国对WTO透明度问题的关注由来已久，此轮改革中，美国联合欧盟、日本等国提出了具体的改革措施，包括货物贸易理事会应加强对通报义务的监督，成员需解释通报延迟的原因；为发展中国家提供技术援助以协助其履行通报

---

1 WTO, "Minutes of Meeting of the Dispute Settlement Body," WT/DSB/M/430, WTO Documents Online, June 24, 2019.

2 WTO, "Statement on a Mechanism for Developing, Documenting and Sharing Practices and Procedures in the Conduct of WTO Disputes," JOB/DSB/1/Add.11, WTO Documents Online, July 25, 2019.

3 Elvire Fabry and Erik Tate, "Saving the WTO Appellate Body or Returning to the Wild West of Trade?" Jacques Delors Institute, June 2018, p.18, https://institutdelors.eu/wp-content/uploads/2018/05/SavingtheWTOAppellateBody-FabryTate-June2018.pdf, 2019-09-18；石静霞、白芳艳：《应对WTO上诉机构危机：基于仲裁解决贸易争端的角度》，《国际贸易问题》，2019年第4期，第13—34页。

4 Tetyana Payosova, et al., "The Dispute Settlement Crisis in the World Trade Organization: Causes and Cures," Peterson Institute for International Economics, March 2018, p.11, https://www.piie.com/publications/policy-briefs/dispute-settlement-crisis-world-trade-organization-causes-and-cures, 2019-09-18.

5 Terence P. Stewart, "The Future of the WTO: Will Reform Happen in a Timely Manner?" Washington International Trade Association, November 8, 2018, p.5, https://wita.org/atp-research/the-future-of-the-wto-will-reform-happen-in-a-timely-manner/, 2019-09-25.

义务；对故意不通报的成员实施制裁措施；等等。[1]

2019年以来，美国将关注重点转向"特殊与差别待遇"原则，提出四类国家不得在今后的WTO谈判中要求享受"特殊与差别待遇"，这四类国家是OECD国家、G20国家、世界银行认定的高收入国家以及货物贸易总额占全球比例大于0.5%的国家。[2] 2019年7月，白宫发布《改革世界贸易组织发展中国家地位备忘录》，表明美国将采取一切可能的行动，推动改变WTO框架下发展中国家的身份和待遇，避免美国遭受不公正待遇。[3] 2017年12月至2019年5月，美国还和欧盟、日本举行六次贸易部长会晤，聚焦应对非市场主导政策、产业补贴、国有企业、强制技术转让等不公平竞争问题。总体来看，美国对WTO改革的重点从根本上是让发展中国家让渡自身的发展权利，从而实现发达国家所谓的"公平和对等贸易"。美国对WTO争端解决机制上诉机构改革的消极阻挠态度，以及以"特殊与差别待遇"原则等为改革抓手，不仅无益于解决WTO的生存问题，也使得WTO改革的前路充满不确定性。

导致WTO争端解决机制危机的直接原因是美国有意宣泄对多边主义和经济全球化的不满，另外，危机同当前国际贸易发展的新形势亦密不可分，也是国际体系中权力格局转变引发成员权力分配博弈和较量的一个缩影。

三、WTO争端解决机制的危机溯源

导致WTO争端解决机制面临停摆危机的直接原因，系美国有意宣泄对以WTO为代表的多边主义和经济全球化的不满，实际上这场危机同当前国际贸易发展的新形势密不可分，同时也是国际体系中权力格局转变引发成员权力分配博弈和较量的一个缩影。

---

1 2018年9月，美欧日三方贸易部长会议联合声明中提出，三方将首先共同提出有关WTO透明度和通知的提案，供货物贸易理事会下次会议审议；2018年11月，应美国、欧盟、日本、阿根廷和哥斯达黎加要求，WTO总理事会下设货物贸易理事会发布《在WTO协定下提高透明度和加强通知义务的程序》，参见WTO, "Procedures to Enhance Transparency and Strengthen Notification Requirements Under WTO Agreements," JOB/GC/204, JOB/CTG/14, WTO Documents Online, November 1, 2018.

2 2019年以来，美国向WTO总理事会提交《一个无差别化的WTO：自我认定式的发展地位威胁体制相关性》《总理事会决定草案：加强WTO谈判功能的程序》等文件，阐释其对"特殊与差别待遇"原则的改革意见。参见WTO, "An Undifferentiated WTO: Self-Declared Development Status Risks Institutional Irrelevance--Communication from the United States," WT/GC/W/757/Rev.1, WTO Documents Online, February 14, 2019; WTO, "Draft General Council Decision Procedures to Strengthen the Negotiating Function of the WTO," WT/GC/W/764, WTO Documents Online, February 15, 2019. 美国贸易代表办公室还在《2019年贸易政策议程和2018年年度报告》中提出对WTO改革的四点总体意见，其中之一即要求WTO对发展中国家的待遇必须适应国际贸易发展现状。

3 The White House, "Memorandum on Reforming Developing-Country Status in the World Trade Organization," July 26, 2019, https://www.whitehouse.gov/presidential-actions/memorandum-reforming-developing-country-status-world-trade-organization/, 2019-09-25.

(一)逆全球化蔓延滋生贸易保护主义浪潮

作为乌拉圭回合谈判及 WTO 争端解决机制的主导国和主要缔造者,美国成功地将《服务贸易总协定》《与贸易有关的知识产权协定》等契合其贸易优势的规则纳入多边贸易体系,还在农产品等议题上获得了远超于发展中国家的利益,并建立起更具有规则性和司法性的争端解决机制,以更好地处理同欧共体、日本等伙伴国之间的贸易纠纷。[1] 伴随全球化浪潮席卷而来,WTO 成为经济全球化的标志性制度力量,在推进贸易和投资自由化、解决贸易争端、维护多边贸易体系等方面发挥了无可替代的作用。

WTO 成立伊始,美国国内就对 WTO 争端解决机制存有不满,但是并未引发全球范围的讨论。经过二十余年的发展,WTO 面临的国际环境发生了重大变化,经济全球化在将各国深度融为一体、带来"平坦的世界"的同时,也带来了贫富分化、劳工和环保困境等问题,"全球化的悖论"悄无声息地渗透和蔓延。虽然反全球化运动在1999年 WTO 西雅图部长级会议上掀起浪花,但并未引发主要成员的政局变动,直到2016年政治"局外人"唐纳德·特朗普意外崛起并赢得美国总统大选。在特朗普看来,全球化、自由贸易、多边主义是当下美国民众遭遇经济社会困境的"罪魁祸首",WTO 的规则设计损害了美国利益,争端解决机制侵犯了美国主权,WTO 亟待改革,否则美国将退出 WTO。

以"特朗普主义"为代表的逆全球化思潮并非美国个例,它在一定程度上反映了20世纪80年代以来新自由主义全球化带来的经济社会弊端,发达国家金融资本不断扩张,实体经济持续萎缩,美国华尔街金融家和互联网新贵成为全球化最大赢家,而制造业就业岗位或流向海外,或被机器人取代,再加上国内分配制度未能及时调整,造成国内贫富分化加剧、中产阶级萎缩,经济失衡现象日益严重,也为国内保护主义、民粹主义、本国优先主义等提供了经济社会基础。[2] 在特朗普当选美国总统、英国"脱欧"等国际"黑天鹅"频飞之际,发达国家中下阶层对经济全球化、自由贸易及多边主义的质疑声音渐高,使得以 WTO 为核心的多边贸易体制处于风口浪尖之上。

(二)WTO 机制无法适应国际贸易形势新变化

1994年,乌拉圭回合部长级会议决定成立具有独立性的国际组织 WTO,以它取代临时性的贸易协议 GATT。这一决定顺应了国际贸易发展的需要,WTO 管辖范围覆盖了货物贸易以外的服务贸易、知识产权等更广泛的贸易领域,并设

---

[1] 石静霞:《世界贸易组织上诉机构的危机与改革》,《法商研究》,2019年第3期,第150—163页。
[2] 李巍、张玉环:《"特朗普经济学"与中美经贸关系》,《现代国际关系》,2017年第2期,第8—14页;盛斌、宗伟:《特朗普主义与反全球化迷思》,《南开学报(哲学社会科学版)》,2017年第5期,第38—49页。

立专门的争端解决机制协调成员贸易争议。不过，WTO 运行二十多年来，国际贸易形势发生了重大变化，而 WTO 机制存在的缺陷不断凸显，逐渐无法满足国际贸易的新变化和新需求，这也使得区域主义蒸蒸日上、多边主义饱受质疑。

在以信息通信技术和数字技术等为特征的新科技革命推动下，全球价值链不断演变和发展导致国际贸易的内容、形式乃至格局发生巨大变化。一方面，中间产品贸易占国际贸易比重大幅增加，要求削减贸易壁垒，进一步提升贸易便利化程度；另一方面，服务贸易在全球价值链中的表现和作用日益突出，要求提高服务贸易自由化水平。[1] 此外，新一代国际经贸规则除强调全面取消货物贸易关税和壁垒外，谈判重心加快向知识产权保护、劳工、环保、竞争等边境内措施转移。[2]

面对国际贸易形势的新变化，以 WTO 为核心的多边贸易体系未能与时俱进，及时顺应全球价值链的发展需求，导致多边贸易投资规则和政策更新迟滞，成为 WTO 陷入困境的根本原因。自 2001 年多哈回合谈判启动以来，WTO 成员仅在 2013 年达成了"巴厘一揽子协定"，该协定主要致力于提升全球贸易便利化水平。多哈回合所涉及的其他议题包括农业、非农产品市场准入、服务、知识产权、争端解决等未能取得显著成果。多哈回合谈判无疾而终，不仅导致现有多边贸易规则无法应对农业、知识产权等传统议题的发展和变化，还导致服务贸易、数字贸易等国际贸易新内容、新模式缺乏多边协调，掣肘全球价值链、国际贸易乃至整个世界经济的发展。

此外，WTO 机制存在缺陷也对其职能的发挥带来了负面影响。WTO 的决策机制不同于国际货币基金组织和世界银行的加权表决制，而是延续了 GATT "协商一致"的原则。"协商一致"体现了 WTO 的公平与民主，避免出现国际金融机构中美国一家独大的情况，但同时也意味着任何一个成员均有"一票否决权"，导致决策过程效率极为低下，这也是多哈回合谈判停滞的重要原因。WTO 争端解决机制则使用"反向一致"方式决定是否采纳专家组和上诉机构的报告，使得争端解决机制的司法性大大增强，[3] 成员对案件的影响力和控制权相应削弱，这成为美国一直以来对争端解决机制不满的原因。

（三）国际政治经济权力格局转变

特朗普政府对 WTO 及争端解决机制的变革诉求在一定程度上反映了当前国

---

[1] "Globalization in Transition: the Future of Trade and Value Chains," McKinsey Global Institute, January 2019, pp.5-7, https://www.mckinsey.com/featured-insights/innovation-and-growth/globalization-in-transition-the-future-of-trade-and-value-chains, 2019-09-25.

[2] 陈靓、黄鹏：《WTO 现代化改革——全球价值链与多边贸易体系的冲突与协调》，《国际展望》，2019年第1期，第16—34页；张茉楠：《大变革——全球价值链与下一代贸易治理》，北京：中国经济出版社，2017年版。

[3] 贺平：《贸易政治学研究》，上海：上海人民出版社，2013年版，第402—408页。

际政治经济权力格局的转变：以中国为代表的新兴经济体崛起冲击了美国等发达国家主导的多边贸易体系，WTO 无法适应和调节发达国家同发展中国家之间的分歧和矛盾，成为 WTO 亟待改革的关键症结。

2008 年金融危机以来，随着新兴经济体和发展中国家的群体性崛起，WTO 框架下各成员博弈格局也发生变化，新兴经济体的崛起分散了由美国、欧盟、日本和加拿大等发达国家掌握的贸易决策权，发达国家和发展中国家之间的分歧难以弥合，导致多哈回合停滞不前，前者要求 WTO 未来规则制定必须适应国际贸易发展的需求，在谈判中突出投资自由化、服务贸易、竞争政策等新贸易规则及边境内规则，而发展中国家则更关注自身在农产品等传统议题上的利益，要求发达国家开放农产品市场、削减农业补贴。发展中国家实力增长与发达国家的相对衰落形成鲜明对比，美国发难 WTO 争端解决机制事实上也是双方在 WTO 等多边机构中博弈和较量的一个缩影。

美国认为，发展中成员 GDP 增长迅猛、货物和服务贸易进出口总额等占全球比重迅速增加，继续通过自我认定为发展中国家的方式享受"特殊和差别待遇"，使发达成员面临不公平竞争，例如，自 1995 年至 2017 年，中国的 GDP 增长了 587%，印度的 GDP 增长了 340%，2014 年中国的贸易总量相比 2001 年加入 WTO 前增长了 5 倍，并在 2008 年成为世界上最大的货物贸易出口国。[1] 此外，WTO 现行贸易规则包括争端解决机制等做出有利于发展中成员的裁决，损害了美国国家利益。最为重要的是，在美国看来，WTO 规则及争端解决机制无法解决中国存在的强制技术转让、国有企业补贴、国家资本主义等不公平贸易行为。这些都使得美国对中国等发展中成员在 WTO 中的身份定位、权利义务待遇等方面存在的质疑日益加深。

四、特朗普政府对外贸易政策与 WTO 改革前景展望

截至 2019 年 9 月，美国对开启上诉机构成员甄选程序依然持反对态度，这一问题已僵持两年有余，短期内说服美国投同意票的可能性比较微小，上诉机构停摆或将无法避免。伴随上诉机构瘫痪危机临近，WTO 改革又将何去何从？当前，美国仍是影响 WTO 改革走向的核心力量，其对上诉机构改革的诉求同其对不公平竞争、"特殊与差别待遇"原则、透明度等议题的改革意见存在一致逻辑，同时这几个方面又相互关联。理解美国对 WTO 改革的态度还需要将这一问题放至

---

[1] WTO, "An Undifferentiated WTO: Self-Declared Development Status Risks Institutional Irrelevance-- Communication from the United States," WT/GC/W/757/Rev.1, WTO Documents Online, February 14, 2019. The White House, "Memorandum on Reforming Developing-Country Status in the World Trade Organization," July 26, 2019, https://www.whitehouse.gov/presidential-actions/memorandum-reforming-developing-country-status-world-trade-organization/, 2019-09-25.

特朗普政府的对外贸易政策全局之中。

在特朗普看来,美国在国际贸易中遭遇不公平竞争,认为其贸易伙伴国采取非市场主导政策获取优于美国的优势,还认为美国在WTO机制中受到不公正对待,因此美国需要打压以中国为代表的、可能挑战其影响力的新兴经济体的发展权益,需要一个弱化的WTO争端解决机制以便利其实施进攻型单边主义贸易政策,还需要在其新兴优势行业中建章立制,以引领21世纪国际贸易新规则。特朗普政府的对外贸易政策回应了以上需求,最终目的是建立一个"美国优先""自由、公平、对等"的多边贸易体系,以此维护美国在国际贸易格局中的霸权地位。

一方面,特朗普政府更倾向于采取"双轨制"即单边和双边相结合的方式解决经贸问题。在单边层面,特朗普政府先后退出《跨太平洋伙伴关系协定》(TPP)、加征钢铝关税、同中国和其他伙伴国打贸易战,以单边主义和保护主义政策维护公平贸易体系,不过也对以WTO为核心的多边贸易体系带来重创。美国还通过双边或少边贸易谈判维护其贸易利益,并确立其在新贸易规则上的优势地位。WTO多哈回合谈判停滞不前,特朗普政府对双边谈判的热情高涨,虽然退出TPP和《跨大西洋贸易与投资伙伴协议》(TTIP),但是目前美国已经同加拿大和墨西哥达成《美墨加协定》(USMCA),在推动公平贸易、知识产权、国有企业等方面确立高规则,显示出以高标准自由贸易协定引领国际贸易规则发展方向的雄心。美国还积极同欧盟、日本进行双边贸易谈判,并计划同"脱欧"后的英国展开自由贸易协定谈判,其中,美日签署了初步贸易协议,美国在打开日本农产品市场方面获得优势。另外,自2017年以来,美欧日三方已举行六次贸易部长会晤,在应对第三国扭曲的贸易政策、推动新兴贸易议题规则制定及WTO改革等方面寻求政策协调,试图联手重塑国际贸易规则,希望在重塑多边贸易体系过程中确立并维护发达成员的利益,并要求发展中成员在当前和未来的谈判中做出全面承诺。

另一方面,特朗普政府的多边贸易政策虽呈现出矛盾性,但维护美国贸易霸权的根本要义不变。虽然美国对WTO存在种种不满,还采取加征关税等单边主义政策破坏WTO现有规则,但其依然坚持利用WTO争端解决机制维护本国利益,并多次表明美国对WTO改革的基本立场,在其关心的领域包括透明度、"特殊与差别待遇"原则等议题上提出改革方案,[1] 还积极参与WTO框架下的诸边

---

[1] 2019年,美国贸易代表办公室在《2019年贸易政策议程和2018年度报告》中提出美国对WTO改革的四项要求:第一,WTO必须解决非市场经济带来的挑战;第二,WTO争端解决必须充分尊重成员的主权政策选择;第三,WTO成员必须履行通报义务;第四,WTO对发展中国家的待遇必须适应国际贸易发展现状。

贸易谈判，尤其是数字经济谈判。[1] 特朗普政府的矛盾立场在一定程度上表明其并不想放弃在多边贸易体系中的领导地位。事实上，美国对WTO的改革方向也做了两手准备，即"先破后立"和"另起炉灶"。在美国看来，WTO改革必须符合美国的利益，美国以上诉机构改革为筹码正是在向WTO施压，使WTO改革向有利于美国的方向发展。[2] 如果WTO改革无法按美国意愿进行，美国还可以通过双边和少边贸易谈判确立其在新贸易规则制定上的主导权，两种路径都有利于维护美国的贸易霸权地位。可以说，美国仍将WTO作为其贸易政策工具箱中的武器之一，但也随时可以用"B计划"取而代之。

特朗普政府对WTO多边贸易体系的命运做了两手准备，美国与其他成员的博弈也日益白热化，这使得WTO的改革前景愈发扑朔迷离。面对上诉机构危机与WTO改革困境，中国积极阐释本国的WTO改革原则与建议，与其他成员联合提出争端解决机制改革方案。不过，中国参与WTO改革仍然面临一些挑战：一是发达国家主导的21世纪新贸易规则或对中国国内改革形成压力，中国将面临较大的规则竞争压力；二是中美经贸摩擦有待解局，双边博弈或将蔓延至多边场合，WTO现代化改革或受影响；三是发展中国家立场协调不易，中国经济外交仍待发力，以维系发展中国家的团结一致。为此，中国还需在管理好国内事务的基础上增强战略主动性，在坚持基本原则的基础上增加灵活性，团结发展中国家，稳定欧日等中间力量，积极探寻处理中美竞合关系的新方式，维护自由开放稳定的多边贸易体系。

---

1 在WTO诸边谈判中，美国积极参与电子商务谈判，寻求在数据流动和电子商务等新经济方面建章立制。2019年1月，在瑞士达沃斯举行的电子商务非正式部长级会议上，美国、日本、新加坡、中国等76个WTO成员签署《关于电子商务的联合声明》，确认有意在WTO现有协定和框架基础上，启动与贸易有关的电子商务议题谈判。2019年6月，二十国集团（G20）大阪峰会发布了《大阪数字经济宣言》，将为WTO电子商务谈判提供政治动力，而美国也是积极支持者。

2 陈凤英、孙立鹏：《WTO改革：美国的角色》，《国际问题研究》，2019年第2期，第61—81页。

阻力重重的体系重塑——
特朗普政府的移民政策调整

赵建伟

内容提要：在美国政治极化与身份政治兴起的背景下，特朗普政府借助时代趋势，宣传"急中下层白人之所急"的思维，以维护国家安全、保障美国公民福利、优化美国人口结构、提升美国全球竞争力为由，采取激进手段，对美国的移民政策进行全方位且饱受争议的调整。他从非法移民、合法移民、难民、寻求庇护者等多方面入手，试图重塑美国自20世纪90年代初以来一直没有通过全面改革立法的移民政策体系。特朗普政府的调整措施多以行政命令、备忘录等形式发布并实施。支持者对其措施大加赞赏，但来自联邦与地方机关、非政府机构及普通民众的阻挠、反对与抨击对其措施产生了直接和间接影响。特朗普政府的思路和手段既有对往届政府的延续又有创新，更值得重视的是特朗普本人个性与时代背景结合后出台的激进措施，及其体现出的美国政治极化与社会分化同时加剧，种族主义回潮明显的趋势。

关键词：特朗普政府 移民政策 身份政治 美国政治

美国是一个移民之邦。著名移民史学家奥斯卡·汉德林（Oscar Handlin）称"外来移民就是一部美国史"（the immigrants were American history）。[1] 无可否认，迄今为止的各个历史阶段，外来移民为美国的发展和进步提供了源源不断的人力

赵建伟 北京大学国际战略研究院助理研究员。
1 Oscar Handlin, *The Uprooted: The Epic Story of the Great Migrations That Made the American People*, New York: Grosset & Dunlap, 1951.

和智力资源。自 1970 年起，美国一直是国际移民的主要目的国。1965 年《移民和国籍法》生效以来，居住在美国的外国出生人口的数量从 1970 年的 960 万增长至 2017 年的 4440 万，翻了四倍多。[1] 随着移民的持续涌入，特别是 20 世纪 80 年代以来非法移民[2]的大幅增加，以及不同族裔之间出生率的差异，美国的人口结构正在发生变化，种族多样性迅速增加，美国国内政治精英、学者及普通民众等对移民及其影响的担忧此起彼伏。[3] 这些担忧包括移民抢走本土美国人饭碗、威胁美国主流文化、不再把"美国化"视为当然，甚至少数族裔将主导美国政治的走向，等等。[4] 当然，持相反观点的也大有人在。

1990 年《移民法》通过后，在对待移民的态度上，美国分别经历了相对宽松的克林顿政府时期，相对严格的小布什政府时期及相对宽松的奥巴马政府时期。在全球及美国国内民粹主义、身份政治兴起的背景下，特朗普及其团队利用移民议题激发白人（特别是标榜为"被遗忘的人"的中下层白人）的身份认同，时刻提醒他们：全球化、跨国移民浪潮及民主党人的政策导致其经济处境恶化及身份地位被忽视。同样，在这些白人看来，他们曾经定义了国家身份认同，而现在情况不再是如此，现在国家身份认同不仅遭到移民的破坏，而且受到支持移民和希望移民进入的精英的破坏。弗朗西斯·福山（Francis Fukuyama）认为："对移民正在夺走我们的国家身份认同这一点的担忧，是真正将所有新民粹主义运动统一起来的核心问题……是我们未来要面对的严峻政治考验。"[5]

作为美国政治极化的缩影，特朗普政府的移民政策调整是一项由白宫主导设

---

[1] Jynnah Radford and Luis Noe-Bustamante, "Facts on U.S. Immigrants, 2017," Pew Research Center, June 3, 2019, https://www.pewresearch.org/hispanic/2019/06/03/facts-on-u-s-immigrants/, 2019-08-20.

[2] 非法移民是与合法移民相对而言的，包括那些通过一切非法手段偷越国界或持合法证件入境但逾期不归并且企图永久居留美国的所有外籍人。有时也被称为"无证移民""应该被驱逐的外籍人""非法外籍人"等。参见梁茂信：《美国移民政策研究》，长春：东北师范大学出版社，1996 年版，第 347 页。

[3] 就美国人口结构变化而言，自 2000 年以来，受拉丁裔妇女生育率下降及墨西哥移民美国的人数减少等因素影响，美国拉丁裔人口的增速有所放缓，但其持续增长的趋势并未发生变化。自 2008 年至 2018 年，美国拉丁裔人口从 4780 万人增加到 5990 万人，拉丁裔占美国总人口的比例从 16% 增加到 18%。十年间，拉丁裔增长人数约占美国总人口增长的 52%，是仅次于亚裔的美国第二大增长最快的群体，拉丁裔也是仅次于传统白人的第二大族裔。参见 Antonio Flores, Mark Hugo Lopez and Jens Manuel Krogstad, "U.S. Hispanic Population Reached New High in 2018, But Growth Has Slowed," Pew Research Center, July 8, 2019, https://www.pewresearch.org/fact-tank/2019/07/08/u-s-hispanic-population-reached-new-high-in-2018-but-growth-has-slowed/, 2019 年 9 月 8 日登录。

[4] 关于前述观点，参见 Peter Brimelow, *Alien Nation: Common Sense About America's Immigration Disaster*, New York: Random House, 1995; Arthur Meier Schlesinger, *The Disuniting of America: Reflections on a Multicultural Society*, New York: W. W. Norton & Company, 1998; Mark Steyn, *America Alone: The End of the World As We Know It*, Washington, D.C.: Regnery Publishing, 2008；[美] 塞缪尔·亨廷顿：《我们是谁？美国国家特性面临的挑战》，程克雄译，北京：新华出版社，2005 年版。

[5] Francis Fukuyama, "The New Identity Politics: Rightwing Populism and the Demand for Dignity," *EUROZINE*, April 18, 2019, https://www.eurozine.com/new-identity-politics/, 2019-10-15.

计,国土安全部、司法部、国务院、劳工部、商务部等多部门联合推进的政策议程。概括起来,特朗普移民政策调整围绕三个核心原则展开:美国必须在南部边境修建一堵墙;必须全面严格地执行移民法;必须把美国公民的利益放在首位。

一、特朗普政府移民政策调整的主要内容与进展

美国移民政策体系管理的对象涉及两大群体:一是已经到达美国国内的移民,主要包括以合法形式长居或暂居美国、以非法形式入境及逾期居留者等;二是尚未入境美国,但希望以合法或非法形式移居美国的外国公民。特朗普政府的移民政策改革既有广受关注的大动作,也包含鲜为人所注意的小细节。受篇幅所限,本文主要对产生较大影响的政策举措进行分析。

(一)以国家安全为由,针对特定国家发布"旅行禁令"

为兑现选举承诺,特朗普刚一上台就以维护国家安全、防止恐怖主义袭击为由,签发被社会各界称为"旅行禁令"或"禁穆令"的《保护国家防止外国恐怖分子进入美国的行政命令》(Protecting the Nation from Foreign Terrorist Entry into the United States),禁止此后90天内向伊朗、伊拉克、利比亚、索马里、苏丹、叙利亚和也门七个伊斯兰国家的普通公民发放签证。[1] 在招致铺天盖地的反对及经过2017年3月的第二版修订后,特朗普政府于2017年9月24日发布了内容更为广泛的第三版"旅行禁令"。[2] 新禁令禁止向八个国家的公民发放签证,除了前两个版本中包含的叙利亚、伊朗、索马里、也门和利比亚五个穆斯林占多数的国家外(第三版将苏丹剔除至名单外),新增朝鲜、乍得和委内瑞拉。[3] 命令还要求对伊拉克游客进行"额外审查",但不会像对待前述八个国家那样对其禁止所有类别的签证。

---

[1] The White House, "Executive Order Protecting the Nation from Foreign Terrorist Entry into the United States," January 27, 2017, https://www.whitehouse.gov/presidential-actions/executive-order-protecting-nation-foreign-terrorist-entry-united-states/, 2019-09-20.

[2] The White House, "Presidential Proclamation Enhancing Vetting Capabilities and Processes for Detecting Attempted Entry Into the United States by Terrorists or Other Public-Safety Threats," September 24, 2017, https://www.whitehouse.gov/presidential-actions/presidential-proclamation-enhancing-vetting-capabilities-processes-detecting-attempted-entry-united-states-terrorists-public-safety-threats/, 2019-08-12.

[3] 2018年4月10日,美国政府解除了针对乍得的禁令,称乍得充分改进了其身份管理和信息共享的做法,满足美国的基本安全标准。参见 The White House, "Statement by the Press Secretary Regarding the Presidential Proclamation to Lift Entry Restrictions for Nationals of the Republic of Chad," April 10, 2018, https://www.whitehouse.gov/briefings-statements/statement-press-secretary-regarding-presidential-proclamation-lift-entry-restrictions-nationals-republic-chad/, 2019年8月12日登录。对委内瑞拉实施的限制只适用于一些政府官员及其家人。

（二）加强国内和边境执法、建设美墨边境墙，打击非法移民，将庇护申请者"拒之门外"

特朗普对加强移民执法的承诺从竞选开始贯穿至今。通过加强国内和边境执法，打击和驱逐非法移民，保护其宣称的美国公民的合法权益是特朗普移民政策的核心目标之一。其中，国内执法主要由移民与海关执法局负责执行，一般包括调查、逮捕、拘留和驱逐那些未获得在美合法居留权的移民。

1. 扩大驱逐范围，执行快速遣返，设立办事机构。

特朗普对前任政府的优先驱逐范围和标准十分不满，在2017年1月25日发布的《加强美国国内公共安全行政命令》中宣布，对美国国内的移民执法工作进行改革，其中包括大幅扩大优先驱逐非法移民的范围，指示相关机构采取一切合法手段，确保对"所有可驱逐出境的外国人"执行美国移民法。[1] 该命令实质上废除了移民与海关执法局在奥巴马政府时期执行的优先考虑驱逐有犯罪前科、近期非法越境或近期被命令遣返的非法移民的政策。[2] 与扩大遣返范围密切相关的是加快遣返速度。2019年7月23日，国土安全部宣布对任何被怀疑在美国非法居留不足两年的移民执行"快速遣返"（expedited removal）。[3] 此前，这项政策主要针对那些进入美国两周以内及在边境100英里以内被抓的无证移民。这项新规意味着美国的无证移民如果不能证明自己已在美国连续居住至少两年，政府执法部门有权在无证移民见到移民法官或找到法律代表之前将其拘留和驱逐出境。

根据《加强美国国内公共安全行政命令》的要求，2017年4月26日国土安全部宣布成立"移民犯罪受害者办公室"（Victims of Immigration Crime Engagement Office，VOICE），帮助受非法移民犯罪所伤害的家庭，为受害者发声（VOICE，

---

[1] The White House, "Executive Order: Enhancing Public Safety in the Interior of the United States," January 25, 2017, https://www.whitehouse.gov/presidential-actions/executive-order-enhancing-public-safety-interior-united-states/, 2019-08-12.

[2] Sarah Pierce, "Immigration-Related Policy Changes in the First Two Years of the Trump Administration," Migration Policy Institute, May 2019, https://www.migrationpolicy.org/research/immigration-policy-changes-two-years-trump-administration, 2019-08-12.

[3] U.S. Office of the Federal Register, "Designating Aliens for Expedited Removal," July 23, 2019, https://www.federalregister.gov/documents/2019/07/23/2019-15710/designating-aliens-for-expedited-removal, 2019-08-12.

一语双关）。[1] 批评人士指出，特朗普政府针对的是比美国公民犯罪率更低的人群，反而有可能激化种族仇恨类型的犯罪。[2] 在备受争议的"家庭分离"做法结束一周后，特朗普邀请非法移民犯罪受害人的家庭成员前往白宫参加集体活动，一名被非法移民所害的孩子的母亲在活动中说："我们没有足够幸运地被分开5天或10天，我们被永远地分开了。"这一发言被广泛视为特朗普对设立办事机构及其边境政策的有力辩解。[3]

2. 试图在全国范围内强制推行雇员身份电子验证（E-verify）系统，加强工作场所执法力度。

特朗普政府在2019财年政府预算中指出，计划投资2300万美元，在全国范围内强制使用雇员身份电子验证系统，确保企业只雇佣那些被授权在美国工作的人，以减少非法就业。[4] 2019年5月白宫明确表示，考虑在其改革合法移民体系的提议中加入强制性的全国电子核查，以消除有些地方不使用这个目前仍为自愿

---

[1] 该办公室设在负责驱逐出境业务的移民与海关执法局内，目的是作为移民暨海关执法局与受害者及其家属之间的联络者，以确保向受害者家属提供有关罪犯的信息，包括罪犯的入境和羁押情况，以便回应他们对移民执法工作的疑问和关切。具体而言，该办公室为受害者提供热线电话，并配备了24位社区关系官员，2018财年年度预算为100万美元。有观点认为，新办公室看起来与多个州的"受害者信息与每日通报"（Victim Information and Notification Everyday）计划类似，该计划已经在为犯罪受害者（包括移民犯罪受害者）提供信息。但是，特朗普政府的官员们解释称，新办公室是通过移民系统向受害者提供有关犯罪嫌疑人进展情况的信息，而各州无法获得这些信息，因此有所不同。参见"Memorandum from John F. Kelly, Secretary of Homeland Security, to Kevin K. McAleenan, Acting Commissioner of CBP, et al., Enforcement of the Immigration Laws to Serve the National Interest," February 20, 2017, https://www.dhs.gov/sites/default/files/publications/17_0220_S1_Enforcement-of-the-Immigration-Laws-to-Serve-the-National-Interest.pdf, 2019年8月20日登录；Ron Nixon and Liz Robbins, "Office to Aid Crime Victims Is Latest Step in Crackdown on Immigrants," *The New York Times*, April 26, 2017, https://www.nytimes.com/2017/04/26/us/politics/trump-voice-immigrants-crime.html, 2019年9月16日登录；U.S. Department of Homeland Security, "U.S. Immigration and Customs Enforcement Budget Overview of Fiscal Year 2018," Congressional Justification, https://www.dhs.gov/sites/default/files/publications/ICE%20FY18%20Budget.pdf, 2019年9月6日登录。

[2] 实际上，长期以来不同机构和个人关于美国非法移民犯罪率与美国公民犯罪率孰高孰低的争论（包括学术观点和民调）一直存在。关于"非法移民不会增加暴力犯罪"的研究成果，参见 Michael T. Light, Ty Miller, "Does Undocumented Immigration Increase Violent Crime?" *Criminology*, Vol. 56, No. 2, May 2018, p.370；Alex Nowrasteh, "Criminal Immigrants in Texas: Illegal Immigrant Conviction and Arrest Rates for Homicide, Sexual Assault, Larceny, and Other Crimes," *Immigration Research and Policy Brief*, February 26, 2018, https://www.documentcloud.org/documents/4450775-CATO-Illegal-Immigration-and-Crime-in-Texas.html, 2019年9月4日登录。关于"绝大多数情况下，移民提高犯罪率"的民调，参见 https://news.gallup.com/poll/1660/immigration.aspx, 2019年9月4日登录。

[3] The White House, "Remarks by President Trump and Members of the Angel Families on Immigration," June 22, 2018, https://www.whitehouse.gov/briefings-statements/remarks-president-trump-members-angel-families-immigration/, 2019-09-05.

[4] U.S. Office of Management and Budget, "Efficient, Effective, Accountable: An American Budget, Fiscal Year 2019," February 2018, https://www.whitehouse.gov/wp-content/uploads/2018/02/budget-fy2019.pdf, 2019-09-05.

使用的系统，而导致许多雇主雇佣非法移民的现象。[1] 按照政府的逻辑，在美国就业是非法移民进入或滞留美国的重要驱动力，如果强制使用电子验证系统迫使非法移民无法在美国获得工作，那么吸引外国人非法入境或逾期滞留的工作机会就会消失。雇主通过电子验证系统查询到伪造或被盗的社会安全号码本身就会对以经济为目的的非法移民起到强大威慑作用。对于支持加强执法打击非法移民的人来说，这堵阻挡非法移民在美获得工作的"隐形墙"比边境"实体墙"更为重要。

强化工作场所执法力度，目的是识别未获工作授权的工人及在知情情况下雇佣上述工人的雇主。特朗普政府强化工作场所执法力度的措施包括：突击搜查工作场所，逮捕非法移民，起诉"明知故犯"的雇主并处以罚款。2018财年国土安全调查局（Homeland Security Investigations）执行的犯罪调查、商业审计和逮捕人数同比大幅上升。例如，2018财年国土安全调查局开展了6848项工作现场调查，相对于2017财年的1691项，同比增长四倍。[2] 2019年8月，移民官员对密西西比州七家鸡肉加工厂进行的突击搜查行动共逮捕680名工人（多为拉丁裔），被认为"美国历史上对单个州进行的最大规模移民执法行动"。[3] 距上一次大规模行动，即2008年小布什政府在爱荷华州波斯特维尔（Postville）一家肉类加工厂突击逮捕400名工人，已十年有余。[4] 移民和海关执法局还承诺，"其工作场所执法的策略侧重于对故意雇佣非法工人的雇主进行刑事起诉"。[5]

3. 威胁扣留"庇护城市"（sanctuary city）的联邦财政拨款。[6]

特朗普在2016年大选期间就已谴责"庇护城市"的顽固及其对联邦执法和美国人民生命安全的消极影响，宣称拒绝与联邦政府合作的"庇护城市"不能

---

[1] Ted Hesson and Anita Kumar, "White House May Include Mandatory E-Verify in Immigration Proposal," *POLITICO*, May 9, 2019, https://www.politico.com/story/2019/05/09/white-house-mandatory-e-verify-employees-immigration-1421542, 2019-09-05.

[2] U.S. Immigration and Customs Enforcement, "ICE Worksite Enforcement Investigations in FY18 Surge," December 11, 2018, www.ice.gov/news/releases/ice-worksite-enforcement-investigations-fy18-surge, 2019-09-05.

[3] Maegan Vazquez, "Trump Defends ICE Raid Strategy," *CNN*, August 9, 2019, https://edition.cnn.com/2019/08/09/politics/trump-defends-ice-raid-strategy/index.html, 2019-09-06.

[4] 在小布什总统任内，大规模的移民突击搜查较为常见。参见Rogelio V. Solis and Jeff Amy, "Largest US immigration raids in a decade net 680 arrests," *AP News*, August 8, 2019, https://www.apnews.com/bbcef8ddae4e4303983c91880559cf23, 2019年9月6日登录。

[5] U.S. Immigration and Customs Enforcement, "Worksite Enforcement," August 6, 2019, https://www.ice.gov/worksite, 2019-09-06.

[6] 对"庇护城市"更为全面的称呼是庇护管辖区（Sanctuary Jurisdictions），主要包括在移民政策上不与联邦政府合作的城市、县和州。

获得纳税人的钱，[1] 并在行政命令中正式确认"故意拒绝遵守美国法典第8章第1373条的庇护城市没有资格获得联邦拨款"。[2] 除了多次威胁扣发庇护城市的拨款外，2019年4月特朗普还声称在认真考虑将被拘留的非法移民只安置到庇护城市。[3]

4. 共享非法移民信息及审查法律培训项目。

特朗普签署的《加强美国内部公共安全行政命令》要求，政府机构不得将《隐私法》（Privacy Act）的保护范围扩大到美国公民和合法永久居民（即绿卡持有者）以外的个人，改变了2007年美国国土安全部宣布根据《隐私法》对所有人的个人身份信息（无论其公民身份如何）一视同仁，并相应扩大其保护范围的政策。为便于执法，2017年4月27日国土安全部发布了一项关于收集、使用和传播个人身份信息的新政策，赋予国土安全部更多的自由裁量权来分享非移民（持有临时签证）和非法移民的信息，用于行政、执法和情报之目的。[4]

2018年4月10日，司法部宣布从4月30日起暂停为被拘留的非美国公民提供法律咨询及推荐免费或低成本的法律顾问的法律咨询项目（Legal Orientation Program，LOP）。[5] 在遭到多方强烈反对，面临巨大压力的情况下，特朗普政府

---

1 "Transcript: Donald Trump's Full Immigration Speech, Annotated," *Los Angeles Times*, August 31, 2016, https://www.latimes.com/politics/la-na-pol-donald-trump-immigration-speech-transcript-20160831-snap-htmlstory.html, 2019-09-06.

2 The White House, "Executive Order: Enhancing Public Safety in the Interior of the United States."

3 Donald Trump, Twitter Post, April 12, 2019, 12:38 a.m., https://twitter.com/realDonaldTrump/status/1116742280919044096?ref_src=twsrc%5Etfw%7Ctwcamp%5Etweetembed%7Ctwterm%5E1116742280919044096&ref_url=https%3A%2F%2Fwww.nytimes.com%2F2019%2F04%2F12%2Fus%2Fpolitics%2Ftrump-sanctuary-cities.html, 2019-09-06.

4 "Memorandum from Jonathan R. Cantor, Acting Chief Privacy Officer, DHS Privacy Policy Regarding Collection, Use, Retention, and Dissemination of Personally Identifiable Information," April 27, 2017, https://www.dhs.gov/sites/default/files/publications/Privacy%20Policy%20Guidance%20Memo%202017-01%20-%20FINAL.pdf, 2019-09-06.

5 Maria Sacchetti, "Justice Dept. to Halt Legal-Advice Program for Immigrants in Detention," *The Washington Post*, April 11, 2018, https://www.washingtonpost.com/local/immigration/justice-dept-to-halt-legal-advice-program-for-immigrants-in-detention/2018/04/10/40b668aa-3cfc-11e8-974f-aacd97698cef_story.html, 2019-10-15. 法律咨询项目为被拘留者提供有关驱逐程序和被拘留者权利的重要信息，有助于被拘留者认识到他们可能有资格获得各种形式的移民救济。该项目由隶属于司法部的移民审查执行办公室通过与维拉司法研究所的合作来管理。维拉司法研究所通过再转包给其他非盈利组织为被拘留者提供服务。参见美国司法部官网介绍：https://www.justice.gov/eoir/legal-orientation-program，2019年10月15日登录；以及美国移民事务理事会官网介绍：https://www.americanimmigrationcouncil.org/research/legal-orientation-program-overview，2019年10月15日登录。

改变了立场。¹ 时任司法部长杰夫·塞申斯（Jeff Sessions）在参议院商业、司法、科学和相关机构拨款小组委员会上表示，在移民审查执行办公室对该计划进行审查期间不得暂停该项目。² 移民审查执行办公室分别于2018年9月和2019年3月对该项目进行两个阶段的审查，之后办公室主任詹姆斯·麦克亨利（James McHenry）在众议院作证时指出，该项目没有产生成本效益（cost effective），但拒绝透露政府是否会再次停止该项目。³

在边境执法方面，特朗普政府主要采取了以下措施：

（1）扩充边境执法和威慑力量，主要包括增加边境巡逻队员，在边境部署现役军人和国民警卫队。在2017年1月《加强边境安全与移民执法行政命令》中，特朗普指示国土安全部增聘5000名边境巡逻人员，并采取一切适当行动，确保这些人员尽快被派往工作地点。⁴ 然而，政府希望扩充边境巡逻队员的初衷与实际招募情况并不合拍。2018年，边境巡逻队总共增加了120名工作人员，虽实现了近五年来的首次净增长，但远未达到该机构希望每年增加2700名工作人员的目标。

自2018年4月至今，特朗普政府多次批准向边境部署非现役性质的国民警卫队和现役部队。由于和平时期州长才是各州国民警卫队的总司令，联邦政府的部署因遭到加州和新墨西哥州等州长的反对而被撤回，而每批次现役部队的部署时间不一，基本上是轮换补充。例如，2018年4月4日，特朗普命令国防部向美

---

1 21名参议员联名，以及参众两院司法委员会的所有民主党成员也罕见地联名，致信司法部长塞申斯，反对终止该计划。参见 "Menendez Urges DOJ to Restart Legal Orientation Program," April 18, 2018, https://www.menendez.senate.gov/news-and-events/press/menendez-urges-doj-to-restart-legal-orientation-program，2019年9月22日登录；"A Bicameral Judiciary letter to Attorney General Sessions," April 17, 2018, https://www.leahy.senate.gov/imo/media/doc/4.17.18%20Bicameral%20Judiciary%20Letter%20to%20DOJ.pdf，2019年9月22日登录。美国移民律师协会（American Immigration Lawyers Association）和美国移民委员会（American Immigration Council）公布了博思艾伦咨询公司（Booz Allen Hamilton）受司法部移民审查执行办公室（Executive Office for Immigration Review, EOIR）委托的独立评估报告，报告实际上建议扩大而不是停止法律咨询项目。参见 Emily Creighton, "Department of Justice Ignores Its Own Evaluators' Recommendations on Immigration Courts," April 23, 2018, http://immigrationimpact.com/2018/04/23/department-justice-recommendations-immigration-courts/#.XZSBEigzaUk，2019年9月22日登录。

2 Jeff Sessions, "Opening Statement of Attorney General Jeff Sessions Before the Senate Appropriations Subcommittee on Commerce, Justice, Science, and Related Agencies," April 25, 2018, https://www.justice.gov/opa/speech/opening-statement-attorney-general-jeff-sessions-senate-appropriations-subcommittee，2019-09-20.

3 "Statement of James McHenry, Director of EOIR, Department of Justice, Before the House Committee on Appropriations, Subcommittee on Commerce, Justice, Science, and Related Agencies, For a Hearing Entitled 'Executive Office for Immigration Review'," 116th Cong., 1st sess., March 7, 2019, https://docs.house.gov/meetings/AP/AP19/20190307/109009/HHRG-116-AP19-Wstate-McHenryJ-20190307.pdf, 2019-09-20.

4 The White House, "Executive Order: Border Security and Immigration Enforcement Improvements," January 25, 2017, https://www.whitehouse.gov/presidential-actions/executive-order-border-security-immigration-enforcement-improvements/, 2019-10-12.

国西南边境部署国民警卫队。¹ 2018年10月20日，国防部宣布向美墨边境部署5200名现役军事人员。² 2019年7月17日，五角大楼宣布向美墨边境增派1000名得克萨斯州国民警卫队（Texas National Guard）和1100名现役军人。³ 需要强调的是，美国法律要求政府在边境部署的部队不能直接参与执法，只能为边境执法机构提供支持和协助。军事部署的协助作用固然存在，不过特朗普显然也希望军事部署对跨越边境的非法移民和贩毒集团起到威慑作用。

除上述重大措施外，面对南部边境以家庭为单位移民的人数大幅增加的现象，移民和海关执法局宣布把资源重新分配到美墨边境，调查偷渡活动及利用虚假文件伪造家庭身份的行为，这些调查包括利用DNA测试识别冒充伪造家庭的个人。⁴

（2）在美墨边境实施"零容忍"政策，限制赴美申请庇护的人数。面对南部边境非法越境人数的激增，2018年4月6日，时任司法部长塞申斯以管控西南边境危机为由，宣布实施一项对所有非法越境进入美国的人进行起诉的"零容忍"政策。⁵ 然而，1997年克林顿政府时期达成的"弗洛雷斯协议"（Flores

---

1 The White House, "Presidential Memorandum for the Secretary of Defense, the Attorney General, and the Secretary of Homeland Security, Securing the Southern Border of the United States," April 4, 2018, https://www.whitehouse.gov/presidential-actions/presidential-memorandum-secretary-defense-attorney-general-secretary-homeland-security/, 2019-10-12.

2 U.S. Department of Defense, "More Troops Deploy to Support DHS/CBP Southwest Border Mission," October 29, 2018, https://www.defense.gov/explore/story/Article/1675862/more-troops-deploy-to-support-dhscbp-southwest-bordermission, 2019-09-05. 2019年2月3日，国防部宣布将再部署3750名士兵（部署时间90天），使得边境的现役士兵总数达到约4350人。参见 Daniella Silva, "Pentagon to Deploy Additional 3,750 U.S. Forces to U.S.-Mexico Border," *NBC News*, February 4, 2019, https://www.nbcnews.com/news/us-news/pentagon-deploy-additional-3-750-u-s-forces-u-s-n966396, 2019年9月5日登录。2019年4月29日，国防部宣布了一项向边境增派320名士兵的计划，使得现役军事人员总数达到3200人。参见 "Pentagon Sending More Troops to the Southwest Border," *AP News*, April 30, 2019, https://apnews.com/27e34a4200a844f7b282ee7e9b7f97c6, 2019年9月5日登录。

3 Zach Montague, "Pentagon to Send 2,100 More Troops to the Southwestern Border," *The New York Times*, July 17, 2019, https://www.nytimes.com/2019/07/17/us/politics/troops-border-immigration.html, 2019-09-22.

4 U.S. Immigration and Customs Enforcement, "ICE Shifts Resources to Address Crisis at Southwest Border," April 29, 2019, https://www.ice.gov/news/releases/ice-shifts-resources-address-crisis-southwest-border, 2019-09-22; Priscilla Alvarez and Geneva Sands, "Exclusive: DHS to Start DNA Testing to Establish Family Relationships on the Border," *CNN*, May 1, 2019, https://www.cnn.com/2019/04/30/politics/homeland-security-dna-testing-immigration/index.html, 2019-09-22.

5 塞申斯同时表示实施"零容忍"政策是对非法越境激增的回应。美国国土安全部的一份报告显示，从2017年3月至2018年3月非法越境人数增加了203%，2018年2月到2018年3月增加了37%，这是自2011年以来的最大月度增幅。参见 U.S. Department of Justice Office of Public Affairs, "Attorney General Announces Zero-Tolerance Policy for Criminal Illegal Entry," April 6, 2018, https://www.justice.gov/opa/pr/attorney-general-announces-zero-tolerance-policy-criminal-illegal-entry, 2019年10月21日登录。

Settlement Agreement）¹ 规定，对非法入境的未成年人（18岁以下）最长拘押期不得超过20天。为绕开这一协议，特朗普政府对携未成年人入境的非法移民实施"家庭分离"的做法，将儿童与其非法进入美国的父母或监护人分开。成年非法移民被送至移民关押中心，等待接受判决，而未成年移民儿童则被带至卫生与公共服务部监护。据统计，"家庭分离"做法在实施期间共造成约2700名儿童与其非法越境的父母分离。在遭到多方批评与反对后，特朗普签署行政命令结束了"家庭分离"，但并未停止无限期拘留非法入境家庭的努力。² 特朗普在行政命令中指示塞申斯向美国加州地方法院提交申请，修改"弗洛雷斯协议"，为无限期拘留非法入境家庭寻求突破。此后一年多以来，白宫一直向有关部门施压，设法废除该协议。

特朗普政府限制赴美寻求庇护人数的另两项重大举措是，其一，在申请者等待案件裁决期间，将他们留在墨西哥。³ 超过100万件的案件积压导致申请者等待审理和裁决的过程变得十分漫长。其二，通过与中美洲国家签署"安全第三国"（Safe Third Country）协议，要求移民在他们途经的国家寻求庇护，尽可能地使申请者留在美墨边境以南。⁴ 这种做法意味着切断中美洲移民在抵达美国南部边境之前进入美国庇护体系的通道。截至2019年11月，美国已与危地马拉、萨尔瓦多和洪都拉斯达成此类协议。⁵ 墨西哥则以"美墨两国在2019年6月份签署的协议已经导致美墨边境移民减少"为由，拒绝与美国签署该协议。

（3）建设美墨边境墙，加强边境安全。通过建设边境墙以加强边境安全是特

---

1 Veronica Stracqualursi, Geneva Sands, Elizabeth Elkin and Veronica Rocha, "What is the Flores Settlement that the Trump Administration Has Moved to End?" *CNN*, August 23, 2019, https://edition.cnn.com/2019/08/21/politics/what-is-flores-settlement/index.html, 2019-10-25.

2 The White House, "Affording Congress an Opportunity to Address Family Separation," June 20, 2018, https://www.whitehouse.gov/presidential-actions/affording-congress-opportunity-address-family-separation/, 2019-10-25.

3 U.S. Department of Homeland Security, "Secretary Kirstjen M. Nielsen Announces Historic Action to Confront Illegal Immigration," December 20, 2018, https://www.dhs.gov/news/2018/12/20/secretary-nielsen-announces-historic-action-confront-illegal-immigration, 2019-10-26.

4 U.S. Department of Homeland Security, "Fact Sheet: DHS Agreements with Guatemala, Honduras, and El Salvador," November 7, 2019, https://www.dhs.gov/publication/fact-sheet-dhs-agreements-guatemala-honduras-and-el-salvador, 2019-11-18.

5 由于危地马拉地处连接中美洲和墨西哥的枢纽，大多数来自萨尔瓦多和洪都拉斯的寻求庇护者都要经过危地马拉才能到达墨西哥和美国，因此美国最早与危地马拉签署了"安全第三国"协议。关于美国与危地马拉、萨尔瓦多、洪都拉斯签署的"庇护合作协定"（又称"安全第三国"协议），参见 U.S. Citizenship and Immigration Services and the Executive Office for Immigration Review, "Implementing Bilateral and Multilateral Asylum Cooperative Agreements Under the Immigration and Nationality Act," *Federal Register*, November 19, 2019, https://www.federalregister.gov/documents/2019/11/19/2019-25137/implementing-bilateral-and-multilateral-asylum-cooperative-agreements-under-the-immigration-and，2019年11月20日登录。

朗普移民政策调整的重要举措，被提升至国家安全战略的高度。[1] 特朗普在大选中提出的"由墨西哥为边境墙支付费用"的煽动性承诺，遭到了墨西哥的拒绝，美国国会也拒绝为该项目提供巨额资金支持。[2] 白宫和国会在拨款问题上的拉锯战一直持续至今，双方的斗争甚至造成联邦政府历史上最长时间的关门（长达34天22小时）。国会最后同意政府花费近14亿美元修建隔离墙，但数额远远低于特朗普的要求。面对拨款僵局，2019年2月特朗普宣布国家进入紧急状态，绕过国会，以便筹集81亿美元资金修建隔离墙。其中，36亿美元来自军事建设基金，25亿美元来自国防部反毒行动，6亿美元来自财政部的资产没收基金。全国上下强烈批评特朗普的"虚假紧急状态"，认为特朗普宣布国家紧急状态是对总统权力的滥用，挑战了国会的拨款权，违反了美国的宪政体制。[3] 特朗普的支持者则赞赏"总统努力履行对美国人民的承诺及为国家安全而奋斗"的举动。[4] 2019年7月26日，最高法院撤销了一项由下级法院支持的裁决（冻结国防部建设边境墙的25亿美元资金），为特朗普用此资金建设边境墙扫清了道路。[5] 在得到新任国防部长马克·埃斯珀（Mark Esper）授权后，2019年9月3日国防部宣布动用原本用于127个军事建设项目的36亿美元资金，修建美墨边境墙。

（三）削减难民接收限额和人道主义项目

与奥巴马政府多次提高美国难民接收限额相反，特朗普上台后连续削减难民接收限额，并裁减实际安置人数（参见图1）。2017财年至2020财年，特朗普总统将2017财年奥巴马政府设定的11万难民接收上限逐步调整至2018财年的4.5万人、2019财年的3万人，以及2020财年的1.8万人，创1980年美国难民接收

---

[1] The White House, "National Security Strategy of the United States," December 18, 2017, p. 10, https://www.whitehouse.gov/wp-content/uploads/2017/12/NSS-Final-12-18-2017-0905.pdf, 2019-08-20.

[2] "我要建一堵长城，相信我，没有人能比我建得更好，我要用很便宜的钱来建，我要在我们的南部边界上建一座非常非常高的长城。我会让墨西哥为那堵墙买单。"参见"Donald Trump's Presidential Announcement Speech," *Time*, June 16, 2015, https://time.com/3923128/donald-trump-announcement-speech/, 2019年8月10日登录。特朗普也为放弃由墨西哥出资建墙进行了辩护，其主要看法是，如果美国对从墨西哥进口商品加征5%的关税，完全足以支付隔离墙的费用，但是经过两国之间的协商，墨西哥付出很多，成为协助美国进行边境非法移民问题治理的重要伙伴。特朗普对墨西哥的做法表示满意。参见 The White House, "Remarks by President Trump During Visit to the Border Wall," September 19, 2019, https://www.whitehouse.gov/briefings-statements/remarks-president-trump-visit-border-wall-san-diego-ca/, 2019年9月22日登录。

[3] 沈镇：《特朗普政府的边境墙政策探析》，《美国研究》，2019年第2期，第76页。

[4] Jonathan Allen and Dartunorro Clark, "Trump Announces National Emergency to Obtain Billions for Border Wall," *NBC News*, February 15, 2019, https://www.nbcnews.com/politics/politics-news/trump-declare-national-emergency-obtain-billions-border-wall-n972021, 2019-09-05.

[5] Alex Pappas, "Supreme Court Paves Way for Trump Administration to Use Military Funds for Border Wall," *Fox News*, July 26, 2019, https://www.foxnews.com/politics/supreme-court-paves-way-for-trump-administration-to-use-military-funds-for-border-wall, 2019-09-05.

计划实施以来的新低。相应地,特朗普政府实际接收难民的人数从2016财年的84994人下降至2017财年的53716人,2018财年的22491人。虽然2019财年的实际接收人数与该年度限额持平,但随着2020财年限额的削减,实际接收人数必定减少,特朗普政府收紧难民接收人数的趋势十分明显。[1]

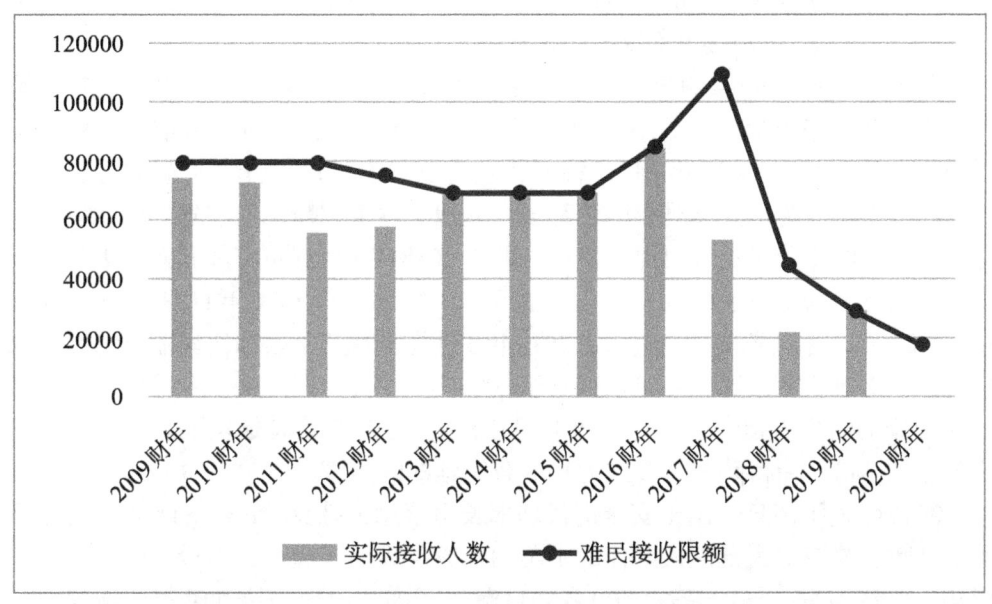

图1 特朗普领导下的美国,难民接收限额和实际接收人数大幅减少

图表由笔者自制。[2]

特朗普试图终止的人道主义项目主要包括两类,一类针对已经在美国的外国人,以《童年抵美者暂缓遣返》(Deferred Action for Childhood Arrivals,DACA,又称"梦想者"计划)和临时保护身份(Temporary Protected Status,TPS)为代表;另一类针对申请进入美国的外国人,以中美洲未成年人项目(Central American

---

[1] 据报道,在2019年9月特朗普政府宣布2020财年难民接收限额之前,与保守派白宫移民政策顾问斯蒂芬·米勒(Stephen Miller)关系密切的美国公民与移民局代表在一场难民接纳会议上甚至提议,将2020财年的移民接收人数上限设为零。参见 Ted Hesson, "Trump Officials Pressing to Slash Refugee Admissions to Zero Next Year," *POLITICO*, July 18, 2019, https://www.politico.com/story/2019/07/18/trump-officials-refugee-zero-1603503,2019年9月5日登录。

[2] 数据来源:美国国务院人口、难民与移民事务局难民处理中心(U.S. Department of State, Bureau of Population, Refugees and Migration, Office of Admissions, Refugee Processing Center),参见该中心官网:https://www.wrapsnet.org/admissions-and-arrivals/,2019年8月20日登录;以及白宫,参见 The White House, "President Donald J. Trump's Humanitarian and Responsible Approach On Refugees Protects the Welfare of American Citizens," September 26, 2019, https://www.whitehouse.gov/briefings-statements/president-donald-j-trumps-humanitarian-responsible-approach-refugees-protects-welfare-american-citizens/,2019年10月5日登录。

Minors）为代表。

2017年9月5日，特朗普政府宣布逐步淘汰奥巴马政府于2012年6月推出的"梦想者"计划。[1] 特朗普将这一计划称为奥巴马的"非法行动"。"梦想者"计划虽不提供获得合法永久居留的途径，但为那些在16岁前抵达美国且无犯罪记录的无证移民提供两年期的暂缓遣返、工作许可，两年到期后可申请再延。截至2018年11月，已有90多万人受益于该计划。[2]

美国国会在1990年通过的《移民法》中授予那些原籍国遭受自然灾害、暴力冲突及其他特殊临时情况，生活条件极其困难但没有资格成为难民的外国人"临时保护身份"。[3] 2017年9月，特朗普政府以"临时保护计划不应成为长期在美居住的手段"为由宣布终止萨尔瓦多、海地、洪都拉斯、尼泊尔、尼加拉瓜和苏丹等六个国家公民的临时保护身份，并于2018年3月宣布将叙利亚、也门、索马里及南苏丹公民的临时保护身份延长至2019年9月至2020年11月不等。[4] 2018年3月27日，特朗普政府宣布将在2019年3月终止对几千名利比里亚人的类似保护，但于次日改变决定，并将期限延至2020年3月，其理由是"考虑到西非地区总体局势仍然令人担忧"。[5] 截至2019年10月，特朗普政府延长了萨尔瓦多人的临时保护身份，使得萨尔瓦多成为唯一获得延期的国家。[6]

2017年8月16日，国土安全部代理部长伊莱恩·杜克（Elaine Duke）终止了奥巴马政府为应对大批无人陪伴的中美洲未成年人涌入边境，而设立的中美洲未成年人假释项目，导致超过2700名来自萨尔瓦多、危地马拉和洪都拉斯三国等

---

[1] "Memorandum on Rescission of Deferred Action for Childhood Arrivals (DACA)," September 5, 2017, https://www.dhs.gov/news/2017/09/05/memorandum-rescission-daca, 2019-10-26.

[2] U.S. Citizenship and Immigration Services, "Consideration of Deferred Action for Childhood Arrivals, Fiscal Year 2012-2019," November 30, 2018, https://www.uscis.gov/sites/default/files/USCIS/Resources/Reports%20and%20Studies/Immigration%20Forms%20Data/All%20Form%20Types/DACA/DACA_FY19_Q1_Data.pdf, 2019-10-26.

[3] 该项目由国土安全部部长管理，但需与总统密切协商。"临时保护身份"为外国公民提供了两个利好：暂时免受驱逐出境（即使非法抵达美国）与合法进入劳动力市场。国土安全部长可授予"临时保护身份"国家的时长为6至18个月，且如果一国仍满足条件，可将期限延长。

[4] 目前十个获得"临时保护身份"的国家中，有大约417000人生活在美国，参见Jill H. Wilson, "Temporary Protected Status: Overview and Current Issues," Congressional Research Service, March 29, 2019, https://crsreports.congress.gov/product/pdf/RS/RS20844, 2019年10月25日登录。

[5] The White House, "Memorandum on Extension of Deferred Enforced Departure for Liberians," March 28, 2019, www.whitehouse.gov/presidential-actions/memorandum-extension-deferred-enforced-departure-liberians, 2019-10-23.

[6] Molly O'Toole and Tracy Wilkinson, "Trump Administration Extends Protections for Salvadorans, Allowing Thousands to Stay in U.S.," Los Angeles Times, October 28, 2019, https://www.latimes.com/politics/story/2019-10-28/trump-administration-extends-tps-for-salvadorans-allowing-thousands-to-stay-in-u-s, 2019-11-20.

待批准的儿童希望破灭。[1] 由于这些未成年申请人的父母中有许多人以临时保护身份生活在美国，所以该计划与临时保护身份计划部分交织在一起，特朗普相继宣布终止这两个计划的决定，影响面较大。

（四）增加对合法移民的审查，改变合法移民规则

特朗普及其竞选团队在2016年竞选期间就已定下"不应该把移民视为一件好事，而是对美国安全和就业的威胁"的基调。基于这样一种思路，本届政府通过一系列行政手段，扩大移民申请的审查范围，放缓审查速度；增加申请人面谈的比例；要求签证申请人提供包括社交媒体账号在内的多项信息；等等。[2] 比上述策略更受关注的是特朗普于2019年5月16日公布的，由其女婿贾瑞德·库什纳（Jared Kushner）和移民限制主义者米勒等人操刀的"基于才能且重视安全"（merit-based, high-security）的移民改革方案。[3] 该方案主张实行类似加拿大和澳大利亚的积分制，减少约占全部移民比例三分之二的"家庭团聚"式移民（见图2），同时将高技术和英语熟练的移民比例从12%提高到57%；计划建立边境安全基金，确保执法人员永远不必等待国会为他们提供工作所需的资源；加强对入境口岸人员和货物的审查；弥补美国庇护体系的漏洞，等等。

从方案中可看出，实际上特朗普的想法发生了部分转变，不再一味地反对所有移民，而是提出"支持美国"和"支持移民"是同义词。他真正希望做的是保持当前每年接纳约100万合法移民水平的同时，改变移民流入的结构。

---

[1] 中美洲未成年人项目允许来自中美洲的未成年人作为难民申请在美国的永久居留权，前提是他们的父母已经合法生活在美国。实际上，许多父母以临时保护身份生活在美国。可以说，这个项目与临时保护身份交织在一起。关于特朗普政府终止中美洲未成年人项目的声明，参见U.S. Department of Homeland Security, "Termination of the Central American Minors Parole Program," *Federal Register*, August 16, 2017, https://www.federalregister.gov/documents/2017/08/16/2017-16828/termination-of-the-central-american-minors-parole-program，2019年10月26日登录。

[2] 鉴于近些年来恐怖分子利用社交媒体散布恐怖情绪及进行恐怖主义联络活动，2019年5月31日美国国务院更新移民和非移民签证申请表，要求来自世界各地的大多数美国签证申请人（包括旅行者和移民）提供包括社交媒体账号在内的多项信息，对希望进入美国的外国人进行广泛的安全审查，防止恐怖分子或对公共安全产生威胁的个人和组织移民到美国或踏上美国领土。参见U.S. Department of State, "Collection of Social Media Identifiers from U.S. Visa Applicants," June 4, 2019, https://travel.state.gov/content/travel/en/News/visas-news/20190604_collection-of-social-media-identifiers-from-U.-S.-visa-applicants.html，2019年10月25日登录。

[3] The White House, "Remarks by President Trump on Modernizing Our Immigration System for a Stronger America," May 16, 2019, https://www.whitehouse.gov/briefings-statements/remarks-president-trump-modernizing-immigration-system-stronger-america/, 2019-10-27; The White House, "President Trump's Bold Immigration Plan for the 21st Century," May 21, 2019, https://www.whitehouse.gov/articles/president-trumps-bold-immigration-plan-21st-century/, 2019-10-27.

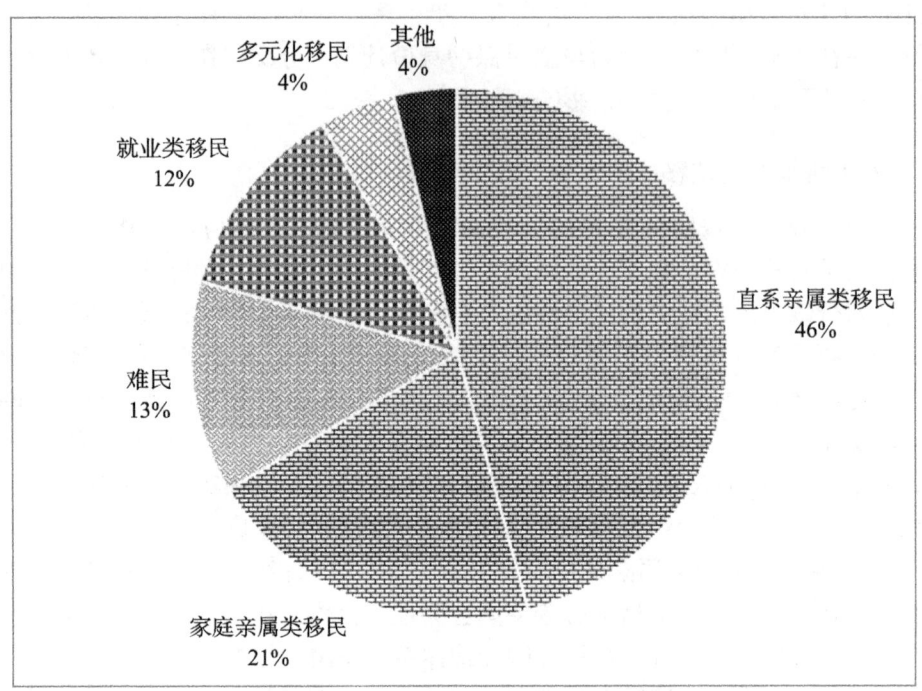

图 2　2017 财年美国接收合法永久居民的比例（共计：1127167 人）

图表由笔者自制。[1]

与上述方案的思路一脉相承的行动是，特朗普政府对移民申请人提出经济要求。美国国土安全部于 2019 年 8 月 12 日公布了"公共负担不予受理最终条例"（Final Rule on Inadmissibility on Public Charge Grounds），该条例针对试图移民美国及已在美国生活、试图获得绿卡的人，目的是综合考虑申请者的经济实力，阻止贫困者移民美国，"优化"美国移民结构。[2] 此规定扩大了美国移民管理机构

---

[1] 数据来源：U.S. Department of Homeland Security, Office of Immigration Statistics, "2017 Yearbook of Immigration Statistics," July 2019, https://www.dhs.gov/sites/default/files/publications/yearbook_immigration_statistics_2017_0.pdf, 2019 年 10 月 20 日登录。

[2] U.S. Department of Homeland Security, "Inadmissibility on Public Charge Grounds," *Federal Register*, August 14, 2019, https://www.federalregister.gov/documents/2019/08/14/2019-17142/inadmissibility-on-public-charge-grounds, 2019-08-20。对此，特朗普和美国公民及移民服务局代理局长肯·库奇内利（Ken Cuccinelli）分别表示，"为保护美国公民的利益，移民必须在经济上自给自足"，"《公共负担不予受理》的规定将鼓励那些寻求来美国或留在美国的人自力更生、自给自足"。参见 The White House, "President Donald J. Trump is Ensuring Non-Citizens Do Not Abuse Our Nation's Public Benefit," August 12, 2019, https://www.whitehouse.gov/briefings-statements/president-donald-j-trump-ensuring-non-citizens-not-abuse-nations-public-benefit/, 2019 年 10 月 25 日登录；The White House, "Press Briefing by USCIS Acting Director Ken Cuccinelli," August 12, 2019, https://www.whitehouse.gov/briefings-statements/press-briefing-uscis-acting-director-ken-cuccinelli-081219/, 2019 年 10 月 25 日登录。

对"公共负担"（public charge）的定义范围，将食品券、医疗和住房补助等公共福利纳入其中，其结果是缩小了有能力的申请者的范围。而领取或接受上述福利的移民，将被认为有可能在未来成为"公共负担"，从而在申请绿卡或入籍时遭到拒绝。根据规定，在任何36个月内累计领取一项或多项指定公共福利超过12个月的个人将被视为"公共负担"，而在一个月内领取两种不同的福利算作两个月。此项规定的核心思路是以未来的眼光审视申请人，获得较大自由裁量权的移民官员更倾向于选择受过高等教育、收入高且年龄偏小的申请者。

除了上述标志性行动外，2019年3月26日，特朗普政府试图在2020年人口普查中增加公民身份问题。

二、特朗普移民政策调整的阶段性评估

细数特朗普政府推行的重大移民政策调整，许多政策一经推出就引发广泛争论。支持者对特朗普政府的移民措施大加赞赏，认为特朗普真正代表了他们的利益，为美国中下层白人的实际生活和工作考虑。反移民的激进主义者批评特朗普在2019年初发表的关于欢迎移民合法进入美国的言论，将其视为总统屈从于企业、共和党建制派等对廉价外国劳动力的需求，背叛自己在竞选时做出的保护工人阶级免受全球主义影响的承诺。以欢迎移民的态度对特朗普进行严厉抨击和谴责的声音也不绝于耳。对特朗普移民政策调整进行阶段性评估的结果显示：有的措施因遭强烈反对而被迫废止；有的措施处于司法审判阶段尚待裁决；有的则在褒贬不一的争议声中继续施行；有的则处于构想阶段，尚未施行。

因遭强烈反对而被迫废止的措施主要包括：第一，遭到多方批评与反对后，特朗普政府结束了"家庭分离"政策。迄今为止，"家庭分离"的做法被视为特朗普政府最不受欢迎的行动之一。第二，法院的挑战最终促成2019年4月12日特朗普政府与受影响的家庭之间达成和解协议，允许约2700名生活在中美洲的儿童与他们在美国的父母团聚。[1] 特朗普政府终止中美洲未成年人假释项目的行动以失败告终。[2] 第三，特朗普政府试图在2020年人口普查中增加公民身份问题，遭到最高法院裁决的阻止，批评者指责特朗普政府试图把人口普查变成影响

---

[1] Eric Beech and David Alexander, "Court settlement paves way to reunite Central American children with parents in U.S.," *Reuters*, April 13, 2019, https://www.reuters.com/article/us-usa-immigration-children/court-settlement-paves-way-to-reunite-central-american-children-with-parents-in-u-s-idUSKCN1RP021, 2019-10-20.

[2] 法院的挑战最终导致2019年4月12日特朗普政府与受影响的家庭之间达成和解协议，允许约2700名生活在中美洲的儿童与他们在美国的父母团聚。参见 Eric Beech and David Alexander, "Court settlement paves way to reunite Central American children with parents in U.S."。

共和党政治命运的工具。¹ 第四，特朗普政府暂停法律咨询项目的做法因遭强烈反对而被迫停止，允许该项目继续实施，但不排除将来美国司法部再次尝试终结法律咨询项目的可能性。

处于司法审判阶段尚待裁决、受法院禁令影响而无法或暂停实施的措施主要包括：第一，扩大"加速遣返"范围的措施被哥伦比亚特区地方法院裁定禁止实施。² 第二，原定于2019年10月15日生效的"公共负担不予受理"的最终条例在2019年10月11日因受纽约州、加利福尼亚州和华盛顿州联邦法院临时禁令的影响，难以实施。³ 第三，2018年初加州北区法院和纽约东区法院相继发布的初步禁令使特朗普政府无法终止"梦想者"计划，特朗普政府已经向最高法院提起上诉，最高法院已在2019年11月听取口头辩论。⁴ 裁决结果尚未公布，在此期间，美国公民与移民服务局仍需继续执行延迟遣返；第四，多起法庭诉讼案挑战特朗普政府终结"临时保护身份"的决定，政府做出了调整。⁵ 民主党控制的众议院在2019年6月初通过一项试图给予美国两大移民群体（"梦想者"和"临时保护身份"）公民身份的"梦想与承诺法案"（Dream and Promise Act），回应了特朗普政府的行为。⁶ 目前，特朗普政府决定延长萨尔瓦多公民的临时保护身份，

---

1 U.S. Department of Commerce, "Memorandum from Wilbur Ross, Secretary of Commerce, to Karen Dunn Kelley, Undersecretary for Economic Affairs, Reinstatement of a Citizenship Question on the 2020 Decennial Census Questionnaire," March 26, 2018, https://web.archive.org/web/20180328002956/https://www.commerce.gov/sites/commerce.gov/files/2018-03-26_2.pdf, 2019-10-25.

2 2019年9月27日，美国哥伦比亚特区地方法院法官杰克逊（Ketanji Jackson）发布禁令，禁止国土安全部扩大实行快速遣返措施。参见 United States District Court for The District of Columbia, MAKE THE ROAD NEW YORK, et al., v. KEVIN McALEENAN（Acting Secretary of the Department of Homeland Security）, et al., "Memorandum Opinion," Case No. 19-cv-2369 (KBJ), https://ecf.dcd.uscourts.gov/cgi-bin/show_public_doc?2019cv2369-40，2019年11月10日登录。

3 Laurel Wamsley, Pam Fessler and Richard Gonzales, "Federal Judges In 3 States Block Trump's 'Public Charge' Rule For Green Cards," *NPR*, October 11, 2019, https://www.npr.org/2019/10/11/769376154/n-y-judge-blocks-trump-administrations-public-charge-rule, 2019-10-20.

4 U.S. District Court for the Northern District of California, Regents of the University of California v. U.S. Department of Homeland Security, "Order Denying FRCP12(b)(1) Dismissal and Granting Provisional Relief," Case 3:17-cv-05211-WHA , January 9, 2018, https://www.clearinghouse.net/chDocs/public/IM-CA-0095-0005.pdf, 2019-10-19; U.S. District Court for the Eastern District of New York, Batalla Vidal v. Nielsen, "Amended Memorandum & Order & Preliminary Injunction," Case No. 1:16-cv-04756-NGG-JO, February 13, 2018, https://www.clearinghouse.net/chDocs/public/IM-NY-0051-0029.pdf, 2019-10-19.

5 例如，加州北部地区法院在2018年10月发布的初步禁令暂时保住了对苏丹、尼加拉瓜、海地和萨尔瓦多人的临时保护。参见 United States District Court，Northern District of California，CRISTA RAMOS, et al., v. KIRSTJEN NIELSEN, et al., "Order Granting Plaintiffs' Motion for Preliminary Injunction," Case No. 18-cv-01554-EMC, Docket No. 120, October 3, 2018, https://www.uscis.gov/sites/default/files/USCIS/Laws/ramos-v-nielsen-order-granting-preliminary-injunction-case-18-cv-01554-emc.pdf，2019年10月16日登录。

6 Ella Nilsen, "House Democrats Just Passed a Bill to Give DREAMers a Pathway to Citizenship," *Vox*, June 4, 2019, https://www.vox.com/2019/6/4/18650672/house-democrats-dream-and-promise-act, 2019-10-16.

但是针对其他国家公民的举动仍待观察。第五，特朗普试图无限期拘留非法越境移民家庭受到法院的挑战。2019年9月27日，加州中央区联邦地方法院法官朱美瑜（Dolly Gee）裁定，特朗普政府于前一个月公布的允许无限期拘留非法越境移民家庭的规定违反"弗洛雷斯协议"。[1]

在褒贬不一的争议声中继续施行的措施如下：

第一，针对特定国家的"旅行禁令"在2018年6月26日获得美国最高法院的支持。首席大法官约翰·罗伯茨（John Roberts）代表多数法官执笔的意见称，有"令人信服的证据表明，暂停入境出于正当的国家安全担忧"，而实施禁令的行政令"没有提到宗教（指伊斯兰教）"。[2]

第二，虽然受到美国国内和国际人道主义者的强烈批评，特朗普政府连续削减难民接收限额和难民实际安置人数的行动取得"顺利"进展。

第三，为解决非法移民问题而采取的共享非法移民信息及设立"移民犯罪受害者办公室"的行动取得进展。

第四，扩大移民申请的审查范围，放缓审查速度；增加申请人面谈的比例；要求签证申请人提供包括社交媒体账号在内的多项信息等似乎成为特朗普政府"严控移民"的"新常态"。

第五，政府试图阻止联邦资金流向庇护管辖区的举措及后续努力并不顺利。2017和2018年联邦法院和第九巡回上诉法院分别做出的"总统无权为联邦支出附加新的条件"及"扣发拨款的行为违反美国宪法"裁决，直接影响该政策的实施。[3] 因此，尽管特朗普多次威胁扣发庇护城市的拨款，截至2019年3月在全美29个申请执法补助的地方，只有俄勒冈州仍未获准获得2017年的补助。[4] 威胁扣

---

[1] 关于特朗普政府公布的允许无限期拘留非法越境移民家庭的规定，参见 Michael D. Shear and Zolan Kanno-Youngs, "Migrant Families Would Face Indefinite Detention Under New Trump Rule," *The New York Times*, August 21, 2019, https://www.nytimes.com/2019/08/21/us/politics/flores-migrant-family-detention.html，2019年10月5日登录；关于加州中央区联邦地方法院法官朱美瑜的裁定，参见 Ted Hesson, "Federal Judge Won't Allow Trump to Expand Family Detention," *POLITICO*, September 27, 2019, https://www.politico.com/news/2019/09/27/judge-blocks-expanded-family-detentions-006575，2019年10月5日登录；Miriam Jordan, "Judge Blocks Trump Administration Plan to Detain Migrant Children," *The New York Times*, September 27, 2019, https://www.nytimes.com/2019/09/27/us/migrant-children-flores-court.html，2019年10月5日登录。

[2] Supreme Court of the United States, Trump, President of The United States, et al. v. Hawaii et al., "Certiorari to The United States Court of Appeals for The Ninth Circuit," No. 17–965, June 26, 2018, https://www.supremecourt.gov/opinions/17pdf/17-965_h315.pdf, 2019-10-15.

[3] Sudhin Thanawala, "Judge Blocks Trump Threat to Withhold 'Sanctuary City' Funds," *AP News*, April 26, 2017, https://www.apnews.com/a0e35587fcfa42f6bb767a3829325273; Associated Press, "Court Rules Trump Move to Cut 'Sanctuary City' Funds is Unconstitutional," *NBC News*, August 2, 2018, https://www.nbcnews.com/news/us-news/court-rules-trump-move-cut-sanctuary-city-funds-unconstitutional-n896816, 2019-10-05.

[4] Wilson Ring, "'Sanctuary' Cities Are Getting Their Grants Despite Threats," *AP News*, March 3, 2019, https://www.apnews.com/cbb6091bebd94f56889ceef6c3899460, 2019-09-19.

留"庇护城市"联邦财政拨款的主要表现是"雷声大,雨点小"。

第六,加强工作场所执法力度确实在突袭逮捕非法劳工数量等方面得以体现,但是对雇主实施的为数不多的起诉和处罚则显示出特朗普政府强化工作场所执法力度的片面性。根据美国雪城大学事务记录访问信息中心(Transactional Records Access Clearinghouse)的统计数据,2018年4月至2019年3月,美国国内超过11万人因非法入境或再次入境而被起诉,但只有11名雇主在7起案件中因雇佣非法劳工面临刑事指控。[1]

第七,将庇护申请者留在墨西哥等待的措施得以实行,但治理对象同为庇护申请者的"安全第三国"协议的实施前景暂不明朗。2019年9月11日,美国最高法院允许特朗普政府在全国范围内执行"安全第三国"规定,但所谓"安全第三国"执行此类协议的前景存疑。[2] 例如,美国与危地马拉政府签署的"安全第三国"协议,遭到危地马拉宪法法院的质疑。[3] 即将于2020年1月上任的危地马拉当选总统亚历杭德罗·贾马太(Alejandro Giammattei)明确表示,"安全第三国"概念必须得到同意该协议的两国国会的批准。

第八,试图增加边境巡逻队员但难以达到预期人数;国防部在边境部署现役军人的进展顺利;联邦政府主张部署国民警卫队的行动在得到加利福尼亚州和新墨西哥州支持一段时间后,转而被否定,不过这一行动得到共和党人任州长的得克萨斯州的支持。

第九,特朗普推动建设边境墙的计划遭到民主党议员和边境地区土地所有者等方面的阻力,但仍通过其他方式获得建设资金,最终由美国纳税人掏腰包,而非特朗普最早宣称的由墨西哥政府出资。[4] 边境墙的建设进度完全不如特朗普在竞选期间承诺的那般理想,即建设"2000英里的混凝土结构边境墙"。他后来改口称"在优先位置建设钢结构围栏"。截至2019年8月,特朗普政府只是用新的

---

[1] 事实上,自从1986年国会通过《移民改革与控制法》以来,很少有雇主被起诉。除了2005年小布什总统和2008年奥巴马总统执政时期,每年被起诉的人数很少超过15人,而且从未超过20人。参见 TRAC at Syracuse University, "Few Prosecuted for Illegal Employment of Immigrants," May 30, 2019, https://trac.syr.edu/immigration/reports/559/#f1, 2019年9月19日登录;Miriam Jordan, "Trump's Crackdown on Illegal Immigration: 11 Employers Prosecuted in the Past Year," *The New York Times*, May 31, 2019, https://www.nytimes.com/2019/05/31/us/illegal-immigration-employers-prosecutions.html, 2019年9月19日登录。

[2] Mark Sherman, "Supreme Court Allows Broad Enforcement of Trump Asylum Rule," *AP News*, September 12, 2019, https://apnews.com/a817cf3affb04f3d8ad3c4940366a5fe, 2019-10-21.

[3] The White House, "Remarks by President Trump at Signing of Safe Third Country Agreement with Guatemala," July 26, 2019, https://www.whitehouse.gov/briefings-statements/remarks-president-trump-signing-safe-third-country-agreement-guatemala/, 2019-08-10.

[4] C. Todd Lopez, "DOD to Divert $3.6 Billion to Fund 11 Barrier Projects at Southern Border," September 4, 2019, https://www.defense.gov/explore/story/Article/1952013/dod-to-divert-36-billion-to-fund-11-barrier-projects-at-southern-border/, 2019-10-25.

围栏替换了60英里破旧不堪的栅栏。[1]

处于构想阶段,尚待施行的措施主要包括:第一,在全国范围内强制推行雇员身份电子验证系统。然而,由于该系统存在只核查身份文件而非工人本人的根本缺陷,一些自愿使用电子验证系统多年的企业照样被查出大量雇用非法移民的情况,更不必说不使用该系统的工作场所。实际上,在全国范围内推行该政策仍难以确保所有企业都不雇用非法移民。第二,特朗普政府提出了"基于才能且重视安全"(merit-based,high-security)的移民改革方案。然而,目前来看该方案获得国会批准的可能性渺茫,更可能成为特朗普为迎接2020年大选团结共和党人的框架协议。

特朗普固然享有总统特有的行政权,但美国三权分立体系中的立法机构、司法机构,以及地方政府对总统行政权的限制,政府宏大的目标与紧张的资源之间的矛盾,利益集团的压力等在特朗普移民政策调整中体现得淋漓尽致。更值得注意的是,特朗普的共和党同僚有时也成为壮大反对者力量的成员。在政治高度极化与社会严重分化的美国,移民问题俨然成为党派斗争的工具。下文将从美国国内政治过程的角度进行分析。

(一)国会的制约

国会出台移民法律需要经过漫长且艰苦的利益博弈。虽然美国政界、学术界、美国民众对限制非法移民形成了一些共识,但是想要在国会通过一项法律十分困难。国会在诸如否决特朗普"边境墙建设"拨款等动议的例子十分常见。从竞选之初,特朗普就提出了一系列需要通过立法才能实现的移民政策目标,但其提议除遭到参众两院民主党议员的反对外,共和党内部对特朗普的移民政策也存在异议。共和党内的温和派虽然也主张采取有力措施限制非法移民,但对特朗普的具体政策颇具微词,甚至在关键的投票环节倒戈,站到民主党一侧。2019年2月26日民主党控制的众议院以245票赞成、182票反对,通过了一项推翻特朗普宣布的国家紧急状态的决议。共和党控制的参议院竟然在3月14日以59票赞成、41票反对,通过了众议院的决议,而在这59张赞成票中有12名共和党参议员的

---

[1] Miriam Valverde, "Donald Trump's Border Wall: How Much Has Been Built?" *PolitiFact*, August 30, 2019, https://www.politifact.com/truth-o-meter/article/2019/aug/30/donald-trumps-border-wall-how-much-has-really-been/, 2019-10-10; Chantal Da Silva, "Donald Trump's Border Wall: How Much of the Barrier Has Actually Been Built—And Will It Ever be Complete?" *Newsweek*, July, 2, 2019, https://www.newsweek.com/trump-border-wall-built-progress-how-much-1446311, 2019-10-10.

贡献。[1] 美国著名移民政策专家劳伦斯·福克斯（Lawrence Fuchs）于20世纪90年代做出的关于美国非法移民治理的"最主要的问题实质上是在政治方面，而非技术层面"的判断，在一定程度上仍适用于当前美国非法移民治理的现状。[2]

（二）地方和州层面的抵制

联邦政府的执法行动依赖于州和地方司法管辖区的合作，而地方官员与联邦当局合作的程度，以及各州对待非法移民的方式差别较大。地方政府的抵制对特朗普移民措施在特定的执行层面产生了较大的影响。其中，对非法移民持同情态度的"庇护城市"明确表示拒绝协助或拒绝与联邦移民官员合作。根据移民法律资源中心（Immigrant Legal Resource Center）的统计数据，目前超过600个州和地方司法管辖区限制与联邦政府的合作。[3] 2019年9月5日，美国移民与海关执法局工作人员在田纳西州纳什维尔市开枪抓捕一名墨西哥籍非法入境者，这一举动遭到了不与联邦政府合作的纳什维尔市长的猛烈抨击。[4]

特朗普政府要求州政府向边境派遣国民警卫队的命令在经过一段时间的运作后，同样遭到回击。2019年2月5日，美国历史上第一位被选为州长的拉丁裔民主党人、新墨西哥州州长米歇尔·格里沙姆（Michelle Grisham）下令撤回部署在该州南部边境的大部分国民警卫队员，并表示"不同意联邦政府关于南部边境存在严重的国家安全危机的说法，新墨西哥州不会参与总统错误地使用国民警卫

---

1 这12名共和党参议员分别是：拉马尔·亚历山大（田纳西州）、罗伊·布伦特（密苏里州）、苏珊·柯林斯（缅因州）、迈克·李（犹他州）、杰瑞·莫兰（堪萨斯）、莉莎·穆尔科斯基（阿拉斯加州）、兰德·保罗（肯塔基州）、罗布·波特曼（俄亥俄州）、米特·罗姆尼（犹他州）、马可·卢比奥（佛罗里达州）、帕特·图米（宾夕法尼亚州）、罗杰·威克（密西西比州）。参见 Dan Cadman, "The 12 GOP Senators Who Voted Against Trump's National Emergency Declaration, "Center for Immigration Studies, March 20, 2019, https://cis.org/Cadman/12-GOP-Senators-Who-Voted-Against-Trumps-National-Emergency-Declaration, 2019年8月20日登录；Erica Werner, Seung Min Kim and John Wagner, "Senate Votes to Reject Trump's Emergency Declaration, Setting Up President's First Veto," *The Washington Post*, March 15, 2019, https://www.washingtonpost.com/politics/trump-renews-veto-threat-as-senate-prepares-to-rebuke-him-on-national-emergency/2019/03/14/2efbea36-4647-11e9-aaf8-4512a6fe3439_story.html, 2019年8月20日登录。

2 Lawrence H. Fuchs, "An Agenda for Tomorrow: Immigration Policy and Ethnic Policies," *The ANNALS of the American Academy of Political and Social Science*, Vol. 530, No. 1, November 1993, p. 171.

3 Jasmine C. LEE, Rudy Omri and Julia Preston, "What Are Sanctuary Cities?" *The New York Times*, February 6, 2017, https://www.nytimes.com/interactive/2016/09/02/us/sanctuary-cities.html?_r=1, 2019-08-20.

4 纳什维尔市长戴维·布里利（David Briley）猛烈抨击了枪击事件："这正是我们不希望在我们的城市发生的事情。"详见 Catherine E. Shoichet, Geneva Sands and Maria Cartaya, "An ICE Officer Tried to Stop a Vehicle Outside a Tennessee Grocery Store. Then He Opened Fire," *CNN*, September 8, 2019, https://edition.cnn.com/2019/09/05/us/ice-tennessee-shots-fired/index.html, 2019年9月20日登录。

队来制造边境恐慌的把戏"。[1] 紧接着，2019年2月11日，刚刚上任一个月的民主党籍加利福尼亚州州长加文·纽瑟姆（Gavin Newsom）宣布撤走部署在加州与墨西哥边境沿线的近400名国民警卫队士兵。不过，特朗普向边境派遣国民警卫队的政策得到了共和党人任州长的得克萨斯州的支持。2019年7月17日，五角大楼宣布向美墨边境增派1000名得克萨斯州国民警卫队。

（三）法院的挑战

从连续发布三个版本的旅行禁令到终止中美洲未成年人项目、临时保护身份、童年抵美者暂缓遣返，再到实施"零容忍"、扣留"庇护城市"的拨款、发布"公共负担不予受理"的规定、试图在2020年人口普查中增加公民身份问题及扩大"加速遣返"适用范围，等等，特朗普的上述措施无一不受到来自法院系统的挑战。自上任以来，特朗普一直强烈反对法院的"不利"判决，但似乎也对保守派占多数的最高法院的最终裁决流露出赞赏。最高法院在2018年6月26日终结了政府与法院系统就旅行禁令长达一年半的纠缠，在2019年7月26日以5比4的裁决允许特朗普政府开始使用国防部提供的25亿美元建设资金修建隔离墙，以及在2019年9月11日宣布允许特朗普政府禁止大多数中美洲移民在美国寻求庇护，都令特朗普大呼这是其政策改革和美国人民的胜利。[2]

（四）联邦政府部门利益相左及资源短缺带来的限制

在联邦政府内部，特朗普的移民政策改革牵扯到国土安全部、司法部、国务院、国防部等多部门，既涉及权力重组的机构改革、财力划分的权宜之计，也关系到一些部门的未来发展。在难民安置人数上，美国公民与移民服务局及国务院中的保守派官员[3]以国家安全为由，希望大幅削减难民安置人数甚至提议终止难民安置，但国防部官员不希望看到停止接收那些冒着生命危险帮助驻伊美军的伊

---

[1] Office of the Governor of the State of New Mexico, "Governor Lujan Grisham withdraws New Mexico National Guard from border deployment; orders assistance to Hidalgo county," February 5, 2019, https://www.governor.state.nm.us/2019/02/05/governor-lujan-grisham-withdraws-new-mexico-national-guard-from-border-deployment-orders-assistance-to-hidalgo-county/, 2019-09-20.

[2] 关于最高法院裁决允许特朗普政府开始使用国防部提供的25亿美元建设资金修建隔离墙，参见Adam Liptak, "Supreme Court Lets Trump Proceed on Border Wall," *The New York Times*, July 26, 2019, https://www.nytimes.com/2019/07/26/us/politics/supreme-court-border-wall-trump.html?searchResultPosition=9&module=inline, 2019年10月18日登录。关于最高法院宣布允许特朗普政府禁止大多数中美洲移民在美国寻求庇护，参见Adam Liptak, "Supreme Court Says Trump Can Bar Asylum Seekers While Legal Fight Continues," *The New York Times*, September 11, 2019, https://www.nytimes.com/2019/09/11/us/politics/supreme-court-trump-asylum.html, 2019年10月18日登录。

[3] 例如被认为是移民政策强硬路线支持者、白宫移民顾问斯蒂芬·米勒盟友的美国公民与移民服务局官员约翰·扎德罗兹尼（John Zadrozny）和国务院官员安德鲁·维普雷科（Andrew Veprek）。

拉克人。[1]

在边境,容纳移民和处理移民事务的基础设施不堪重负已成两党共识。2019年7月,美国国土安全部代理监察长詹妮弗·科斯特洛(Jennifer L. Costello)签署的备忘录称,海关与边境保护局的设施人满为患,拘留时间延长,包括儿童在内的被拘留者时常在被关押的数周期间,无法使用床铺、淋浴及获得干净衣服。[2] 此外,中美洲移民的激增导致美国的移民系统不堪重负。截至2019年8月,移民法庭积压案件超过100万,比特朗普2017年1月上台时的52万件大约翻了一番。法院系统人手严重不足及积压案件的增多导致非法移民和入境者等待审理和裁决的时间随之增加,现在完成每个案件平均需要696天。[3] 与边境墙相比,等待案件得到审理似乎成为许多移民在美国定居面临的最大障碍。

(五)利益集团的压力

支持和反对移民的团体、商会、企业等组织通过游说、宣传、集会游行和司法途径提出诉求,以保障自身利益。从2017年以来,就移民议题展开游说活动的公司、组织(包括商业组织和其他类别的组织)的数量显著增加(参见图3)。仅2019年第一季度就有428家组织进行了与移民相关的游说活动,意味着2019年可能会创下新高。这些公司和组织的诉求广泛,涵盖H2-B签证、旅行禁令、"梦想者计划"、边境安全、移民改革方向、电子身份验证系统等几乎所有特朗普移民政策调整中涉及的议题。

例如,2017年美国120多家公司、穆斯林倡导者(Muslim Advocates)组织、美国教育委员会等分别提交"法庭之友意见书"(Amicus Curiae Brief),反对特朗普总统的旅行禁令;[4] 美国商界重要游说团体美国商会(Chamber of Commerce)

---

1 Ted Hesson, "Trump Officials Pressing to Slash Refugee Admissions to Zero Next Year."

2 Department of Homeland Security, Office of Inspector General, "Memorandum From Jennifer L. Costello, Acting Inspector General to Kevin K. McAleenan, Acting Secretary Department of Homeland Security, Management Alert – DHS Needs to Address Dangerous Overcrowding and Prolonged Detention of Children and Adults in the Rio Grande Valley," July 2, 2019, https://www.oig.dhs.gov/sites/default/files/assets/2019-07/OIG-19-51-Jul19_.pdf, 2019-10-20.

3 TRAC at Syracuse University, "Immigration Court Backlog Tool: Pending Cases and Length of Wait by Nationality, State, Court, and Hearing Location," August 2019, https://trac.syr.edu/phptools/immigration/court_backlog/, 2019-10-20; TRAC at Syracuse University, "Immigration Court's Active Backlog Surpasses One Million," September 18, 2019, https://trac.syr.edu/immigration/reports/574/, 2019-10-20.

4 Matt Drange, "Nearly 100 Tech Companies Join Forces In Court To Oppose Donald Trump's Immigration Ban," Forbes, February 6, 2017, https://www.forbes.com/sites/mattdrange/2017/02/06/nearly-100-tech-companies-join-forces-to-oppose-donald-trumps-immigration-ban/#f487d34374a2, 2019-10-25; Supreme Court of the United States, "Brief of Amicus Curiae American Council on Education and 32 Other Higher Education Associations in Support of Respondents," No. 17-965, March 29, 2018, https://www.acenet.edu/Documents/Amicus-Brief-Trump-v-Hawaii-as-filed-3-29-18.pdf, 2019-10-25.

和由美国主要公司首席执行官组成的商业圆桌会议（Business Roundtable）公开宣称反对特朗普在边境实施的"家庭分离"做法。包括谷歌、亚马逊及美国商会、全国制造商协会（National Association of Manufacturers）和全国零售基金会（National Retail Foundation）在内的143家企业与行业协会在提交给最高法院的意见书中提出，若允许特朗普终止"梦想者计划"将损害美国经济，抑制就业增长。[1] 附属于反移民组织美国移民改革联盟（Federation for American Immigration Reform）的非营利性团体佛罗里达移民执法（Floridians for Immigration Enforcement）游说立法者引入立法，强制实行电子身份验证和禁止庇护政策。[2] 利益集团诉求各异，但一致的目标客观上促使其走到一起形成一股强大的力量，或塑造社会舆论，或影响司法裁决。

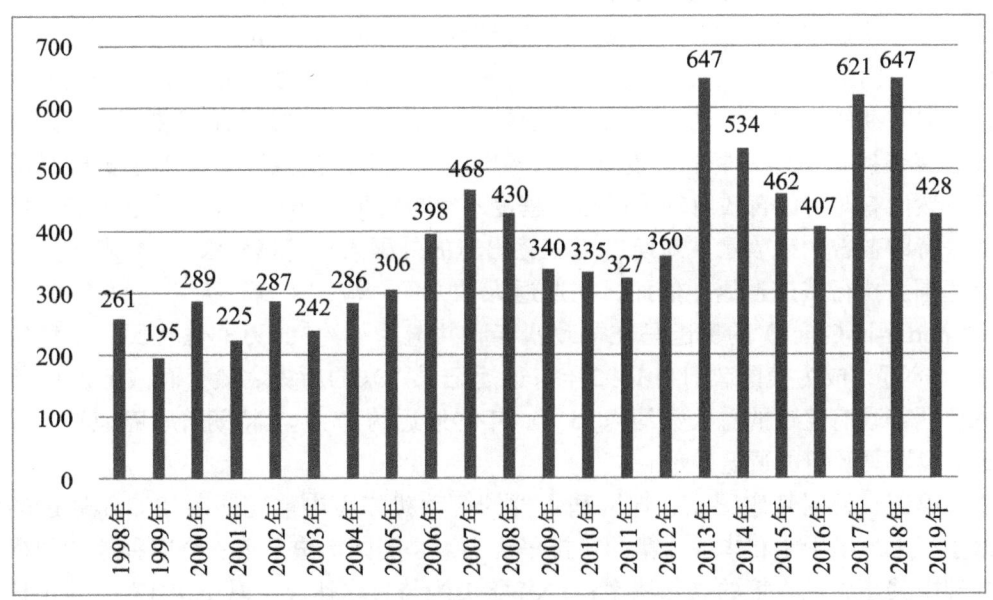

图3　每年就移民议题进行游说的美国公司和组织的数量[3]

---

[1] Supreme Court of the United States, "Brief of 143 U.S. Business Associations And Companies As Amici Curiae In Support Of Respondents," Nos. 18-587, 18-588, and 18-589, October 2019, https://www.supremecourt.gov/DocketPDF/18/18-587/118043/20191003195845599_DACA%20Amicus%20Sup%20Ct%20Oct%202019.pdf, 2019-11-10.

[2] Swathi Shanmugasundaram, "Florida Anti-Immigrant Group Lobbies to Introduce Legislation Attacking Immigrants," Southern Poverty Law Center, February 8, 2019, https://www.splcenter.org/hatewatch/2019/02/07/florida-anti-immigrant-group-lobbies-introduce-legislation-attacking-immigrants, 2019-10-21.

[3] 数据来源：美国回应政治中心（Center for Responsive Politics）网站：https://www.opensecrets.org/lobby/issuesum.php?id=IMM&year=2019，2019年11月10日登录。

三、特朗普政府移民政策调整中的变与不变

特朗普政府调整移民政策的一些内在想法或外在表现并不新鲜，或是对前任政府的延续，或是美国政府在移民问题上持自由与保守立场之间轮替的产物。

第一，限制移民并非特朗普政府的创举，1882年排华法案的实施标志着美国自由移民时期的结束，之后到现在美国一直处于限制和选择移民时期，特朗普的所谓"严格限制"措施只是在这一大背景下进行的。

第二，加大执法力度的许多措施及增加遣返人数等做法是不同政府治理非法移民问题的共同手段。小布什政府曾在南部边境部署国民警卫队；在突击搜查工作场所中逮捕的非法劳工数在当时属历史之最；克林顿政府要求增加边境巡防队员，实施了严格边境审查的"阻截行动"（Operation Blockade）、扩大巡防范围和"门卫行动"（Operation Gatekeeper）。与上述措施类似的一些行动在特朗普政府时期的表现是"药量加大""换汤不换药"，甚至"汤药都不换"。特朗普政府突袭搜查工作现场的力度确实强于奥巴马政府，次数也明显多于奥巴马政府。然而有时特朗普政府的"严格"程度不符合宣传承诺，也不及前任政府。例如，特朗普曾明确表示"对所有可驱逐出境的外国人执行移民法"，要求扩大遣返范围，执行快速遣返。然而，在遣返人数方面，被拉丁裔称为"递解总司令"（Deporter-in-Chief）的奥巴马在执政八年间共遣返了约300万非法移民，平均每年约38万，成为美国政府自1892年有遣返记录以来的历史之最，而截至2018年底特朗普政府遣返的总人数约为55万，年均遣返约27万。[1] 特朗普政府似乎难以赶上奥巴马政府的遣返数量。

第三，针对特定国家、地区和人群的行动犹如历史重现。在1882年通过的禁止华工入境十年和华侨入籍的《排华法案》是美国历史上第一个以种族和国籍为理由禁止移民入境的联邦法案；1907年美国与日本达成"君子协定"，禁止日本劳工进入美国。[2]

第四，重视外来移民的技能和财产也属老生常谈。20世纪90年代初就有文章把自由女神像底座的诗句"把那些疲惫的人……无家可归、颠沛流离的人交给我吧"改成"把那些富有的、幸运的人们交给我吧"，以讽刺老布什政府的政策。[3]

当然，特朗普的个性与时代背景的结合也导致其移民政策呈现一些新特点。

---

[1] Alex Nowrasteh, "Deportation Rates in Historical Perspective," CATO Institute, September 16, 2019, https://www.cato.org/blog/deportation-rates-historical-perspective, 2019-10-10.

[2] 梁茂信：《美国移民政策研究》，序言，第3—4页。

[3] Richard Lacayo, "Immigration Give Me Your Rich, Your Lucky," *Time*, October 14, 1991, http://content.time.com/time/magazine/article/0,9171,974034,00.html, 2019-11-06.

（一）似乎"一切皆可交易"

特朗普的"交易思维"无处不在，不只经常性地体现在伊朗核问题、朝核问题、中美经贸摩擦等地缘战略、经济领域。自称"关税人"（Tariff Man）的特朗普还以关税作为政策工具或者胁迫性工具向墨西哥政府施压，迫使墨西哥采取有力行动遏止涌向美国的移民潮；[1] 特朗普威胁切断对危地马拉、洪都拉斯、萨尔瓦多等中美洲国家的援助迫使这些国家在控制本国国民外流方面予以配合。[2] 具体来讲，以前者为例，2019年5月底特朗普宣布，如果墨西哥不阻止非法移民跨越美墨边境进入美国，美国从6月10日开始对墨西哥商品加征5%关税，并逐步调高至25%。美墨"关税与移民交易"以一份要求墨西哥加强执法力度及遏制非法移民的联合声明暂告一段落，但双方约定，如果墨西哥采取的措施没有取得预期效果，美国将采取进一步行动。[3] 实际上，美国政府以移民问题为由向别国加征关税实为少见。诺贝尔经济学奖得主保罗·克鲁格曼（Paul Krugman）对此发表评论："根据美国贸易法，总统有权出于多种原因征收关税，但限制移民不是其中之一。"[4]

（二）逆"政治正确"而行，种族主义倾向明显

很难说特朗普真的痛恨移民，也很难说他在内心深处就是一个种族主义者，但确实从他嘴里说出了针对移民的种族偏见、歧视和排外言论。2018年1月11日特朗普在与多名国会议员讨论"童年抵美者暂缓遣返"计划时声称，"我们为什么要让那些来自'粪坑'（shithole）国家的人进入美国？为什么要接收那么多海地人？把他们赶出去……美国应更多接收挪威这样国家的移民。"[5] 2019年7月14日，也就是政府宣布突袭抓捕非法移民的当天，特朗普对众议院四名女议员

---

[1] 吉迪恩·拉赫曼：《特朗普"让美国再次可怕"》，FT中文网，2019年6月12日，http://www.ftchinese.com/story/001083150?archive，2019年9月6日登录。

[2] Katie Rogers, Zolan Kanno-Youngs and Michael D. Shear, "Trump Directs State Dept. to End Aid to 3 Central American Countries," *The New York Times,* March 29, 2019, https://www.nytimes.com/2019/03/29/us/politics/trump-mexico-illegal-immigration.html, 2019-10-11.

[3] 声明要求，墨西哥采取前所未有的措施来加强执法力度，以遏止非法移民，包括在整个墨西哥部署国民警卫队，同时优先考虑在南部边界（即墨西哥和危地马拉边界）部署。双方同意从墨西哥跨境进入美国寻求庇护的个人将被"迅速遣返"至墨西哥，在那里等待庇护申请的裁决。墨西哥授权所有这些人进入，并为这些人提供工作、保健和教育。作为回报，美国必须加快庇护申请的裁决。宣言还强调美国对中美洲和墨西哥南部经济发展、良政善治和安全保障的支持。参见 U.S. Department of State, "U.S.-Mexico Joint Declaration," June 7, 2019, https://www.state.gov/u-s-mexico-joint-declaration/，2019年9月19日登录。

[4] Paul Krugman, "Trump Makes America Irresponsible Again: Why 'tariff' isn't a 'beautiful word'," *The New York Times,* June 3, 2019, https://www.nytimes.com/2019/06/03/opinion/trump-tariffs.html, 2019-09-19.

[5] 赖筱青：《特朗普：我们要世界各地的移民来美国》，联合早报网，2018年1月17日，http://www.zaobao.com/realtime/world/story20180117-827693，2019年10月12日登录。

进行了包含地域、种族歧视的言语攻击，公开声称"她们应该回到她们最初来自的那个最糟糕、最腐败、最无能的国家"，事实上四位国会女议员中有三位出生在美国，剩下一位在孩童时期即来到美国。[1] 众议院议长南希·佩洛西（Nancy Pelosi）的回应称，"特朗普的竞选口号'让美国再次伟大'（Make America Great Again）一直是为了'让美国再次白起来'（Make America White Again）"。[2]

著名美国研究学者资中筠认为："特朗普是不掩饰其种族歧视倾向的人物。特朗普作为总统候选人在竞选中就敢公开发表各种种族歧视的言论，而且最终还能当选，说明这不仅代表其个人观点，还代表实际上一直存在的一种倾向。"[3] 例如，虽然造成至少20人死亡和26人受伤的埃尔帕索枪击案被定性为国内恐怖主义事件，但该案嫌疑人帕特里克·克鲁修斯（Patrick Crusius）在一份据称由其所写的2300字宣言中表示自己"只是在保卫国家免受入侵带来的文化和种族更替"。[4] 特朗普的排外主义和种族主义显然难以和1880—1920年间美国那种空前的排外浪潮相比，但在20世纪60年代"政治正确"成为风气以来，很少有美国总统公开表达排外和种族歧视的想法。一定程度上，特朗普的言论加速了美国种族矛盾的回潮。

（三）以反对前任政府的政策为突破口，具有身份政治的属性

特朗普将黑人总统奥巴马的政策视为对少数族裔的偏向，而他想要做的是吸引具有强烈白人认同感的群体。特朗普希望通过批评前任的政策，激化民众对一些政策的愤怒情绪，建立"身份认同者"同盟，给国会、反对党及媒体施加压力，力图促成其政策的实施。在许多移民、难民和少数族裔看来，特朗普主义的本质是一种怀旧的政治，即怀念白人拥有无可置疑的优越感和权力的时代。2016年8月特朗普在亚利桑那州的竞选演讲中强调："我们将终止奥巴马政府致命的不

---

[1] 这四名议员分别是纽约州的亚历山德里娅·奥卡西奥-科尔特兹（Alexandria Ocasio-Cortez）、明尼苏达州的伊尔汗·奥马尔（Ilhan Omar）、密歇根州的拉什达·塔利布（Rashida Tlaib）及马萨诸塞州的阿亚娜·普莱斯利（Ayanna S. Pressley）。关于特朗普对四名议员的攻击性言论，详见其推特：Donald Trump, Twitter Post, July 14, 2019, 5:27 a.m., https://twitter.com/realDonaldTrump/status/1150381395078000643，2019年8月20日登录；查尔斯·布劳（Charles M. Blow）：《特朗普正把赤裸裸的种族主义带回白宫》，纽约时报中文网，2019年7月16日，https://cn.nytimes.com/opinion/20190716/trump-twitter-racism/，2019年10月12日登录。

[2] Nancy Pelosi, Twitter Post, July 14, 2019, 7:16 a.m., https://twitter.com/SpeakerPelosi/status/1150408691713265665?ref_src=twsrc%5Etfw%7Ctwcamp%5Etweetembed%7Ctwterm%5E1150408691713265665&ref_url=https%3A%2F%2Fwww.nytimes.com%2F2019%2F07%2F14%2Fus%2Fpolitics%2Ftrump-twitter-squad-congress.html, 2019-10-15.

[3] 资中筠：《20世纪的美国》（修订版），北京：商务印书馆，2018年版，第378页。

[4] 据美国人口普查局（US Census Bureau）统计，截至2018年7月，埃尔帕索县（El Paso County）约有84万人口，约83%是拉丁裔。参见 https://www.census.gov/quickfacts/elpasocountytexas，2019年10月15日登录。

执行政策，该政策允许成千上万的外国罪犯自由地在我们的大街上游荡。"[1] 实际上，遭到特朗普政府反对的前任政府不只限于奥巴马政府，还有小布什政府等。这些行动主要包括：2017年6月15日终止《针对美国公民和合法永久居民的父母的延期行动》（Deferred Action for Parents of Americans），2017年9月5日终止《童年抵美者暂缓遣返》，2018年4月宣布暂停小布什政府在2003年设立的法律咨询项目。特朗普政府官员的表态集中体现了特朗普"反前任策略"想要给公众传达的信息：本届政府是在严格解读法律，执行法律，而前任政府却没有做到。[2]

四、结语

特朗普执政三年来，执行移民政策的官员面临很大的压力。国土安全部长的位子已经四次易主，成为部长级以上官员中仅次于国家安全顾问的高危职务。纵观特朗普政府的移民政策，可以看出其将主要精力用于打击非法移民和庇护申请者，一部分精力用于针对特定国家（如"旅行禁令"所指的国家），并对人道主义项目开刀。相对于前述对象，合法移民受影响的程度相对较小。特朗普政府在调整移民政策的过程中得到相当数量少数派（substantial minority）的支持，取得一些"成就"，但也遭遇多方阻力，其重塑体系的决心受到现实的打击。需要指出，特朗普政府在移民政策调整上所取得的"成就"，并未取得广泛的社会共识。目前来看，其政策产生了一些负面效应。

第一，受到严厉打击的非法移民的忧虑感大幅增加。以拉丁裔为代表的美国少数族裔对他们的地位感到担忧，担心自己或他们认识的人被驱逐出境。[3] 第二，严格和延期的签证审查导致留学美国的国际学生签证受到影响。第三，特朗普为解决"边境危机"的行动本身酿成人道主义危机，其边境政策导致移民死亡的现象已有发生。家庭分离政策可能对那些被迫与父母分开的儿童造成急性或持久的

---

[1] "Donald Trump Immigration Speech in Arizona," *POLITICO*, August 31, 2016, https://www.politico.com/story/2016/08/donald-trump-immigration-address-transcript-227614, 2019-10-15.

[2]《美将宣布遣返中美洲及海地移民》，联合早报网，2017年11月5日，http://www.zaobao.com/news/world/story20171105-808481，2019年10月15日登录。

[3] 皮尤研究中心的数据显示，67%的人认为特朗普政府的政策对拉丁裔造成了伤害，这一比例远远高于奥巴马（2010年为15%）和小布什（2007年为41%）执政期间的比例。参见 Mark Hugo Lopez, Ana Gonzalez-Barrera and Jens Manuel Krogstad, "More Latinos Have Serious Concerns About Their Place in America Under Trump," Pew Research Center, October 25, 2018, https://www.pewresearch.org/hispanic/2018/10/25/more-latinos-have-serious-concerns-about-their-place-in-america-under-trump/，2019年10月26日登录。在美国大约1900万拉丁裔移民中，约有800万是非法移民，参见 Jeffrey S. Passel and D'Vera Cohn, "Overall Number of U.S. Unauthorized Immigrants Holds Steady Since 2009," Pew Research Center, September 20, 2016, https://www.pewresearch.org/hispanic/2016/09/20/1-birth-regions-and-nations/，2019年10月26日登录。关于特朗普时代，美国国内拉丁裔移民的一些代表性观点，参见 Jorge Ramos, *Stranger: The Challenge of a Latino Immigrant in the Trump Era*, New York: Vintage Books, 2018.

心理创伤。第四，特朗普对墨西哥施加的"交易型"压力对美墨关系产生负面影响。第五，大幅削减难民接收人数及试图停止人道主义项目的做法严重损害美国在全世界移民或难民心中塑造的自由与正义的"灯塔"形象，包括国际信誉在内的美国软实力受损。

长期来看，特朗普的措施和方案难以逆转美国人口结构中拉丁裔等少数族裔持续增加的趋势，许多美国白人对失去"主人翁"地位的担忧和疑虑仍将持续存在甚至加重。移民议题仍是美国2020年大选中两党争辩的核心议题，两党在移民问题上的分歧十分严重。主张多元化与开放包容的民主党候选人倾向于欢迎移民。特朗普似乎认准了其特定选民的关键支持，追求基本盘的稳定，誓将"移民变革"进行到底。支持或反对移民的团体、利益集团在政府内外的游说与博弈可能会激化。

由于特朗普政府的多数改革措施以行政手段发布实行，而非通过能够保证政策连续性的国会立法，特朗普政府的移民政策充满重大不确定性。

展望未来，由于特朗普政府的多数改革措施以行政手段发布实行，而非通过能够保证政策连续性的国会立法，特朗普政府的移民政策充满重大不确定性。如果民主党再次执政，特朗普的移民政策被部分乃至全部推倒重来也许是眨眼之间的事。即使墨西哥和中美洲北三角地区国家（萨尔多瓦、洪都拉斯、危地马拉）同意或被迫同意加强与美国在移民问题上进行合作，如果北三角地区的黑帮猖獗、暴力泛滥及经济混乱不能得到持续且有效地改善，那么聚集在美国南部边境的中美洲难民和寻求庇护者就不可能完全消失。同时，暂且不论大规模驱逐美国国内1000多万非法移民对美国许多家庭、行业和社会带来的广泛影响，"非法居留在美国的外国人有没有正当权利"这个巨大争议问题的存在，本身就对美国行政当局执法提出了法律上的考验。

也许特朗普只是美国政治中的匆匆过客，但他代表的政治思潮并不会随着政府换届而即刻烟消云散。移民政策是美国政治中的焦点问题，是美国种族问题的试金石，关系到美国经济的发展乃至国力的兴衰。在美国政治极化、社会分裂、种族矛盾回潮、身份政治兴起以及经济增长前景存疑的背景下，作为世界上最典型的移民国家，可以预见，美国社会对移民的态度，以及美国的移民政策还将继续变化和调整。

马英九时期的日本和台湾地区关系

[日] 松田康博

内容提要：与陈水扁时期不同，马英九当局追求同时与中国大陆、美国和日本建立良好关系，即"亲美、友日、和陆"。两岸关系的稳定化使得日台关系的政治敏感性下降，这使双方的事务性关系得以大幅推进，也促进了双方"非正式性政治关系"的发展。但是，在两岸关系稳定的背景下，日台关系的双重性问题也越发复杂和突出。尤其在马英九第二任期，虽然双方经受住了钓鱼岛问题的考验，但却出现了安倍政府逐渐轻视马英九当局，后者采取强硬对日政策的恶性互动循环。

关键词：马英九时期　日台关系　两岸关系

本文的目的是阐明马英九"执政"时期（2008年5月—2016年5月）日台关系的特征。其上一任陈水扁在2002年以后反复政治动员台湾（地区）的身份认

松田康博　东京大学东洋文化研究所教授。

本文"日台关系""美台关系"等中的"台"是指中国的台湾地区，凡文中涉及台湾地区的地方均所指相同，请读者加以正确分辨。

本文部分内容是基于对以下拙稿的大幅修改，其他内容皆为新作。Yasuhiro Matsuda, "Japan-Taiwan Relations under DPJ and KMT Administrations in International Context," in Ocean Policy Research Foundation and Prospect Foundation, *Japan and Taiwan in a New Era: Possible Effects and Influences towards Its Relationship*, Tokyo: Ocean Policy Research Foundation, 2013, https://www.spf.org/_opri_media/publication/pdf/201303_16.pdf , 2019年9月20日登录；松田康博「日台関係の新展開 — 東アジアの安全保障への影響 —」, 载任耀庭主编《2014亚洲新形势》, 台北：翰芦图书出版有限公司, 2014年, 第95—121页。

同，加剧了两岸关系的紧张，也导致美台关系的恶化。[1] 该时恰逢中国经济、军事力量崛起，与中国大陆的对立越来越成为台湾地区的巨大负担。

马英九当局则追求让两岸关系稳定化，通过制度化手段实现经济发展。该政策路线的前提是要以强化与美国和日本的关系作为后盾。换句话说，以令美国、日本不安的方式改善与中国大陆的关系是有风险的，因为中国大陆和美日台在安全上处于不同阵营，尤其如果被美国怀疑其接近中国大陆，那么台湾（地区）的安全保障就会发生动摇。因此，马英九当局设定了同时与中国大陆、美国和日本建立良好关系的政策目标。这被表述为"亲美、友日、和中（后改称'和陆'）"。马英九当局是台湾（地区）首个持续实现该目标的执政当局。

马英九当局成立时，日本国内正值福田康夫内阁末期，2008年9月政权移交至著名的"亲台派"麻生太郎，2009年9月日本发生历史性政权更迭，民主党的鸠山由纪夫、菅直人、野田佳彦相继成为了首相。对日本来说，这意味着缺乏对中国大陆和对台政策经验的新政权诞生了。维持了三年三个月的民主党政权与第一任马英九当局经历了关系恶化、关系改善的反复。马英九第二任期在时间上与以"亲台派"著称的安倍晋三政府大幅重叠。双方在处理围绕钓鱼岛（台湾地区称"钓鱼台"；日本称"尖阁诸岛"）的紧张关系及随后多次发生的日台纠纷的同时，也一直在寻求关系的稳定化。

关于陈水扁时期（2000年5月—2008年5月）的日台关系，在日本除了负责危机管理的相关部门之外，基本观点是与极端恶化的美台关系不同，日台关系整体来说未必变糟了。甚至还有人像"财团法人交流协会"（2012年4月成为公益财团法人，以下称"交流协会"）的"驻台北事务所"所长池田维一样，称该时期的日台关系是"1972年日台断交以来的最佳关系"。[2] 以台湾省人为中心的民主进步党（以下称"民进党"）当局与日本的纽带相对更强。日本处在比美国更容易感受到中国的影响和压力的地缘位置上。与此同时，与美国不同，日本在台湾（地区）的安全上仅发挥间接作用。身处阿富汗、伊拉克两个战场的美国和与正在崛起的中国为邻的日本，对台湾海峡稳定问题的敏感度是不同的。因此，马英九当局诞生后，日本一方面欢迎两岸关系的稳定，但另一方面也常常因两岸走近而感到不安。[3] 从台湾（地区）方面来看，对日关系也着实是马英九当局的

---

1 松田康博「第7章 改善の『機会』は存在したか？―中台関係の構造変化―」「第8章『最良の関係』から『相互不信』へ―米台関係の激変―」、若林正丈編『ポスト民主化期の台湾政治―陳水扁政権の8年―』日本貿易振興機構アジア経済研究所、2010年、231-301頁，http://www.ide.go.jp/Japanese/Publish/Books/Sousho/582.html，2019年9月20日登录。

2 池田維『日本・台湾（地区）・中国―築けるか新たな構図―』産経新聞出版、2010年、12―13頁。

3 Yasuhiro Matsuda, "Improved Cross-Strait Relations Confusing to the Japanese," *Asia Pacific Bulletin*, East-West Center, No. 47, February 12, 2010, http://www.eastwestcenter.org/fileadmin/stored/pdfs/apb047.pdf, 2019年9月20日登录。

一个重大课题。

在有关马英九时期日台关系的既有研究中,日本学界从马英九当局的性质出发探析日台关系变化的倾向较强。丹羽文生注意到马英九把着力"抹去亲中、反日形象"作为在亲日者众多的台湾(地区)参加选举的策略。[1] 石原忠浩不支持马英九"反日说",他更关注马英九当局与以往"执政"当局的"延续性"以及日台"事务交流框架的形成"。[2] 福田圆也关注两岸和解背景下,马英九当局提出"日台特别伙伴关系"以图提升日台关系的行动和签订多项日台事务协议等制度化的推进。[3] 佐桥亮认为马英九当局的重点是两岸关系,因而,日台关系的实质是"实用主义的非战略性关系"。[4] 关于围绕钓鱼岛的日台关系,小笠原欣幸通过解读马英九的博士论文阐明了马英九当局没有与中国大陆联手,而是选择缔结《日台渔业协议》的过程。[5] 台民进党智囊赖怡忠则从理论性探讨出发,指出在"美日台"和"日中台"两组三角关系中,重视哪一组三角关系决定着日台关系的性质,陈水扁当局重视前者,马英九当局则重视后者。[6]

以上研究多执笔于马英九"执政"期间,因此,目前尚没有研究纵观整个马英九时期,就为什么被视为"反日"的马英九却推动了日台事务性关系的发展、为什么频繁发生日台纠纷以及为什么虽发生了纠纷但却没有出现决定性冲突等问题进行综合性考察。从历史的角度来看,与日本发生过战争的"中华民国政府"现在"统治"着曾经被日本殖民过的台湾,这就是"台湾社会的双重性",基于此,日台关系也具有"日华关系"和"日台关系"的双重性。[7] 不过,还必须注意马英九时期的日台关系由于两岸关系的稳定,台湾(地区)内部的"中华民国因素"和外部的"中华人民共和国因素"发生共鸣的局面增多了。虽然资料有限,但本文仍将继续关注先前提出的"日华关系"和"日台关系"的双重性问题,分

---

[1] 丹羽文生「近年の日台関係と『台日特別パートナーシップ』について」、『海外事情』第60巻6号、2012年6月。

[2] 石原忠浩「馬英九政権下の日台関係の進展―継続性、挑戦、実務交流枠組みの形成―」、『問題と研究』第41巻第2号、2012年4月。

[3] 福田円「馬英九政権の台日特別パートナーシップ―中台和解の下での対日関係推進―」、『問題と研究』第41巻第4号、2012年10月;福田円「ポスト民主化台湾と日本 — 関係の制度化と緊密化 —」、『東洋文化』第94号、2014年3月。

[4] Ryo Sahashi, "Japan-Taiwan Relations since 2008: An Evolving, Practical, Non-Strategic Partnership," Jean-Pierre Cabestan and Jacques deLisle eds., *Political Changes in Taiwan under Ma Ying-jeou: Partisan Conflict, Policy Choices, External Constraints and Security Challenges*, New York: Routledge, 2014.

[5] 小笠原欣幸「馬英九の博士論文から読み解く日台漁業交渉」、『東洋文化』第94号、2014年3月。

[6] 赖怡忠:《美中竞合格局下的台日关系发展策略——如何评价美国因素与中国因素对台日关系的影响》,《台湾国际研究季刊》第9卷第3期,2013年秋季号。

[7] 川島真・松田康博「序章　戦後日華・日台関係を概観する」、川島真・清水麗・松田康博・楊永明『日台関係史1945-2008』東京大学出版会、2009年、3—4頁。

析两岸关系的稳定对日台关系的影响,并阐明为什么马英九当局和日本政府之间出现了关系恶化、关系改善的反复循环。

一、日台关系与两岸关系的稳定化

(一)从"良好的民间关系"到"政府不可无视的关系"

对台湾(地区)政治家来说,恶化日台关系在政治上是毫无益处的,这一点对日本政治家来说也同样如此。因为日台民间关系非常好,政治家实施悖于社会现实的政策是不理性的。2014年,日台贸易总额达644亿美元,台湾(地区)是日本的第四大贸易对象,日本是台湾(地区)的第二大贸易对象。同年,台湾(地区)访日人数达到史上最高的283万人,日本访台(湾地区)人数也保持了2013年达到的历史最高纪录163.5万人。[1]

马英九"执政"时期,日台双方多次就相互印象展开舆论调查,此前则只有媒体、智库会零星地做些类似调查。如表1所示,根据"交流协会"在台湾(地区)实施的对日舆论调查,台湾(地区)民众最喜欢的国家是日本,且日本远远超过其他国家,处于压倒性的第一位。其中,虽然2013年的舆论调查是在2012年钓鱼岛问题引发日台关系恶化之后实施的,但回答"日本"是"最喜欢的国家"的人数比重不仅没有下降,反而从41%上升至43%(虽然可能是误差范围内)。日本甚至超过了美国,是绝大多数台湾(地区)民众最喜欢的国家。

表1 在台湾地区对日舆论调查的主要结果[2]

问题	回答	2008	2009—2010	2012	2013	2015
你最喜欢的国家(地区)是哪里?	日本	38	52	41	43	56
	台湾地区	31	NA	NA	NA	NA
	美国	5	8	8	7	5
	中国大陆	2	5	8	7	6

---

[1]「台湾(Taiwan)基礎データ」、日本外务省、2015年12月25日,http://www.mofa.go.jp/mofaj/area/taiwan/data.html,2016年4月30日登录;《日方:与台关系40年最佳 就像签FTA》,"中央通讯社",2016年3月8日,http://www.cna.com.tw/news/firstnews/201603085004-1.aspx,2019年9月20日登录。

[2] 出处:《在台(湾地区)对日舆论调查》,公益财团法人"日本台湾(地区)交流协会"主页,https://www.koryu.or.jp/Portals/0/images/business/poll/2015seron_kani_JP.pdf,2019年9月20日登录。在2008年的舆论调查中,关于最喜欢的国家(地区)这一问题,31%的回答是台湾(地区)。笔者认为该调查的问题设计存在错误。若除去回答"台湾(地区)"的人数而以剩余的69%作为基数计算的话,回答"日本"的比重就是54%。虽然选项中有台湾(地区),但居于第一位的却是日本,这一现象令人惊讶。

续表

问题	回答	2008	2009—2010	2012	2013	2015
台湾（地区）今后最应该亲近的国家是哪里？	中国大陆	34	33	37	36	22
	日本	31	31	29	29	39
	美国	20	16	15	15	14
你对日本有亲近感吗？	有	69	62	79	65	80
	没有	12	12	10	15	7

表2 对台湾地区意识调查的主要内容[1]

问题	回答	2009	2011
你对台湾（地区）有亲近感吗？	有	56.1	66.9
	没有	43.2	33.1
你觉得现在台湾（地区）与日本的关系是好还是坏？	好	76.0	91.2
	坏	11.3	8.8
你信赖台湾（地区）吗？	信赖	64.7	84.2
	不信赖	23.0	15.8

另一方面，如表2所示，根据2011年"台北驻日经济文化代表处"在日本实施的对台舆论调查，91.2%的回答者认为日台关系良好，84.2%的回答者信赖台湾（地区），66.9%的回答者对台湾（地区）有亲近感。在日本，民众对美国的亲近感一直很强，对中国大陆的亲近感在1989年以后长期呈下降趋势，对台湾（地区）的亲近感却呈现出上升趋势。在马英九当局刚卸任时于日本实施的舆论调查中，当让回答者从"台湾地区、中国大陆、韩国、其他"中选择"最有亲近感的亚洲国家或地区"时，台湾地区以59.1%的票数获得了第一名。[2]

2011年3月11日东日本大地震发生后，台湾（地区）向日本提供了超规格的各种援助（捐款约187.4亿日元、派遣28人组成的救援队、560吨物资等）。[3] 仅从金额来看，总额位居世界第二位，人均金额则是世界第一位。但是，在东日本大地震一周年追悼仪式上，台湾（地区）驻日副代表罗坤灿却因日台没有"外交

---

[1] 出处：《对台（湾地区）意识调查——调查结果报告书（2009年4月27日）》《对台（湾地区）意识调查（2011年6月1日）》，"台北驻日经济文化代表处"，http://www.taiwanembassy.org/public/Data/9581946871.pdf，http://www.taiwanembassy.org/content.asp?mp=247&CuItem=203131，2016年4月30日登录。

[2] 一般社団法人"中央調査社"『台湾に対する意識調査報告書』、2016年10月、2頁，https://www.roc-taiwan.org/uploads/sites/44/2016/12/0596_%E5%8F%B0%E6%B9%BE%E3%81%AB%E5%AF%BE%E3%81%99%E3%82%8B%E6%84%8F%E8%AD%98%E8%AA%BF%E6%9F%BB_%E5%A0%B1%E5%91%8A%E6%9B%B820161213.pdf，2019年9月20日登录。

[3]「最近の日台関係と台湾情勢」、外務省、2014年4月，http://www.mofa.go.jp/mofaj/area/taiwan/pdfs/kankei.pdf，2019年9月20日登录。

关系"而被安置在外交使团席位之外，而且不被允许进行指名献花。对此，日台双方批评不断，野田佳彦首相之后在国会承认此举不当。[1]

后来，在日本天皇和皇后举办的春季园游会上，天皇夫妇特意破例走向首次出席园游会的台湾（地区）驻日代表冯寄台，感谢台湾（地区）对东日本大震灾给予的援助。[2] 也就是说，源于没有"外交关系"的日本政府对台湾（地区）礼仪不周一事，事实上由天皇进行了弥补。2012年，日台双方相关人士再次用"断交以来最佳"来描述日台关系。[3] 在2013年的东日本大地震两周年集会上，台湾（地区）驻日代表沈斯淳与外交使团同席而坐，并进行了指名献花。中国大陆对此表示抗议，没有出席纪念仪式。2014年以后的情况也基本如此。

东日本大地震让此前整体来说对台湾（地区）态度冷淡的日本人对台湾（地区）产生了极为友好的印象。此后，日本与台湾（地区）变成了如果一方发生了地震，另一方的普通民众就立即声援、提供援助的关系。再加上2012年以后日中关系的恶化，可以说在日本形成了一种难以再像以前那样出于顾及中国大陆而无视或冷淡台湾（地区）的政治氛围。

（二）两岸关系的缓和、稳定化和制度化

在2008年的台湾地区领导人选举中，在野党中国国民党（以下称"国民党"）籍的前台北市长马英九以大比分击败了"执政党"民进党籍的原"行政院长"谢长廷，台湾（地区）实现第二次政党轮替。民进党提案的"加入联合国公投"和国民党提案的"重返联合国公投"都因没有达到投票率而未能成立。

马英九当选，公投案不成立，再加上台湾地区前领导人陈水扁因涉嫌贪污而被逮捕、收押，宣告了以提升台湾（地区）身份认同来弥补劣势的陈水扁时代选举政治的结束。马英九提出了"不统、不独、不武"的维持现状口号。更重要的是，马英九当局认为李登辉当局（1988年1月—2000年5月）后半期和陈水扁时期台湾（地区）与中国大陆对立的根源是如何处理"一个中国"问题。因此，马英九当局拿出"九二共识"，试图与中国大陆建立稳定的关系。"九二共识"是两岸就"一个中国"的定义达成的口头共识，它被认为是1993年海峡交流基金会（以下称"海基会"）和中国大陆方面的海峡两岸关系协会（以下称"海协会"）首次实现高层会谈的主要原因。实际上，两岸对这一共识的解释有所差异，但在"一个中国"这一点上是一致的。[4]

同时，国民党在2008年1月的"立法委员"选举中获得大胜，在野党的政策

---

[1] 《冷落台湾代表 日道歉又忙撇清》，《苹果日报》，2012年3月14日。
[2] 《台湾赈灾 感恩了 日皇向我代表致谢》，《自由时报》，2012年4月20日。
[3] 《两国代表不约而同：台日关系40年最好状况》，《自由时报》，2012年5月3日。
[4] 包宗和：《一个超越历史局限的两岸观：影响"搁置争议，追求双赢"的新路线》，载蔡朝明主编：《马"总统"执政后的两岸新局：论两岸关系新路向》，台北：财团法人远景基金会，2009年，第190—194页。

监督能力下降，马英九当局由此就有了大胆调整政策和接近中国大陆的可能。重启海基会与海协会定期会谈、开通两岸直达航班、推动大陆居民赴台团体旅游等一系列旨在促进经济关系紧密化的措施得以实施。

与此同时，马英九还向中国大陆呼吁，停止争夺"承认国"和将对方驱逐出国际组织的"外交斗争"即"外交休兵"。[1] 这是因为两岸的实力差距在扩大，"外交斗争"对台湾（地区）不利。而另一方面，棘手于陈水扁"政权"之"挑衅"的中国大陆也倾向于重视维持现状，因而事实上接受了马英九的路线转换，两岸关系由此迎来相对稳定的局面，美国也对此变化表示欢迎。

马英九时期，两岸共签署了包括《海峡两岸经济合作框架协议》（ECFA）在内的23项协议。中国大陆期待推进对台湾（地区）的经济和政治拉拢；台湾（地区）则期待提高出口竞争力，确保在大陆投资的优惠条件，推动与其他国家的自由贸易协定（FTA）、经济合作协定（EPA）或其他类似协定。虽然两岸同床异梦，但两岸关系却以经济为中心走上了稳定化、制度化的轨道，两岸的共同利益也由此以经济为中心逐步扩大。

两岸关系的稳定化大大减少了美国对台湾海峡局势的担忧。加之，马英九在对美关系上也与陈水扁不同，比如，访问中南美诸国时不从美国东部过境，在过境地也不高调活动等。台美关系也因此稳定下来。[2]

二、日台关系的改善

（一）马英九为改变"反日形象"的努力

与迅速得到改善的两岸关系和台美关系相比，马英九在对日关系上的问题更多。其中最大的问题就是他本人原有的"反日主义者"形象。[3] 马英九是蒋经国之后时隔约20年的外省籍台湾地区领导人。虽然老一辈外省人与日本打过仗，但其中不乏像蒋介石那样因留学等原因而与日本有深厚关系的人。而马英九则属年轻一代，与日本的关系非常淡薄。马英九在美国哈佛大学取得博士学位，曾在美国律师事务所工作，是给蒋经国当过英文秘书的"美国通"。而他与日本的关系则以他支持钓鱼岛属于"中华民国"的"保钓运动"的经历为主。有学者指出："马英九的主要政治活动是钓鱼岛问题、日中及日华外交问题，是从谴责日本开

---

[1] 李明：《新政府两岸"外交休兵"政策之理念与作为》，载林碧炤主编《两岸"外交休兵"新思维》，台北：财团法人远景基金会，2009年，第26—29页。

[2] 松田康博「馬英九政権下の米台関係」、小笠原欣幸・佐藤幸人編『馬英九再選—2012年台湾総統選挙の結果とその影響—』アジア経済研究所、2012年、97—101頁、https://www.ide.go.jp/Japanese/Publish/Books/Josei/018.html、2019年9月20日登録。

[3] 丹羽「近年の日台関係と『台日特別パートナーシップ』について」、65—67頁。

始的。"[1]

要在对日感情良好的台湾（地区）当上领导人，马英九就有必要从选举活动开始改变其"反日、亲中（大陆）"形象。[2] 他曾回忆道，在2007年11月访日期间，深刻感受到来自日本右翼的严重敌意，当时他就想"如果我未来执政，一定要妥适处理对日关系，以求均衡"。[3] 日本"交流协会台北事务所"代表池田维曾表示，马英九写过主张钓鱼岛主权属"中华民国"的论文，2005年就任国民党主席后，又在国民党中央党部悬挂日本"统治"台湾（地区）50年期间的抗日领袖肖像，因而2008年马英九就任台湾地区领导人时，他感到"一丝不安"。[4]

除了"反日"形象，日本还有警惕马英九"对中国（大陆）怀有特别亲近感"的论调。[5] 也就是说，相较于美国，两岸关系的稳定更容易令日本产生两岸接近的担忧。总之，日本对马英九十分警惕，而且从"是亲日还是反日亲中（大陆）"的简单图式来思考问题的倾向很强。

2008年当选以后，马英九通过把日本媒体作为单独会面、接受采访的首个外国媒体等方式，展现出重视对日关系的姿态。对此，5月20日，日本政府在日台"断交"后首次通过"交流协会"向台湾（地区）的当选领导人表示祝贺。美国也发送了贺电，但欧盟没有。[6]

马英九不爱说"亲日派"，而喜欢说"想成为知日派或'友日派'"。[7] 他也积极参加与日本有关的活动，频繁会见日本客人。这里要补充的是，在中文中，"亲日"一词因历史原因而与"民族叛徒"或"汉奸"近义；在日语中，"亲日"则仅表示"对日本友好"，与中文中的"友日"意思相近。由于使用的汉字一样，因而应当留意日台双方由此产生的微妙误解。

2009年1月，马英九当局进一步提出"台日特别伙伴关系"，[8] 展现出强化日台关系的积极姿态。"台日特别伙伴关系"把台日关系定义为"在历史、文化、经济、安全等各领域都关系深厚的特别伙伴关系"，它倡议"把2009年定为'台

---

[1] 浅野和生『台湾の歴史と日台関係―古代から馬英九政権まで―』早稲田出版、2010年、181—184頁。

[2] 丹羽「近年の日台関係と『台日特別パートナーシップ』について」、67—68頁。

[3] 马英九口述、萧旭岑著，《八年执政回忆录》，台北：远见天下文化出版股份公司，2018年，第186页。

[4] 池田維『日本・台湾（地区）・中国―築けるか新たな構図―』、12—25頁。

[5] 小田村四郎「馬英九政権に対する危惧と希望」、『季刊 櫻梅通信』第35巻第161号、2008年10月31日、6頁。

[6] 「日台関係」、財団法人交流協会、http://www.koryu.or.jp/ez3_contents.nsf/12/F3CE8A140E14BA4649257737002B2217?OpenDocument, 2012年9月17日登录；池田維『日本・台湾（地区）・中国―築けるか新たな構図―』、24—25頁。

[7] 池田維『日本・台湾（地区）・中国―築けるか新たな構図―』、49頁；马英九口述、萧旭岑著，《八年执政回忆录》，第187页。

[8] 「外交部が2009年『台日特別パートナー関係促進年』を宣言」、データベース『世界と日本』、2009年1月20日、http://www.ioc.u-tokyo.ac.jp/~worldjpn/documents/texts/JPTW/20090120.S1J.html, 2019年9月20日登录。

日特别伙伴关系促进年'，在该年全面推进台日在经贸、文化、青少年、旅游、对话等五个方面的合作与交流"。该政策以马英九直属的"国家安全会议"为中心展开实施。[1]

2011年，东日本大地震发生一周后，马英九及其夫人周美青在电视台的慈善节目上呼吁捐款，向日本表达了特别的关心。在2018年出版的马英九回忆录中，对日关系最精彩的部分正是这一场景，马英九的"反日形象"在那一瞬间成功抹去。[2] 日本方面也对马英九的这些努力表示赞赏，有关马英九"反日"的看法在相当程度上淡化了。[3] 至于钓鱼岛问题，台湾（地区）民众在领土主权问题上"坚持台湾当局的立场"，这点在逻辑上原本就不等同于"反日"。同样，日本人在该问题上坚持日本的官方立场也不等于"反中（大陆）、反台（湾地区）"。

此外，马英九还积极评价了殖民时代的日本土木工程师八田与一，后者曾在台湾岛南部兴建水利设施促进农业增产，直到现在仍受当地人尊重，李登辉也多次提及并称赞八田与一。虽然这一态度是统一派的历史观难以接受的，但马英九认为应当"就事论事、恩怨分明"，而没有改变态度。[4] 这一点也促进了日本人对马英九看法的改善。

（二）事务关系的大幅推进

两岸关系的稳定化和马英九重视对日关系是日台事务性关系得以推进的主要因素。两岸关系的改善催生了一种中国大陆难以阻止台湾（地区）与其他国家发展关系的氛围。台湾（地区）改善对日关系时，如果中国大陆高调阻止，那么马英九当局在台湾（地区）内部政治中就会处于不利地位，民进党则会获利。由此，日台关系的政治敏感性下降了。

> 两岸关系的稳定化和马英九重视对日关系是日台事务性关系得以推进的主要因素。

而且，马英九当局不像陈水扁当局那样，为了实现台日关系的"突破"而做出各种各样的政治性挑战。陈水扁尝试过赴日访问，还曾把日台关系称为"安静的同盟关系"。日台关系的强化是陈水扁时期最容易刺激中国大陆的问题。马英九的亲信、台北驻日代表冯寄台及其后继者沈斯淳均出身于"外交部"，是有丰富经验的"外交官"，他们会注意克制引人注目的政治要求。因此，在马英九时期，日台关系得以在一种相对平静的环境中展开。

马英九时期，日台发展了各种事务性关系。促进台湾（地区）的日本研究、开通便利的东京（羽田机场）—台北（松山机场）航班、在台湾（地区）游客位

---

[1] 石原「馬英九政権下の日台関係の進展—継続性、挑戦、実務交流枠組みの形成—」、81頁。
[2] 马英九口述、萧旭岑著，《八年执政回忆录》，第184、193—194页。
[3] 石原「馬英九政権下の日台関係の進展—継続性、挑戦、実務交流枠組みの形成—」、62頁。
[4] 马英九口述、萧旭岑著，《八年执政回忆录》，第206—207页。

居外国游客量首位的北海道札幌设立"台北驻日经济文化代表处事务所"……日台事务关系的发展有目共睹。

2010年开设的札幌事务所是马英九当局增设的第一个"在外公馆",这可能与他提出的同中国大陆"外交休兵"相矛盾。因为"外交休兵"是两岸就不互相争夺"外交关系"达成的"默契",但它是否还意味着"不可增加在外公馆的数量"却并不明确。不过,几乎在同一时期,中国大陆正与日本交涉开设驻新潟总领事馆一事,因而"札幌事务所"问题没有被政治化。

在事务关系中最值得注意的是,相当于双方的代表事务所的"交流协会"(日本方面)和"亚东关系协会"(台湾地区方面)签订了表3所示的各种协议文件。2010年双方签订了《强化交流合作备忘录》,次年又签订《投资保护协议》和《航空自由化协定》。尤其引人注意的是,日台间的《投资保护协议》虽然比日中之间的(1988年8月)晚,但却比两岸之间的早。日本先于中国大陆与台湾(地区)缔结协议,这一顺序可能会影响中国大陆的"面子",但也没有被政治化。

2011年,双方发表"日台厚重情谊倡议"(「日台『絆』イニシアティブ」),这是为支援复兴、促进观光而制定的具体行动计划。2012年,双方又进一步签署了《有关专利程序方面相互合作备忘录》和《关于洗钱及资助恐怖分子金融情资交换备忘录》。

2013年11月,双方签订了以《日台电子商务合作协议》为首的5项协议及备忘录。而2015年11月签订的《日台租税协定》则是在日台两边从事商业活动的企业及个人期盼已久的协议。这些经济关系类协议都是在探讨《日台自由贸易协定(FTA)》的过程中派生出来的,是实有必要的协议。日台的EPA实际上也从2014年6月起以"日台经济伙伴关系委员会"之名开始协商。[1] 虽然"民间协议"并不约束政府行为,但日本政府开始为缔结协议而展开协商意义重大。

表3 马英九时期"交流协会"与"亚东关系协会"签署的协定(协议、备忘录、换函)[2]

时间	协议名称
2008.8.18	《关于驻外办事处员额之换函》
2009.4.3	《台北驻日经济文化代表处与财团法人日本交流协会打工度假签证换函》
2009.4.28	《关于台北驻日经济文化代表处札幌分处开设之换函》

---

[1]「第38回日台貿易経済会議フォローアップ会合等の開催について」、公益財団法人交流協会、2014年6月17日、https://www.koryu.or.jp/news/?itemid=513&dispmid=5287,2019年9月20日登录。

[2] 出处:《马"总统"上任后"我国"与日本签署之协定(协议、备忘录、换函)一览表(统计有效件数:28),"中华民国外交部",https://www.mofa.gov.tw/Upload/WebArchive/1587/馬"總統"上任後"我國"與日本簽署之協定(協議、備忘錄、換函)一覽表.pdf,2019年9月20日登录。不过,马英九当局强调"日台协定共有61项,其中的28项是在马英九时期缔结的"。参见《后马时代的台日关系》,《联合时报》,2015年11月27日。

续表

时间	协议名称
2009.12.11	《亚东关系协会与财团法人交流协会间关于维持民间航空业务之协议》
2010.4.30	《亚东关系协会与财团法人交流协会于2010年之强化台日交流合作备忘录》（之后就2011年以后继续强化交流合作达成一致）
2010.11.10	《亚东关系协会与财团法人交流协会于地震、台风等发生时就有关防止土石灾害及防砂进行技术交流之协议书》
2011.9.22	《亚东关系协会与财团法人交流协会间有关投资自由化、促进及保护合作协议》
2011.11.10	《亚东关系协会与财团法人交流协会间维持民间航空业务之协议》
2012.4.11	《亚东关系协会与财团法人交流协会专利审查高速公路（PPH）备忘录》 《亚东关系协会与财团法人交流协会关于洗钱及资助恐怖分子金融情资交换备忘录》
2012.9.12	《亚东关系协会与财团法人交流协会间关于台北市日侨学校租用台湾银行及"财政部国有财产局"经管土地租金计收之了解备忘录》
2012.11.29	《亚东关系协会与公益财团法人交流协会为强化台日产业合作搭桥计划之合作备忘录》 《亚东关系协会与公益财团法人交流协会相互承认合作协议》
2013.4.10	《亚东关系协会与公益财团法人交流协会渔业协议》
2013.11.5	《亚东关系协会与公益财团法人交流协会优先权证明文件电子交换合作了解备忘录》 《亚东关系协会与公益财团法人交流协会间加强铁路业务交流及合作了解备忘录》 《亚东关系协会与公益财团法人交流协会关于建立药物法规合作框架协议》 《亚东关系协会与公益财团法人交流协会间关于海上航机搜索救难合作之协议书》 《亚东关系协会与公益财团法人交流协会电子商务合作协议》
2013.11.28	《亚东关系协会与公益财团法人交流协会金融监理合作了解备忘录》
2014.11.20	《台（湾地区）日专利程序上微生物寄存合作备忘录》 《台（湾地区）日入出境管理事务情资交换合作备忘录》 《台（湾地区）日核能管制资讯交流备忘录》 《台（湾地区）日观光合作备忘录》
2014.11.27	《台北驻日经济文化代表处于财团法人日本交流协会互免打工度假签证费用换函》
2015.11.26	《台（湾地区）日强化灾害防救业务交流合作备忘录》 《台（湾地区）日竞争法适用了解备忘录》 《亚东关系协会与公益财团法人交流协会避免所得税变重课税及防杜逃税协定》

中国大陆并没有就上述协议向日本提出明显抗议。也就是说，我们可以认为在两岸关系稳定、签订了多项协议、双方接触扩大的背景下，如果日台关系强化取得了实质性进展，那么中国大陆即使反对也只不过是进行一些"程序上的抗议"（proforma demarche）而已。在两岸关系稳定的情况下，即便日台关系出现强化势头，考虑到台湾（地区）民意，中国大陆也不便从正面进行反对。

日台关系的上述变化源于日本改变了以无"外交"关系为由谨慎对待强化日台关系问题的既有立场。与台湾（地区）的对日决策过程相比，日本的对台决策信息相当稀少。直到2016年也不清楚日本政府当时做出大幅推进日台事务性关系的决策过程。不过，笔者认为虽然这一变化中的很多内容并不明显，但若没有政府核心层的政策判断也是难以实现的。

（三）"非正式性政治关系"的发展

没有"外交"关系的日台关系虽然可能只有以经济、文化为中心的"非正式性事务关系"，但实际上却存在可以称得上"非正式性政治关系"的关系。李登辉当局和陈水扁当局在两岸关系不稳定而日台关系良好的背景下，想实现"外交突破"，对日本提出了各种各样的要求。遭到中国大陆强烈反对的李登辉访日问题等就是其中的典型。[1] 李登辉（包括卸任后）试图访问日本，中国大陆为阻止其成行而向日本政府施压，结果导致日本政府夹在两岸之间，被迫做出决断。

当时的日本成了两岸"牵制""拉拢"的对象。国际关系中的平衡者是指能够能动地与他国结盟以制衡威胁国的主体。而日本在两岸关系中的角色则可以说是"被动的平衡者"。[2] 在马英九当局之前，两岸关系的不稳定使三边关系中出现了两岸双方对日本提出强硬政治要求的"政治化模式"。

鉴于两岸零和的利害关系，若涉及下列领域：1. 与日本安全、日美同盟相关的领域；2. 与日本主权相关的领域；3. 与经济社会相关的非政治领域；4. 与人道问题相关的领域。此时即使中国大陆强烈反对，历届日本政府也都会选择重视"日本不可让步的国家利益与价值"和"日本的自主判断"，做出一些违背中国大陆意愿而"偏向台湾（地区）"的政策决定。[3]

如果是被迫做出决断，那么日本恐怕很可能在涉及上述领域的问题上做出"偏向台湾（地区）"的政策决定。不过，随着两岸交流的制度化和全面交流的推进，两岸都变得十分注意考虑对方的反应。由此一来，在两岸关系不稳定背景下形成的边受中国大陆牵制、边发展日台关系的"政治化模式"，就随着马英九当

---

1 松田康博「第9章 台湾問題の新展開」、家近亮子・松田康博・段瑞聡編『【改訂版】岐路に立つ日中関係—過去との対話・未来への模索—』晃洋書房、2012年。

2 松田「第9章 台湾問題の新展開」、246頁。

3 松田「第9章 台湾問題の新展開」。

局的新政策和日本政府的应对政策而逐渐弱化。一个具体的例子就是日本前首相赴台访问的惯例化。

2010年，日本前首相麻生太郎、安倍晋三、森喜朗访问台湾（地区）。有学者认为从日本方面来看，这是因为沦为在野党后，自由民主党（以下称"自民党"）政治家访台的门槛变低了。[1] 如果这些访问发生在日本自民党执政时期和台湾（地区）的陈水扁时期，那就很可能会遭到中国大陆的强烈抗议。进入2011年以后，由于东日本大地震，日台政治家的动作开始逐渐变大。[2] 如前所述，马英九在电视台的慈善节目上呼吁向日本地震灾区捐款。一个月后，日本首相菅直人书写的"Thank you for the Kizuna"（絆に感謝する）感谢信经由"交流协会台北事务所"公开。同年4月和5月，台湾（地区）"立法院长"王金平两次率慰问团前往日本，并与日本前首相举行了会面。

2011年5月以后，日本时任众议院副议长卫藤征士郎，原首相森喜朗、安倍晋三、麻生太郎及"日华关系议员恳谈会"会长平沼赳夫相继访台，感谢台湾（地区）对东日本大震灾的援助。[3] 加上海部俊树，2011年共有4名日本前首相访台，其中前首相安倍是继2010年之后连续两年访台。[4] 野田首相在2011年9月的众议院全体会议上表示，"由衷地感谢台湾（地区）充满友情的超规格援助"。[5] 2012年4月，前首相森喜朗连续三年访台。[6] 2013年，民主党出身的前首相鸠山由纪夫和菅直人也赴台访问。[7] 2015年4月末5月初，前首相野田佳彦也访问了台湾（地区）。[8]

由于日本每届政府执政时间很短，所以出现了多位前首相健在的特殊政治现象。鉴于日中关系的重要性，前首相应克制访台曾一度是不成文的规定。如今像中曾根康弘、村山富市、小泉纯一郎、福田康夫等"不访台的前首相"已成少数，这是日本国内政权更迭和东日本大震灾带来的变化。

除此之外，2012年9月，在符拉迪沃斯托克举行的亚太经济合作组织（APEC）领导人非正式会议上，日本首相野田佳彦与台湾地区前副领导人连战举行会谈。[9] 这是断交后首次举行的"日台领导人会谈"。没有迹象表明中国大陆

---

1 石原「馬英九政権下の日台関係の進展—継続性、挑戦、実務交流枠組みの形成—」、71—72頁。
2 同上、73—74頁。
3 同上、74—75頁。
4 《"中华民国"100年"外交年鉴"》，台北："外交部"，2012年，第65页。
5 「野田首相が台湾に謝意表明、台湾で大きく報道」、TAIWAN TODAY、2011年9月15日，https://jp.taiwantoday.tw/news.php?unit=147&post=68801，2019年9月20日登录。
6 石原「馬英九政権下の日台関係の進展—継続性、挑戦、実務交流枠組みの形成—」、75頁。
7 《"中华民国"102年"外交年鉴"》，台北："外交部"，2013年，第76页。
8 《日本前首相野田佳彦众议员率团访华》，"中华民国外交部"，2015年4月30日，http://www.mofa.gov.tw/News_Content.aspx?n=8742DCE7A2A28761&s=BBD5EF7DC6AB9790，2019年9月20日登录。
9 《APEC双边会谈达共识：台日将重启渔业谈判》，《自由时报》，2012年9月10日。

对此进行了强烈抗议或者使之政治化。相反,倒是可以看到野田政府因钓鱼岛问题导致了日中关系的不断恶化而试图强化日台政治关系的明确意图。2012年12月开始的第二次安倍政权继承了"日台领导人会谈",在2013年APEC非正式领导人会议上,台湾(地区)代表、台湾地区前副领导人萧万长与安倍首相举行会谈。此后,在APEC领导人非正式会议期间举行日台会谈也成为惯例。

据报道,2013年8月8日,安倍政府的重要阁僚、官房长官菅义伟在首相官邸会见"亚东关系协会"会长李嘉进。[1] 虽然遭到了安倍首相的公开否认,但有报道称他在2015年7月与正在访日的李登辉"偶然"相遇于酒店,并举行了会面。[2] 同年10月,安倍首相又被曝可能在东京都内的一家酒店假装"偶遇"而会见了民进党主席蔡英文(当时是台湾地区领导人候选人)。[3] 这些事件(虽遭到公开否认)都是日本首相、官房长官的公开或半公开活动。如果情况属实,则都是首次发生。

总之,在日台民间关系良好和两岸关系稳定的背景下,马英九时期的日台事务关系和"非正式性政治关系"都得到了改善与发展。

三、日台关系的波浪式恶化

(一)源于"中华民国因素"的纠纷频发

有学者指出,与之前的李、陈时期相比,马英九当局存在重视"台湾(地区)的尊严"和"对等的台日关系"的倾向。[4] 笔者则认为应该说是马英九对"中华民国的尊严"有强烈的追求,日方行为触犯了"中华民国的尊严"的问题导致了日台关系的恶化。后述的围绕钓鱼岛问题产生的关系恶化事件就是其中的一个例子。除此之外,还有许多不胜枚举的纠纷恶化案例。

2009年5月,"交流协会台北事务所"代表齐藤正树在一次演讲中称"台湾国际法地位未定"是"日本政府的立场",这导致日台关系一时出现龃龉。[5] 1972年以后,日本在台湾(地区)国际法地位问题上一直以"不持立场"为正式立场,齐藤的言论显然是失言。在此后的一段时间里,齐藤代表甚至不能会见台湾(地区)高官,他最终在翌年离任。日台关系并没有因此而明显恶化。但是,"台湾

---

[1]《亚协会长李嘉进高调透露 在日首相官邸会菅官方长官》,《自由时报》,2013年8月12日,http://news.ltn.com.tw/news/politics/paper/704483,2019年9月20日登录。

[2]《日媒:安倍晋三密会李登辉 李办:两人同在饭店但未见面》,风传媒,2015年7月23日,http://www.storm.mg/article/58425,2019年9月20日登录。

[3]《蔡英文密会安倍? 吴剑甓驳报道与事实不符》,风传媒,2015年10月9日,http:www.storm.mg/article/68768,2019年9月20日登录。

[4] 石原「馬英九政権下の日台関係の進展—継続性、挑戦、実務交流枠組みの形成—」、78—79頁。

[5] 中川昌郎「WHOと日華平和条約」、『東亜』第504号、2009年6月、57—59頁。

地位未定论"是"台独"派的理论基础，是重视"中华民国的尊严"的马英九不能无视的言论。马英九当局是向挑战"中华民国的尊严"的言行表达强烈不满的先驱。

2014年6月，"国立台北故宫博物院展"在东京国立博物馆举行。但是，日本媒体制作的海报上没有写"国立"二字，马英九当局对此态度强硬，暗示要中止展览，还取消了"第一夫人"周美青赴日出席开幕式的计划。相关方立即在海报上加上"国立"二字，这才使展览得以顺利进行，周美青也在7月访日。[1] 在"一个中国"认识普及的日本，这一事件被认为是马英九当局对美术馆和民间企业（非日本政府）的"过激反应"。民进党籍的"立法委员"林佳龙、蔡煌瑯等批评马英九当局"伤害了台日关系"，对日本实施了比中国大陆还严厉的"双重标准"；原驻日代表许世楷（陈水扁时期）也批评马英九当局即使争"主权"也要考虑与对日关系的平衡。[2]

2015年3月，发生了日本东北地区生产的食品出口到台湾（地区）后修改产地的"虚假标注"问题。虽然详细原委并不清楚，但台湾（地区）在该年5月加强了对东日本5县所产食品的进口限制。在日本，很容易在感情上出现与东日本大地震和核泄漏事故相关的"谣言受害"问题，日本强烈抗议台湾（地区）的出示"产地证明"和"核辐射检测安全证明"要求。民进党籍的"立法委员"林淑芬称这是食品安全问题，痛批日本的行为是对台湾的"不公"和"失礼"。[3] 在该问题上，台湾（地区）内部极少有言论支持日本而批评马英九当局。

日本并没有试图向台湾（地区）出口特殊食品，但台湾媒体却在广泛宣传仿佛日本向台湾（地区）出口核污染食品的错误认识。马英九当局对符合日本国内安全标准、流通安全的日本日常食品加强了进口限制。日本因此批评马英九当局的政策是"非科学的"，还出现了关于马英九当局是否"转向反日"的报道。[4]

1982年曾发生过蒋经国"政府"因不满对日贸易赤字而决定禁止进口1533种日本产品，结果导致问题政治化的事件。[5] 以贸易赤字为由禁止进口也是"非

---

[1] 具体可详细参见以下文章：門間理良「ASIA STREAM—台湾　中国の台湾担当閣僚が初訪台2014年5～6月」、『東亜』第566号、2014年8月、67—68頁；門間理良「ASIA STREAM—台湾　国防部で大規模な人事異動2014年7～8月」、『東亜』第567号、2014年9月、66—67頁。

[2]《绿委批损台日关系 国民党驳斥》，"中央通讯社"，2014年6月21日，http://www.cna.com.tw/news/aipl/201406210160-1.aspx，2019年9月20日登录；《相关追究可以视情况"适可而止"许世楷：争"主权"也要顾台日关系》，《自由时报》，2014年6月23日。

[3]《日本官员要我撤食品管制 绿委林淑芬批判"吃人够够"》，风传媒，2015年4月18日，http://www.storm.mg/article/46696，2019年9月20日登录。

[4]「台湾（地区）・馬政権は"反日"に舵？　日本からの食品輸入を規制強化」、『産経新聞』、2015年7月15日。

[5] 松田康博「第5章　日台関係の安定化と変化への胎動——1979—1987年」、川島真・清水麗・松田康博・楊永明『日台関係史1945—2008』東京大学出版会、2009年、145—148頁。

科学的",但当时日本政府认为该政策出台的导火索是台湾(地区)希望与日本"对等",因此,日本派"江崎使团"前往台湾(地区),谋求政治解决。这一次,安倍政府派众议院议员岸信夫(安倍首相的亲弟弟)作为事实上的"特使"前往台湾(地区),但马英九当局拒绝妥协。鉴于马英九当局实施对日进口限制,日本政府也将上一年开始的 EPA 协商延期。

"齐藤发言"和"国立"二字问题都属于挑战了"台湾(地区)中的中国"即"中华民国"权威的"日华关系"问题,但它们并未引起整个台湾(地区)社会的抗议。"齐藤发言"反倒是"台独"派欢迎的言论,正因如此,也可能是因为刚上任,齐藤直到次年才离任。"国立"二字问题也在日本民间方面(而非政府当局)的迅速应对下得以顺利解决。而"限制食品进口问题"则关乎普通台湾(地区)民众的食品安全,笔者认为马英九当局是因担心台湾(地区)社会和媒体的反应而采取了强硬政策。

(二)最大的考验——钓鱼岛问题的恶化和"日台渔业协议"

马英九时期日台关系的最大考验是钓鱼岛问题的恶化,该问题涉及"中华民国的尊严"和"台湾(地区)的渔业利益"。马英九当局刚成立时就在处理该问题上遇到了挫折。2008 年 6 月 10 日凌晨,台湾(地区)海钓船在距离钓鱼岛海域 8 公里处与日本海上保安厅的巡视船相撞,海钓船沉没。[1] 虽然没有人遇难,但台湾(地区)以"外交部"为中心,将之作为"领有权问题"而非"海难事故"来处理。台湾(地区)行政部门负责人刘兆玄在"立法院"被问及"是否将不惜与日一战"时,他回答"是的"。6 月 16 日,台湾(地区)民间抗议船驶入钓鱼岛海域,台湾(地区)"海巡署"派六艘巡视船进行护航,局面变得难以收拾。但之后马当局的"国家安全会议"开始处理撞船问题,最终决定以日本海上保安厅第 11 管区的海上保安本部部长给海钓船船长写"道歉"信、支付补偿金的方式解决。马英九曾表示信任当时的日本首相——他的好友福田康夫,对日方的迅速应对感到满意。[2]

但是,由于对"联合号事件"的较强硬处理,马英九的"反日形象"又增强了。若观察事情的实际经过,会发现马英九其实是希望通过"国家安全会议"来收拾局面以强化对日关系的务实主义者。事后,马英九任命其"外交"顾问冯寄台担任驻日代表,给人们留下了重视日本的印象。而且,2009 年台湾"保钓活动家"准备驾船出海前往钓鱼岛时,时任"国家安全会议秘书长"苏起、"国家安全会议"咨询委员杨永明与中华保钓协会执行会长黄锡麟等进行了会谈,以说服

---

[1] 有关该事件的具体情况请参见:池田维『日本・台湾(地区)・中国—築けるか新たな構図—』、28—47頁。

[2] 马英九口述、萧旭岑著:《八年执政回忆录》,第 191—192 页。

他们放弃出航,理由是"对日关系正逐步改善,不希望台日关系紧张"。而当相关保钓人士仍然坚持出海时,当局就拿出法律进行阻止。虽然保钓人士打算无视法律,但由于"海军"舰船在港口外集结,最后他们选择放弃出航。[1]

阻止保钓人士前往钓鱼岛的行动发生于马英九当局试图改善对日关系之际,而2012年钓鱼岛问题引发的关系恶化却把马英九当局逼入了困境。2012年4月,正在访美的东京都知事石原慎太郎宣称东京都将购买钓鱼岛。为平息事态,日本政府在7月决定购买钓鱼群岛中属于私有地的3个小岛。此举引起中国大陆和台湾地区的不满,它们反复表示日本政府购买钓鱼岛的行为是改变现状。同年6月到8月,台湾(地区)、香港(地区)的活动家多次接近或登上钓鱼岛,在日本政府于9月做出购买钓鱼群岛中3个小岛的内阁决议之后,中国大陆各地多次爆发激烈的反日游行和抗议活动。

中国大陆从"一个中国"的立场出发,主张"应一致对外",暗中呼吁台湾(地区)在钓鱼岛问题上携手抗日。[2] 9月24日,70多艘台湾(地区)渔船靠近钓鱼岛海域及其附近,随后发展成日本海上保安厅巡视船向台湾(地区)渔船喷水、台湾(地区)"海巡署"巡视船向日本巡视船喷水的事件。即使在本国领海之内,向其他国家的政府公务船喷水也是违反国际法的。从国际法的角度来看,此次事件是日本海上保安厅把台湾(地区)"海巡署"巡视船视为政府公务船,而台湾(地区)"海巡署"却没有把日本海上保安厅巡视船视为政府公务船的罕见案例。当时,台湾(地区)还在近海部署了海上和空中武装力量。在日本,许多人认为良好的日台关系是理所当然的,因此当他们看到马英九当局的强硬态度时,就产生了台湾(地区)是不是与中国大陆"联手"的广泛疑虑。台湾的行动也使美国的疑虑迅速增加。[3] 马英九当局夹在了中国大陆的期待和日美两国的疑虑之间。

另一方面,马英九在钓鱼岛问题恶化之前的2012年8月提出了"东海和平倡议",呼吁"主权"与治权分离、理性解决问题。[4] 他把日台渔业交涉视为该倡议的一环。关于这一点,日本未必与台湾(地区)认识一致,但却通过玄叶光

---

[1] 「『釣魚台(尖閣諸島)を守ろう運動』について」、『日文台湾通信』、2010年9月17日,http://taitsu-news.com/front/bin/ptdetail.phtml?Part=th10091701&Category=0,2012年9月17日登录。

[2] 王毅:《民族大义面前应一致对外》,中共中央台湾办公室·国务院台湾事务办公室,2012年9月16日,http://www.gwytb.gov.cn/wyly/201209/t20120916_3086820.htm,2019年9月20日登录。

[3] Shirley A. Kan and Wayne M. Morrison, "U.S.-Taiwan Relationship: Overview of Policy Issues," *CSR Report for Congress*, Congressional Research Service, No. R41952, February 28, 2014, pp.18-20, http://www.fas.org/sgp/crs/row/R41952.pdf, 2019年9月20日登录。

[4]《"中华民国"提出"东海和平倡议"》,"台北驻日经济文化代表处",2012年8月21日(发表于8月5日),https://www.roc-taiwan.org/jp/post/1388.html,2019年9月20日登录。

一郎外相声明等方式展现出推动渔业交涉的积极姿态。[1] 虽然马英九以前参加过"保钓运动",但他也未必就持"主权"一边倒的强硬立场。其实,马英九写过关于共同开发海床和资源的法律基础的博士论文,强调通过交涉与日本就渔业问题达成协议。[2]

2013年2月,马英九当局以书面文件的形式宣布不与中国大陆合作解决钓鱼岛问题,从而消除了日本对台湾(地区)"与中国大陆联手"的疑虑。[3] 日本在不适用于法令的水域做出了大幅妥协,台湾(地区)方面也把"领海"排除在协议范围之外,由于不拘泥于"主权",[4] 双方在2013年4月就签署了《日台渔业协议》(参照表3)。随后,双方依据该协议成立渔业委员会,并在2014年1月就作业规则达成一致,在东海形成了新的日台渔业秩序。

对马英九当局来说,这是在日本与中国大陆和台湾地区的关系同时恶化且台湾(地区)方面采取了强硬政策的情况下,首次让日本做出了妥协。在日台关系中,通常是日本处于优势。当时的局面是两岸关系稳定、中国对日强硬。在这种情况下,台湾实施了强硬的边缘政策外交,在认为利益最大化的时机谋求妥协,最终使台湾(地区)获利。

冷战后日本在日中(国大陆)台(湾地区)关系中的角色被称为"被动的平衡者",在同时遭到中国大陆和台湾(地区)的强硬对抗时,日本为了改善日台关系而不得不做出了妥协。

中国大陆虽然以不明显的方式对"日台渔业协议"进行了抗议,但并没有采取诸如阻止协议达成等行动。台湾(地区)的对日抗议活动也随着该协议的签订而平息。该渔业协议不单是对渔业问题的处理,而且还具有"防止发生偶发性冲突的危机管理"[5] 意义。如前所述,笔者曾把冷战后日本的角色称为"被动的平衡者",在同时遭到中国大陆和台湾地区的强硬对抗时,日本为了改善日台关系而不得不做出了妥协。

(三)第二任马英九"执政"时期反复出现的"中华民国因素"纠纷

在马英九"执政"的第二任期,源于"中华民国因素"的日台纠纷更加频发。2012年12月再次当选日本首相的安倍晋三是自其外祖父岸信介以来历代首相中

---

1 「交流協会を通じた台湾の皆様への玄葉外務大臣のメッセージ」、公益財団交流協会、2012年10月5日、https://www.koryu.or.jp/news/?itemid=551&dispmid=5287,2019年9月20日登录。

2 小笠原欣幸「馬英九の博士論文から読み解く日台漁業交渉」、『東洋文化』第94号、2014年3月。

3 《在钓鱼台列屿争端,"我国"不与中国大陆合作之立场》,"中华民国外交部",2013年2月8日,http://www.mofa.gov.tw/News_Content.aspx?n=C641B6979A7897C0&sms=F9719E988D8675CC&s=56A84BD617A31604,2019年9月20日登录。

4 马英九回忆道,"主权部分我们不可能同意,但渔权部分可以考虑(谈判)"!参见:马英九口述、萧旭岑著:《八年执政回忆录》,第191—192页。

5 福田円「ポスト民主化台湾と日本—関係の制度化と緊密化—」、『東洋文化』第94号、2014年3月、113页。

的著名"亲台派"。他的民族主义立场一直受到中国和韩国的高度警惕与批评。

鉴于曾有过抗日战争（日中战争）的历史，马英九不会因为安倍是"亲台派"就无条件地接受其言行，他的反应有一些微妙。2013年12月，安倍首相参拜靖国神社，马英九对此虽未使用"抗议"一词，却也以"希望日本正视史实、吸取历史教训，不要做伤害邻国国民感情的行为"[1]的表述批评安倍。另一方面，关于2015年8月战后70周年时的"安倍谈话"，由于其中写有"道歉"（おわび）一词，马英九当局实际上对此进行了正面评价。[2] 关于"过去历史"的上述两个案例都说明了台湾地区与中国大陆（及韩国）在对日要求上存在相似和重叠的部分。

不过，马英九当局没有"抗议"安倍首相参拜靖国神社是有伏笔的。2010年10月，安倍以在野党议员身份访问台湾（地区）时，曾亲自祭拜了供奉着抗日战争牺牲者的忠烈祠。安倍在发言时称"只要是牺牲的，因为感动感念，所以要特别来祭拜"，这句话给马英九留下了强烈印象。[3] 日本社会深受佛教生死观即逝者皆成佛的影响，通常不对死者分好坏。安倍祭拜忠烈祠与参拜靖国神社有一定的连贯性。

马英九当局把2015年定为"抗日战争胜利70周年"，并举办了大量的大规模纪念活动。[4] 尤其在"国军"主办的活动中，"经国"号战斗机（IDF）和F-16战斗机的机体上都喷绘了与二战期间美中共同作战时所击落的日军战斗机数量相当的日本国旗。不过，后来在"交流协会"的活动下，台湾（地区）空中武装力量取消了喷绘行动。[5] 李登辉在日本月刊杂志《声音》（Voice）上批评这一系列的抗日战争纪念活动是在"刁难日本"，"通过与中国一起'抗日'来讨中国的欢心"。[6] 不过，从马英九当局强烈批评连战以台湾（地区）原最高级别官员身份出席北京于9月3日举行的阅兵活动一事来看，我们很难认为"讨中国的欢心"是马英九当局强调抗日战争的目的。

事实上，倒不如说，马英九是在回应有关中国共产党在抗日战争中发挥了领

---

1 《针对日本安倍晋三首相参拜靖国神社事，"外交部"盼安倍首相勿做伤害邻近国家情感之举措》，"中华民国外交部"，2013年12月26日，http://www.mofa.gov.tw/News_Content_M_2.aspx?n=FAEEE2F9798A98FD&sms=6DC19D8F09484C89&s=7A4567D296AD3F2F，2019年9月20日登录。

2 《"中华民国政府"回应日本首相安倍晋三发表战后70周年谈话》，"中华民国外交部"，2015年8月14日，http://www.mofa.gov.tw/News_Content_M_2.aspx?n=FAEEE2F9798A98FD&sms=6DC19D8F09484C89&s=E01D4AD0E3A207ED，2019年9月20日登录。

3 马英九口述、萧旭岑著：《八年执政回忆录》，第193页。

4 門間理良「ASIA STREAM—台湾（地区） 対日抗戦勝利70周年を祝う台湾（地区）政府2015年6～7月」、『東亜』第578号、2015年8月、63—67頁；門間理良「ASIA STREAM—台湾（地区） 馬英九"総統"、抗日戦争勝利行事に次々と出席2015年8～9月」、『東亜』第580号、2015年10月、55—56頁。

5 《依国际惯例 空军彩绘机涂掉日本国旗》，"中央通讯社"，2015年6月30日，http://www.cna.com.tw/news/aipl/201506305026-1.aspx，2019年9月20日登录。

6 李登輝「日台新連携の幕開け」、『Voice』、2015年9月、38頁。

导作用的宣传，他想强调蒋介石领导的中国国民党和中华民国政府才是抗日战争的主角。[1] 此事的附带结果是国共两党在对外关系上找到了共同点，即它们都与日本打过仗。但是，像李登辉那种对外省籍统治集团没有同胞认同感的台湾本省人可能体会不到这一微妙差异，或者他们认为在政治上应该无视这种差异。李登辉很有可能在前述的与安倍首相的会面中谈到了对马英九的解读。即使当时没有谈及，李登辉的解读也通过《声音》杂志而在日本得到广泛传播。在日本，李登辉的简单明了式解读比马英九当局的微妙应对更容易被接受。

李登辉认为"亚洲妇女基金会"的成立及其活动表明慰安妇问题已经被解决，[2] 马英九则一直与韩国持同一立场，认为日本至今尚未谢罪。[3] 马英九在《联合报》等国民党系媒体上多次批评日本，并支持建立相当于慰安妇"纪念馆"的设施。2015年12月，日韩两国就慰安妇问题达成协议时，马英九命令驻日代表立即就慰安妇问题与日本进行交涉。[4] 对此，官房长官菅义伟则以台湾（地区）"与韩国的情况不同"为由，暗示不会与马英九当局交涉，甚至否认收到了台湾（地区）的交涉要求。[5]

笔者认为马英九当局的上述言行、双方实际发生的纠纷，以及"李登辉式解读"的累积导致了安倍政府对马英九"执政"后期的不满。2016年1月，蔡英文在选举中获胜后，安倍首相和岸田文雄外相立即发表祝贺声明，并抢在美国访问团之前，向台北派遣了以"交流协会"会长大桥光夫为首的访问团。不过，大桥会长见了下任台湾地区领导人蔡英文，却没见时任台湾地区领导人马英九。同年3月，大桥访问台湾（地区）时，马英九不在台湾（地区），两人又未会面，直到4月大桥访台时两人才举行了会谈。[6] 这在"外交礼仪"上是非同寻常的。

---

1 《马英九：历史真相不能遗忘》，《联合报》，2015年9月2日。

2 1996年，日本内阁总理大臣桥本龙太郎公开发表《道歉信》，其后的三任首相也在该信上署名。参见「日本政府およびアジア女性基金の文書」、デジタル記念館慰安婦問題とアジア女性基金，http://www.awf.or.jp/6/statement-12.html，2019年9月20日登录。而且，向每位受害者支付平均约50万新台币的"补偿金"。台湾妇女救援基金会（妇援会）基于向日本寻求国家赔偿的方针，采取各种的活动以使原慰安妇不接受亚洲女性基金会的"补偿金"。对此，赖浩敏律师和台湾"立法院"采取了措施以避免原慰安妇的利益受损。也就是说，在李登辉时期，日本政府和民间与台湾"立法院"和民间曾就解决慰安妇问题进行过合作，不少原慰安妇接受了日本首相的《道歉信》和"补偿金"。参见「各国・地域における事業内容—台湾」、デジタル記念館慰安婦問題とアジア女性基金，http://www.awf.or.jp/3/taiwan-01.html，2019年9月20日登录。

3 马英九口述、萧旭岑著：《八年执政回忆录》，第207页。

4 《慰安妇赔偿"总统"命驻日代表立即交涉》，"中央通讯社"，2015年12月29日。

5 「内閣官房長官記者会見」、首相官邸，2016年1月5日午前，http://www.kantei.go.jp/jp/tyoukanpress/201601/5_a.html，2019年9月20日登录。

6 小笠原欣幸「沖ノ鳥島沖台湾漁船拿捕事件——日台関係に激震」，http://www.tufs.ac.jp/ts/personal/ogasawara/analysis/okinotorishimadispute.html，2019年9月20日登录。

随后不久，2016年5月又发生了"冲之鸟海域扣押台湾渔船事件"。[1]日本海上保安厅扣押了在日本所划定的冲之鸟专属经济区（EEZ）进行作业的台湾渔船，并要求台湾（地区）缴纳保证金。台湾（地区）之前一直对冲之鸟"是岛还是礁"（如果是礁，日本就无权划定EEZ）持暧昧态度，但该事件发生以后，台湾（地区）开始明确宣称冲之鸟"是礁不是岛"。马英九当局认为日本的行为"违法"，因而进行了强烈抗议，并向该海域派遣了巡视船。小笠原欣幸认为马英九的行为违背了他本人在"东海和平倡议"中提出的"不升高对立行动"精神。[2]虽然马英九当局自成立以来就重视日本且不断提出"友日"的言论和举措，但在任期结束时，却选择加剧日台双方的不满。

结 语

本文阐明了马英九"执政"时期日台关系的特征，归纳如下：

第一，良好的日台关系具有很强的连续性。日本与台湾（地区）在经济交流、人文交流和友好感情方面形成了长期的良好关系，这一关系尤其在东日本大地震后实现了双向发展。而且，日本是对台湾（地区）安全最为重要的美国的盟友。因而，对双方政治家来说，对立性地处理日台关系是非理性的。马英九为改变"反日形象"特意提出强化台日关系和在关系恶化时避免决定性破裂等都是理性的政策选择。

第二，两岸关系的稳定化使日台关系的政治敏感性下降，其结果是促进了日台事务关系的发展。李登辉访日问题上清晰可见的日中（国大陆）台（湾地区）三角关系中的政治化模式逐渐弱化。台湾（地区）向日本提出强硬政治要求、中国大陆强烈抗议日本、日本政府必须做出艰难决策的情况基本消失。在和平稳定的氛围下，曾为悬案的多项日台事务性合作项目得以实施。

第三，两岸关系的稳定化也推动了日台"非正式性政治关系"的发展。台湾（地区）"对外关系"政治敏感性的下降，使曾为禁忌的日本前首相访台活动得以惯例化。2011年东日本大地震后，日本时任执政者也多次明确表示尊重台湾（地区）。在这一点上，民主党政府与担心中国反对的往届日本政府明显不同，之后的自民党安倍政权也延续了这一趋势。

第四，日台纠纷一旦加上中国大陆因素，传统的"日华关系"就会变得更加复杂。追求"中华民国的尊严"的马英九当局有时看起来像蒋家政权的继承者。马英九虽然主张台湾（地区）优先，但"中华民国"的存续才是他最关心的事情。

---

1 关于该事件的具体情况请参照：松田康博「第1章 海洋問題をめぐる台湾の政治過程—馬英九政権を中心に—」、河村有教編『台湾の海洋安全保障と制度の展開』晃洋書房、2019年、37—38頁。

2 小笠原欣幸「沖ノ鳥島沖台湾漁船拿捕事件——日台関係に激震」、http://www.tufs.ac.jp/ts/personal/ogasawara/analysis/okinotorishimadispute.html，2019年9月20日登录。

正如在纪念抗日战争胜利70周年活动和钓鱼岛问题中看到的那样,这一点与强调"中华民国政府"在更广泛意义上的"中国"的代表性问题相关,并导致了台湾地区与中国大陆既有竞争但又有共鸣的现象。也就是说,马英九当局越强调"中华民国"的正当性和对日关系的"对等性",日台关系的对立性就越强,结果就产生了与中国大陆立场部分重叠的现象。

第五,在构成最大考验的钓鱼岛问题上,马英九当局最终选择通过日台达成协议来实现关系稳定的举措非常重要。钓鱼岛问题的恶化使马英九当局陷入困境:一边是台湾(地区)渔民、活动家和中国大陆要求对日严厉的压力,另一边则是维持良好日台关系的需要和日美两国要求改善日台关系的压力。夹在其中的马英九当局最终选择回到最初的主张,理性解决问题。如果马英九当局坚持"重视中华民国的主权",那么"日台渔业协议"就不可能缔结,日台(湾地区)关系和日中(国大陆)关系也可能继续不稳定。马英九当局把不与中国大陆合作解决钓鱼岛问题写入文件,并与日本缔结"渔业协议",这对维护东亚地区的稳定具有极为重要的意义。

> 马英九当局能够顺利改善和发展对日关系,最大原因就在于两岸关系稳定化所带来的日台关系政治敏感性下降。同样,与中国大陆的关系恶化也是日本选择对台(湾地区)接近的强大诱因。

纵观马英九"执政"八年期间的日台关系可以发现,不仅"中华民国因素"增强、"日华关系"复活了,在两岸关系稳定的背景下,"日华关系"也更加复杂化了。马英九当局能够顺利改善和发展对日关系,最大原因就在于两岸关系稳定化所带来的日台关系政治敏感性下降。同样,与中国大陆的关系恶化也是日本选择对台接近的强大诱因。

马英九第二任期时,日台纠纷的频发期与马英九谋求与习近平举行会谈,接近中国大陆的时间是重叠的。[1] "习马会"作为马英九当局的遗产,是马英九努力让世界承认"中华民国之存在"的一环。在这一过程中,日本的重要性就变得极低了。这就出现了"通过与中国一起'抗日'来讨中国欢心"的李登辉式解读。该类解读传到日本后,刺激了安倍政府,因此,安倍政府在马英九"执政"末期展现出向蔡英文及民进党倾斜、轻视马英九当局的姿态。日本政府的这一姿态又反过来刺激了马英九当局的"重视中华民国的尊严"立场和"台日关系对等愿望",因而,马英九当局选择了强硬的对日政策。

---

[1] 关于马英九当局接近中国大陆的过程,参见:松田康博「第8章 馬英九政権下の中台関係——経済的依存から政治的依存へ?」、松田康博・清水麗編『現代台湾の政治経済と中台関係』晃洋書房、2018年。

"极限施压"对阵"战争边缘"
——莫迪执政以来的印巴关系

吴孟克

内容提要：在莫迪于2014年5月上台后，印度对巴政策逐渐转入"极限施压"轨道，友善的表态下是对巴强硬的内核。在2016年7月爆发的印控克什米尔骚乱的催化下，印巴关系于当年9月全面恶化，完成阶段转换。面对印度的政治经济文化孤立与军事上"外科手术式打击"的羞辱，巴基斯坦选择首先稳住国内与西部边境局势。2018年3月，巴开启了对印"和平攻势"，并以"卡塔普尔朝圣走廊"为主要突破口，遭到印方冷淡对待。在2019年2月普尔瓦马危机中，印巴出现了"战争边缘"式危机，客观上对印起到了一定威慑作用。然而，印度于2019年8月废除宪法第370条，取消印控克什米尔地区自治地位，印巴关系再次跌至谷底。"持续紧张/不时危机"仍将是印巴关系在可预见未来的主要特征。

关键词：印巴关系　莫迪执政　极限施压　战争边缘

印巴关系，以彼此难以调和的敌意为底色，是当今世界上最为复杂、又颇具"生命力"的"宿敌"关系之一，两国被印度前总理古杰拉尔（I. K. Gujral）形象地形容为"彼此折磨的一对"。[1] 自莫迪于2014年5月就职印度总理以来，印度国家和社会逐渐走出了2008年11月孟买恐袭案以来的对巴政策"徘徊期"，以2016年9月抵制原定于当年11月在伊斯兰堡举行的南盟峰会为节点，转入了对巴全面强硬

吴孟克　《世界知识》杂志编辑。

1　I. K. Gujral, "Significance of an Independent Foreign Policy," in I. K. Gujral, *Continuity and Change: India's Foreign Policy*, London: Macmillan Press, 2003, p.109, quoted from David Scott, "India's Relations with Pakistan," in David Scott, *Handbook of India's International Relations*, London: Routledge, 2011, p.59.

的"极限施压"轨道,具体表现为政治经济文化上的全面孤立和军事上"外科手术式打击"的羞辱。虽然莫迪在某种程度上扭转了之前印度对巴的"战略忍耐"政策,事实上印度仍未能摆脱其在印巴博弈之中受到的一系列限制,这突出表现在2019年2月普尔瓦马袭击案爆发之后印巴两国的军事政治博弈之中。面对印度的"极限施压"政策,巴基斯坦以"战争边缘"政策作为威慑性的"盾牌",力求通过军事施压、国内发展改革和国际上针对印度"侵犯人权"的外交活动予以回击。

一、印巴关系：症结与演进

自1947年两国独立以来,印巴关系一直受到四方面因素的困扰。第一,两国的立国理念和国家认同互相排斥。斯蒂芬·科恩（Stephen P. Cohen）很有洞见地指出,虽然印巴两国在文化、语言、饮食等各个方面极为相似,这两个国家立国所依靠的理念却高度相斥,以致无法实现威斯特伐利亚体系下国家关系的"正常化"。[1] 印度国家建立在"印度文明"的自觉之上,[2] 这在国大党（INC）的版本中意味着世俗主义下的多元一体,在极右翼非政府组织国民志愿服务团（RSS）或印度人民党（BJP）的版本中则意味着"印度教特性"（Hindutva）。巴基斯坦的立国理念则认为穆斯林与"印度教徒"是"两个民族",因而必须要建立"印度穆斯林的堡垒"以保护次大陆上穆斯林的权利。[3] 第二,从现实主义"权力博弈"的角度出发,印巴两国的国家利益有着很高的"零和"属性。印度希望在南亚次大陆乃至整个印度洋地区建立其排他性的霸权地位,[4] 力求消除其他大国在这一地理范围内的影响力；巴基斯坦则将联盟作为其最基本的国家战略之一,[5] 一直致力于将外部大国引入次大陆和印度洋地区。第三,印巴两国有着一系列难以解决的问题,包括克什米尔问题、恐怖主义问题、核安全问题、锡亚琴冰川问题、爵士湾问题、阿富汗问题、印度河水资源问题、"卡利斯坦"问题、贸易问题等,而且自1947年以来两国关系面临的问题总体上呈现在复杂性上增加、在数量上增多的态势。第四,印巴关系在心理层面上从精英到大众都存在着异常复杂的、包含着强烈仇恨的针对彼此的情结,[6] 驱使着两个国家的政府和社会不断

---

1 科恩指出,"正常化"在威斯特伐利亚体系话语中的含义是通过签订国际条约,确认只要一个国家能对其国土实现实际控制,那么其他缔约国就应该尊重这个国家的领土与主权完整的安排。但科恩同时指出,印巴两国由于各自的立国理念和国家认同,很难在威斯特伐利亚体系话语中实现关系的"正常化"。参见 Stephen P. Cohen, *Shooting for a Century: The India-Pakistan Conundrum*, Washington D.C.: Brookings Institution Press, 2013, p. xii。

2 Stephen P. Cohen, *India: Emerging Power*, Washington D.C.: Brookings Institution Press, 2002, pp. 51-52.

3 Stephen P. Cohen, *The Idea of Pakistan*, Washington, D.C.: Brookings Institution Press, 2006, p. 29.

4 Stephen P. Cohen, *India: Emerging Power*, pp. 53-54.

5 沈宏：《巴基斯坦的战略选择与战略困境》,《外交评论》,2011年第5期,第40页。

6 科恩将这种情结归类为"相互性成对少数群体纷争"（paired minority conflicts）。参见 Stephen P. Cohen, *Shooting for a Century: The India-Pakistan Conundrum*, pp. 138-141。

地对对方做出敌意举动。

自1947年两国分别独立以来，印巴两国关系的历史大致可以分为三个时期：第三次印巴战争前的印巴对峙（1947—1971年）、印度霸权下的"长和平"（1971—1987年）、印巴拥核背景下的持续紧张／不时危机（1987年至今）。1987年可以被视作印巴关系的一个关键节点，印巴在这一年结束了"长和平"，进入了延续至今的"持续紧张／不时危机"时期。

与之前相比，1987年至今的印巴关系有三个特征。

第一，印度国家与前"查谟—克什米尔邦"（印控克区）[1] 陷入了长期的敌对关系之中。[2] 在1965年第二次印巴战争中，山谷区民众对巴基斯坦潜入人员的告发和抵制构成了当时巴基斯坦军事行动失败的重要原因之一，[3] 而自1987年之后对印度国家高度不满的山谷区民众则构成了外部渗透的肥沃土壤和反抗的主体。正如一些学者指出的，在1989年克什米尔危机全面爆发之前，印度人和巴基斯坦人互相争夺克什米尔地区，而在之后克什米尔人成为了主要的交战方之一，并承担了巴方"对印作战"的主要任务。[4] 印度国家与克什米尔山谷区对峙和博弈的格局也是影响印巴关系至关重要的因素，如1997年、2000年和2003年山谷区有利于印度国家的形势是促使印度寻求与巴基斯坦和解的重要因素之一。[5] **印度对巴基斯坦的政策和印度对印控克区的政策是联动的，正如巴基斯坦对印度的政**

---

[1] 克什米尔地区（包括印控克什米尔和巴控克什米尔）是一个地理上、社会文化上都异常复杂的综合体，是在前克什米尔多格拉王朝土邦扩张的基础上形成的。在印控克什米尔，大多数人口聚居在克什米尔山谷区（根据2011年印度人口普查，占印控克区总人口的54.93%），山谷区人大部分是说克什米尔语的逊尼派穆斯林，他们也是"克什米尔精神"（Kashmiriyat）的主要承载者，是谋求克区独立的"阿扎德"（Azadi）运动的主体。参见 Sumantra Bose, *Kashmir: Roots of Conflict, Paths to Peace*, Cambridge, Massachusetts/London, England: Harvard University Press, 2003, pp. 184-185。

[2] 事实上在1975—1983年间，克什米尔问题对于印度来说是一个"已解决的问题"。随着1975年，谢赫·阿卜杜拉与英迪拉·甘地签订《德里协议》，克什米尔的政治生活实质上已经实现了"正常化"。学界的共识是，1983—1987年国大党政府出于维护自己在全国政治舞台上的地位的目的，频频插手印控克区政局，最终导致山谷区积压的矛盾被彻底引爆。参见 Sten Widmalm, *Kashmir in Comparative Perspective: Democracy and Violent Separatism in India*, Oxford: Oxford University Press, 2002。

[3] S. Paul Kapur, *Jihad as Grand Strategy: Islamist Militancy, National Security, and the Pakistani State*, New York: Oxford University Press, 2017, pp. 58-59.

[4] Sumantra Bose, *Kashmir: Roots of Conflict, Paths to Peace*, p. 3.

[5] 山谷区的大规模战斗发生在1990—1995年之间，到了1996年事实上局势已经趋于平静，构成了古杰拉尔、瓦杰帕伊与纳瓦兹·谢里夫进行秘密接触，并于1998年最终达成印巴《拉合尔宣言》的重要基础。见 Sumantra Bose, *Kashmir: Roots of Conflict, Paths to Peace*, pp. 140-141。2000年，印度政府与"圣战者党"达成了停火协议，构成了瓦杰帕伊寻求与穆沙拉夫进行阿格拉会面的重要因素。参见 Sumit Ganguly, *Deadly Impasse: Kashmir and Indo-Pakistani Relations at the Dawn of New Century*, Cambridge: Cambridge University Press, 2016, pp. 42-43。2002年，印控克区地方议会选举取得了巨大的成功，极大地振奋了当时的印度领导层，这使其更加坚定了与印控克区分离主义势力和巴基斯坦进行双轨"全面对话"（composite dialogue）的政策。参见 Rekha Chowdhary, *Jammu and Kashmir: Politics of Identity and Separatism*, New York: Routledge, 2016, pp. 215-220。

策和巴基斯坦对印控克区的政策是联动的。

　　第二，非政府武装组织扮演了搅动印巴关系的关键角色。一系列分布在阿富汗到巴基斯坦广阔区域内形形色色的非政府武装力量无疑是苏联入侵阿富汗战争的"遗产"。苏联入侵阿富汗的战争最大的后果之一就是在阿富汗—巴基斯坦地带留下了适合于"圣战"非政府武装生长的"肥沃土壤"。这些武装无疑有着形形色色的"资助者"，但也有着自己的意识形态和政治议程，因而具有较强的自主性，不会满足于单纯充当傀儡的角色。像"虔诚军"（JeT）和"穆罕默德军"（JeM）这类组织，不仅在印控克区活动，而且深入阿富汗和印度腹地发起袭击，成为扰动印巴关系的关键性因素。

　　第三，印巴两国拥有核武器的事实，从根本上改变了两国博弈的格局。1971年的第三次印巴战争是促成印巴两国走向拥核道路的关键节点：印度认为自己面临着来自中国和美国方面的"威胁"，于1974年进行了第一次所谓的"和平核试验"；巴基斯坦则认为只有拥核才能抵消印度相对于巴拥有的常规武力优势。[1]尽管印巴两国公开宣称拥核是在1998年，事实上核武器最早在印巴关系中发挥重大影响力是在1987年的"布拉斯塔克斯演习"（Operation Brasstacks）危机中，[2]时任巴陆军参谋长、总统齐亚·哈克（Zia-ul-Haq）和巴核武器专家卡迪尔汗（A.Q.Khan）含蓄而坚定地发出了核报复的警告。在1989年到1990年的印巴复合危机（the compound crisis of 1990）[3]中，双方都发出了更明确的核威胁，并且两国舆论界都确认了彼此的拥核状态。核武器使得大规模战争的代价对彼此都变得不可接受。这对印度尤其不利，因为核武器的存在使得大规模常规战争不再成为可选项。有关核武器的出现对南亚次大陆稳定性的影响尚有争论，其中有一些研究者使用威慑理论的"稳定—不稳定悖论"（Stability-Instability Paradox）[4]模型分

---

[1] George Perkovich and Toby Dalton, *Not War, Not Peace? Motivating Pakistan to Prevent Cross-Border Terrorism*, New Delhi: Oxford University Press, 2016, pp. 182-183.

[2] 1986—1987年，印度在印巴边境地区进行了大规模的军事演习，最高峰时聚集了高达60万陆空军，包括1300多辆坦克。作为回应，巴基斯坦也从旁遮普省调集了大批兵力，与印度形成对峙。有关这次危机的专门研究，参见 Kanti P. Bajpai, P. R. Chari, et al., *Brasstacks and Beyond: Perception and Management of Crisis in South Asia*, New Delhi: Manohar Publisher & Distributors, 1995.

[3] 1988年末开始，印控克区的治安状况逐渐恶化，绑架和暗杀事件频发，并在1990年1月实质上演变为一场内战。随着两国政府面临各自国内压力的不断增加，双方都不得不升级强硬姿态，并向边界做"预防性军事部署"，同时展示决心。有关这次的专门研究，参见 P. R. Chari, Pervaiz Iqbal Cheema and Stephen P. Cohen, *Perception, Politics and Security in South Asia: The Compound Crisis of 1990*, London: Routledge, 2003.

[4] 最早由格伦·斯奈德（Glenn Snyder）于20世纪60年代进行详细论述的理论，其主要观点是核武器的出现会加强战略层面的稳定，但却可能导致非战略层面的不稳定。而且战略层面越是稳定，非战略层面可能会越不稳定。但由于恐惧升级的危险，博弈各方都会倾向于将不稳定控制在可控的层级上。有关"稳定—不稳定悖论"，参见胡高辰、李彬：《威慑理论：美国国际战略学的一个重要领域》，《国际论坛》，2018年第4期。使用"稳定—不稳定悖论"模型对印巴博弈分析的代表作品，参见 Michael Krepon, *The Stability-Instability Paradox, Misperception, and Escalation Control in South Asia*, Washington D.C.: The Henry L. Stimson Center, 2003.

析印巴安全博弈,认为核武器的出现导致了印巴在低战略层级的不稳定,尤其是在"非对称作战"层级。

在上述背景下,自1987年到2014年莫迪上台执政期间,印巴关系的历史大致可以分为三个阶段。

首先是"四场危机"阶段,从1987年持续到2002年,从1987年的"布拉斯塔克斯演习"危机开始,经过1989—1990年的印巴复合危机、1999年的卡吉尔冲突,直到2001—2002年印巴边境对峙结束。这段时间内,印巴两国对一系列新变化——包括克什米尔重新成为印巴博弈的焦点、[1]非政府武装组织的活跃以及两国拥有核武器等新事实进行了认知和适应,并最终在2001—2002年的印巴边境对峙中最终确认了彼此的核均势。[2]

其次是全面对话阶段,[3]从2003年底持续到2008年11月"孟买恐袭案"爆发为止。如果要用一句话概括印巴两国这一个时期在谈判桌上的立场,那么用"印度愿意谈除了克什米尔之外的一切问题,而巴基斯坦除了克什米尔什么都不愿意谈"就再恰当不过了。在整个全面对话期间,印巴两国围绕克什米尔问题"国际化"的斗争仍在持续。[4]就全面对话中最核心的克什米尔问题,可以说印巴两国都做出了让步,以至于双方当时就克区达成协议似乎前景可期。[5]全面对话的顶峰的标志是2006年,时任巴总统穆沙拉夫(Pervez Musharraf)在接受印度一家电视台采访时,宣称巴可以在领土要求方面做让步,作为其提出的解决克什米尔

---

[1] 根据1988—1991年美国驻巴基斯坦大使罗伯特·奥克利(Robert Oakley)回忆,在1989—1990年的复合危机之前,克什米尔并不在印巴两国外交议程的前列,双方甚至很少讨论相关议题。参见 P. R. Chari, Pervaiz Iqbal Cheema and Stephen P. Cohen, *Perception, Politics and Security in South Asia*:*The Compound Crisis of 1990*, pp. 65-67。

[2] 2001年12月,"虔诚军"和"穆罕默德军"联合制造了印度议会大厦袭击案。印度随即向巴基斯坦提出了交出恐怖案件嫌犯等要求,未得到满足。印度随即发起"帕拉克拉姆行动"(Operation Parakram),向印巴边境地带调集超过50万军队,与巴军形成对峙。Sumit Ganguly, *Deadly Impasse*:*Kashmir and Indo-Pakistani Relations at the Dawn of New Century*, Charpter 4, "The Road to Operation Parakram"。

[3] 全面对话最早发端于1997年南盟马累峰会古杰拉尔与纳瓦兹·谢里夫的会面,但由于1999年卡吉尔战争和2001—2002年印巴对峙的影响,直到2004年才正式开始。有关全面对话的大致历史,参见吴兆礼:《印巴全面对话:进程、成果与未来走向》,《南亚研究》,2010年第4期。

[4] 印度长期坚持要求遵照1972年《西姆拉条约》的条款将克什米尔问题限定在印巴双边外交的轨道内,而巴基斯坦则一贯致力于把两国以外的第三方引入克什米尔问题的解决进程。全面对话期间的案例参见当时巴方负责全面谈判的巴总理阿齐兹的回忆录:Khurshid Mahmud Kasuri, *Neither a Hawk Nor a Dove: An Insider's Account of Pakistan's Foreign Relations Including Details of the Kashmir Framework*, Karachi:Oxford University Press,2015, pp. 293-294。

[5] 印方当时同意将克什米尔列为谈判议题,并且在某种程度上接受了巴在印控克区的权利。而巴方则不再坚持根据联合国安理会决议在克什米尔举行公投解决克什米尔问题。根据当时一位参与的印度外交官的回忆,印巴事实上已经基本敲定了有关克什米尔的协议,只差签字了,参见 Myra Macdonald, *Defeat is an Orphan*:*How Pakistan Lost the Great South Asian War*, London: Hurst & Company, 2017, pp. 183-184。

问题"四步走"计划的新补充部分。[1] 印度方面也对"虔诚军"等不断发起的袭扰采取了忍耐态度,并未中断与巴谈判进程。但在2007年,印巴全面对话却实际进入停滞状态,主要原因是巴基斯坦的国内政治出现了重大变化,陷入"动乱"状态的巴基斯坦已经没有什么余力与印度谈判了,尤其是2008年穆沙拉夫的离职极大地打击了印巴和解进程。2008年11月"虔诚军"发动的孟买恐袭案则是给全面对话的最后一击,其持续时间之长、性质之恶劣、手段之残忍、造成的伤亡之大,都是罕见的,此次袭击成了印巴关系难以抹去的疤痕。孟买恐袭案之后,恐怖主义问题的权重上升,尤其是印度方面强调必须将所有参与策划、实施孟买恐袭案的恐怖分子绳之以法,这成了印巴关系改善进程中难以逾越的障碍之一。

最后是"徘徊中下滑"阶段,印巴关系自孟买恐袭后进入了这个阶段。因孟买恐袭案而中断的对话进程直到2011年才得到恢复,但事实上印巴关系已经回不到从前了。巴基斯坦疲于应付国内乱局,印度则就该对巴采取怎样的政策争论不休、莫衷一是。在印度国内,一些温和的派别主张通过合作来软化巴基斯坦,2011年印度重要的战略文件《不结盟2.0》的起草者们就提出了一系列"积极杠杆"(positive levers),包括不让双边谈判被恐怖袭击等"挑衅行为"中断,加强与包括军方在内的巴各派的交流,加大对巴市场开放力度,促进两国能源、水资源合作,加强人文交流等。[2] 这一派观点的实践就是2011—2012年,印巴两国就加强经济联系进行的一系列外交谈判,在其最高峰时的2011年下半年,巴决定给予印度最惠国待遇。[3] 但在2012—2013年,不仅经贸合作进展缓慢,[4] 而且双边安全关系也急转直下,事实上延续了2008年末以来印巴关系的下降轨迹,这直观地体现在双方隔着控制线和国际边境线进行的"炮弹决斗"(gun duel)上:

---

[1] Sumit Ganguly, *Deadly Impasse: Kashmir and Indo-Pakistani Relations at the Dawn of New Century*, pp. 94-95. 穆沙拉夫的"四步走"计划如下:1. 明确需要解决的有争议的克什米尔地理区域。巴控克区被分为了两个地区,北部地区和"阿扎德克什米尔"。印控克什米尔被分为了三个部分,即查谟、克什米尔山谷和拉达克。要明确哪些区域是印巴谈判所要涉及的。2. 实现争端区域的非军事化,制止所有有为了自由的军事斗争。3. 在已经明确的地区实行自治。让克什米尔人民拥有自己管理自己事务的权利,而不是缺乏独立的国际社会托管。4. 建立一个由巴基斯坦、印度和克什米尔组成的联合管理机构,监督自治政府,解决争议区域所共同面临的问题和自治政府不能解决的问题。参见〔巴基斯坦〕佩尔韦兹·穆沙拉夫:《在火线上:穆沙拉夫回忆录》,张春祥等译,南京:译林出版社,2006年版,第301页。

[2] 参见 Sunil Khilnani, et al., *Nonalignment 2.0: A Foreign and Strategic Policy for India in the Twenty First Century*, 29 February 2012, pp. 20-21.Center For Policy Research, https://www.cprindia.org/research/reports/nonalignment-20-foreign-and-strategic-policy-india-twenty-first-century,2019年8月10日登录。

[3] 牟宗琮、廖政军:《巴基斯坦拟加速给予印度最惠国待遇》,《人民日报》,2011年10月19日,第3版。

[4] 一个显著的例子是,巴基斯坦国内的一些势力就"最惠国待遇"的字面含义纠缠不休,后来谢里夫政府不得不创造一个新的词汇"非歧视性市场准入",但还是遭到了一系列利益集团的抵制。这一轮印巴关于经济合作的接触最终于2014年搁浅。参见 Obja Borah Hazarika, "India-Pakistan Relations Post-2008: Taking Stock of Tense Ties in Trying Times," in Dr. Sankay Kumar, et al. *India-Pakistan Relations: Issues and Challenges*, New Delhi: G. B. Books, 2016, pp. 288-289.

印度国防部年度报告的数据声称，巴基斯坦在2009—2013年"违反2003年印巴停火协议"的事件数目分别为28起、44起、62起、114起、347起（见表1）。在这种状况下，印度主流的观点越来越倾向于以"现实主义"的视角加强对巴基斯坦的遏制，于是在《不结盟2.0》中又提出了一系列针对巴基斯坦的"消极杠杆"（negative levers），包括增强本国的安全防卫力量、执行"惩罚性"越界军事行动、增加对巴俾路支省等薄弱地带的关注、增强对巴控克什米尔的声索、增强在阿富汗的影响力等。[1] 甚至有一些右翼的强硬派质疑：既然巴基斯坦已经深陷内乱，那印度为什么不利用这个机会狠狠地削弱之，甚至促进其"解体"呢？[2]

表1　2009—2018年，印度声称巴基斯坦"违反停火协议"事件数目及"越境渗透"事件数目（单位：起）[3]

年份	2009	2010	2011	2012	2013	2014	2015	2016	2017	2018
"违反停火协议"事件数目	28	44	62	114	347	153	152	228	860	1619
越境渗透事件数目	485	489	247	264	277	222	121	371	406	N/A

二、莫迪：对巴"极限施压"

在印度的政治光谱中，莫迪可以说是"右翼中的右翼"，这一派传统上主张奉行对巴强硬政策。但在莫迪上任之初，其发出的一些对巴友好的信号，包括邀请时任巴总理谢里夫参加其就职典礼，使很多南亚观察者一度认为莫迪会延续其前辈瓦杰帕伊对巴协调的实用主义路线。[4] 如同接下来要论述的，实际上在莫迪的友善表态之下仍然是对巴强硬的内核，大体上就是《不结盟2.0》去掉"积极杠杆"后，"消极杠杆"的加强版。因而在2014年莫迪就任到2016年9月之

> 实际上在莫迪的友善表态之下仍然是对巴强硬的内核，大体上就是《不结盟2.0》去掉"积极杠杆"后，"消极杠杆"的加强版。

---

1 Sunil Khilnani, et al., *Nonalignment 2.0: A Foreign and Strategic Policy for India in the Twenty First Century*, pp. 19-20.

2 Stephen P. Cohen, *Shooting for a Century: The India-Pakistan Conundrum*, pp. 82-83. 事实上，任何审慎而现实主义的评估都能认识到，巴基斯坦作为一个国家"解体"，无疑将给印度带来巨大的安全损害。大规模的难民潮、挣脱一切控制的非政府武装、核武器，再加上巴社会普遍对印度存在的仇恨，将有很大概率使巴基斯坦"解体"后的南亚次大陆呈现出"末日"景象。考虑到南亚次大陆密集的人口分布、糟糕的核防护基础设施和预案、富于彼此渗透性的社会环境更是如此。

3 "违反停火协议"事件数目整理自历年印度国防部年度报告，下载自印度国防部网站：https://mod.gov.in/documents/annual-report，2019年8月11日登录。"越境渗透"事件数目整理自历年印度内政部年度报告，下载自印度内政部网站：https://www.mha.gov.in/documents/annual-reports，2019年8月11日登录。虽然印方数据有其偏向性，但也可用于判断印巴两国在克区对峙状况的大致走向。

4 马加力：《透视"莫迪外交"》，《世界知识》，2014年第20期，第28页。

间,印巴关系被一些中国学者恰当地形容为"改而不善",[1] 或者说是莫迪政府的"单边解耦"。[2] 这一阶段莫迪的对巴政策,可以归结为以下几个方面:

第一,公开释放出对巴友好信号,与此同时提出巴方不可能接受的要求。莫迪在与谢里夫的几次接触中,都强调要巴基斯坦解决恐怖主义问题,但对巴基斯坦关心的克什米尔问题却避而不谈。在2014年8月,印度还以巴驻印高级专员(大使)会见印控克什米尔分离主义组织领导人为由而取消原定于当年8月底举行的两国外交秘书会谈。[3] 而事实上,巴驻印高级专员在印巴有双边对话活动时,都会举行相关会面,过去印度政府大都对此表示容忍。第二,扩大、升级双边冲突。在印方决定取消两国外交秘书会谈不久后的2014年10月,两国就爆发了"十年来最严重"的越境交火事件。[4] 在这场事件中,印方"不成比例"地炮击了巴方目标,并将炮火扩大到巴旁遮普省的锡尔赫特县,试图胜过巴方一头。[5] 第三,暗示、威胁支持反对巴基斯坦国家的分离主义团体和非政府武装组织。长期以来,巴基斯坦都在指责印度支持俾路支斯坦、卡拉奇、阿富汗等地的反巴团体,但在莫迪任期内,这种指责似乎得到了印度官方言论的"印证"。特别是2015年5月,印度防长帕里卡尔(Manohar Parrikar)称对巴可以"用恐怖主义回击恐怖主义"。[6] 第四,印在阿富汗与巴展开激烈竞争,向阿富汗政府提供进攻性武器。印巴两国在阿富汗的影响力竞争由来已久,削弱巴基斯坦的影响力也是印度在阿活动的重要目标之一。[7] 2014年9月加尼出任阿富汗总统后,喀布尔政府最初采取了亲近巴基斯坦、与印度保持距离的政策,希望巴能促进其与阿富汗塔利班的和解进程。但到了2015年8月的喀布尔爆炸事件[8] 之后,加尼和巴

---

[1] 张超哲:《2014年的印巴关系:改而不善》,《印度洋经济体研究》,2015年第3期。

[2] 刘红良:《试论莫迪执政以来的印巴关系与"单边解耦"》,《南亚研究》,2018年第2期。

[3] 《印度取消与巴基斯坦的外交秘书级会谈》,新华网,2014年8月19日,http://www.xinhuanet.com/world/2014-08/19/c_1112127533.htm,2019年8月11日登录。

[4] 《印巴边境再次交火,莫迪称局势很快会有转机》,中新网,2014年10月9日,http://www.chinanews.com/gj/2014/10-09/6659489.shtml,2019年8月11日登录。

[5] George Perkovich and Toby Dalton, *Not War, Not Peace? Motivating Pakistan to Prevent Cross-Border Terrorism*, New Delhi: Oxford University Press, 2016, p. 206.

[6] "Neutralise Terrorists without Fear: Parrikar," *The Hindu*, May 22, 2015, https://www.thehindu.com/news/national/neutralise-terrorists-without-fear/article7232863.ece,2019-08-11.

[7] 钱雪梅:《阿富汗的大国政治》,北京:中国社会科学出版社,2017年版,第77—78页。

[8] 《阿富汗首都强烈爆炸致8死400伤》,新华网,2015年8月7日,http://www.xinhuanet.com/world/2015-08/07/c_128104675.htm,2019年8月11日登录。

基斯坦之间的"浪漫情愫"已经丧失殆尽。[1] 莫迪趁机介入，于2015年12月25日访问阿富汗。在联合声明中，莫迪表示印度将全力支持阿富汗加强国防能力建设，并向阿政府提供米-25武装直升机。[2]

除了以上四点之外，莫迪还延续了印度政府一种致命的倾向：厌恶巴基斯坦军方，并尽可能不把其当做谈判对象，[3]但事实上巴军方却对巴安全外交政策有很大的影响力。巴基斯坦还历来存在军政不和的问题，2013年5月纳瓦兹·谢里夫出任巴总理后，巴军政纷争进入了新的白热化阶段，对印政策主导权也成为了巴军政双方激烈争夺的对象。这段时间内，每当谢里夫与印度领导人会面，印巴之间就会发生安全事件，几乎成为一种"规律性现象"。[4] 在这种情况下，莫迪于2015年12月25日刚结束对阿富汗的访问，就通过一个电话"临时决定"来到拉合尔与谢里夫见面，展开"生日外交"。[5] 2016年1月2日，在拉合尔会面一周后，印度旁遮普邦伯坦果德空军基地遭到武装分子袭击，[6] 1月3日晚阿富汗城市马扎里沙里夫印度领事馆遭到武装袭击。[7] 本轮印巴关系的"回暖"至此已经基本搁浅。

---

[1] 巴基斯坦怀疑加尼控制阿富汗国家的能力，加尼则怀疑巴控制塔利班的能力和与阿政府和解的诚意。2015年7月阿富汗塔利班组织领导人奥马尔死讯的传出更是这一轮阿富汗和解、阿巴关系亲善的重要转折点。参见 Avinash Paliwal, "Pakistan-Afghanistan Relations Since 2001: There are No Endgames," in Christophe Jaffrelot, *Pakistan at the Crossroads: Domestic Dynamics and External Pressures*, New York: Columbia University Press, 2016, pp. 208-210。

[2] Ministry of External Affairs, Government of India, "Joint Statement between India and Afghanistan," December 25, 2015, https://www.mea.gov.in/bilateral-documents.htm?dtl/26247/Joint_Statement_between_India_and_Afghanistan_December_25_2015, 2019-08-11.

[3] George Perkovich and Toby Dalton, *Not War, Not Peace? Motivating Pakistan to Prevent Cross-border Terrorism*, pp. 48-49.

[4] 2013年9月29日，谢里夫与曼莫汉·辛格在纽约出席联合国大会期间会面。在这不久前的9月26日，印控克什米尔的军事基地和警察局遭到了武装分子袭击，造成多人死亡。2014年5月26日，谢里夫赴印度出席莫迪的就职典礼。在这不久前的5月23日，印度驻阿富汗赫拉特领事馆遭到武装分子袭击。2015年7月10日，谢里夫与莫迪在俄罗斯出席上合乌法峰会期间会面。7月15日，巴基斯坦军队宣称在巴控克什米尔地区击落一架印度间谍无人机。

[5]《新华国际时评：印巴关系，能常"闲聊"就好》，新华网，2015年12月28日，http://www.xinhuanet.com/world/2015-12/28/c_1117600836.htm，2019年8月11日登录；"India Welcomes Rule-Breaker Modi's Surprise Visit," *The Nation*, December 27, 2015, https://nation.com.pk/27-Dec-2015/india-welcomes-rule-breaker-modi-s-surprise-visit, 2019-08-11。该篇报道汇编了当时多方的反应和透露的消息。有关本次会面巴政府方面更多的细节，参见"Did Sajjan Jindal Help Set Up Lahore Mee," *The Nation*, December 27, 2015, https://nation.com.pk/27-Dec-2015/did-sajjan-jindal-help-set-up-lahore-meet，2019年8月11日登录。还可以参考中国资深外交官毛四维的分析，毛四维：《莫迪突访巴基斯坦，印巴关系转圜？》，《南风窗》，2016年第2期，第74—76页。

[6]《印度北部一空军基地遭武装分子袭击》，新华网，2016年1月2日，http://www.xinhuanet.com/world/2016-01/02/c_1117648403.htm，2019年8月11日登录。

[7]《印度驻阿富汗领事馆遭袭》，新华网，2016年1月4日，http://www.xinhuanet.com/world/2016-01/04/c_1117652923.htm，2019年8月11日登录。

事件发生后一段时间里，莫迪政府对谢里夫政府能够协助其调查袭击事件还抱有一定希望。[1] 然而随后的7—9月，印巴关系全面、剧烈地恶化了，起到催化作用的是印控克区的乱局。2016年7月8日，印度安全部队在印控克什米尔的一次行动中打死了反政府武装"圣战者党"（HuM）的头目布尔汗·瓦尼（Burhan Wani），随即在山谷区引发大规模动乱。[2] 随后，在8月15日的独立日演说上，莫迪首次公开提及巴俾路支省和巴控克什米尔地区，被广泛认为是对巴方的挑衅。[3] 9月18日，印控克区印度乌里军营遭遇武装袭击，这次事件在印度国内引发了极大的愤怒。在这种情况下，印度在9月底发起了抵制原定于当年11月在伊斯兰堡举行的南盟峰会的行动。在印巴交往的历史上，南盟（SAARC）多次发挥了促进两国接触、缓和平台的作用，印度令这个平台瘫痪无疑是断了对巴缓和的"后路"。至此，印度国家和社会彻底走出了2008年11月孟买恐袭案以来对巴政策的"徘徊期"，转入了对巴全面强硬的"极限施压"轨道。

> 印巴关系恶化到如此地步，虽说"一个巴掌拍不响"，而且也有偶然因素的作用，但总体上还是莫迪政府"有意促成"的结局。

印巴关系恶化到如此地步，虽说是"一个巴掌拍不响"，而且也有偶然因素（印控克区动乱）的作用，但总体上还是莫迪政府"有意促成"的结果。莫迪政府的对巴政策大致是出于以下几个方面的考虑：第一，这是印人党的意识形态所要求的。国民志愿服务团/印人党及其所在的同盟家族（Sangh Parivar）信奉"印度教特性"（Hindutva），要求对内结束国大党"伪世俗主义"（pseudo-secularism）对印度穆斯林的"绥靖"和票仓政治，对外对巴强硬。[4] 恶化与巴关系，也是莫迪政府在国内放手进行教派主义煽动、出台强硬的教派主义政策所必需的步骤。第二，印度国力快速增长，使其"不屑于"安抚巴基斯坦。自冷战结束以来，事实上印巴两国间的国力差距进一步拉大了，根据国际货币基金组织（IMF）的数据显示，印度2015年的国内生产总值（GDP）达到2.1万亿美元（巴为2700亿美元），增长率高达8%（巴基斯坦为4.1%）。印度相信自己快速增长的实力早晚会抵消一个敌对的巴基斯坦给其带来的掣肘。第三，印度认为自己正处在

---

[1] 帕坦果德袭击事件后，巴基斯坦政府对其进行了谴责，并承诺将对恐怖分子采取"迅速和坚决"的行动。见《印巴总理就印空军基地遭袭通话》，新华网，2016年1月5日，http://www.xinhuanet.com/world/2016-01/05/c_128598257.htm，2019年9月19日登录。

[2] 有关这次事件，见张书剑：《印控克什米尔：骚乱缘何难平》，《世界知识》，2016年第15期，第34—35页。

[3] Suhasini Haidar, "In Policy Shift, Narendra Modi Brings Up Balochistan Again," *The Hindu*, August 16, 2016, https://www.thehindu.com/news/national/In-policy-shift-Narendra-Modi-brings-up-Balochistan-again/article14572650.ece, 2019-08-22.

[4] Muhammad Mujeeb Afzal, *Bharatiya Janata Party and the Indian Muslims*, Karachi: Oxford University Press, 2014, pp. 184-185.

被大国竞相拉拢的有利位置。尤其是美印关系不断接近,[1] 印度在美国新的"印太"战略中重要性凸显,使印方认为自己可以放手恶化与巴方的关系,甚至与美国共同对巴方施压。第四,这是抵制中国在南亚影响力的要求。在2011年的《不结盟2.0》中,印度就做出了中国是其最大外交和安全挑战的判断。[2] 进入莫迪时代,随着中国影响力的快速增长,中印出现了战略合作基础弱化的问题。[3] 更令印度怒火中烧的则是中巴关系的升级:2015年4月,中国国家主席习近平访问巴基斯坦,将中巴关系提升为全天候战略合作伙伴关系,并建议中巴形成"1+4"经济合作布局,这标志着中巴经济走廊全面开建。[4] 因而印度力图加强对巴打压以抵制中国在南亚影响力的增长。第五,这是印度加强对南亚地区控制的要求。这尤其体现在印度"废"掉南盟的动作上,因为南盟框架内合作一向因为印巴关系不睦而止步不前,而且还有成为中国影响力"进入南亚"平台的危险性。[5] 但只要南盟不被"废"掉,那就是南亚最具代表性的区域性合作机制,因而为了推进印度主导的、没有中国和巴基斯坦的南亚区域性合作机制,就必须"废"掉南盟,恶化与巴的关系则是印度放开手脚的关键步骤。[6] 自2016年以来,南盟也一直处于瘫痪状态,南盟峰会等重要机制停摆。第六,新德里在印控克区面临着极为不利的治理形势。在印巴交往史中,印控克区形势对印度国家不利时,印方多不倾向于与巴和解。2002年前后,新德里一度对印控克区局势非常乐观,但到了2008年新德里却发现其事实上也陷入了与克山谷区的长期僵持和对峙之中,山谷区社会在"倦怠—斗争"[7]模式的轮回中不断反复,与此同时"主流政治"扩张遇阻,[8] 分离主义势力仍占据山谷区政治"主流"。

"外科手术式打击"也是莫迪政府对巴"极限施压"政策的重要组成部分,其重要实践案例为2016年的越境袭击。根据印方的媒体简报,印军在2016年9

---

[1] 胡仕胜:《印度在美国地缘战略中的地位达到了历史最高点》,《世界知识》,2018年第24期,第21—22页。

[2] Sunil Khilnani, et al., *Nonalignment 2.0: A Foreign and Strategic Policy for India in the Twenty First Century*, p. 13.

[3] 参见林民旺:《中印战略合作基础的弱化与重构》,《外交评论》,2019年第1期,第28页。

[4] 张嘉妹:《习近平访巴之行:情义无价 共赢有方》,人民网,2015年4月24日,http://world.people.com.cn/n/2015/0424/c1002-26898124.html,2019年8月13日登录。

[5] Lawrence Sáez, *The South Asian Association for Regional Cooperation (SAARC): An Emerging Collaboration Architecture*, New York: Routledge, 2011, pp. 37-40.

[6] 莫迪政府着力推进的区域互联互通机制包括:"孟不印尼"(BBIN)四国互联互通机制、印缅泰三国互联互通倡议和卡拉丹多模式联运项目、恰巴哈尔港建设、环孟加拉湾多领域经济技术合作倡议等。参见林民旺:《印度与周边互联互通的进展及战略诉求》,《现代国际关系》,2019年第4期,第56页。

[7] 这种轮回为:镇压之后,山谷区的疲惫(war weary)不断积累进入休养生息状态;恢复元气的山谷区又进入高度政治敏感状态;在谣言或突发事件诱发下,山谷区再次爆发动乱;印度国家出面镇压,山谷区又进入新的轮回。

[8] Rekha Chowdhary, *Jammu and Kashmir: Politics of Identity and Separatism*, New York: Routledge, 2016, pp. 144-146.

月 28 日深夜至 9 月 29 日凌晨越过控制线，对巴控克什米尔的"恐怖分子大本营"（launch pads）进行了"外科手术式打击"。印方宣布无意再进行进一步行动，但将随时准备应对任何新的突发情况，印方也将有关消息通报了巴方。[1] 印方强调其袭击对象是"恐怖分子"，而且已经通报了巴方不会有进一步行动，可以看出印度在"惩戒"了巴方后，又将升级冲突的"球"踢回给巴基斯坦。这无疑是印度在印巴两国拥核背景下，与巴争夺"冲突升级掌控权"（escalation dominance）的新战术，下文将对此做进一步论述。事实上，印巴双方很可能早就习惯于彼此进行类似的越境袭击，2016 年 4 月国大党就宣称曾在 2011—2014 年曼·辛格执政期间对巴和巴控克区内目标发动了袭击，[2] 2019 年人民院选举期间曼·辛格本人又出来做了同样的声明，[3] 鉴于印人党没有揪住国大党声明不放，可以确定国大党声明的可信性较高。而且根据公开信息的描述来看，印方进行的袭击活动很明显没有达到以色列和美国"外科手术式打击"在军事技术上的先进程度。因而，印人党政府"外科手术式打击"的特点可以归结为：将袭击公开进行媒体炒作，对内获取支持，对外侮辱巴方；使用"酷炫"的冠名方式，以加强宣传效果。

除了以上几方面外，莫迪几乎每逢出访必谈"越境恐怖主义袭击"，在国际上发起针对巴基斯坦的造势。莫迪政府的对巴政策，就是要利用反恐问题和印度不断扩张的经济影响力将巴打造成为国际上的"贱民"。一时间，巴基斯坦在国际上陷入了非常被动的处境。

三、普尔瓦马：巴基斯坦回之以"战争边缘"

巴基斯坦深陷多重危机的状况，是莫迪对巴"极限施压"的重要背景性因素。自 2007 年以来，巴基斯坦深陷恐袭猖獗、军政不和、能源短缺、经济停滞、通胀高企、人口爆炸、教派社群冲突频发等多重困境中难以脱身，乃至一些著名的南亚研究学者就巴基斯坦的未来描述出了一副非常绝望的景象。[4] 2016 年 11 月，卡马尔·贾韦德·巴杰瓦（Qamar Javed Bajwa）被任命为巴陆军参谋长，其

---

[1] Ministry of External Affairs, Government of India, "Transcript of Joint Briefing by MEA and MoD," September 29, 2016, https://www.mea.gov.in/media-briefings.htm?dtl/27446/Transcript_of_Joint_Briefing_by_MEA_and_MoD_September_29_2016, 2019-08-13.

[2] Myra Macdonald, *Defeat is an Orphan: How Pakistan Lost the Great South Asian War*, London: Hurst & Company, 2017, p. 259.

[3] "'Govt Is Hiding Behind Valour of Armed Forces': Former Prime Minister Manmohan Singh," *Hindustan Times*, May 2, 2019, https://www.hindustantimes.com/india-news/government-is-hiding-behind-valour-of-armed-forces-former-prime-minister-manmohan-singh/story-jOJubPxjUyyj95GDLhHnmN.html, 2019-08-13.

[4] 参见 Stephen P. Cohen, "Pakistan: Arrival and Departure," in Stephen P. Cohen, et al., *The Future of Pakistan*, Washington, D.C.: Brookings Institution Press, 2011。

在继承前任政策的基础上，推行了被称为"巴杰瓦主义"（Bajwa Doctrine）[1]的系列内外政策，力图扭转巴不断下滑的内外形势。第一是强力反恐，继续其前任推进巴基斯坦国家垄断巴领土上全部暴力使用的进程；第二是加强对国土的控制，力求进一步巩固巴基斯坦国家的统一，尤其是在巴阿边境修建了"巴杰瓦长篱"（Bajwa Fence）；[2]第三是"有指导的民主"（guided democracy），尤其是要确保军政关系稳定前提下民主制度的顺畅运行；第四是寻求与其邻居——尤其是阿富汗和印度的和平共处，巴杰瓦首先着力处理的是与阿富汗的关系。

随着"巴杰瓦主义"的不断落实，巴基斯坦的内外环境逐渐得到了改善。到了2018年3月时，巴认为已经到了缓和印巴关系的时候。而在2016年9月—2018年3月间，印巴关系一直处于苦涩的对立中。在2017年4月尚有传言称，谢里夫与莫迪将在同年6月出席上合组织峰会时会面，但5月"印度士兵被斩首"事件[3]颠覆了这一可能性。在不久后的2017年7月，在"黎明报泄露"（the Dawn leaks）[4]事件后与军方关系已基本决裂的纳瓦兹·谢里夫因为海外资产案而下台，其不断为印巴关系带来不确定性的政治生命也基本走到了尽头。2018年3月中，又爆发了印巴互相指责彼此外交官遭到骚扰的事件，[5]至此，两国关系似乎已经跌到了谷底。但在不久后，巴军方却前所未有地邀请了印度驻巴高级代表参加

---

[1] 早在2018年初，巴三军公共关系部官员就谈及了有关"巴杰瓦主义"的巴国家战略。2018年3月，巴陆军参谋长巴杰瓦召集一群媒体记者，正式公布了其有关巴内外战略的蓝图，被媒体称为"巴杰瓦主义"。自巴杰瓦任职以来，巴国家的内外政策轨迹基本上是沿着"巴杰瓦主义"的蓝图推进的。有关"巴杰瓦主义"的详细梳理性媒体报道，参见 Suhail Warraich, "The Bajwa Doctrine: From Chauvinism to Realism," *The News*, March 18, 2018, https://www.thenews.com.pk/print/293885-the-bajwa-doctrine-from-chauvinism-to-realism, 2019年8月14日登录。

[2] 最早在2017年2月巴军对阿富汗境内目标的军事行动后，巴就加强了对阿巴边境的管制力度。2018年5月，巴开始修建隔离阿巴边境的围栏、警戒塔体系，被媒体称为"巴杰瓦长篱"，尤其优先建设的是俾路支段。巴还加强了奎达等边境城市的安全警戒力度，如设置摄像头等。到2019年3月，"巴杰瓦长篱"已经完成了500千米。参见 Murtaza Ali Shah, "'Bajwa Fence' Shows Pakistan as Key to Endgame in Afghan War, RUSI," *The News*, March 9, 2019, https://www.thenews.com.pk/print/441736-bajwa-fence-shows-pakistan-as-key-to-endgame-in-afghan-war-rusi, 2019年8月14日登录。

[3] 2017年5月1日，印度外交部发表声明称，一支武装分子小队越过控制线袭击印方军人，将其打死并斩首，随后这些武装分子回到了控制线巴方一侧。印外交部称巴基斯坦提供了"火力支援"。巴方对印方指控予以了否认。参见 Kallol Bhattacherjee, "Trail of Blood Leads to Pak.: India," *The Hindu*, May 3, 2017, https://www.thehindu.com/news/national/beheading-of-soldiers-india-summons-pakistan-high-commissioner/article18374525.ece, 2019年8月14日登录。

[4] 2016年10月，《黎明报》报道了巴军方与谢里夫政府就国家安全问题存在激烈争议的内幕。参见 "Exclusive: Act against Militants or Face International Isolation, Civilians Tell Military," *Dawn*, October 6, 2016, https://www.dawn.com/news/1288350/exclusive-act-against-militants-or-face-international-isolation-civilians-tell-military, 2019年8月14日登录。

[5] Asad Hashim, "Pakistan, India Trade Barbs over 'Harassment of Diplomats'," *Aljazeera*, March 14, 2018, https://www.aljazeera.com/news/2018/03/pakistan-india-trade-barbs-harassment-diplomats-180314071941407.html, 2019-08-14.

当月23日的巴国庆日庆祝活动，¹ 这也是巴对印新一轮"和平攻势"的开端。最强有力的声音则来自巴杰瓦本人，他在4月14日于加古尔（Kakul）巴陆军学院演讲中称自己"真诚地希望能够通过和平方法解决印巴之间的争端……巴赞同对话……"²

2018年8月8日伊姆兰·汗就任巴基斯坦总理后，巴对印的"和平攻势"更是"火力全开"，巴方选择的主要突破口是"卡塔普尔朝圣走廊"（Kartarpur Corridor）议题。位于巴基斯坦的卡塔普尔被认为是锡克教创始人师尊纳那克（Guru Nanak Dev）逝世的地方，因而也成为了锡克教圣地。长期以来，印度都要求巴方开放通往卡塔普尔的朝圣专用走廊，一直遭到巴方拒绝。2018年8月，伊姆兰·汗邀请印度旁遮普邦旅游部长纳夫乔特·辛格·西杜因（Navjot Singh Sidhu）参加其就职仪式，巴杰瓦在活动期间向其暗示巴对印开放卡塔普尔朝圣走廊的机会已经成熟。迫于国内锡克教民众的压力，莫迪政府于2018年11月推动通过法案开始建设卡塔普尔朝圣走廊印方一侧设施，并要求巴方尽快采取措施便利锡克教信众的朝圣活动。巴方很快做出了积极回应，并于同月宣布巴方一侧设施开工。巴显然希望利用和印方有关卡塔普尔朝圣走廊的接触来促进两国就一系列议题的谈判，但印度方面坚持只"就事论事"。³ 更糟糕的是，印度国内媒体对促进走廊建设的西杜因进行了围攻。在此前的9月，印方不仅取消原定与巴在联大会议期间的外长会晤，还在联大会议上就"资助恐怖主义"问题大肆攻击巴方，⁴ 巴基斯坦的挫折感是可想而知的。考虑到当时印度即将进行2019年的人民院选举，其对巴和解的拒绝政策无疑有选举的因素，但这更多还是基于印度对自身实力的高度自信。

但不久后，活跃在印巴一带的非政府武装组织给印度的这种自信带来了一次严峻的考验。2019年2月14日，普尔瓦马发生了一起针对印度军警的自杀式袭击事件，造成40多人死亡。这次袭击的时间点非常巧，恰好在印度人民院选战正酣时。出于国内政治目的，莫迪此前曾经高调宣传其进行的"外科手术式打击"，设立了"外科手术式打击日"，甚至为其专门拍了一部电影。⁵ **因此，在大选期间国内政治斗争异常激烈的背景下，莫迪将不得不迅速对袭击事件做出回击，而**

---

1 "Indian HC Bisaria, Defence Attaché Attend Pakistan Day Parade," *The News*, March 23, 2018, https://www.thenews.com.pk/latest/295934-indian-defence-attache-senior-diplomats-attend-pakistan-day-parade, 2019-08-14.

2 "Passing OUT PARADE of 137th PMA Long Course, 8th Mujahid Course and 56th Integrated Course Held at Pakistan Military Academy, Kakul," *ISPR*, April 14, 2018, https://www.ispr.gov.pk/press-release-detail.php?id=4691, 2019-08-14.

3 Ashish Shukla, "The Politics of Kartarpur Corridor and India-Pakistan Relations," *Indian Council of World Affairs*, April 10, 2019, https://icwa.in/pdfs/IB/2014/KartarpurCorriIB10042019.pdf, 2019-08-15.

4 《是否支持恐怖主义？印度巴基斯坦联大交锋》，新华网，2018年10月1日，http://www.xinhuanet.com/world/2018-10/01/c_129964305.htm，2019年8月15日登录。

5 这部电影名为《乌里：外科手术式打击》（*Uri: The Surgical Strike*）。

且必须符合其在"外科手术式打击"系列宣传中打造的强硬形象。同时,莫迪也意识到,印度事实上仍未摆脱核对峙背景下印度在印巴博弈中所受到的一系列制约性因素。

乔治·帕科维奇(George Perkovich)和托比·道尔顿(Toby Dalton)在他们有关核背景下印巴对峙的著作中指出,印度在一场与巴基斯坦的对峙中有四个目标:第一,满足国内公众有关"惩罚"巴方的愿望;第二,促使巴方采取切实措施"打击恐怖主义";第三,防止巴方单边升级冲突;第四,寻求冲突在印方伤亡、物质消耗等各方面损失小于巴方的时候结束。[1] 在这里,印巴两国所处的就是一个典型的威慑理论下的争夺"冲突升级掌控权"的问题,两国都试图在"升级阶梯"的每一层级获取优势。自1999年卡吉尔冲突结束以来,印度一直在寻求在不引发核冲突的情况下,以"有限战争"的方式"惩罚"巴基斯坦。其最典型的设想就是"冷启动",即使用大规模装甲部队快速占领部分巴领土。[2] 巴基斯坦的主要战略则是将"非对称作战"和"核冲突"之间"常规战争"的各个"阶梯"抽除,尽可能地提高"核门槛",是一种典型的"钳形威慑"。[3] 应对印度的"有限战争"战略,巴基斯坦的战略可以被称为"全领域威慑(full-spectrum deterrence)"战略。概括地说,即以第一次核打击遏制印度的常规攻击,以第二次核打击来确保与印度"互相摧毁",这是一种尽可能将"升级阶梯"中的"常规战争"转化为"核战争"的战略,方法包括开发可搭载核弹头的短程导弹等。在这种背景下,印度确实没什么应对的好办法,因而长期以来只能"战略忍耐"(strategic restraint)。

如上文所述,莫迪政府的"外科手术式打击"战术本质上是一种宣传手法,这种战术要求出其不意。但在普尔瓦马事件后,无疑巴军已经高度戒备,且潜在的目标很可能皆已远离印巴边境和印控巴控领土接壤地带。在这种情况下,莫迪只能另辟蹊径,发动了"空中外科手术式打击",但结果却是一场印方确凿无疑的军事失败。[4] 笔者当时撰文认为莫迪陷入了"进而受损,退而丢脸"的境地,[5] 但当时笔者没有考虑到的是莫迪政府宣传能力如此之高,以致能将一场军事失败转化为国内政治的胜利。

---

1 George Perkovich and Toby Dalton, *Not War, Not Peace? Motivating Pakistan to Prevent Cross-Border Terrorism*, p. 13.

2 Ibid., p.79.

3 参见 Varun Sahni, "The Stability-Instability Paradox: A Less than Perfect Explanation," in E. Sridharan, *The India-Pakistan Nuclear Relationship: Theories of Deterrence and International Relations*,, New Delhi:Routledge, 2007。

4 《印度证实一架战机被巴基斯坦击落》,新华网,2019年2月27日,http://m.xinhuanet.com/mil/2019-02/27/c_1210069405.htm,2019年8月15日登录。

5 吴孟克:《这一轮印巴冲突,莫迪占到便宜了吗》,观察者网,2019年3月7日,https://www.guancha.cn/WuMengKe/2019_03_07_492612.shtml,2019年8月15日登录。

莫迪勉强"蒙混"过了普尔瓦马袭击后的印巴危机，但这次"战争边缘"式的冲突无疑也使莫迪体会到了印巴对峙的危险性。对巴基斯坦来说，该事件在客观上无疑起到了"威慑"印度的效果。事件发生后，巴基斯坦国内的经济改革进程也进入了提速阶段，尤其是于2019年5月接受了IMF的援助计划。[1] 巴杰瓦本人也在讲话中表示削减军费不会影响巴军作战能力，[2] 他还表示经济安全也是国家安全。[3] 虽然巴还在对印呼吁两国通过对话改善关系，但在一段时间内巴将把主要精力放在国内事务上。与此同时，巴在国际舞台上就印方"侵犯人权"进行的造势仍在继续，印在国防部年度报告中也不得不承认巴的造势有一定效果。[4] 印巴两国在控制线与印巴国际边界持续紧张的交火，无疑也给印施加了一定压力（参考表1）。

四、莫迪政府取消印控克区"自治地位"：敌意仍将长期持续

2019年8月5日，莫迪政府做出了令全球感到震惊的决定：印度《宪法》今后将完全适用于先前具有特殊地位的印控克什米尔地区，实质上废除了印度《宪法》的"第370条"：将原"查谟—克什米尔邦"的拉达克部分分出，新建一个拥有地方立法机构的"查谟—克什米尔直辖区"和一个没有地方立法机构的"拉达克直辖区"。这无疑是南亚历史上的重要节点，也意味着印巴间之前如果还尚存一点和平因素的话，到此时为止也已经消失殆尽了。[5] 莫迪此举的主要目的无疑是要打造一项"意识形态工程"，完成"印度教特性"赋予其的"神圣使命"，从而得到一个取之不尽的合法性来源。可以肯定的是，巴基斯坦是绝对不会和跨过了"废除'第370条'"这条"卢比孔河"的莫迪政府和解的，[6] 巴自2018年3月起对印的"和平攻势"至此也正式走向终结。未来值得观察的是，该事件是否会对巴的国内改革——如削减军费等带来影响。

---

1 "Pakistan to Get $1.65bn Net Receipts Out of $6bn IMF Package," *Dawn*, July 8, 2019, https://www.dawn.com/news/1492745/pakistan-to-get-165bn-net-receipts-out-of-6bn-imf-package, 2019-08-15.

2 "General Qamar Javed Bajwa, Chief of Army Staff (COAS) Spent Eid with Troops Along Line of Control (LOC)," *ISPR*, June 5, 2019, https://www.ispr.gov.pk/press-release-detail.php?id=5327, 2019-08-15.

3 "Economic Stability Ensures Sovereignty: COAS Bajwa," *The Nation*, June 28, 2019, https://nation.com.pk/28-Jun-2019/there-can-t-be-any-sovereignty-in-absence-of-economic-sovereignty-coas, 2019-08-15.

4 Ministry of Defence, Government of India, "Annual Report 2018-2019," p. 20.

5 有关印度宪法"第370条"的历史和极端政治敏感性，可以参考笔者的评论——吴孟克：《"友谊化身"宪法370条被废，"潘多拉魔盒"打开》，澎湃新闻，2019年8月6日，https://www.thepaper.cn/newsDetail_forward_4092752，2019年8月15日登录。

6 巴基斯坦作为次大陆穆斯林的"堡垒"，"守护克什米尔穆斯林的权利"无疑是其立国意识形态所要求的，作为退一步的安排，在克什米尔山谷区穆斯林的权利得到保证的情况下，巴国内一些派别是可以接受其受印度实际管理的。印人党政府废除《宪法》"第370条"有关印控克区自治的条款，相当于把巴对印和好的后路截断了。

综览莫迪执政以来的印巴关系,可以看到本文之初列出的四方面印巴关系结构性矛盾中,每一方面都更加尖锐化了。**在这段时期内,老问题复杂化了(克什米尔问题),一度已经解决的问题重新出现(水资源问题),而且还使原先引而不发的问题被"激活"而成为了两国间的"新问题"(俾路支问题)**。科恩曾预测称,印巴两国充满敌意的关系至少要持续到2047年——"互相射击100年"(shooting for a century)。[1] 目前印人党政府的强势地位无疑显示整个印度社会已经深陷印度教民族主义议程,且经济增长方面的停滞很可能会导致莫迪政府进一步强化教派主义倾向;[2] 而巴基斯坦方面,正如一些学者在20世纪60年代就指出的,"巴基斯坦的每个举动都可以被解释为出于对印度的恐惧"。[3] 因此笔者大胆预测,在未来至少十年之内,"持续紧张/不时危机"仍将是两国关系的主轴,印巴两国也仍将深陷在无可挽回敌意的泥潭之中——就好比但丁在《神曲·地狱篇》中给犯易怒罪者设立的沼泽——彼此噬咬、撕扯,不知何时方是解脱之日。

---

[1] Stephen P. Cohen, *Shooting for a Century: The India-Pakistan Conundrum*, p. xi.

[2] 如中国学者张书剑曾就2019年印度人民院选举评论:"莫迪个人形象中经济发展的光环逐渐褪色,象征印度教民族主义的藏红花色却更为浓烈。"参见张书剑:《印度大选落幕,莫迪继续掌舵"新印度"》,《世界知识》,2019年第12期,第43页。根据最新数据,2019年第二季度印度的经济增速仅为5%。见《印度二季度经济增速创6年来最低》,新华网,2019年8月31日,http://www.xinhuanet.com//2019-08/31/c_1124944609.htm,2019年9月19日登录。

[3] Christophe Jaffrelot, "Pakistan, the Interface State," in Christophe Jaffrelot, *Pakistan at the Crossroads: Domestic Dynamics and External Pressures*, p. 3.

战争记忆与澳大利亚的亚洲观

师小芹

内容提要：在围绕澳大利亚身份认同的维度丰富的研究中，一直缺少战争记忆这个维度。本文通过回顾澳大利亚与亚洲的战争和非战争接触，探析其对亚洲的认识和对自己的认识，以增进对澳大利亚亚洲观的理解。

关键词：澳大利亚　战争记忆　亚洲观

在晚近的国际关系研究中，很少有哪个国家的国家身份像澳大利亚一样受到如此多的瞩目。究其原因，大概是因为澳大利亚作为曾经的殖民前哨、发达国家、西式民主国家、白色人种为主体的国家，与近邻亚洲——前殖民地、发展中国家、非西式民主国家、有色人种为主体的国家——之间形成了强烈的反差。这种巨大的异质性，导致邻近地区成为澳大利亚自我身份认知的重要构成因素。对于澳大利亚而言，对亚洲的认知，变成了日常对自己的拷问：我是谁，与我的邻居有关系吗？在这种经久不断的自我拷问之中，产生了无数种从人种、人口、文化、经济等角度进行解释或者回答的作品。但有一个因素——战争，尚未得到足够的关注。本文拟从这一角度对澳大利亚的亚洲观试做分析。

战争是塑造民族国家认同的重要因素。现代很多国家的国家身份意识和认同感是通过战争塑造的，包括中国。澳大利亚前外长、前墨尔本大学和澳大利亚国立大学校长加雷斯·埃文斯（Gareth Evans）先生的一次演讲，颇能代表人们对于国家身份认同的思考。他说："文化成就能够激发一国的自豪感，体育竞赛也足以令国民情感激动难忘。然而，战争、战争前景，和战争记忆才是国家身份认

师小芹　浙江大学公共管理学院研究员，国观智库学术委员会委员。

同的核心，正是这三者一直以来塑造着、界定着国民的集体情感和自我意识。"[1] 如果我们想想自己的"百年西方海上入侵"认知和抗日战争如何塑造了我们对自己的认识，那么便不能不对埃文斯先生的这番话深表同意。

以此为出发点，让我们来看看澳大利亚与亚洲的"战争交情"。

一、不情愿的独立

澳大利亚曾经是英国的殖民地。英国对澳大利亚的行政和防务管理最初维持在最低程度。1877年，英国尝试成立了"西太平洋高级使团"（the Western Pacific High Commission），驻在斐济，任务是维护英国散布在周边一系列岛屿上的利益。这一试验性的殖民地政体仅仅维持到1885年，就被柏林会议[2]所推翻。柏林会议要求"只有有效占领才能作为承认殖民地的条件"，仅仅声称拥有是不够的，而是必须满足一些条件，以及得到其他列强的承认。柏林会议后，按照"有效占领"原则，德国、法国、美国和日本都相继加入了攫取太平洋岛屿的行动。1885年，德国将新几内亚置于其保护之下。在萨摩亚，英国、美国和德国甚至进行了长达八年的代理人战争。1888年，澳大利亚呼吁英国保卫英属新几内亚，澳大利亚定居者甚至愿意为此付费。

另一方面，至19世纪末，英帝国之世界扩张已近强弩之末，开始逐渐推卸对殖民地的保护责任。南非布尔战争和德国在欧洲大陆的崛起，使英国政府开始加快向欧洲收缩，向殖民地放权，希望殖民地能够保护自己。1901年，澳大利亚心怀忐忑地建立起联邦。与此同时，亚洲局势也在变化。1902年英日同盟形成，澳大利亚被遗弃于亚洲的恐惧进一步加深。

由于心怀恐惧，新成立的澳大利亚联邦在其第一批立法中便制订了"白澳政策"。1901年12月23日，《移民限制法案》（Immigration Restriction Act）生效，限制任何非白种移民。至1947年，仅有2.7%的人口是出生于澳大利亚、英国和爱尔兰之外的。亚裔人口由1901年的1.25%进一步缩减至0.21%。[3] 这一政策深刻影响了澳大利亚与亚洲地区国家的关

> 《移民限制法案》限制任何非白种移民。在亚洲邻国中留下了"种族主义澳大利亚"的印象。这是造成澳大利亚与亚洲地区疏离的重要原因之一。

---

1 Gareth Evans, "War, Peace and National Identity," keynote address delivered to the Melbourne Fes-tival of Ideas, Sidney Myer Asia Centre, June 15, 2011, http://www.gevans.org/speeches/speech440.html, 2019-07-18.

2 1884年柏林会议通过的总条约，提出了"有效占领"概念，指任何列强在西非海岸新攫取的土地，应该知会其他签字国，以便其主张得到认可。得到认可的条件是该列强足以保护现存权利，如保护自由贸易和过境。

3 National Museum Australia, *White Australia Policy*, https://www.nma.gov.au/defining-moments/resources/white-australia-policy, 2019-07-18. 经过漫长的变迁，直至1975年的《激进反歧视法案》，澳大利亚才最终放弃了"白澳"政策。

系，在亚洲邻国中留下了"种族主义澳大利亚"的印象。这是造成澳大利亚与亚洲地区疏离的重要原因之一。

二、"殖民地拥有了殖民地"：澳大利亚在亚洲使命的不断扩大

英国于1906年正式将新几内亚移交给澳大利亚，澳大利亚重新将其命名为巴布亚领地（Papua Territory）。一战爆发后，日本海军占领了赤道以北的德属殖民地，将赤道以南的德国殖民地留给了澳大利亚和新西兰。澳大利亚接管了德属新几内亚，以及英属瑙鲁。一战结束后，英国坚持日本委任统治赤道以北的德国殖民地，澳新委任统治赤道以南的德国殖民地。澳大利亚被委任统治北新几内亚、俾斯麦群岛和北所罗门群岛，还得到对瑙鲁的行政管辖权。

"殖民地拥有了殖民地"，一方面使澳大利亚在战后的"殖民地—反帝国主义反殖民"的叙事中，由偏远无名的蛮荒之地变成了一个新的帝国主义国家；另一方面也奠定了澳大利亚与周边新几内亚、所罗门群岛的紧密关系。这是今天理解澳大利亚与亚洲、南太平洋岛国关系的重要起点。

值得一提的是，第一次世界大战期间，落单的德国巡洋舰"埃姆登"号（Emden）在东南亚地区和印度洋实施袭击。澳大利亚海军第一次参战，在可可群岛战斗中摧毁了德国战舰。这对于澳大利亚来说意义不同凡响：依靠自己的力量保卫自己、保卫地区和平。

1941年底珍珠港一役极大地改变了太平洋地区的形势，也改变了澳大利亚的亚洲观。日本偷袭珍珠港后，很快在西太平洋高歌猛进，于1942年2月攻陷新加坡。英军既无能力又无意愿保卫亚洲。当日军轰炸澳大利亚面向亚洲的桥头堡城市达尔文，登陆新几内亚岛和所罗门群岛时，澳大利亚突然发现自己毫无遮掩地暴露于日本海空力量的打击范围之内。虽然与其他遭受战火的国家相比，这实在是不足挂齿的小惊吓，然而在澳大利亚的安全叙事中，达尔文轰炸事件始终是一个大事件。

直到此时，澳大利亚才签署了早在1931年英国就已制定的授予澳独立权的《威斯敏斯特法》(the Statute of Westminster)，开始负起保卫自己的重担，直面亚洲。澳大利亚撤回派往中东参与帝国作战的部队，一部分回本土，另一部分投入缅甸战场。第二次世界大战期间，澳军在马来亚、荷属东印度地区、南太平洋地区作战。1944年1月21日，澳大利亚与新西兰签署了《堪培拉公约》。虽非军事联盟，但两个国家逐渐认识到自己在命运上的相同之处，都开始关注美国军队在西太平洋的行动及战后西太平洋形势的走向，双方合作创建了从澳大利亚至西萨摩亚和库克群岛的区域防务区，支持对南太岛国殖民地进行托管。澳新条约让英国人生气，美国人恼怒，但为澳新战后参与联合国和南太管理奠定了基础。

虽然是在不得已的情况下独自应对亚洲和太平洋变局，但通过在亚洲太平洋

战场作战，澳大利亚对亚洲的了解也增多了。澳大利亚渐渐接受了它的独特处境：既是澳大利亚人，也是英联邦成员国民，还是一个离亚洲很近的国家。

1947年，澳大利亚常备军成立，即今天的澳大利亚国防军。澳大利亚在两次世界大战中组织的军队都是作为帝国一员的身份在世界舞台上行动。建立常规国防军，是澳大利亚独立身份进一步成熟的标志。与此同时，1945—1947年，澳军仍然作为英联邦军队的一部分，被派驻占领日本和韩国。

朝鲜战争是澳大利亚正式提出"澳大利亚在亚洲（In Asia）"的起点。朝鲜战争爆发后，当时的澳大利亚总理罗伯特·孟席斯（Robert Menzies）持欧洲中心观，他反对军事卷入。而当时的外交部长珀西·斯宾德（Percy Spender）认为澳大利亚在亚洲拥有安全利益，澳大利亚与美国的外交关系也至为重要，而澳美关系将受到朝鲜战争的直接影响。[1] 在斯宾德的推动下，澳大利亚与美国缔结坚固同盟，加入反共阵线。

朝鲜战争是澳大利亚对自己"位于亚洲""核心安全利益存在于亚洲"的认知的开端。朝鲜战争之后，"澳大利亚在亚洲"开始在澳大利亚政坛和民众之中扎下根来。

三、双重前沿："帝国前沿"与"本国前沿"

在澳大利亚建立起常备军的同时，它亦与美国结盟，从英帝国前沿变成美帝国前沿。除了跟随美国参与朝鲜战争，澳大利亚还倡议与美、新结盟。1951年，澳大利亚同新西兰、美国签署了《美澳新同盟条约》（ANZUS）。对于美国而言，它是一个联盟，以对抗共产主义在亚太地区的传播。在澳大利亚看来，它为防御日本军事复兴提供了安全保障。支持美国盟友，换取盟友支持，成为后来澳大利亚追随美国南征北战的根本动因。美澳新同盟不仅是由澳大利亚外交官首先提出来，而且是澳大利亚签署的第一个不包括英国在内的国际条约，标志着澳大利亚已经转换支点，成为美国全球战略的一环。

与此同时，澳大利亚仍然致力于维护英帝国残留在亚太地区的利益，并追随美国进行反共活动。1954—1961年，作为英联邦的一部分，澳军被部署至马来亚，抗击共产主义者的游击战；也被部署至印尼婆罗洲（今天加里曼丹群岛），支持建立马来西亚国家（Malaysian nation）。1954年，澳大利亚加入《东南亚条约组织》，展示了其对亚洲事务的兴趣，以及参与反共活动的积极性。自1962年开始，澳大利亚再次出于反共考虑，以及后来支持美国盟友的考虑，派遣训练队

---

[1] Department of Veterans' Affairs, Austrailian Government, "How Was Australia Involved?" https://anzacportal.dva.gov.au/history/conflicts/korean-war/korean-war/cold-war-and-crisis-korea/how-was-australia-involved, 2019-07-18.

支持南越，并逐步深深卷入。由于越战历时太久，不能取胜，伤亡不小，在国内激起反战运动。1972年澳大利亚最终撤出越南。

直到20世纪70年代之前，澳大利亚的战略都可被称为"前沿防御"（Forward defence）战略，即在英、美两帝国前沿进行防御，支持英国和美国，维持对太平洋地区的控制。在这一"前沿防御战略"中，澳大利亚的战略是作为英国或者美国组建的同盟军队的一部分，总体上发挥着强大盟国的分战略的作用。因而，彼时的前沿指的是帝国的全球性前沿，是英、美大国全球战略和利益的前沿，并不必然与澳大利亚的地理位置和利益重叠一致。这一战略的最重要的使命是维系与孟席斯所谓的"伟大、强大的朋友"——英国、美国的关系。

"保卫澳大利亚"（Defence of Australia）与"在近邻地区做领导国家"（Immediate Neighborhood Leading Country）是"双重前沿"时期澳大利亚与亚洲关系的特点。1976年，马尔科姆·弗瑞泽（Malcolm Fraser）领导的联合政府发布了澳大利亚第一部国防白皮书，宣布澳大利亚的新政策将聚焦于保卫国家，并在邻近地区采取有限的行动。这被称为"保卫澳大利亚"政策，该政策强调"独立自主"，减少对英美的依赖，减少卷入对外军事行动，仅在本土受到常规威胁时奋起自卫。

更强大的自卫能力，与北方朋友的更紧密的合作，是独立国防政策的两大支柱。其中，澳大利亚在本地区采取有限的军事行动值得关注。澳大利亚这一时期的独立军事行动聚焦于西南太平洋和亚太地区。从20世纪70年代中期至90年代中期，澳大利亚在地区安全稳定方面积极主动，参与或领导了多项维和行动/非战争行动。1994年10月，澳大利亚展开其第一次干预行动，为巴布亚新几内亚政府与叛乱的布干维尔革命军（Bougainville Revolutionary Army，BRA）之间举行的会议提供安全保障。1997年，巴布亚新几内亚政府从英国商人那里招募了雇佣军，进攻叛军。结果行动失败，巴军政变，政府垮台。澳大利亚霍华德政府随后出兵干预。1998—2003年间，澳大利亚在多国和平督查团（multinational Peace Monitoring Group）中发挥了领导作用。1999—2000年，澳大利亚负责指挥东帝汶的国际部队。2003—2017年，澳大利亚还领导了所罗门群岛地区援助使团。

除了军事介入，澳大利亚也向南太平洋至东南亚地区邻国提供军事教育和训练，作为与地区建立联系、发挥影响力的一种方式。一位不具名的澳大利亚国防部国际事务局参谋称之为"聪明质押"（smart pledge）。[1] 澳大利亚关于其维和行动的官方历史将其在南太地区的维和看作是"睦邻"政策。[2]

---

[1] Tomoaki Honda, "Utilization of International Peace Cooperation Activities: Referring to Australian Initiatives," The Canon Institue for Global Studies, https://www.canon-igs.org/en/column/security/20190417_5746.html, 2019-04-27.

[2] Bob Breen, *The Good Neighbour: Australian Peace Support Operations in the Pacific Islands 1980-2006*, Cambridge: Cambridge University Press, 2016.

澳大利亚在亚洲太平洋地区非战争军事行动参与的增多，必然加深澳大利亚对亚洲的联系和认识。在这一时期，澳大利亚于1973年抛弃"白澳"政策，也为它与亚太地区建立新的关系扫清了一个重大障碍。从20世纪80年代末期起，澳大利亚政府格外关注与邻近国家建立更紧密的防务合作网络。

另外，澳大利亚在2013年修订了授勋标准，承认战争的性质在发生变化，非战争行动牺牲的男女军人，包括维和行动和人道主义行动，也可以授予勋章。2017年9月，是澳大利亚参加联合国维和行动70周年。在澳大利亚战争纪念馆树立起70年维和行动专属展墙。这一举动也说明澳大利亚参与亚太地区的军事行动样式也正在发生变化。[1]

强调保卫澳大利亚的独立国防、强调在近邻地区发挥领导大国作用的时期，也正是澳大利亚政治上强调其"中等大国"身份的时期。20世纪90年代前半期，霍克政府和基廷政府倡议"中等大国"外交。1996年后上台的工党政府民族主义和地区主义意识较重，在联合国维和行动中积极进取。[2] 此后的陆克文和吉拉德工党政府也强调"中等大国"概念，并努力将这个外交理念与亚太地区主义结合起来，期望通过推进亚太地区主义的发展来实施澳大利亚的"中等大国"外交。[3]

中等大国外交、倡导地区主义、积极在地区维和行动中发挥领导作用，是澳大利亚自我利益觉醒的标志。它的自我利益越清晰、独立，它与亚洲的关系就越紧密。至吉拉德政府2012年发布《澳大利亚的亚洲世纪》白皮书时，[4] 澳大利亚的亚洲观达到了积极、乐观的顶峰。吉拉德总理说：在澳大利亚历史上第一次，亚洲不再是对其高技能、高薪水生活道路的威胁，而是澳大利亚能够维持这一生活方式的原因。[5]

以《澳大利亚的亚洲世纪》白皮书为标志，以冷战结束后西方世界高涨的安全感为背景，澳大利亚的亚洲观一度洒满了玫瑰色，从"转向亚洲"到迎接"亚洲世纪到来"，外交政策中出现急速转变的趋势。但在身份认同的问题上，并没有这么快速的转变。过于玫瑰色的亚洲观和自我定位，反而在国内引起了反弹。

最明显的一个反弹症状就是国内突然出现一股"别提亚洲，我们的身份来自

---

[1] 澳大利亚对联合国框架下行动的认同的另一面是其曾经的帝国认同和同盟认同的重要新增维度。澳大利亚是联合国维和行动第四大出资国，并前后派出8万人参加了62项联合国维和行动。

[2] Derek McDougall, "Australia's Peacekeeping Role in the Post-Cold War Era," *Contemporary Southeast Asia*, Vol. 24, No. 3, December 2002, pp. 590-608.

[3] Thomas Wilkins, "Australia and Middle Power Approaches to Asia Pacific Regionalism," *Australian Journal of Political Science*, Vol. 52, No. 1, 2017, https://www.tandfonline.com/doi/ref/10.1080/10361146.2016.1238870?scroll=top, 2019-05-11.

[4] Department of Defence, Australilan Government, *Australia in the Asian Century (White Paper)*, http://www.defence.gov.au/whitepaper/2013/docs/australia_in_the_asian_century_white_paper.pdf, 2019-08-13.

[5] "PM Julia Gillard Launches Asia Policy Blueprint," *news.com.au,* October 28, 2012, https://www.news.com.au/national/pm-launches-asia-policy-blueprint/news-story/650b620e08310564e39ab9f6820dd68e, 2009-08-13.

别处"的潮流,典型症状是"澳新军团精神"迷思的出现。

四、亚洲认同的反动:"澳新军团精神"的迷思

澳大利亚退役军人事务部官网是如此介绍"澳新军团日"的纪念活动的。1915年4月25日,澳大利亚和新西兰军团(简称"澳新军团",ANZAC)作为英帝国军的一部分赴欧洲参加第一次世界大战,在土耳其加里波利半岛实施两栖登陆作战行动。加里波利战役旷日持久,死伤惨重,澳军死伤25000人。1916年澳举行第一次周年纪念活动,4月25日被定为官方纪念日。至20世纪20年代,纪念活动在全澳洲展开,各州都将该纪念日定为公共假日。20世纪60和70年代,在对越南战争反思的背景下,参与纪念的人数下降。20世纪90年代,该纪念日复兴,特别得到年轻一代的热情参与,甚至出现前往加里波利半岛朝圣之旅。"澳新军团日"渐变成一个特定词汇,并创造了一种精神。[1]

2015年,笔者在澳大利亚首都堪培拉学习时适逢加里波利战役100周年。4月25日日出时分,12万人在初冬的严寒中涌到战争纪念馆前,参加"黎明仪式"(Dawn Service)。仪式庄严肃穆,诵读前线将士的家书,将他们的照片投影在纪念馆建筑的外墙上。当天参加活动的人数相当于整个堪培拉常住居民数的三分之一。[2] 当年作为一名现役军人,亲眼目睹战争叙事在澳大利亚人日常生活中的力量和影响,笔者曾经深受触动。

对于崇尚牺牲、热血、为国尽忠的"澳新军团精神"在澳大利亚国家叙事中的兴起,玛丽恩·莱克(Marine Lake)和亨利·雷诺兹(Henry Reynolds)两位教授在其颇具争议的作品——《澳新军团精神出了什么问题》(*What's Wrong with ANZAC?*)一书中提出严厉批评,认为这是在神化战争精神。[3] 莱克和雷诺兹教授在这本书中梳理了澳大利亚国家叙事的变迁,反思"为什么我们在澳新军团一事上如此情绪化?"质疑"国家真的是在战争中缔造的吗?"追问"澳新军团日是如何变成国庆日的?"她们认为作为一个现代民主国家,澳大利亚的民族精神气质应该是"追求经济、社会、性别和种族平等",而不是"用帝国主义的、大男子主义的军事事件来定义自己"。

---

1 关于"澳新军团日"的历史,可参见澳大利亚退伍军人事务部的官网:https://www.dva.gov.au/commemorations-memorials-and-war-graves/commemorations-and-anniversaries/anzac-day-history,2019年7月18日登录。

2 Daniel Hurst, "We've Done Them Proud': Huge Anzac Day Turnout at Australian War Memorial," *The Guardian*, April 24, 2015, https://www.theguardian.com/news/2015/apr/25/weve-done-them-proud-huge-anzac-day-turnout-at-australian-war-memorial, 2019-07-18.

3 Marilyn Lake and Henry Reynolds, *What's Wrong with ANZAC? The Militarisation of Australian History*, Sydney: University of New South Wales Press Ltd., 2010.

两位教授在该书中还批评了"澳新军团精神"塑造过程中的"架空"趋势。认为这抽离了澳新军团的成败得失，只保留了"为国献身"的热血奉献精神；抽离了战争的性质，只强调被称为"挖掘者"（digger）的来自澳大利亚和新西兰的年轻农民和牧民倒在泥泞之中的悲情；抽离了国际关系，忽略"为了什么而战？"这个根本问题，回避思考澳大利亚如何塑造国际关系。两位批评者认为，这里面蕴含着过度歌颂战争行为本身的倾向。

笔者以为，之所以"澳新军团精神"渐成为界定澳大利亚国民精神和国家身份认同的主要因素，是因为澳大利亚界定自己的道路曲折，且不断出现令人苦恼的新挑战。[1]而20世纪80年代、90年代澳大利亚急促地摆向"亚洲身份"可算作持续不断出现的众多烦恼之一。在保罗·基廷时代，为迎合其"亚洲为中心"的外交议程，甚至提出当代澳大利亚的形象不是在加里波利形成的，而是在巴布亚新几内亚的丛林和南太平洋的海浪中形成的。结果是澳大利亚国内出现是否"亚洲化"的讨论，激起许多反对声音。[2]"澳新军团精神"迷思的出现，是一个提醒：让澳大利亚人把自己想象成是置身于巴布亚新几内亚的丛林中的和平战士，远远没有在欧洲边缘的战壕里悲壮死去的形象更容易让人认可，这也从侧面折射出澳大利亚对于亚洲的复杂情绪。

五、印太前沿：新的前沿与新的澳亚关系

随着近年来"印太"概念和战略变成现实，澳大利亚与亚洲的关系再次来到一个转折点。最近，澳大利亚《战略家》（*Strategist*）杂志发表了马尔科姆·戴维斯（Malcolm Davis）的系列文章，[3]提出"前沿纵深防御"（forward defence in depth）主张。戴维斯认为，前沿纵深防御对于更广阔的澳大利亚海洋安全需求是必要的，澳大利亚需要改变战略态势。为此，他建议在澳洲北领地[4]达尔文建立海岸警卫队学院，联络地区国家，向北方的中国表达捍卫主权的意志。

戴维斯提出的"前沿纵深防御"并非全新的战略思想。它是以20世纪70年代以前的"前沿防御"为出发点的。但新的"前沿纵深防御"思想与20世纪70

---

1 Bruce R. Vaughn, "Australia's Strategic Identity Post-September 11 in Context: Implications for the War Against Terror in Southeast Asia," *Contemporary Southeast Asia*, Vol. 26, No. 1, April 2004, pp. 94-115.

2 Andrew Guild, "Resistance to Asianisation," in Australia's *Peril: National Suicide and the Asianisation of Australia,* http://www.ironbarkresources.com/asia/asia114.htm, quoted from Baogang He, "The Awkwardness of Australian Engagement with Asia: the Dilemma of Australian Idea of Regionalism," http://www.ritsumei.ac.jp/acd/re/k-rsc/hss/book/pdf/vol05_05.pdf, 2019-07-22.

3 Malcolm Davis, "Forward Defence in Depth for Australia," Australia Strategic Policy Institute, June 12, 2019, https://www.aspi.org.au/report/forward-defence-depth-australia, 2019-07-23.

4 在澳大利亚，各领地与各州都有自己的政府、议会和制定法律的权利，但领地的法律可被联邦宪法否决，不享有完全的州权。

年代的"前沿防御"战略的最大不同是，它是立足于澳大利亚的，是从澳大利亚北望看到的前沿，是澳大利亚自己的前沿。澳大利亚的主体性在此显得更为突出。

谈到澳大利亚的主体性，这里要强调的是，绝不能忽视澳大利亚战略思想界的创新能力。像美澳新同盟一样，"印太"概念也是澳大利亚学者首先提出来的，后历经数年讨论终被美国和其他几个大国接受。[1] 在2013年的《国防白皮书》[2] 中，"印太地区"这个概念首次被澳大利亚官方采纳，用来分析其战略环境。2016年《澳大利亚国防白皮书》和2017年《外交政策白皮书》里，继续沿用了这个概念，使"印太"最终成为新的地缘政治现实中的核心分析框架。2019年6月，美国发布了《印度洋—太平洋战略报告》（Indo-Pacific Strategy Report），[3] 标志着这一概念、框架经过数年酝酿、播散、辩论，最终被决策者采用。

澳大利亚卓有影响力的智库澳大利亚战略政策研究所（Australia Strategic Policy Institute，ASPI）的执行主任彼得·杰宁斯（Peter Jennings）认为，在《印度洋—太平洋战略报告》中，美国将中国定位为"竞争者"，并指中国有可能在冲突爆发之初占据上风，但这给澳大利亚敞开了大门，因为美国必将对其在印太地区的整个态势进行调整。出于分散风险的考虑，澳大利亚的战略位置可为美国提供帮助。澳应该利用这个机会，认清现实，大胆担负起领导南太岛国的责任，欢迎美国更多在澳驻军，加强澳军建设，并为印尼、越南、马来西亚等国的国防建设提供协助。[4]

在印太框架之下，澳大利亚终于迎来了它在世界舞台上的高光时刻。无论从东到西，还是从南到北，澳大利亚都是整个结构的一根主要支柱。

杰宁斯先生一语道尽澳大利亚在新地缘政治框架下的战略价值和政治价值。在印太框架之下，澳大利亚终于迎来了它在世界舞台上的高光时刻。牢牢屹立在地球南部中心，印度洋和太平洋是它的两翼，一襟抱尽印度、东南亚、中国和日韩。无论从东到西，还是从南到北，澳大利亚都是整个结构的一根主要支柱。特别是距离亚洲最近的澳大利亚北部，

---

1 Rory Medcalf, "Pivoting The Map: Australia's Indo-Pacific System," Centre of Gravity series paper No.1, November 2012, https://www.files.ethz.ch/isn/175987/COG1_Medcalf_Indo-Pacific.pdf, 2019-08-13.

2 Department of Defence, Australian Government, *Defence White Paper 2013*, http://www.defence.gov.au/whitepaper/2013/docs/WP_2013_web.pdf, 2019-08-12.

3 U.S. Department of Defense, *Indo-Pacific Strategy Report: Preparedness, Partnerships, and Promoting a Networked Region*, June 1,2019, thttps://media.defense.gov/2019/Jul/01/2002152311/-1/-1/1/DEPARTMENT-OF-DEFENSE-INDO-PACIFIC-STRATEGY-REPORT-2019.PDF, 2019-08-12.

4 Peter Jennings, "America's New Asia Strategy Opens Doors for Australia," *The Strategist*, Australia Strategic Policy Institute, June 22, 2019. https://www.aspistrategist.org.au/americas-new-asia-strategy-opens-doors-for-australia/, 2019-07-16.

作为印度—太平洋门户的战略位置格外突出。[1] 在"亚洲再平衡"战略下，美国在达尔文轮换部署2500名陆战队员。在新形成的印太框架下，各种传言正在揭示未来的动向。例如，近来坊间传言澳大利亚将在达尔文港东北方40公里处修建海军设施，以供接待美国大型两栖战舰。[2] 另外一则被否认的传言是美国可能在达尔文部署中程弹道导弹。[3] 各种迹象显示，在印太框架下，澳大利亚与美国的关系将首先进入新阶段。

那么，在整个战略图景的广度、宽度和深度，所有战略问题和战略关系都会做出调整的印太框架下，澳大利亚与亚洲的关系将是什么样子呢？

这里要再次简要回溯澳大利亚的战略特点与"澳大利亚式战争"的特点。澳大利亚是个大岛，体型巨大，难以进攻。这三大特点隐含在关于澳大利亚战略的每一次讨论之中。[4] 相应地，澳大利亚拥有25760公里的海岸线，1000万平方公里的专属经济区（世界第三大），负责5300万平方公里的海上搜索救援区。这是滋养澳大利亚战略的自然环境。[5] 2016年，澳大利亚确定至2020年将国防开支固定在GDP的2%，并大幅增建海军力量，例如潜艇部队将翻一番。

因而，从位于大洋中的岛屿的认知出发，一方面澳大利亚人觉得自己十分安全，处于易守难攻之地；另一方面当澳大利亚人骄傲地谈论自己参与了20世纪几乎所有重大战争时，他们谈论的都是通过海洋到另外一个大陆去作战，澳大利亚参加的陆上作战，远远多于它参加的海洋作战。因此，从军事样式的角度看，澳大利亚历次海外征战的特点是以大陆为中心和以同盟为中心的。

现在的情况与过去不同。印太框架下的地区是一个以海洋空间为重心的地区，它是亚洲柔软的海洋腹部，其海洋特征显而易见。澳大利亚会从陆地中心转向海洋中心吗？这又将对澳大利亚的亚洲地区观产生什么影响？这两个问题都还需要时间来展开。但澳大利亚国防学院唯一常驻教授迈克·埃文斯（Michael Evans）警告说，随着澳大利亚转向亚洲，澳大利亚国防方面的上述两个特点可能成为它的障碍。因为那是根深蒂固的大陆思维，与海洋性的观念所要求的连接

---

1 关于澳大利亚的战略地理位置的详尽分析，参见 Jim Thomas, Zack Cooper, and Iskander Rehman, *Gateway to the Indo-Pacific: Australian Defense Strategy and the Future of the Australia-U.S. Alliance*, Centre for Security and Budgetary Assessments, November 9, 2013, https://csbaonline.org/research/publications/gateway-to-the-indo-pacific-australian-defense-strategy-and-the-future-of-t, 2019年8月12日登录。

2 Andrew Greene, "Secret Plans for New Port Outside Darwin to Accommodate Visiting US Marines," *ABC News*, June 23, 2019, https://www.abc.net.au/news/2019-06-23/navy-port-us-darwin-glyde-point-gunn-marines-gunn-military/11222606, 2019-08-12.

3 "Govt Not Contemplating Missile Base in Darwin: PM," *Skynews*, https://www.skynews.com.au/details/_6068124703001, 2019-08-12.

4 Richard Hill, "Medium Power Strategy Revisited," Sea Power Centre-Australia, Working paper No.3, 2000, https://www.navy.gov.au/sites/default/files/documents/Working_Paper_3.pdf, 2019-08-12.

5 Alan Bloomfield and Shirley V. Scott, "Australia's Maritime Strategy," in Howard M. Hensel and Amit Gupta, eds., *Naval Powers in the Indian Ocean and the Western Pacific*, London and New York: Routledge, pp. 138-153.

联通、向外开放特别是向亚洲开放相反。¹

目前来看，澳大利亚向海洋国家、亚洲或者印太转向，有了一些新的迹象。继2016年的国防白皮书之后，2017年10月，时任国防部长佩恩（Marise Payne）在演讲中表示，如果21世纪是亚洲世纪，那它也将是一个海洋世纪。全球经济和军事均衡正向亚洲转移，重心将在印度洋和太平洋水域。这一水域既拥挤又竞争激烈，还是澳大利亚的后院，澳大利亚必须为此做好准备。但她也认为，在未来数十年内，澳大利亚都不太可能面临来自海上的大规模的常规军事威胁。² 那么，澳大利亚将如何在"既拥挤又竞争激烈"的自家后院行事？

2017年，澳大利亚开始实施其史上最大规模的年度海上国际接触行动——"印度洋—太平洋奋进"行动。迄今已经3年，可供分析澳大利亚在印太框架下的战略态势。这一行动2017年的重心是东南亚，澳大利亚舰队访问了文莱、柬埔寨、密克罗尼西亚、印度、印度尼西亚、日本、马来西亚、新加坡、泰国和东帝汶等地区国家；2018年聚焦于南太平洋，对斐济、瓦努阿图、汤加、萨摩亚、所罗门群岛和巴布亚新几内亚进行访问或者联合演习，执行澳政府"向前一步"政策以及作为对中国的警惕回应。2019年访问和参加联合演习的国家有斯里兰卡、印度、马来西亚、泰国、越南、新加坡、印度尼西亚等。

这一演习的首要使命是增进与该地区伙伴的关系，在印太地区塑造和宣扬澳大利亚的地区政策。这一取向固然是亚洲国家为中心的，但这种有意无意地假当中国不存在的做法本身也传递出某种信号。澳大利亚有人认为，如果澳大利亚必须在经济繁荣（中国）与安全（美国）之间做选择，澳大利亚会选安全（美国）。³ 显然，印太框架下的澳大利亚与亚洲的关系绝不仅仅是看上去非常亲善的港口访问和联合演习，它必将有对抗、甚至是暴力的一面。

结 语

虽然印太框架第一次让澳大利亚的前沿与"帝国前沿"基本一致了，但在享受印太框架带来的利好的同时，应对印太框架的结构性挑战，在美国与亚洲之间折冲樽俎，并不是一项容易的任务。大约60年前，著名的美国学者乔治·莫德尔斯基（George Modelski）就指出：澳大利亚是如此脆弱，以至于它需要大国的

---

1 Michael Evans, "The Third Way: Towards an Australian Maritime Strategy for the Twenty-first Cen-tury," May 2014, https://www.army.gov.au/sites/g/files/net1846/f/thethirdway_evans.pdf, 2019-04-27.

2 Marise Payne, "Speech -Seapower Conference," delivered on October 3, 2017, https://www.minister.defence.gov.au/minister/marise-payne/speeches/speech-seapower-conference, 2019-08-13.

3 Jacob Greber and Michael Smith, "Between China and US, Australia 'will choose its security'," *Financial Review*, March 5, 2019, https://www.afr.com/business-summit/between-china-and-us-australia-will-choose-its-security-20190305-h1c0fo, 2019-08-15.

保护；它又是如此强大，以至于足以在任何联合行动中成为有效的资产。[1] 澳大利亚将以何种价值在印太框架下被地区国家所衡量，澳大利亚又将如何衡量地区国家的价值，我们还需继续观察。

---

[1] George Modelski, "Australia and SEATO," *International Organization,* Vol. 14, No. 3, Summer 1960, pp. 429-437.

中东阿拉伯国家与大国关系的互动方式、成因及其影响

岳晓勇

内容提要：本文从内政外交结合和国家间关系互动的角度出发，分析现当代以来中东地区阿拉伯国家与世界主要大国关系的发展变化，指出这一关系运作方式具有独立性、斗争性、妥协性、竞争性和合作性等多面性特点，以及政治、安全、经济、教育、人文等多层次特征，并在此基础上梳理其多重成因，指出双方互动中存在斗争与合作共生的现象。本文分析了这种互动关系的国际影响，并提出在全球化深入发展、新力量和因素更多介入该地区的新形势下，特别是面临美国的战略收缩，中国应继续坚持和平发展道路，通过高质量推动"一带一路"建设进程，促进与该地区国家关系更广泛和深入的发展。

关键词：中东阿拉伯国家 与大国关系互动 "一带一路" 中美关系

处百年未遇之大变局的世界，面临的挑战层出不穷、风险日益增多，[1]中东阿拉伯地区内外更是面临深刻复杂的重组和变化，各种势力持续争斗，外部干涉不断，内部艰难图治。从多极化和全球化趋势发展的视角出发，进一步加强对这个地区形势变化规律的探索，特别是对该地区与大国互动方式的把握，显得更加紧迫。同时通过把握这种互动方式，了解该地区与大国打交道的特征，也将为思

岳晓勇　中国人民大学国家发展和战略研究院世情研究中心主任、高级研究员。

本文系作者根据2019年9月21日在南京大学举办的2019年中国中东学会年会上的发言整理而成，有修改补充。

[1]《习近平会见德国总理默克尔》，中国外交部网站，2019年9月6日，https://www.fmprc.gov.cn/web/wjdt_674879/gjldrhd_674881/t1695299.shtml，2019年9月15日登录。

考全球治理引入参照，为国际社会共同探索地区热点问题解决之道提供帮助。

本文主要探究现当代以来中东阿拉伯国家与英美两个主导的域外大国的互动方式，其中着墨更多的是它们与美国的互动。第二次世界大战后，其他大国在这一地区的活动主要限于政治、经济、能源与人文等领域，苏联曾在一个时期在此地区有全面推进之势，但没有保持。[1] 近年来，俄罗斯、土耳其、伊朗、埃及和以色列均积极谋求扩大地区影响力，但地缘和功能上仍有局限，能否填补美国收缩可能留下的"真空"还有待观察。[2] 总之，对这样一个受外部影响较为广泛和深入的地区，笔者试图提供一个多象限的观察框架，梳理该地区国家与域外大国的互动方式，立足中国视角，思考如何在中长期建立平等合作、互利共赢的新型国家关系，努力为国际社会构建和平、安全与稳定的地区面貌探索新思路。

一、多面性和多层次的互动方式

长期以来，域外支配性大国与中东阿拉伯国家的互动，总体上呈现出侵略与反侵略、占领与反占领、谋霸与反霸、支配与反支配、改造与反改造、渗透与反渗透、干涉与反干涉的特征，这是强势外力与弱势地区互动的一般性特征，但比起其他地区的类似状态，中东地区在烈度、复杂度和难度上都更大和更延宕。其中，阿以矛盾和巴以冲突就是一个特别突出的"老大难"问题。就地区形势来看，各种问题和矛盾不断叠加，除发展问题之外，安全与稳定是该地区最为突出的问题，包括恐怖主义、西方推行民主化带来的政治后果、宗教极端势力、传统边界或遗留的领土争端，再加上武器扩散，以及难民、环境、贫困、国家治理失效等其他全球性问题，这些因素综合发酵，相互纠缠，相互撞击，都在不断地对地区形成持续性压力。

与此同时，该地区阿拉伯国家与大国间的互动还有交流、借鉴与合作的象限。中东地区在东西方之间的地缘联结和交通重要性自不待言，美欧长期需要中东的油气和大量特色商品，阿拉伯文化也高度融于欧美社会。长期以来，阿拉伯国家有引入和借鉴发达国家发展与治理经验和成果的需求。例如从近代以来到现在，这一地区一直在注意引入外部特别是欧美的现代军事、经济、能源产业的技术、设备和管理经验，该地区现代教育、医疗和体育等制度上的发展也大量借鉴了发达国家的经验。该地区与域外大国在长期互动中既斗争又借鉴，这种反差明显的双重性实为鲜见。

当然，从奥斯曼帝国到19世纪末的英国，再到二战结束以来的美国，它们进入中东地区后与当地国家的各种矛盾是逐步积累的，最终走向日益尖锐和激

---

[1] 参见陈宏主编：《当代阿拉伯研究》，北京：人民出版社，2002年版。
[2] 参见李新烽主编：《中东发展报告 No.21（2018—2019）》，北京：社会科学文献出版社，2019年版。

烈,以致常常难以调和。二战后,美国在此地既负有维护安全稳定和促进合作的道义和实际责任,但又常常借机搞单边主义和霸权主义。阿拉伯国家作为弱势一方,虽强烈反感和反对外部的强力控制,但始终摆脱不了对外部不同程度的依赖,自身发展也走了不少弯路。这一切使得中东阿拉伯地区成为世界上少有的东西南北多方特色的交往汇聚地,该地区对外部大国力量的结构变化有较强的敏感性。中东阿拉伯国家在与大国交往中,乱中有图治,斗中有合作,其关系互动表现出多面性和多层次的特点。

多面性包括独立性、妥协性、竞争性、合作性和斗争性等方面,具体地说:

其一,独立性。中东阿拉伯国家从谋求建立现代国家之始到后续推进国家建设与发展,其中有一条主线就是摆脱外部势力的干涉与支配,它们普遍注重维护主权、安全、尊严和发展,内心存在着强烈的恢复主权与维护安全、加强独立自主的愿望,一有机会就会做出极大的努力,甚至表现出超常的激烈和激进,漠视外部力量设定的"规则"或"秩序"。这条主线虽然趋势并不平顺,有不少曲折起伏,但总体还是不断推进的。出于追求自身独立性,该地区国家先后摆脱奥斯曼帝国统治并实现自主;摆脱英法等欧洲殖民帝国的保护关系并实现建国;[1] 冷战时期在美苏两霸之间积极寻求自主生存和发展;冷战后多方抵制外部操纵,维护自身能源资源等战略利益。在"阿拉伯之春"及其后的世界形势变化中,积极适应多种力量不同程度崛起的新格局,扩大与新兴大国的交往,拓展在地区和国际舞台的选择空间。多年来,中东阿拉伯各国虽对外表现出的激进程度不尽一致,对美国和西方的亲疏态度也不一样,内部亦常态化地出现矛盾与冲突,但在阿以矛盾和巴以冲突问题上,它们大都一直在联合国支持巴勒斯坦人民争取合法民族权利的努力,在政治和经济上维持对以色列的制裁,主张通过谈判建立独立的、享有完全主权的巴勒斯坦国等。当前,几乎所有中东阿拉伯国家都积极支持和参与中国的"一带一路"建设,绝大多数国家与中国签署了双边合作协议。约旦国王阿卜杜拉二世在"阿拉伯之春"的高潮时期奔走于西方各国,在欧洲、北美主流媒体上反复强调中东阿拉伯国家国情的不同,不能按西方模式搞"民主化",体现出掌握自身国家和政权命运、自主驾驭国家变革方向的强烈愿望。

无论是在社会文化传统还是集体心理层面,阿拉伯国家和民族在自身发展中都真切渴望取得、保持和加强独立自主。政治上,它们十分注意维护本国作为独立国家的尊严和地位。阿拉伯国家历史上有很多独立奋斗的人物和组织为阿拉伯民众所推崇。它们反感外部势力的强权支配,重视加强联合国的作用,主张促进多边主义,希望以此为基础构建未来国家安全和国际政治保障。经济上,它们维护自身经济发展利益的要求强烈,不顾西方压力自主成立石油输出国组织欧佩克(OPEC),推进海湾合作委员会(Gulf Cooperation Council)进程,积极构想北非

---

[1] 参见余国庆:《大国中东战略的比较研究》,北京:中国社会科学出版社,2013年版。

和约旦河谷地区合作前景。如果深入该地区部落社会观察，会发现其内部虽然有一些矛盾，但几乎都致力于发展部落集团、民族和地区的经济，并把维系阿拉伯兄弟之间的互相同情、支持和帮助作为本分。中东阿拉伯国家在文化上对国内及跨国间的部落、历史、文化等联系感觉非常亲切和真实；在社会和人文方面，这些国家心态开放，其中一些国家的外籍人员都远远超出本国人口。[1] 同时，它们又十分敏感，特别注意维护阿拉伯民族与宗教文化传统，以及这一文化的象征物和教法实践等。当然，在国家建设和发展上，中东阿拉伯国家也有着深刻的历史教训，其中最大的教训是，在争取摆脱奥斯曼帝国统治的阿拉伯大暴动中，未能有效提防外部势力深度介入，失去了建立统一阿拉伯共和国的机遇。[2]

其二，斗争性。中东阿拉伯国家与大国互动中的斗争性也很明显，对苏联和美国的霸权主义和强权政治做法十分反感，明里暗里地普遍持反对态度。它们在巴以冲突中立场鲜明，虽然在支持哪一个派别的问题上有时不一致，但大都反对以色列的侵略与占领政策，坚决维护巴勒斯坦民族的正当诉求，同时十分注意捍卫自身经济和资源利益。以沙特为首的产油国不顾西方反对，推动成立石油输出国组织欧佩克，团结维护自身利益。美国和西方国家在阿拉伯国家中推动所谓的民主改造也遭多方反对和抵制，使得"阿拉伯之春"最终变成了"阿拉伯之冬"。[3] 面对当代全球化的发展和全球治理的博弈，阿拉伯国家积极倡导多边主义，并以自己特有的方式积极推进国际合作和全球投资贸易的多元化，愿意看到国际力量格局向更加均衡的方向发展。

其三，妥协性。中东阿拉伯国家注意借助和利用外部大国帮助解决一些地区发展中的问题，以斗争反抗与妥协合作两手，积极争取自身活动空间。一些国家与域外大国形成了不同程度的机制化安全保障关系：有的与美国形成了联盟或准联盟，例如突尼斯、科威特等成为美国"非北约主要盟国"；[4] 有的与美国达成单项或领域性合作、装备前置或基地协议安排，例如卡塔尔等部分海湾国家；有的与美国形成跨世纪长期性的政治承诺和传统关系，例如沙特与美国的合作。在推翻奥斯曼帝国统治的过程中，地区酋长普遍借助欧洲力量，此后形成一系列保

---

[1] 阿拉伯人作为一个古老的民族，是世界上最重视交流和开放的民族之一。从肤色上看，阿拉伯人有白色、棕色和黑色等，在世界上比较少见。从中东地区引出的古老商路几乎通向所有的周边大陆。参见岳晓勇：《动荡中的盟友与对手——美国与海湾国家关系的建立与演进》，北京：世界知识出版社，2013年版，第99—193页。

[2] 参见 Rosemarie Said Zahlan, *The Making of The Modern Gulf States: Kuwait, Bahrain, Qatar, the United Arab Emirates and Oman*, Reading, England: Ithaca Press, 2002.

[3] 参见［美］戴维·罗特科普夫：《国家不安全：恐惧时代的美国领导地位》，孙成昊、张蓓译，北京：社会科学文献出版社，2016年版。

[4]《美国给予突尼斯"非北约主要盟国"地位》，新华社华盛顿2015年7月10日电，http://www.xinhuanet.com//world/2015-07/11/c_1115891240.htm，2019年8月8日登录。具有同样地位的阿拉伯国家还有埃及、约旦、巴林、科威特和摩洛哥等。

护和被保护关系；之后该地区国家又与美国和苏联形成不同程度的联盟或安全合作。二战后，美国在该地区逐步占据支配地位。[1] 及至现在，地区各种关系进入新的调整，新兴世界性力量出现，美国驶入减负和相对收缩的轨道。

其四，竞争性。其表现主要有：1. 内争，包括防范、牵制或打击地区内部势力。早年有巴勒斯坦解放组织与约旦的冲突，后有法塔赫与哈马斯的分裂与冲突，冷战后又发生了伊拉克侵占科威特。近年来，沙特与卡塔尔、也门与沙特、利比亚与邻国的矛盾等，逐一浮出水面。地区势力间矛盾层出不穷，一直没有停止过。2. 外防。在巴以和阿以矛盾之外，由于部分阿拉伯国家对周边势力心存防范和牵制心态，它们与中东其他国家之间亦存在诸多矛盾和冲突。3. 部落关系平衡。整个地区部落文化比较浓厚，不少地方公众认同的仍是部落而不是国家。地区部落的重组或联盟等往往越过国界，牵涉到次地区甚至是整个地区相关部落的动向，给各国政治整合带来经常性挑战，也影响对外关系互动。统治者要花很大精力维系国内的部落关系平衡，这也给地区稳定带来影响。[2] 4. 攀比，这体现在经济、科技和产业等方面的攀比竞争。观察阿拉伯国家的发展细节，还可发现有一种建设发展中的相互攀比，同类产品和项目轮番上马的现象。5. 教派争斗，主要指伊斯兰教逊尼派和什叶派等教派的对立与争斗，也包括不同宗教之间的矛盾。这一争斗把地区矛盾和冲突进一步复杂化了。伊拉克和伊朗长达8年的战争，既有地缘政治因素，也有明显的教派争斗思想，同时又被外部利用。[3] 6. 地缘政治和地缘经济竞争。中东阿拉伯各国从自然条件到产业布局同质性都较强，因而经济互补性相对较弱。沙特在欧佩克中独特的作用，主要得益于其产能方面的优势。能源实力的相近性也是导致沙特与伊朗矛盾的重要原因之一。

其五，合作性。在经济发展和社会文化上，中东阿拉伯国家既坚持自主、传统又推行开放，注重加强与各大国的交流与合作，特别是在能源、贸易、投资等领域的发展性合作。该地区公众对与外部的经济和产业合作总体上是接受的，但同时十分重视保持国家资源和产业控制权。冷战后，阿拉伯国家加速"向东看"，转向群体崛起的新兴发展中大国，其中与中国的合作关系得到了比较广泛和深入的拓展。中东阿拉伯国家是最先响应中国"一带一路"倡议的地区，阿联酋等国率先与中国签署合作协议。[4] 一些阿拉伯国家通过努力奋斗，摆脱了贫困，实现

---

[1] 参见［美］乔治·布什、布伦特·斯考克罗夫特：《重组的世界：1989—1991年世界重大事件的回忆》，胡发贵等译，南京：江苏人民出版社，2000年版；另见 George W. Bush, *Decision Points*, New York: Crown Publishers, 2010。

[2] 参见何琅：《论海湾君主国的家族统治》，北京大学学位论文数据库，https://thesis.lib.pku.edu.cn/docinfo.action?id1=0e8586f97a4627d05e9336a252721f33&id2=dMBCJviEuaQ%253D，2019年8月20日登录。

[3] 参见金宜久：《伊斯兰教与世界政治》，北京：社会科学文献出版社，1996年版。另见余国庆：《大国中东战略的比较研究》。

[4] 参见钟飞腾：《"一带一路"的机制化建设与进展评估》，《中国国际战略评论2019（上）》，北京：世界知识出版社，2019年版，第54页。

了自身的发展和富裕，在一些领域还取得了可观的发展速度，出现了一批世人瞩目的能源富国，以及像迪拜这样的世界性贸易、金融、航空及运输中心，它们致力于融通地区内外、面向全球的各种经济活动，也成为信息和人员交流中心之一。[1] 它们日益重视与大国关系的平衡，努力加强与不同大国关系的多元化，增加与中、印、俄、巴西、南非等新兴大国合作关系的权重，有意识地促进世界力量向更加均衡和多元的方向发展。

中东阿拉伯国家与大国的关系互动还具有多层次的特点，从这些国家与美国的互动中可以清楚地发现这一点。美国以开放贸易开道，从军事、经济、贸易、能源、文化和教育等多层次着手，全面发展与中东阿拉伯国家的互动关系。[2] 对美国来说，此举巩固了其在该地区的存在与影响力。阿拉伯国家也借机借鉴和引进美国在教育、医疗等社会领域的发展成果，以满足其国内发展需要。美国为适应自身的全球目标，不断扩大在该地区的介入，大批军事、外交和经济产业领域的人员进入该地区，并在教育、文化、医疗等社会领域不断投入资源。为解决派驻人员工作生活上的实际问题，美国在当地形成了一整套措施和做法，包括开设美国学校、合作开办现代医院、设立美国大学的地区分校，等等。[3] 对欧美在社会领域的介入，中东阿拉伯国家既加强防范，也搞拿来主义，对先进和合理的成分主动借鉴和吸收。随着全球化和多极化的发展，美国要维持在该地区的单极支配，面临的困难和成本均不断增加，所以美国不得不考虑减负。不过，中东阿拉伯国家对这种多层次的互动仍保持着兴趣和需求，它们逐步从主要依靠美国转向更为多元的互动主体，主动邀请中国在当地开办学校，也邀请印度和英、德、法等欧洲国家加强类似的社会文化投入，实现与新兴和传统大国更广泛的交流。

> 中东阿拉伯国家对与大国多层次的互动仍保持着兴趣和需求，它们逐步从主要依靠美国转向更为多元的互动主体，力图与新兴和传统大国展开更广泛的交流。

安全防务上，美国在阿拉伯世界的影响每推进一步，都需要利用机会。[4] 20世纪70年代英国从苏伊士运河以东撤出、两伊战争、冷战后的两次伊拉克战争、"9·11"事件后打击地区恐怖主义活动等，都给美国提供了在阿拉伯世界扩张影响力的机会。就阿拉伯国家而言，它们希望本地区的安全与稳定大势，一靠地区各国共同努力，二靠以联合国为代表的国际社会积极介入、支持和帮助，三则不得不借重美国等西方国家的影响。美国等西方国家的行动如果在联合国框架内依

---

1 参见岳晓勇：《动荡中的盟友与对手——美国与海湾国家关系的建立与演进》，第54—96页。

2 同上。

3 Yakub Halabi, *US Foreign Policy in the Middle East, From Crisis to Change*, England: Ashgate Publishing Ltd., 2009.

4 Shibley Tekhami, *The Stakes: America and the Middle East: The Consequences of Power and the Choice for Peace*, Bouldr, CO: Westview Press, 2002.

国际多边原则进行，有时也会为地区国家接受；但如果美国等西方国家在该地区搞单边主义、强权政治，就会带来消极影响甚至导致重大冲突，引起地区公众强烈反对。[1] 多数阿拉伯国家与美国都有较深的安全和防务关系。美国在该地区大量的驻军及使用武力的倾向，以及对以色列的长期偏袒，给美国在中东的处境造成很大的负面后果。

其他层次上的互动还有：以能源为核心的经贸、投资及技术合作，这是该地区国家与美英等西方传统主导域外国家互动与合作的重心。这个地区亦是美国对外援助最密集的区域。埃及与约旦以与以色列媾和为条件，换取了美国长期的机制化的年度援助。该地区国家也大批引入美欧企业，近年来更是扩大对新兴大国的吸引力度，加快推进地区多种产业的发展。[2] 该地区国家一般都愿意以开放态度促进正常的国际人文交流，包括留学生交流。在宗教上，该地区多数国家一直力促和积极支持全球文明对话，努力消除国际社会对阿拉伯国家的误解和偏见。

二、成因分析

中东阿拉伯国家与大国的互动关系呈现出多面性和多层次的特点，其背后的因素是多重的。事实上，发展中国家在与大国的互动中存在着一些共性：教育科技水平不高、国家治理能力欠佳，文化教育领域投入不足，综合国力薄弱，发展中国家的这些国情往往导致对外部依赖的加深，也会引致更多的外部渗透。同时，许多地区矛盾和问题还可以从部落文化、宗教教派争斗以及历史遗留的领土边界争端中找到原因。这方面学界的分析已有很多。若将视野进一步扩大，会看到还有一些其他的原因导致中东阿拉伯国家与大国互动关系的独特性：

（一）地理环境脆弱，难守易攻

阿拉伯地区是一个地理上脆弱的地区。可耕地少，土地沙化严重、承载力弱，周边几乎没有高山大洋对外部强国入侵形成天然阻隔。这与欧洲、东亚和北美都不太一样；与俄罗斯幅员辽阔且拥有广大的腹地以及伊朗拥有奇特高原也不一样。冷兵器时代，该地区还相对能有自己嬗变的空间。亚历山大大帝能越过阿拉伯半岛进入印度，就算是历史性伟业了。冷兵器时代后期，由于周边国家在人口和经济上都更为强大，阿拉伯国家就已经面临着很大的困境了。到热兵器时期，其地理位置上的弱点、产业落后和人口实力不济等问题更加暴露。核时代更

---

[1] 参见兰岚：《美国在中东：艾森豪威尔主义研究》，南京：南京大学出版社，2010年版；金宜久：《伊斯兰教与世界政治》；Yuval Noah Harari, *21 Lessons for the 21st Century*, London: Penguin Random House, 2018.

[2] 参见 Joseph S. Nye, "The Rise and Fall of American Hegemony From Wilson to Trump," *International Affairs*, Vol. 95, No. 1, 2019, pp. 63-80。

不必说，英国在近代造出远洋舰队，之后美国发明航空母舰，二战后又有了远程轰炸机、巡航导弹等"地平线之外"的常规军力，外部对这个地区的干预力量更加强大。而内部，不论是以和平还是战争方式，其自主整合的历程一再被打断，社会心理上对外部力量的变化十分敏感。[1] 不过，艰苦的地区生存条件也培育了阿拉伯人坚毅独立、自主强悍的性格。

（二）传统中间商文化的影响

中东地区的传统商业主要指长途贩运的中间贸易，而不是基于国内先进制造业和加工业的现代对外贸易，也不同于那些虽然现代工业落后但拥有传统农业基础的国家间的商业交换。该地区许多人以传统商业贩运立业，这种商业模式对地区和周边国家以至于更远的东亚、西欧的发展都作出过卓越贡献，留下了参与沟通东西方丝绸之路、茶叶之路、香料之路以至近代各种商业之路的辉煌纪录；不仅促进了本地区的发展，还促进了四面八方的人文交流。通过汲取与储存各方汇集的科学与知识，伊斯兰文化形成了崇尚知识与学习的优秀传统，留下了"学问虽远在中国，亦当求之"的名句和许多友好交流的佳话，与各国一起打造了灿烂的友好互利、合作共赢的丝绸之路精神。

然而到了近代以后，由于种种原因，地区内的现代制造业、加工业和现代农业逐渐落后。本来能源业的兴起解决了发展所需资金的问题，但在外部强权政治干涉破坏下，该地区未能及时实现产业长期且系统的振兴与建设。传统商路衰落加之未能均衡发展经济，导致本地区各国对外依赖性增强：一方面将发展视为要与域外力量高度结合起来考虑的问题，非常重视与外部经贸中心国家建立联系；另一方面对外部力量变化也比较敏感，必须不断调整与外部力量的互动关系以求生存。

在全球化时代，本地区各国已经看到传统中间商式的商业文化与模式的弱点，开始图强求变。例如，它们普遍发展国家主权财富基金，积极推进对外直接和长期投资，多方培育本国的基础农业、加工业、交通制造业与现代商业，发展新能源，培育新的经济增长点。在这一背景下，中国提出的高质量发展方针、合作共赢的发展理念、共商共建共享的合作原则，以及以"五通"为核心内涵的"一带一路"倡议和建设，切合了该地区的需要。只要真正地排除外部干扰，吸纳包容第三方建设性合作，中阿双方的合作应该可以得到进一步发展。

（三）油气业过于强大，形成经济学上的"荷兰病"，抑制了其他产业的发展

加之美国把美元与石油挂钩，更加锁死或僵化了中东阿拉伯产油国的经济发

---

[1] Patrick Tyler, *A World of Trouble, The White House and the Middle East—from the Cold War to the War on Terror*, New York: Farrar, Straus and Ciroux, 2009.

展模式。单一的经济结构使中东阿拉伯国家处境被动,外部力量有了更多施加影响的空间。一些石油富国即使货币财富上很富有,但依然严重依赖外部大国,无论在政治、安全,还是经济发展上,均缺乏与主要大国互动的主动权。中东阿拉伯国家已经注意到这种局面,并力图改变这种现状。近些年来,沙特、约旦大力发展新型农业和加工业,取得了比较可观的成果。但同时,由于巨额能源财富通过各种各样的分配方式散布于本地区,如何对这些财富进行有效与稳妥的管理,也始终是一个问题。[1]

(四)强权政治的影响

整体来看,中东阿拉伯国家在二战后逐步被美国整体纳入其主导的地区安全和经济能源秩序中。这一进程又与以阿以和巴以冲突为中心的地区政治矛盾相交织,形成了本地区阿拉伯国家与美国多层次的安全、政治与经济关系结构,这个结构本身充满了矛盾与冲突。尽管中东阿拉伯国家始终在争取更多的权利和自由以实现独立自主和发展,但事实上这个结构并未发生根本改变。其他外部传统力量在这一地区或逐步退出,或被边缘化,或影响式微,这一状态贯穿了冷战至今的大部分时期。[2]

(五)全球化和科技革命的冲击

全球化的发展给该地区同时带来了新的机遇和挑战。一方面,它使中东阿拉伯国家在世界上的合作选择更多,余地更大。近些年来,中东阿拉伯国家明显加强了与非西方国家发展关系的力度,也更加积极地参与到全球化背景下的国际分工中来。海湾合作委员会的发展不仅给成员国带来了机遇,也有利于促进整个地区的发展。另一方面,全球化,特别是以信息技术和生物技术革命为核心,以大数据、人工智能、物联网、区块链和新能源等为代表的新一轮科技革命的冲击,更突显了中东阿拉伯国家发展滞后、治理体系薄弱、国家结构先天不足等问题。恐怖主义、移民外涌、环境恶化等全球性问题在中东地区特别尖锐,使得该地区安全政治形势更加复杂,民生和发展问题更加严峻。[3] 中东地区一直处在二战后和冷战后全球治理的边缘地带,与大国投入更多的欧洲、北美和东亚等地区相比,国际社会对中东阿拉伯地区的经济建设投入是比较少的。从二战初期的阿以冲突,到冷战时期地区新诞生国家的内部发展及地区整合,再到冷战后打击国际恐怖主义、应对地区民族、宗教、环境和气候问题等,中东地区存在着诸多新旧

---

[1] 参见高祖贵:《冷战后美国的中东政策》,北京:中共中央党校出版社,2001年版。

[2] Andrew Wheatcroft, *Infidels, A History of the Conflict Between Christendom and Islam*, New York: Random House, 2004; Condoleezza Rice, *No Higher Honor, Memoir of My Years in Washington*, New York: Crown Publishers, 2011.

[3] Yuval Noah Harari, *21 Lessons for the 21st Century*, pp. X-XV.

冲突与问题,而且还有历史遗留问题的存在。中东地区的这种现状正反映了国际治理体系的不足,主要大国美国多年来在这个地区不负责任的单边主义行动,进一步加剧了地区的困难。[1]

三、对国际形势的影响分析

在进一步扩大与中东地区国家互动与合作的过程中,国际社会特别是新兴国家要扎实做好对相关国家和本地区的内外情况研究,掌握规律性特点,深化对中东阿拉伯地区的认识。要根本理顺和解决该地区复杂的矛盾和问题非一朝一夕之事,这也取决于今后该地区国家能否在国际结构发生新的变化之际,抓住机遇,防范和战胜风险。当前,中东域外大国都在加紧调整,积极和消极的动向在同时发展。美国仍是影响该地区最大的外部因素。一方面,美国的影响力相对减小,考虑更多的收缩,对该地区的直接强力干涉已开始减少;另一方面,有舆论认为,如果美国不负责任地丢包袱,漠视地区安全和稳定的需要,也会产生问题。美国的单边主义、霸凌主义,以及偏袒以色列的做法若不根本改变,将对地区和平、安全与稳定持续产生消极影响。欧盟、一些新兴发展中国家,以及本地区的邻国(如土耳其、伊朗、以色列等),都在谋求更大的影响力。面对新旧冲突和矛盾的交织,中东阿拉伯国家将继续顽强努力,争取更多地把命运掌握在自己手里,更多地促进对外合作,更多地扩大自主发展空间,更少地受强权支配与控制。新兴大国力量在该地区作用和影响的上升已是明显趋势,国际社会也已更多注意到中东地区阿拉伯国家的声音。

中国作为一个新兴大国,与中东阿拉伯国家既有悠久的传统友好关系历史,又有实现共赢合作的现实需要和良好前景,双方正在努力构建不同于传统大国与中东阿拉伯国家关系的新型关系。这种新型关系以相互尊重、公平正义、共赢合作为特征,发展这一新型关系的过程已使双方均获益,未来有着继续发展的巨大空间。中国的外交实践表明,中国一贯尊重各地区国家的意愿,以平等相待与共赢合作的态度促进友谊,得到了各地区国家和国际社会的肯定和欢迎。在下一步与中东地区的交流、合作中,这一做法将继续保持。笔者认为,中国可在已有成就基础上继续以推进"一带一路"倡议为主线,积极参与地区热点问题的应对和解决,同时强化从发展角度正面带动与该地区的整体合作;突出中国平等互利、公平公正、积极参与、促和促稳、合作共赢的形象,并促进同俄欧美以及其他中东地区国家的对话,加大调动中东阿拉伯国家同中国扩大和深化各领域合作的积

---

[1] 参见岳晓勇:《动荡中的盟友与对手——美国与海湾国家关系的建立与演进》,第54—96页。

极性，提高这些国家向中国进行多层次开放的兴趣，凸显中国走和平发展道路的诚意，促进中国在中阿论坛的行动和"一带一路"进一步有机交汇。[1] 随着与中东阿拉伯国家关系日益深入和坚实，中国也需要更广泛地让教育、环境、医疗和社会治理方面的服务"走出去"，与当地国家加强人文交流与文明互鉴，不断巩固和强化双方合作基础，也为中国企业与人员"走出去"进一步做好铺垫。

未来中美在该地区的互动前景如何，已在国际和地区范围内引起广泛关注。未来的发展趋势可简要总结如下：

其一，由于对外政策的一些基本理念不一致，中美在涉及中东阿拉伯国家或中东问题的一些结构性矛盾不可能根本消除。中国强调互相尊重、和平互利，反对单边主义。中国的国家、社会和文化特性具有非常大的包容性，提出的一系列外交理念和原则，特别是促进新型国家关系建设和促进人类命运共同体建设的倡议，为不同制度的国家和平共处、共赢发展指出了方向。美国坚持冷战思维，搞强权政治和"美国第一"，把干涉别国内政视为当然，这些做法将继续遭到国际社会的唾弃和普遍反对。[2]

其二，中国走和平发展道路，促进合作共赢的新型国际关系，坚决反对在国际事务中搞"代替谁、挤走谁"的零和游戏。中国一贯坚持维护基于联合国宪章宗旨和原则的国际规则和国际秩序。在谋求地区安全与稳定，促进发展，防止和反对大规模杀伤性武器及运载技术的扩散，打击恐怖主义势力，防止和解决地区冲突，应对传统和非传统安全挑战等许多问题上，中美和其他核大国及安理会其他常任理事国一样，都负有重大责任，有加强沟通对话的客观需要。[3]

其三，包括中美在内的国际社会各方在中东阿拉伯地区发展互利合作的潜力仍然是很大的。国际社会希望美国在国际事务中尽快停止霸凌主义、单边主义和极限施压的做法，各国共同努力，促使大国关系以及大国与各地区国家的关系回到相互尊重、平等相待、共谋合作的正确道路上来。各方应积极谋划涉及中东和阿拉伯世界的交流对话，从共同应对全球化挑战、维护世界及地区安全与稳定的高度出发，扩大同包括美国在内的各国在中东阿拉伯地区的务实对话与协调，排除干扰，集中精力，切实解决实际的安全稳定和发展问题；应从地区做起，抓住中东阿拉伯地区的特点与优势，把良性、健康和可持续的互利合作不断发展和深化下去。

---

1 参见中华人民共和国国务院新闻办公室：《新时代的中国与世界》白皮书，北京：人民出版社，2019年版。

2 参见胡然、赵建伟、王缉思：《冰冻三尺，非一日之寒：对近十年来中美关系的回溯与分析》，《中国国际战略评论2018（下）》，北京：世界知识出版社，2018年版，第1—28页。

3 Joseph S. Nye, "The Rise and Fall of American Hegemony: From Wilson to Trump".

委内瑞拉危机——"革命""新冷战"与难民问题

郭 洁

内容提要：委内瑞拉拥有全世界最丰富的石油储量，而今却深深地陷入了政治极化、经济失控、公共服务瘫痪的恶性循环中。查韦斯发起的"玻利瓦尔革命"及其留下的政治遗产，是理解上述困局的一把钥匙。2019年1月由马杜罗连任引爆的政治危机，进一步使该国成为地缘政治博弈的前线。美国高举门罗主义旗帜，重回冷战思维，意图通过推动委内瑞拉政权更迭，遏止域外大国在其"后院"日益增长的影响力。委内瑞拉局势也引发了拉美地区层面的剧烈震荡，内部团结不复存在，政治裂痕清晰可见，数以百万计的委内瑞拉难民源源不断地涌入，给地区国家带来了前所未有的挑战。无论这场危机最终走向何方，政治和解、经济修复、国家重建将会是一个无比漫长的过程，人与社会将为此付出最大的代价。

关键词：委内瑞拉　政治危机　大国博弈　难民问题

2014年春，世界舞台同时上演着两场重大的政治危机，一个在欧洲东部边缘，一个在西半球中段。有人说："拉丁美洲竞争力不足，即使是在悲剧里。"[1] 彼时，全世界的目光聚焦于基辅，加拉加斯街头的骚乱并未引起国际社会的广泛关注。在乌克兰危机的棋盘上，交错摆放着欧洲边界、能源安全、俄罗斯对缓冲地带的争夺等诸多议题。相比之下，委内瑞拉所发生的看起来不过是又一轮内乱的重复上演。2019年初，持续五年之久的全面危机再度激化。这一次，委内瑞拉

郭洁　北京大学国际关系学院副教授。

1 Moisés Naím, "¿Qué está en juego en Venezuela?" *El País*, 22 de febrero de 2014, https://elpais.com/internacional/2014/02/22/actualidad/1393095532_699692.html, 2019-05-20.

迅速成为国际政治的风暴中心。当前,这场危机正使得美国在西半球的领导力、俄罗斯和中国在此地区不断增长的影响力,以及拉丁美洲的现状与平衡受到切实考验,同时亦将3000多万委内瑞拉民众的命运引向了不可知的未来。今日委内瑞拉危机何以发生?如何解读国际利益攸关方的政策及反应?地区层面受到了怎样的深远影响?危机可能走向何方?以上即本文的核心关切。

一、近观危机之源

今日委内瑞拉所处困境,很容易让人产生诸多历史的联想,每一个都与委内瑞拉的悖论相关。坐拥金山却活似乞丐,富含资源却深受其害,怀抱全世界最丰富的石油储备,却落得捉襟见肘、债台高筑。这个国家正在经历着在不发生战争情况下从未有过的向内聚爆。然而,这并不是它一贯的模样。众所周知,委内瑞拉曾是拉丁美洲的典范。20世纪六七十年代,当整个地区都在遭受军事政变冲击的时候,委内瑞拉是少数几个由民选政府领导的国家之一。作为欧佩克创始成员国,该国曾经的富足也是地区多数国家难以企及的。

过去数年间,伴随着国际油价的暴跌,委内瑞拉经济呈自由落体式崩毁,国民生产总值大幅萎缩。2018年底,实际国内生产总值(按当年价格计算)已跌至不足2013年的三分之一,据国际货币基金组织预测,2019年仍将延续两位数的负增长(参见图1)。疲软的经济令政府近乎破产,长期资金匮乏,使其不得不以加印钞票的方式来填补财政赤字,结果引发恶性通货膨胀。从2013年起,通货膨胀开始呈指数级增长,2019年预计将飙升至10000000%。[1] 委内瑞拉货币"强势玻利瓦尔"(Bolívar Fuerte)对美元汇率的持续贬值,遵循了与其他经济指标相似的路径。2013年1月至2018年8月,"强势玻利瓦尔"相对于美元的平行汇率贬值了13.6万倍。[2] 同时,最低工资实际价值从2012年5月至8月相当于290美元的峰值骤降至目前不足2美元。[3] 经济衰退、通货膨胀和收入购买力下降又直接引发了贫困率的上升。根据委内瑞拉中央大学(Universidad Central de Venezuela)、贝洛天主教大学(Universidad Católica Andrés Bello)和西蒙·玻利瓦尔大学(Universidad Simón Bolívar)联合开展的委内瑞拉生活状况调查项目(ENCOVI)年度报告,2018年底,委内瑞拉贫困率已高达94%,较2014年

---

[1] International Monetary Fund, World Economic Outlook Database, April 2009, https://www.imf.org/external/pubs/ft/weo/2019/01/weodata/index.aspx, 2019-09-02.

[2] 由于委内瑞拉政府于2018年8月实行了货币改革,此处无法用其后更新的数据进行计算。货币改革主要内容是用新货币"主权玻利瓦尔"(Bolívar Soberano)取代"强势玻利瓦尔"。新旧货币兑换比率为1:100000,即相当于将旧货币面值抹去5个"0"。

[3] 根据委内瑞拉央行发布的最低工资数据结合同期平行汇率计算得出。

翻一番。[1] 同时，食品、药品等基本必需品的缺乏亦日趋严重。委内瑞拉中央银行几年前已停止发布相关数据，据非官方机构调查结果，2019年上半年，委内瑞拉日常食品平均短缺率在70%左右。[2] 此外，公共服务也接连崩溃了。电力供应时常中断，越来越多的新生儿、老年人和慢性病患者死于药品短缺和医疗系统的瘫痪，全国范围内营养不良急剧加重，白喉、麻疹、疟疾、肺结核等传染病发病率上升。与此相伴随，社会治安日趋恶化。根据"委内瑞拉暴力观察组织"（Obervatorio Venezolano de Violencia - OVV）提供的数据，2013年至2018年间，平均每年有25960起凶杀案，差不多每10万人86起。[3]

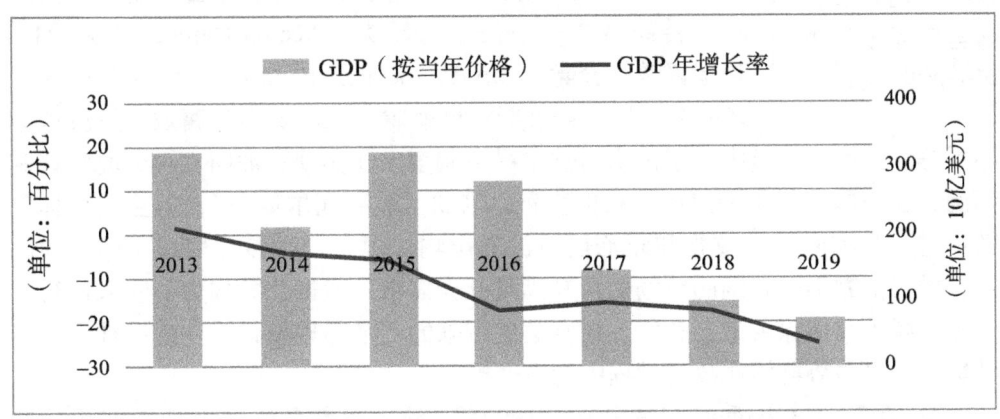

图1　2013—2019年委内瑞拉国内生产总值（按当年价格计算）及年增长率[4]

说明：2019年为预估值（在2019年10月出版的《世界经济展望》中，国际货币基金组织将委内瑞拉2019年GDP增长率数值进一步下调至-35%。[5]

当一个国家陷入全面危机之时，每一个坏消息都可能引发连锁反应，形成难以摆脱的恶性循环，这就是委内瑞拉的现实。然而，这一切究竟是如何发生的？

1　ENCOVI, "Encuesta Nacional de Condiciones de Vida 2018: Avances de Resultados," p. 9, http://elucabista.com/wp-content/uploads/2018/11/RESULTADOS-PRELIMINARES-ENCOVI-2018-30-nov.pdf; ENCOVI,"Evolución de la pobreza," p.1. https://encovi.ucab.edu.ve/wp-content/uploads/sites/2/2018/02/ucv-ucab-usb-encovi-pobreza-2016.pdf，2019-08-20。

2　根据Hambrómetro发布数据计算得出，参见http://hambrometro.com/datos-completos/，2019年8月10日登录。

3　参见该组织各年度发布的报告：https://observatoriodeviolencia.org.ve/category/informes/，2019年7月15日登录。

4　数据来源：International Monetary Fund, World Economic Outlook Database, April 2009, https://www.imf.org/external/pubs/ft/weo/2019/01/weodata/index.aspx，2019年9月2日登录。

5　参看 International Monetary Fund, *World Economic Outlook*: *Global Manufacturing Downturn*, *Rising Trade Barriers*，October 2019， p.152，https://www.imf.org/en/Publications/WEO/Issues/2019/10/01/world-economic-outlook-october-2019，2019年9月2日登录。

委内瑞拉从天堂的坠落并非始自查韦斯上台,其国家经济过度依赖石油、工农业自主生产能力衰弱、消费品高度依赖进口的结构失衡问题也是由来已久。然而,查韦斯时代及其遗产与当前困境有着密不可分的联系。

本文无意从历史谈起,只想就最直接相关的因素做些尽可能有益的探讨。客观地讲,委内瑞拉从天堂的坠落并非始自乌戈·查韦斯上台,其国家经济过度依赖石油、工农业自主生产能力衰弱、消费品高度依赖进口的结构失衡问题也是由来已久。然而,不可否认的是,查韦斯时代及其遗产与当前困境有着密不可分的联系。1998年年末,作为左翼选举联盟"爱国中心"(Polo Patriótico)的候选人,查韦斯赢得总统大选,成为这个国家历史上最年轻的总统。查韦斯的胜利,很大程度上反映了选民对于此前40年间主导委内瑞拉政治的两大传统政党——民主行动党(Acción Democrática - AD)和基督教社会党(Partido Socialcristiano - COPEI)的失望。

1999年2月,查韦斯宣誓就职,承诺要根除腐败,解决社会不平等。此后,他借中下层民众对选举民主制度未能实现石油财富再分配的普遍不满,在该国发起了深刻而持久的变革,名曰"玻利瓦尔革命",其主要目标包括:进一步消除传统政党和政治反对派的影响,建立一种参与型和主体型的民主,反对依靠不受管制的市场力量来满足社会需求,通过公共权力对收入进行再分配,减少和消除由市场竞争、财富集中带来的不平等现象,改变现有社会等级结构,加强弱势群体在政治过程中的声音等。

"革命"首先从重修宪法开始。1999年7月,制宪会议经由选举产生,查韦斯的支持者赢得其中95%的席位。是年末,一部新的宪法经全民公决获得通过。新宪法将国名变更为"委内瑞拉玻利瓦尔共和国",改组了政治机构,用一院制取代原来的两院制,行政部门的权力大为增强,延长了总统任期并允许再度连任,新宪法还对司法系统做出重大变革,使行政部门可以对法官的任命施加影响。"玻利瓦尔革命"在经济和社会领域的变革主要是将重要的战略性企业国有化和激进的再分配计划。国有化范围涵盖了石油、电力、通讯、食品、水泥、钢材等各关键行业,涉及外资的企业也在此过程中转变为由委内瑞拉政府所主导。正是在此背景下,加之该国史上最大一次石油繁荣期的到来,查韦斯得以依靠国际油价高企带来的收入给养其"革命"进程,兑现建设公平、自由、人道的"21世纪社会主义"的承诺。自2003年,委内瑞拉政府启动了一系列名为"玻利瓦尔使命"(Misiones Bolivarianas)的社会保障项目,向中下层民众提供医疗、教育、食品、住房等社会服务,同时还设立了诸多与社会发展相关的投资基金。有资料显示,2004年至2013年,为落实各种"使命"和基金项目,政府从国家石油公司(Petróleos de Venezuela S.A. - PdVSA)抽走的资金分别高达1232亿美元和784.16亿美元。[1] 其结果，国家石油公司不仅失去了扩大再生产的能力，甚至连基本的生产设施维修和保养费用都越来越难以得到保障。常年的投资缺乏、专业人员大批遭辞退、官僚主义与腐败盛行，致使原本经营良好的国有石油公司的石油生产和出口能力每况愈下。

改革现有政治制度，使其更加公正、更具包容性固然没错，设计经济发展的宏伟蓝图强调聚焦社会目标亦无可厚非，将国家收入投资到社会福利项目中，让穷人也能分享资源出口繁荣带来的利益，当然更不应当受到指责。然而，无视政治平衡与经济规律并不计后果地将所有这些引向极端，则凸显出以意志主导现实的特点。查韦斯执政的最后几年中，隐匿于虚华之后、由推行激进政策所引发的一系列问题日益明显地呈现出来。民众主义的偏执无法掩盖日常生活中的悲剧，物价飞涨、供应短缺、暴力活动变得愈益严重。

2013年4月，查韦斯选定的继任者尼古拉斯·马杜罗以极其微弱的优势赢得大选并上台执政。[2] 新总统面临着许多挑战。他虽自称查韦斯的义子，亦决意将"革命"进行到底，但并不具有后者身上的领袖气质、处世才能和政治本领。然而，区别还不仅仅在于个人魅力，不得不承认，在马杜罗上台之时，查韦斯所创建的国家发展模式已变得越来越不可持续。2014年国际石油价格的暴跌更是锁定了这一格局。委内瑞拉经济遭受重创，不仅因为石油收入的减少，还因为高油价掩盖下长期存在的管理不善、官僚体系低效腐败等问题变得无所遁形。此后，委内瑞拉各项经济与社会指标均一路下滑，看不到任何好转迹象。

同时，在过去六年里，执政党委内瑞拉统一社会主义党（Partido Socialista Unido de Venezuela - PSUV）与反对派之间的两极分化与政治对立也不断升级。2013年马杜罗的选举胜利并未获得反对派联盟"民主团结圆桌会议"（Mesa de la Unidad Democrática-MUD）的承认，后者宣称选举过程严重不合法，要求重新计票，遭国家选举委员会（Consejo Nacional Electoral-CNE）驳回后，联盟中的两派从两个方向展开了斗争。以正义第一党（Primero Justicia-PJ）领导人卡普里莱斯（Henrique Capriles）为代表的一派，继续诉诸政治手段，希望借助选举途径将"查韦斯派"赶下台；而以人民意愿党领袖莱奥波尔多·洛佩斯（Leopordo López）和"来吧委内瑞拉"党（Vente Venezuela）负责人玛丽亚·科里纳·马查多（María Corina Machado）为代表的一派，则认为"出路在街上"，主张通过街头抗争向当局施压。2014年2月，执政不到一周年的马杜罗遭遇到强大的抗议浪

---

[1] Diego Mansilla, "Venezuela and the International Crisis," in Juan E. Santarcángelo, Orlando Justo, and Paul Cooney, eds., *Latin America after the Financial Crisis: Economic Ramifications from Heterodox Perspectives*, New York: Palgrave Macmillan, 2016, p. 198.

[2] 此次选举中，马杜罗获得了50.75%的选票，反对派候选人恩里克·卡普里莱斯（Henrique Capriles）获得了48.97%的选票，参见"CNE Proclama al Presidente Electo Para el Período 2013-2019," 15 de abril de 2013, http://www.cne.gob.ve/web/sala_prensa/noticia_detallada.php?id=3171，2019年5月2日登录。

潮，委内瑞拉主要城市成千上万名示威者上街游行，而政府则出动警察力量采取了相应行动。执政党声称反对派有政变阴谋，反对派则指责马杜罗政府搞独裁。诸如此类的政治剧目此后在委内瑞拉频繁上演，规模不一，结果类似。

2015年末，屡遭排挤与挫败的反对派联盟赢得了自1998年查韦斯当选总统以来的首次选举胜利，获得了立法机构全国代表大会（Asamblea Nacional）167个席位中的112席。朝野对立由此变得更趋白热化，同时亦导致了更为频繁的政治瘫痪。总统利用对行政机构、最高法院和军队的控制，使立法机构无法发挥应有作用；反对派则继续在议会和街头两条"战线"上对前者展开攻击或反击。2016年10月，反对派控制的全国代表大会呼吁启动对总统马杜罗的罢免公投，调查他在破坏宪法秩序、不尊重公民权利和自由以及失职等问题上的刑事和政治责任。这一进程迅速遭到了执政党控制的国家机构的抵制。2017年3月，最高法院做出解散全国代表大会并承担所有立法职能的裁决，冲突再度点燃。次月，委内瑞拉总审计署发布公告，以涉嫌行政管理行为不当为由，免去此次罢免公投的主要推动者卡普里莱斯的米兰达州州长职务，并禁止其15年内参加竞选活动。此后连续数月，反对派召集了大规模抗议活动，要求释放政治犯、尊重立法机构权力以及提前举行总统选举等。2017年7月，国家选举委员会不顾反对派的抵制，根据马杜罗的提案，组织了制宪大会（Asamblea Nacional Constituyente-ANC）代表选举，执政党赢得全部席位。制宪大会的组建，虽使马杜罗政府摆脱了立法机构的掣肘，但亦令双方矛盾更趋激化。

2018年是委内瑞拉的总统大选年。国家选举委员会将选举时间从12月提前至5月。反对派认为国家选举委员会故意偏袒执政党，遂宣布抵制选举。与1999年以来的历次总统选举不同，这一次反对派根本无法在短时间内推出一个强有力的候选人。直到大选之前，对马杜罗构成威胁的反对派核心领导人物或已被监禁（如洛佩斯）、或被禁止竞选公职（如卡普里莱斯）、或流亡国外（如前加拉加斯市长安东尼奥·莱德斯马（Antonio Ledezma））。5月20日，选举如期举行。根据官方统计数据，马杜罗获得67.84%的选票，赢得连任。[1] 反对派和一些国家以选举条件不平等、选举过程存在舞弊为由，对结果不予承认。2019年1月10日，马杜罗在最高法院宣誓就职。1月22日，全国代表大会援引宪法第233条，宣布总统职位出现空缺，行政权力将由全国代表大会接管。[2] 次日，在加拉加斯的一次大型集会上，新任全国代表大会主席、来自人民意愿党的胡安·瓜伊多（Juan Guaidó）宣布自任委内瑞拉临时总统。与此前无数次大大小小的政治危

---

[1] "DivulgaciónI de Resultados Elecciones 2018," 28 de mayo de 2018, http://www.cne.gob.ve/ResultadosElecciones2018/, 2019-06-20.

[2] 该条款规定，当选总统在就职前出现永久无法任职情况的，须于30日内通过普遍、直接和无记名投票形式重新进行选举。在选举期间和新选出的总统就职之前，全国代表大会主席行使共和国总统的职权。参见《委内瑞拉玻利瓦尔共和国宪法（1999）》，潘灯译，北京：中国检察出版社，2015年版，第329页。

机不同的是，这一次，委内瑞拉国内局势和牵涉其中的国际角色的行为发生了急剧的变化。

二、"新冷战"战场？

就在瓜伊多宣布自任临时总统后不久，美国率先予以承认。此后，美国的主要盟友加拿大，欧盟（除意大利、塞浦路斯和斯洛伐克以外的25国），澳大利亚，日本、韩国和以色列等亚洲三国，以及西欧国家安道尔和北欧国家冰岛，南欧国家阿尔巴尼亚、黑山和北马其顿，前苏联加盟共和国乌克兰和格鲁吉亚，非洲国家摩洛哥，太平洋岛国密克罗尼西亚联邦和马绍尔群岛共和国等亦采取了同样的立场。值得注意的是，拉美近半数国家加入了这一阵营，其中包括南美大陆的哥伦比亚、巴西、秘鲁、阿根廷、智利、厄瓜多尔和巴拉圭，位于中美洲的危地马拉、洪都拉斯、萨尔瓦多、哥斯达黎加和巴拿马，以及加勒比海国家多米尼加共和国、海地和巴哈马。

从某种意义上说，正是美国及上述国家对瓜伊多的承认，将此次委内瑞拉政治危机提升到了全球的层面，国际社会也由此出现了明显分歧。俄罗斯、中国、伊朗、叙利亚、土耳其、白俄罗斯、塞尔维亚、巴勒斯坦、南非、赤道几内亚、柬埔寨、朝鲜、老挝等国声明继续承认马杜罗政府的合法地位。在拉美地区，古巴、玻利维亚、尼加拉瓜、墨西哥、乌拉圭、苏里南、多米尼克、圣基茨和尼维斯、圣文森特和格林纳丁斯等国，表达了同样的立场。联合国也选择站在这一边。

此种格局不禁让人产生了诸多联想，各种关于"新冷战"的讨论开始频频见诸报端。引用一些分析人士的说法，地缘政治回归西半球，只不过这一次不再是两个大国间的对峙，而是美国、俄罗斯和中国"三足鼎立"的局面。[1] 当然，这种看法有夸大其词的成分。不过，分析与解读主要利益攸关方的政策、角色以及战略关切等，对理解委内瑞拉当前的政治僵局和可能走势，无疑是重要的。

如上所述，委内瑞拉局势发展至此，根源在国内。至于外部因素，美国当属第一位。众所周知，美国对查韦斯和马杜罗政权的不满由来已久，乔治·W.布什以来的历届政府亦毫不隐瞒对委内瑞拉政治反对派的支持。2002年，反对派试图通过政变将查韦斯赶下台，美国政府虽否认与此事有牵连，却在第一时间对佩德罗·卡莫纳（Pedro Carmona）为首的临时政府予以了承认。这一次同样如此，美国不仅立场鲜明地支持瓜伊多，同时还鼓励拉美国家及美国在其他地区的盟友

---

[1] Emili J. Blasco, "La Vuelta de la Geopolítica al «Patio Trasero» de EEUU," *ABC*, 24 de abril de 2019. https://www.abc.es/internacional/abci-geopolitica-vuelve-patio-trasero-estados-unidos-201904231335_noticia.html, 2019-07-22.

采取同样立场。美国甚至试图推动联合国安理会通过敦促委内瑞拉举行总统选举的决议案，后因俄罗斯和中国的否决未能达成。

除施加国际压力外，美国亦加紧采取了类似当年针对智利阿连德政府的让其经济"尖叫"的做法，通过继续追加单边制裁，令委内瑞拉局势雪上加霜。经济上以压促变也是多年来美国对委内瑞拉政策的一个重要方面。引用美国前国务卿劳伦斯·伊格尔伯格（Lawrence Eagleburger）的话说，美国无须与委内瑞拉发生正面冲突，只需在经济上搞垮它，即可达到想要的结果。[1] 2015年3月，奥巴马总统签署了第13692号行政命令，授权对委内瑞拉阻碍民主进程、实施暴力、侵犯人权、参与腐败的个人进行定向制裁。特朗普上台后，先后签署多个行政命令，通过扩大对委官员制裁、限制投资、冻结资产等多种手段向委内瑞拉政府继续施压。此次委内瑞拉政治危机爆发后，美国政府明显加大了制裁力度。2019年1月28日，特朗普宣布对委内瑞拉国家石油公司实施制裁，此举意在阻止马杜罗政府从国家石油公司获得收入，以切断其硬通货来源。8月5日，为进一步加压，特朗普签署第13884号行政命令，冻结委内瑞拉政府及相关实体在美所有资产，禁止美国企业及个人与委内瑞拉进行商业往来，除非获得特别豁免（如人道主义援助），并授权对协助或支持马杜罗政府的人进行二级制裁。[2] 有媒体称，此乃迄今为止美国政府对委内瑞拉实施的级别最高、范围最广的制裁，效果等同于禁运。[3]

在以外交孤立、大棒言论和经济遏制向马杜罗政权施压的同时，特朗普总统亦反复强调"所有选项均在考虑范围之内"，暗示不排除军事入侵委内瑞拉的可能。其实，这一想法并非现在才有，特朗普在2017年8月时就已提出。据巴西《瞭望》杂志（Veja）网站披露，同年9月他在与拉美多国领导人的一次会面中又再度提及此事，以了解地区国家对此是何态度。[4] 内外双重压力给委内瑞拉造成重创，但目前看来，美国还未达到推翻委内瑞拉现政权的目的，所以，军事干预并非完全没有可能。不过，美国国内及国际社会普遍认为，概率并不是很大。危机的结果很大程度上仍由其他因素决定，特别是该国经济在高强度制裁下继续运转的能力、委内瑞拉军队的立场与态度，以及可能获得多大的国际支持。尽管如此，鉴于特朗普总统决策的高度不可预测性以及地缘政治环境日趋紧张，提出开

---

[1] 转引自 Slavoj Žižek, *Living in the End Times*, London: Verso, 2011, p. 453.

[2] 参见美国国务院网站相关制裁信息：https://www.state.gov/venezuela-related-sanctions/ ，2019年9月26日登录。

[3] Vivian Salama, "U.S Expands Sanctions against Venezuela into an Embargo," *The Wall Street Journal*, August 5, 2019, https://www.wsj.com/articles/u-s-expands-sanctions-against-venezuela-into-an-embargo-11565053782, 2019-08-08.

[4] Da Redação, "Trump Sondou Temer Sobre ação Militar na Venezuela," *Veja*, 6 de julho de 2018, https://veja.abril.com.br/mundo/trump-sondou-temer-sobre-acao-militar-na-venezuela/, 2019-05-28.

战的假设本身就是一个警钟。如果特朗普真的决定动武，根据美国国防部负责拉美事务的前副助理国防部长弗兰克·莫拉（Frank O. Mora）的看法，将存在两种可能性，一是采取精准轰炸，二是全面入侵。无论是哪一种，美国都必须为打一场持久战做好准备。[1]

与美国相比，目前任何一个域外国家在拉美的影响力都是有限的。委内瑞拉危机爆发后，俄罗斯高调介入，它先是指责美国企图在委内瑞拉策动政变，警告美国不要进行军事干涉，后又派出俄罗斯空军两架军机经由叙利亚飞抵加拉加斯。据委内瑞拉媒体报道，机上载有俄军高官、士兵以及网络部队99人和35吨物资。[2] 虽然可能是象征性举动，或如俄罗斯所说，是在落实2001年与委内瑞拉签署的军事技术合作协议，但这不可能不引起美国方面的反应。据美国国务院透露，国务卿迈克·蓬佩奥2019年3月25日打电话给俄罗斯外长谢尔盖·拉夫罗夫，称美国不会对俄罗斯激化委内瑞拉紧张局势之举袖手旁观，俄罗斯不断安插军事人员支持马杜罗政权，"可能会延长委内瑞拉人民遭受痛苦的时间"。[3] 综合事态发展来看，俄罗斯的反应中有虚张声势的成分，很难想象它有真实的意愿和足够投射的兵力卷入到这场远在南美大陆的冲突中。

尽管如此，不排除俄罗斯有着切实的关切、利益甚至战略在其中。首先，委内瑞拉是俄罗斯在国际舞台上一个重要的战略伙伴。过去20年间，两国在诸多重大的国际问题上持共同立场，委内瑞拉也是世界上为数不多的几个在俄格冲突、乌克兰以及叙利亚争端中始终支持俄罗斯的国家之一。其次，委内瑞拉是俄罗斯武器装备在拉美的主要买家。斯德哥尔摩国际和平研究所（Stockholm International Peace Research Institute - SIPRI）相关统计显示，从2006年到2014年，俄罗斯向委内瑞拉销售了价值近40亿美元的武器装备，包括战斗机、运输机、坦克和地对空导弹系统等。[4] 委内瑞拉当前的武器装备绝大多数来自俄罗斯。最后，委内瑞拉与俄罗斯有着密切的能源合作及相关的债务关系。据报道，2010年以来，俄罗斯国家石油公司对委内瑞拉石油项目投资了大约90亿美元，

---

[1] Frank O. Mora, "What a Military Intervention in Venezuela would Look Like: Getting in would be the Easy Part," *Foreign Affairs*, March 19, 2019, https://www.foreignaffairs.com/articles/venezuela/2019-03-19/what-military-intervention-venezuela-would-look, 2019-08-11.

[2] "Llegaron a Maiquetía 99 Militares Rusos con 35 Toneladas de Cargamento," *El Nacional*, 24 de marzo de 2019, https://www.elnacional.com/mundo/llegaron-maiquetia-militares-rusos-con-toneladas-cargamento_276068/, 2019-05-28.

[3] Office of the Spokesperson of U.S. Department of State, "Secretary Pompeo's Call with Russian Foreign Minister Sergei Lavrov," March 25, 2019, https://www.state.gov/secretary-pompeos-call-with-russian-foreign-minister-sergei-lavrov/, 2019-06-29.

[4] 参见SIPRI武器转移数据库：https://www.sipri.org/databases/armstransfers，2019年8月1日登录。

该公司目前在委内瑞拉拥有两家气田，持有大约相当于2000万吨原油的股份。[1] 此外，自2006年以来，俄罗斯政府和俄罗斯石油公司向委内瑞拉提供了总计近170亿美元的贷款和信贷额度，约定委内瑞拉用石油来偿还，目前尚未还清。[2] 至于战略，虽然可能谈不上挑战美国在西半球的主导地位，不过，很多迹象表明，俄罗斯是将其置于与美全球对抗的大棋局中加以考虑的。

对于俄罗斯，究竟地缘政治目标与经济实用主义何者为重，暂时无从得知，外界看法亦多有分歧。比如，西班牙皇家埃尔卡诺研究所（Real Instituto Elcano）最近一份报告指出，俄罗斯在拉美的存在从整体上看相对较弱，不过，俄罗斯的意图主要在于，以"低成本"在该地区扩展影响，以刺激美国。[3] 美国中央情报局官员尤莉娅·古尔加努斯（Julia Gurganus）也认为，俄罗斯对如何利用时机在拉美站稳脚跟了如指掌，并称"莫斯科今天对拉美地区的做法与20世纪60至80年代苏联的扩张行径如出一辙"。[4] 相反的看法则认为，普京总统也是别无选择，考虑到与委内瑞拉的债务及其他经济关系，只能在国内公共舆论日益反对俄罗斯对外干预的背景下继续力挺马杜罗政权。[5] 不管怎样，新近动态显示，俄罗斯仍在积极推进与委内瑞拉的经济合作。据委内瑞拉外贸外资部长约玛娜·科太奇（Yomana Koteich）透露，2019年4月5日在莫斯科举行的委俄企业论坛确定了32亿欧元的商业意向，其中70%与农业相关，其余则主要涉及采矿、电信、商品和服务及医疗等领域。其间，俄罗斯副总理尤里·鲍里索夫（Yuri Borisov）声称，俄方将继续坚定不移地支持马杜罗政府，助其度过当前危机。[6]

与俄罗斯相似，中国与委内瑞拉同样有着密切的政治、经济与军事关系。不过，总体看来，中国对此次委内瑞拉危机的反应较为温和。中国外交部的官方表

---

1 Alex Ward, "Why Russia Just Sent Troops to Venezuela," *Vox*, March 27, 2019, https://www.vox.com/2019/3/27/18283807/venezuela-russia-troops-trump-maduro-guaido, 2019-04-29.

2 "China y Rusia Presionan al Gobierno Para Recibir a Tiempo 900000 b/d," *El Nacional*, 11 de diciembre de 2018, https://www.elnacional.com/economia/china-rusia-presionan-gobierno-para-recibir-tiempo-900000-b-d_262900/?fb_comment_id=1797765663680239_1799128540210618, 2019-07-01.

3 Mira Milosevich-Juaristi, *"Rusia en América Latina: Repercusiones Para España,"* Real Instituto Elcano, marzo 2019, http://www.realinstitutoelcano.org/wps/wcm/connect/1957d6fd-3b33-4a44-853c-c7093b13145a/DT02-2019-MilosevichJuaristi-Rusia-en-America-Latina.pdf?MOD=AJPERES&CACHEID=1957d6fd-3b33-4a44-853c-c7093b13145a, 2019-06-02.

4 Julia Gurganus, "Russia: Playing a Geopolitical Game in Latin America," Carnegie Endowment for International Peace, May 2018, https://carnegieendowment.org/files/Gurganus_Russia_Latin_America_Geopolitcal_Game_May_2018_FINAL.PDF, 2019-06-19.

5 Nina L. Khrushcheva, "El Alcance de los Intereses de Rusia y China en Venezuela," *El Tiempo*, 16 de marzo de 2019, https://www.eltiempo.com/mundo/venezuela/el-alcance-de-los-intereses-de-rusia-y-china-en-venezuela-338372, 2019-07-12.

6 Antonio Rondón García, "Rusia y Venezuela Firman Acuerdos y Refuerzan Base Para Cooperación," *Prensa Latina*, 5 de abril de 2019, https://www.prensa-latina.cu/index.php?o=rn&id=267452&SEO=rusia-y-venezuela-firman-acuerdos-y-refuerzan-base-para-cooperacion-fotos, 2019-07-23.

态是，不干涉委内瑞拉内政，亦反对任何形式的外部干预和单边制裁，主张通过政治对话化解危机。笔者认为，"不干涉"是中国目前针对委内瑞拉危机所能采取的唯一也是正确的政策。这不仅是在恪守一贯遵循的原则，更重要的是，可防止陷于被动，保持灵活应对。对中国而言，委内瑞拉绝非拉美地区一个无足轻重的国家。1999年查韦斯上台之后，两国关系获得飞速发展，各领域合作达到前所未有的高度。2001年，双方确立了共同发展的战略伙伴关系，并于2014年将其提升至全面战略伙伴关系。政治交往的加深进一步推进了彼此在能源、金融、投资以及基础设施等诸多领域的合作。目前，委内瑞拉是中国第四大石油进口来源国、中国在全球贷款承诺额最多的国家，同时也是中国在拉美的第四大贸易伙伴和第一大工程承包市场。中国则是委内瑞拉第二大贸易伙伴、第一大投资国和第一大债权国。相关数据显示，2000年至2018年中委双边贸易额增长25倍，截至2017年底中国对委内瑞拉的直接投资存量达32亿美元，贷款总额则超过了600亿美元。[1]

尽管中国一贯保持低调并注意避免挑动美国的神经，但中委关系的发展仍令美国格外敏感。2006年，中国外交部与美国国务院在中美战略对话框架下开始就拉美事务展开磋商，截至2015年已举行过七次。据悉，双方在拉美地区多数议题上存有共识，但委内瑞拉问题不在其中。2013年11月，美国国务院负责西半球事务的助理国务卿罗伯塔·雅各布森（Roberta Jacobson）在第六次中美拉美事务磋商结束后，对中拉关系予以了积极评价，认为有利于地区的发展，但也强调了双方对委内瑞拉局势看法存有差异。[2] 特朗普上台后，中美没有再就拉美事务进行过磋商。近几年，美方对中委关系的认知似乎更为偏激，尤其对两国始自查韦斯时期的"石油换贷款"合作模式表现出深度不满。美方曾多次明示或暗示，中国应对委内瑞拉当前的危机负责。2019年4月13日，在访问智利期间，美国国务卿蓬佩奥重申了这一观点，称中国对委内瑞拉"无附加条件"的贷款是导致委内瑞拉危机发生且久拖不决的原因之一。[3] 美国军方的说法更为直接。7月9日，南方司令部司令、海军上将克雷格·法勒（Craig Faller）在参议院军事委员会的发言中指称，正是仰赖中国所提供的"金融生命线"，马杜罗政权得以存在

1《2017年度中国对外直接投资统计公报》，第54页，http://222.29.159.122/files/1094000000242E71/images.mofcom.gov.cn/hzs/201810/20181029160118046.pdf，2019年1月2日 登 录；Margaret Myers and Kevin Gallagher, "Cautious Capital: Chinese Development Finance in LAC, 2018," February 2019, https://www.thedialogue.org/wp-content/uploads/2019/02/Chinese-Finance-in-LAC-2018-2.pdf, 2019-08-01。

2 2013年11月13日，雅各布森在笔者参加的一次座谈会上做了相关阐述。

3 Eva Vergara, "Pompeo: China Financing of Maduro Prolongs Venezuela Crisis," April 13, 2019, https://www.apnews.com/6cc063f981984e7ebc965509a45cafe9, 2019-07-09。

至今。¹ 委内瑞拉反对派亦将中国视为决定委内瑞拉未来的关键因素之一。2019年4月15日，瓜伊多在彭博新闻网发表了一篇文章，题为《为什么说中国应转变对委立场》。瓜伊多在文中呼吁中方放弃对马杜罗的支持，称马杜罗的腐败和经济管理不善让中国吃了苦头，由反对派组成的政府将能更好地保护中国的利益和投资。² 对此，中方强调，中委务实合作遵循的是互利共赢和商业化原则，愿做劝和促谈工作，但不会干涉委内瑞拉内政。³ 任何态度都有其原因，中国并非不知潜在风险，不干涉政策或许与两国经营20年之久的战略伙伴关系、能源与地缘政治的考虑、中美关系现状，以及自身国际形象等都有些关系。

2013年11月18日，美国时任国务卿约翰·克里（John Kerry）在美洲国家组织会议上宣布"门罗主义的时代结束了"（The era of the Monroe Doctrine is over），美国寻求与美洲大陆其他国家互视为平等伙伴。⁴ 如今，特朗普政府毫不掩饰对门罗主义的信仰，公开宣称，"我们并不羞于谈论门罗主义"，切记委内瑞拉是西半球的一个国家，如果门罗主义失败了，则意味着美国的战略利益受到了损害。⁵

> 切记委内瑞拉是西半球的一个国家，如果门罗主义失败了，则意味着美国的战略利益受到了损害。

一个幽灵，门罗主义的幽灵，重新游荡于美洲大陆的上空。

三、地区冲击波

委内瑞拉危机不仅拨动了大国政治的棋盘，也在拉美地区引发了剧烈震荡。昔日偶有摩擦但大体和睦的局面已不复存在，格兰德河以南出现了肉眼可见的断裂，且这一裂痕与地区新的政治调色板高度重合。

回想21世纪的最初15年，"粉色浪潮"席卷拉美。1998年，从委内瑞拉开始，巴西（2002年）、阿根廷（2003年）、乌拉圭（2004年）、玻利维亚（2005

---

1 "Statement of Admiral Craig S. Faller, Commander, United States Southern Command, before the 116ᵗʰ Congress, Senate Armed Service Committee, Subcommittee on Emerging Threats and Capabilities," July 9, 2019. https://www.armed-services.senate.gov/imo/media/doc/Faller_07-09-19.pdf, 2019-08-29.

2 Juan Guaido, "Why China should Switch Sides in Venezuela," *Bloomberg*, April 15, 2019. https://www.bloomberg.com/opinion/articles/2019-04-14/why-china-should-shift-support-to-guaido-in-venezuela, 2019-08-22.

3 2019年4月17日外交部发言人陆慷主持例行记者会，具体参见：https://www.fmprc.gov.cn/web/wjdt_674879/fyrbt_674889/t1655241.shtml，2019年5月29日登录。

4 "Nov 18, 2013 - U.S. Secretary of State John Kerry addresses OAS," *Youtube*, https://www.youtube.com/watch?v=kCDFA9TC4-c, 2019-03-22.

5 Adam Tailor, "What is the Monroe Doctrine? John Bolton's Justification for Trump's Push against Maduro," *Washington Post*, March 4, 2019, https://www.washingtonpost.com/world/2019/03/04/what-is-monroe-doctrine-john-boltons-justification-trumps-push-against-maduro/, 2019-08-06; Tom O'Connor, "U.S. Ready to Take on Russia, China, Iran and Other 'Foreign Powers' in Venezuela, John Bolton Says," *Newsweek*, April 10, 2019, https://www.newsweek.com/bolton-russia-china-iran-venezuela-powers-1392304, 2019-06-16.

年)、厄瓜多尔(2006年)等国的左翼力量纷纷赢得大选、上台执政,此后多年持续连任。它们不仅在国内政策方面有别于之前的政府,在外交领域也表现出鲜明的特点。它们主张地区国家联合自强,抗衡美国在拉美事务中的影响力,积极推动国际伙伴多元化。正是在这样的背景之下,美国关于组建美洲自由贸易区(Free Trade Area of the Americas, FTAA)的倡议遭到了抵制,一系列协调地区议程的组织建立起来,诸如南美洲国家联盟(Unión de Naciones Suramericanas—UNASUR)、玻利瓦尔美洲联盟(Alianza Bolivariana para los Pueblos de Nuestra América—ALBA)、加勒比石油计划(Petrocaribe)等。2011年12月,在查韦斯的倡议下,由所有33个地区国家组成的拉丁美洲和加勒比国家共同体(Comunidad de Estados Latinoamericanos y Caribeños—CELAC)宣告成立。拉丁美洲和加勒比国家共同体将美国和加拿大排除在一体化之外,有意将自己与由美国主导的美洲国家组织区别开来。

21世纪之初,大宗产品出口繁荣加之外国直接投资流入增长,为拉美左翼政权提供了落实其纲领所需的资源和政策空间。2014年前后,形势发生了变化,各国左翼政府日渐陷入困境。从外部条件来看,国际经济复苏缓慢、大宗商品需求和价格下降以及流向新兴市场的资本逐渐回流是主要原因。就内部因素而言,左翼政府的政策本身也存在许多值得检讨之处。2015年,从阿根廷大选开始,左翼接连受挫,新一波保守力量取得主导地位。伴随着拉美政治周期的变化,左翼执政时期的政策被倒转过来,此前形成的地区政治平衡被打破。如今,拉丁美洲和加勒比国家共同体形同一盘散沙,美洲玻利瓦尔联盟因委内瑞拉自顾不暇而活力尽失,由巴西前总统卢拉和查韦斯共同发起的南美洲国家联盟处境尤其尴尬,其主要成员国巴西、阿根廷、智利、哥伦比亚、巴拉圭和秘鲁,已于2017年转组"利马集团"(Grupo de Lima),成为拉美地区美国对委政策的主要拥护者和追随者。2019年3月,上述国家外加厄瓜多尔、圭亚那两国,在智利首都圣地亚哥宣布成立"南美洲争取进步论坛"(Foro para el Progreso y Desarrollo de América del Sur—PROSUR),事实上取代了南美洲国家联盟。

地区政治的右转与委内瑞拉局势多少有些关联,后者又进一步令这一转变更具戏剧性,同时也加快了拉美各国重回美国战略轨道的进程。其中,地区第一大经济体巴西的表现尤为引人关注。来自极右保守主义阵营的新总统雅伊尔·博索纳罗(Jair Bolsonaro)一上台便主动在意识形态和政策上向美国靠拢,明确表示希望成为北约国家外美国最亲密的盟友,在委内瑞拉危机爆发后更是第一时间摆明了立场,甚至一度表示支持美国对委内瑞拉进行军事干预。[1] 凡此种种,不再

---

1 Julia Braun, "Bolsonaro Indica Apoio a Intervenção Militar dos EUA na Venezuela," *Veja*, 19 de março de 2019, URL=https://veja.abril.com.br/politica/bolsonaro-indica-apoio-a-intervencao-militar-dos-eua-na-venezuela/, 2019-07-21.

枚举。地区层面的这一变化，或如某些评论所说，虽非美国政府"策划"的结果，却为其提供了掌控和利用之机。[1] 在此背景下，委内瑞拉陷入了前所未有的地区孤立。被美国前总统国家安全事务助理约翰·博尔顿（John Bolton）同斥为拉美"暴政三国"（Troika of Tyranny）[2] 的另外两国——古巴和尼加拉瓜，还有莫拉莱斯领导的玻利维亚，以及受惠于"加勒比石油计划"的个别成员国，成为马杜罗政府为数不多的支持者。其中古巴是与委内瑞拉关系最为密切的国家，相应受到来自美国的巨大压力。2019年3月以来，特朗普政府不断升级对古巴的制裁，包括激活《赫尔姆斯—伯顿法》第三条（允许美国公民包括古巴裔美国人对在古巴经营、使用1959年革命后被没收财产的个人和企业提起诉讼），继续收紧旅行与侨汇政策以及阻止委内瑞拉石油进入古巴等，以打击古巴对委内瑞拉的支持。[3]

马杜罗政权在地区范围内遭到多数国家抵制，一方面与意识形态上的敌视有关，另一方面也与正在加速蔓延的委内瑞拉难民潮有很大关系。后一问题预计会对整个拉美地区政治、经济和社会产生更为深远的影响。

委内瑞拉曾经在很长时间里一直是移民流入国。第二次世界大战结束后，

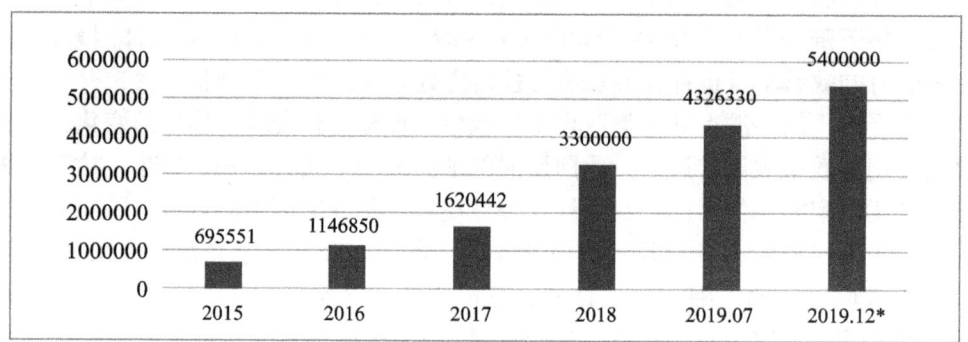

图2　2015—2019年委内瑞拉移民与难民人口数据

数据来源：OIM, ONU Migración, "Tendencias Migratorias en las Américas," Julio 2019, p. 1, https://robuenosaires.iom.int/sites/default/files/Documentos%20PDFs/Tendencias-Migratorias-en-Americas-Julio-2019.pdf, 2019年7月1日登录；2019年末预测数据参见 "Regional Refugee and Migrant Response Plan for Refugees and Migrants from Venezuela," January-December 2019, https://www.iom.int/sites/default/files/press_release/file/rmrp_venezuela_2019_onlineversion_final.pdf, 2019年7月1日登录。

---

1 Alejandro Velasco, "A Geopolitical Showdown in Venezuela Will Only Make Things Worse," *The New York Times*, February 5, 2019, https://www.nytimes.com/2019/02/05/opinion/venezuela-guaido-trump-united-states.html?searchResultPosition=4, 2019-05-24.

2 The White House, "Remarks by National Security Advisor Ambassador John R. Bolton on the Administration's Policies in Latin America," November 2, 2018, https://www.whitehouse.gov/briefings-statements/remarks-national-security-advisor-ambassador-john-r-bolton-administrations-policies-latin-america/, 2019-08-01.

3 参见美国国务院网站相关制裁信息：https://www.state.gov/cuba-sanctions/，2019年9月2日登录。

这里成了许多欧洲人的第二故乡。过去数十年间，委内瑞拉也一直是哥伦比亚人逃离内战痛苦的主要避难所之一。如今，一切倒转过来。根据联合国难民署（UN Refugee Agency- UNHCR）与国际移民组织（International Organization for Migration-IOM）的统计，自2015年至今，通胀率高涨、消费物资长期短缺、社会服务网络失灵、抢劫与暴力横行等已使得400多万委内瑞拉人被迫远走他乡，平均每日离境人数在5500左右，其中近三分之一为受过高等教育的专业人才。2018年，该国超过阿富汗成为庇护申请数量最多的国家。据估算，到2019年末，登记移民与难民人数将达到540万，约占该国人口总数的17%（见图2）。

其中，只有很少一部分人前往美国和欧洲（主要是西班牙），绝大多数涌向了拉美周边国家。数据显示，美国境内的委内瑞拉人口总体增势稳定，未见有急剧变化。西班牙的委内瑞拉移民人数在过去五年间增长了一倍，2019年达到32.3万人，其中近半数（49.2%）为持委内瑞拉和西班牙双重国籍者，即委内瑞拉的西班牙侨民或那些能证明有西班牙血统的人。委内瑞拉人口向拉美国家的流动近几年出现爆发式增长，2019年人数约占同期向全球流动总人数的82%。[1] 主要目的地为哥伦比亚、巴西等邻国，以及秘鲁、厄瓜多尔、智利、阿根廷等安第斯诸国。（见图3）

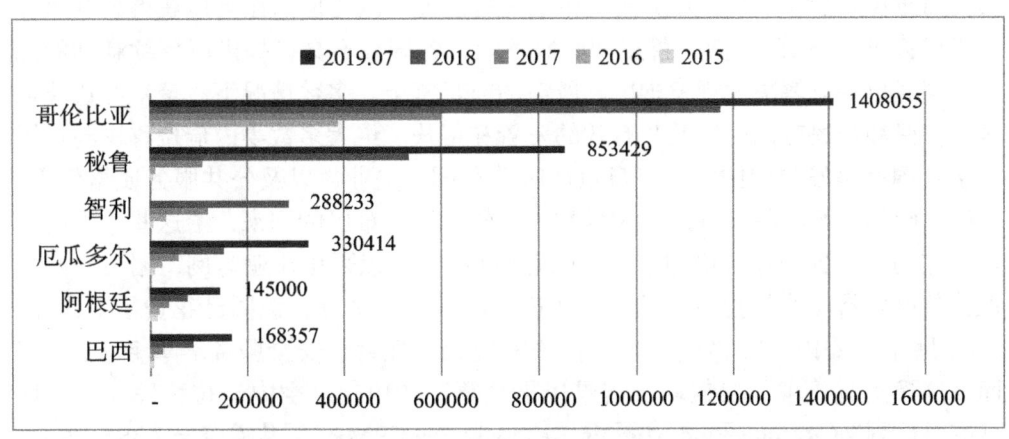

图3　2015—2019年委内瑞拉人在南美主要国家的存量变化与增长走势[2]

受经济条件所限，大多数委内瑞拉人无力承担航空路线的费用，经由陆路抵达目的地是最常见的方式。他们中的许多人，坐不起陆路交通工具，只能徒步前行。这些人被称为"步行者"（caminantes）。安第斯走廊是他们漫漫征途上

---

[1] OIM, ONU Migración, "Tendencias Migratorias en las Américas," Julio 2019, pp. 11, https://robuenosaires.iom.int/sites/default/files/Documentos%20PDFs/Tendencias-Migratorias-en-Americas-Julio-2019.pdf, 2019-08-10.

[2] 数据来源：OIM, ONU Migración, "Tendencias Migratorias en las Américas," Julio 2019, pp. 1-2.

的主要通道，总共包括五个国际过境点。第一站为委内瑞拉和哥伦比亚交界处的西蒙·玻利瓦尔国际大桥（Puente Internacional Simón Bolívar），此后由北向南分别为：连接哥伦比亚和厄瓜多尔的鲁米查卡国际大桥（Puente Internacional de Rumichaca）、从厄瓜多尔进入秘鲁的华基亚斯—通贝斯两国边检中心（Centro Binacional de Atención Fronteriza Huaquillas - Tumbes）、秘鲁和智利之间的圣罗莎—查卡卢塔边境检查站（Puesto de Control Santa Rosa-Chacalluta），以及智利和阿根廷边界的克里斯托角系统（Sistema Cristo Redentor）。陆路过境的另一个方向主要在巴西境内，即从与委内瑞拉接壤的罗赖马州（Roraima）入境，然后辗转前往巴西各地。少数亦经由巴西南部继续前往乌拉圭、巴拉圭两国。除南美之外，墨西哥、中美洲国家（如巴拿马、哥斯达黎加）以及部分加勒比国家（如特立尼达和多巴哥、多米尼加共和国），亦有一定数量的委内瑞拉移民与难民涌入。

　　自独立以来，拉丁美洲还未曾发生过如此大规模的区域内人口流动。大批委内瑞拉移民与难民的到来给地区各国尤其是南美国家带来了严峻而陌生的挑战。首先值得肯定的是，许多国家在推进委内瑞拉移民与难民身份合法化方面做了很多积极的努力。统计数据显示，2015年以来，南美主要目的地国已向委内瑞拉移民与难民发放了160多万份临时和永久居留证，以便他们在当地获得公共服务和工作许可。[1] 然而，撇开善意和慷慨不谈，各国并不具备提供可持续救助的能力，同时也缺乏解决大规模难民潮所需的充足资金。多数情况下，聚集在边境地区的移民和难民难以得到及时有效的安置和帮扶。绝大多数委内瑞拉移民与难民的接收国都是发展中国家，自身也面临着贫困、失业，以及公共服务质量低下、基础设施不完善等各种挑战。大批委内瑞拉移民与难民的到来，给这些年本已表现欠佳的地区各国经济增加了额外的财政负担。[2] 以哥伦比亚为例，据美洲开发银行首席经济学家埃里克·帕拉多（Eric Parrado）估计，该国已花费了GDP的0.5%用于和委内瑞拉移民与难民相关的健康、教育、安全服务等事务上。[3] 然而，这还远远不够。根据联合国难民署估算，2019年"委内瑞拉移民与难民区域应对计划"（Refugee and Migrant Response Plan-RMRP）共需资金7.38亿美元，

---

[1] OIM, ONU Migración, "Tendencias Migratorias en las Américas," Julio 2019, p. 7.

[2] 2019年，拉美整体经济持续低迷，美洲开发银行估计，经济增长率约在1.1%左右，同时警示，受中美贸易战的影响，2020年可能会出现负增长。参见 Luc Cohen and Alexandra Valencia, "Latam's 2020 Growth May Turn Negative due to U.S.-China Trade War: IADB," *Reuters*, July 18, 2019, https://www.reuters.com/article/us-latam-economy-iadb/latams-2020-growth-may-turn-negative-due-to-u-s-china-trade-war-iadb-idUSKCN1UC2NM, 2019年8月1日登录。

[3] Luc Cohen and Alexandra Valencia, "Latam's 2020 Growth May Turn Negative due to U.S.-China Trade War, IADB".

仅哥伦比亚就需要3.15亿美元。[1] 国际社会目前协助提供的，只是杯水车薪。

除经济压力外，随着外来人口的增多，当地居民针对委内瑞拉移民与难民的排外情绪日益严重，甚至出现零星暴力行为。哥伦比亚由于同委内瑞拉的边界线最长（2219公里），又是唯一一个说西语的邻国，因而在此次委内瑞拉移民与难民危机中受影响最深。出于某种复杂的同情兼具回报的心理，哥伦比亚人对委内瑞拉移民和难民的到来总体持较为积极的态度。当地许多民间团体（如教会和非政府组织等）在全国各地展开行动，为移民和难民提供必要的帮助。哥伦比亚政府——无论是前届胡安·桑托斯政府还是此届伊万·杜克政府——对委内瑞拉移民和难民也始终持欢迎立场，坚持边境开放，同时积极采取措施推动其身份合法化。不过，随着移民和难民人数的急剧增长，近来情况也在慢慢地发生变化。政府内的不同声音开始出现，哥伦比亚民众对治安恶化以及不得不与他人分享稀缺公共资源的忧虑也与日俱增。以下这项盖洛普（Gallup）民意调查数据，反映出了此种趋势。

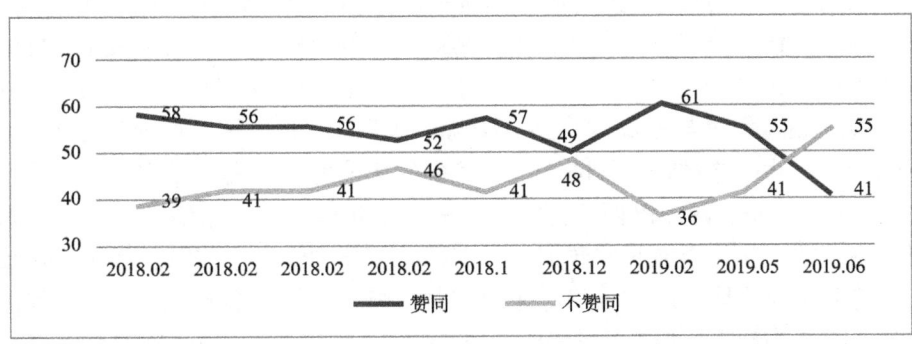

图4 "你是否赞同哥伦比亚政府对委内瑞拉移民与难民所持的欢迎立场？"[2]

地区内其他国家也多有类似情况。比如，在委内瑞拉移民与难民的第二大接收国秘鲁，直到2017年，当地人大都对这些背井离乡的委内瑞拉人心怀同情。除了文化相似性之外，秘鲁在20世纪80年代曾经遭遇过的经济与社会危机，也催生出了某种共鸣。[3] 然而，进入2018年以后，随着委内瑞拉移民与难民人数激增，各种负面情绪逐渐浮现出来。图5是秘鲁《商报》（*El Comercio*）与益普索（Ipsos）合作进行的三次民意调查数据，从中可看出，这种情绪在短短一年中的

---

[1] "Regional Refugee and Migrant Response Plan for Refugees and Migrants from Venezuela," January-December 2019, p. 10, http://reporting.unhcr.org/sites/default/files/2019%20RMRP%20Venezuela%20%28December%20 2018%29.pdf, 2019-07-02.

[2] 资料来源：https://lasillavacia.com/sites/default/files/acoger_venezolanos_0.jpg，2019年8月21日登录。

[3] "Hiperinflación, Recesión y Pobreza, Los Problemas Que Glopean a Venezuela," 14 de agosto de 2017, https://elcomercio.pe/economia/hiperinflacion-recesion-pobreza-problemas-golpean-venezuela-noticia-449910, 2019-06-15.

快速蔓延。其原因多与对暴力和犯罪活动增多、工作机会受到威胁等不满有关。

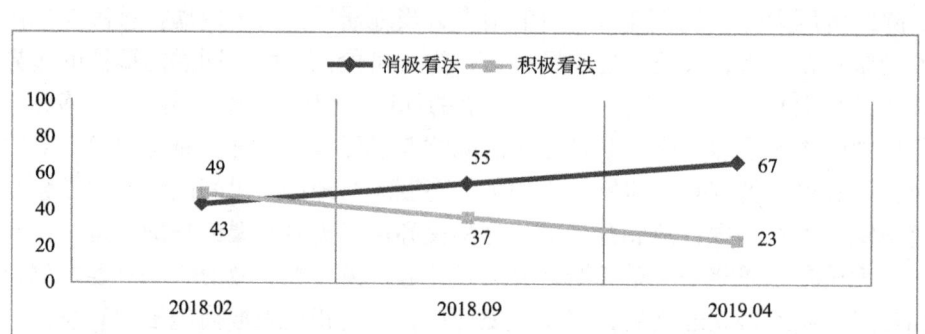

图5 "你对委内瑞拉公民移民秘鲁是持积极看法还是消极看法？"[1]

  巴西与委内瑞拉接壤，也收容了一定数量的移民和难民，但由于存在文化差异（尤其是语言），加之与委内瑞拉相毗邻的罗赖马州比较贫穷偏远，因此，巴西的委内瑞拉移民和难民人数远少于安第斯一线的西语国家。即便如此，哥伦比亚和秘鲁两国出现的情况在这里同样存在。联合国难民署对巴西一直赞誉有加，称其对委内瑞拉移民与难民的支持"堪称楷模"。然而，平均每天就有约500名委内瑞拉人抵达，这对资源稀缺、人口稀少的边境地区来说，无论如何都是难以承受的负担。[2] 先后两届巴西联邦政府——特梅尔政府和博索纳罗政府——都坚持对委内瑞拉人实行边境开放政策，并支持有需要的人有序移民。罗赖马州政府则一再呼吁关闭边境，声称该州已无力应对不断增加的外来人口压力。与其他国家一样，巴西当地人开始对委内瑞拉人的存在越来越感到不适，抱怨后者导致了更多的失业、毒品交易以及传染性疾病，侵占了本已稀缺的公共资源。排外情绪甚至催生了一些暴力事件。其中最严重的一起发生在人口不足1.6万的边境小城帕卡赖马（Pacaraima）。据巴西《环球报》（*O Globo*）报道，2018年8月18日，当地人因对几名委内瑞拉人的抢劫和袭击行为愤怒不已，烧毁了简易难民营，并将700多委内瑞拉人驱逐出境。[3] 此外，巴西还发生了当地人对移民和难民处私

---

[1] 资料来源：Fernando Alayo Orbegozo, "El 67% de Limeños No Está de Acuerdo Con la Inmigración Venezolana al Perú, " *El Comercio*, 29 de abril de 2019, https://elcomercio.pe/lima/sucesos/67-limenos-acuerdo-inmigracion-venezolana-peru-noticia-630720，2019年6月29日登录。

[2] "UN Refugee Chief Impressed with Brazil's 'Exemplary' Response to Plight of Fleeing Venezuelans," August 19, 2019, https://news.un.org/en/story/2019/08/1044431, 2019-08-30.

[3] Marcelo Marques, "Venezuelanos São Atacados em Roraima Após Assalto a Comerciante", *O Globo*, 8 de agosto de 2018, https://oglobo.globo.com/brasil/venezuelanos-sao-atacados-em-roraima-apos-assalto-comerciante-22991479, 2019-05-21.

刑的极端案例。[1]

　　鉴于国内的压力，自2018年起，一些国家陆续加强了边界管理或是收紧了移民入境政策。哥伦比亚实施了更为严格的移民控制，暂停向委内瑞拉人发放新的每日入境登记卡，并在边境一带增派数千名安全人员。[2] 巴西也在两国交界处部署了更多的部队，同时安排将难民向南疏散。厄瓜多尔和秘鲁则先后强化了针对委内瑞拉人的入境审核，要求出示护照或提出难民身份申请，而非此前要求的身份证。2019年6月，秘鲁政府又宣布将"人道主义签证"（visa humanitaria）作为委内瑞拉公民的入境要求，进一步增加了后者进入秘鲁的难度。[3] 同月，智利政府要求所有进入智利境内的委内瑞拉移民需持有领事馆发放的"民主责任签证"（visa de responsabilidad democrática），[4] 此举同样意在阻止委内瑞拉难民的大量涌入以及规范管理。

结　语

　　理论上讲，这个世界上大概没有多少人会无缘无故地选择流离失所。有家不能回，也是一种痛至深处的无奈。以"解放者"玻利瓦尔命名的"革命"仍在蹒跚前行，虽然其后果已与初衷相去甚远。当前，委内瑞拉局势仍如同万花筒般变化多端，要想预见其结局，几乎不可能。尽管如此，相关走向依然值得关注和探讨。大致存在以下几种可能。第一，维持僵局，当选总统与"临时总统"继续并存，由此分裂的国际社会陷入一场旷日持久的战略对峙。第二，国际调停实现突破，僵持双方达成妥协，重新举行总统选举并组建新的政府。[5] 第三，武装力量内部分裂，反政府一方发动军事政变，接管国家。第四，由内战触发外国军事干预。就目前形势来看，很难断定哪一个可能性更大。不过，可以确定的是，政治和解、经济修复、国家与社会的重建将是一个无比漫长的过程，调低期待是明智的选择。美国经济学家杰弗里·萨克斯（Jeffrey Sachs）等人在2019年4月发表

---

　　1 参见 Marcelo Marques e Valéria Oliveira, "Brasileiro e Venezuelano Morrem Após Confusão por Suspeita de Furto a Mercado em Boa Vista，" *O Globo*, 6 de setembro de 2018, https://g1.globo.com/rr/roraima/noticia/2018/09/06/brasileiro-e-venezuelano-morrem-apos-confusao-em-boa-vista.ghtml，2019年5月19日登录。

　　2 Anggy Polanco, "Colombia Aumentará Controles y Seguridad en la Frontera con Venezuela," *Reuters*, 8 de febrero de 2018, https://lta.reuters.com/articulo/idLTAKBN1FS2XW-OUSLT, 2019-03-01.

　　3 "Visa Humanitaria Para Ciudadanos Venezolanos," https://www.gob.pe/1063-obtener-visa-para-ingresar-al-peru-visa-humanitaria-para-ciudadanos-venezolanos, 2019-07-14.

　　4 "Visa de Responsabilidad Democrática," https://serviciosconsulares.cl/tramites/visa-de-responsabilidad-democratica, 2019-07-09.

　　5 2019年5月以来，委内瑞拉政府和反对派代表在挪威的斡旋之下，先后在挪威首都奥斯陆和巴巴多斯进行了五轮对话以结束僵局，未取得实质进展。原定于2019年8月8日举行的第六轮对话，因马杜罗不满反对派支持美国对委施加制裁而中断，通过谈判解决危机的前景目前看来仍不明朗。

的一份研究报告中指出,在过去几年里,美国对委内瑞拉实施了一整套金融和贸易制裁,但真正为制裁买单的,并非委内瑞拉的政府,而是普通的民众。[1] 这一结论同样适用于此。一场过度透支的民众主义盛宴最终让其目标受益群体付出了更为高昂的代价,这是"革命"的悖论。瓜伊多掀起的轩然大波造成的涟漪不断扩大,与委内瑞拉人的苦难也仅有微弱的联系,这是政治的吊诡。

---

[1] Mark Weisbrot and Jeffrey Sachs, "Economic Sanctions as Collective Punishment: The Case of Venezuela," Center for Economic and Policy Research, April 2019, http://cepr.net/images/stories/reports/venezuela-sanctions-2019-04.pdf, 2019-05-05.

避免下一场冷战

[美] 梅尔文·P. 莱弗勒

内容提要：本文简要概述了笔者在冷战起源方面的重大发现，阐明了为何不能以类比冷战来框定当代中美关系，并强调国家在国际竞争中获得成功的关键，更大程度上取决于一国成功的国内政策。

关键词：美国外交政策　中美关系　冷战　美国国家安全

1992年，我出版了《权力优势：国家安全、杜鲁门政府与冷战》一书。我很高兴该书后来赢得了诸多图书大奖，其中包括非常著名的"班克罗夫特奖"，它是为美国历史和传记类图书而设立的最佳图书奖。尽管时间已经过去很久，但该书的内容依然被视为对于理解第二次世界大战后美国国家安全政策的制定至关重要。实际上，在2017年举办的美国历史学会年会上，一些著名学者重新审视了该书的研究成果和结论。他们认为，尽管现在开放了很多新的档案，也出现了许多国际史撰写方法上的创新，但是《权力优势》一书依然对冷战爆发的原因提供了强有力的解释。在这篇新的"中文版序"中，我将突出强调那些我认为依然具有重大意义的主题。不仅如此，我还要反思这些主题与当代国际事务之间的关联性问题。

本书最重要的思想就是二战后的美国决策者们制订了一项遏制苏联力量和意识形态吸引力的大战略。他们这样做的目的就是要建立一个有助于资本主义传播的世界秩序。这些人深受如下历史教训的影响：一是经济大萧条的爆发；二是法

梅尔文·P. 莱弗勒　美国弗吉尼亚大学历史系教授。
原文为《权力优势：国家安全、杜鲁门政府与冷战》（孙建中译，北京：商务印书馆，2019年版）的前言，题目为作者拟定。此处刊载已获得作者本人授权许可，并进行了少量文字修改。

西斯主义和极权主义的产生；三是第二次世界大战的战略与军事动机。美国政府的官员们知道他们需要海外基地，以便组织美国的纵深防御并投放美国的力量。更重要的是，他们心里非常清楚绝不能允许任何一个敌国或者任何一个敌对联盟在欧洲和亚洲获得权力优势。逐渐地，他们开始相信美国自己也必须要保持在全球竞技场上的权力优势，以便捍卫美国在海外至关重要的利益和国内的核心价值观。换句话说，决策者们在二战结束时就对美国国家安全的必要需求有了一个非常具有扩张性的概念，而这个概念对冷战的起源贡献极大。

> 美国的决策者们在二战结束时就对美国国家安全的必要需求有了一个非常具有扩张性的概念，而这个概念对于冷战的起源贡献极大。

我之所以会得出这些结论，是因为我对军事、情报和国防档案进行了大量新的研究。在20世纪70年代后期，美国政府解密了一大批军事档案，其中包括许多参谋长联席会议的研究项目。我不仅检视了美国陆军和海军官员们撰写的文件，而且还研究了新成立的国防部长办公室的文献。同样，我还分析了中央情报局早期撰写的许多评估报告，这些报告就存放在哈里·杜鲁门总统图书馆。我也利用外交史学家查阅国务院档案的惯常工作补充了这项研究。

本书中特别新颖和原创性的内容就是将地缘政治、政治经济、战略和意识形态等因素融为一体的研究方法。我特别强调，美国政府官员相信国外地缘政治的力量格局将会严重影响在国内维护自由政治经济（自由资本主义）的前景。鉴于1939—1942年的经验教训，美国决策者们认为当对手控制了欧洲和亚洲大部分地区的时候，他们就会试图对美国发起攻击，挑战美国的国家安全，并对美国发动一场持久战。华府官员们认识到，如果对手们控制了欧洲和亚洲的大部分地区，将使他们获得在拉美与美国讨价还价的筹码。这些决策者们担心，如果敌国——无论是直接地还是间接地——控制了大部分欧洲和亚洲，那么美国就可能不得不变成一个"军事管制国家"（garrison state），而这种情况的出现将会对个人自由、私人企业和市场经济有害无益。届时，美国的生活方式——美国人的核心价值观——将会面临重大威胁。他们认为绝不能允许这种情况再次发生。

但是，我认为美国政府的官员们并不预期苏联人会发动一场有预谋的军事侵略战争。基于大量新的档案证据，我非常认真地检视了他们的威胁认知问题。在冷战爆发后的最初几年里，华府决策者们并不认为苏联领导人斯大林会发动一场无缘无故的攻击行动，他们知道他并不拥有直接轰炸美国的手段。另一方面，他们的确担心苏联会利用西欧的社会和经济混乱局面，利用处于被占领状态下的德国西部和日本民众的强烈不满和意志消沉情绪，利用部分亚洲和非洲地区的革命民族主义热情。他们相信，在经历了两次世界大战、一次经济大萧条以及种族灭绝和殖民统治之后，共产主义意识形态将会对欧洲和亚洲那些精疲力竭和意志消沉的人们产生吸引力。他们担心欧洲和亚洲的大部分地区将逐渐被吸引到苏联阵营中去，不是由于武装侵略导致的结果，而是因为以下事件带来的结果：共产主义在诸如法国、意大利和中国等地取得胜利，美国对德和对日占领政策失败，以及印度支那、印度尼西亚、北非和其他地区的革命民族主义热情增长。

基于对威胁的认知，以及意识到自己手中握有优势力量（基于经济能力、战略空中力量与核垄断三大因素），美国政府的官员们确信他们不仅可以冒险支撑那些被感知到的安全短板，而且还可以冒险挫败莫斯科利用战后有利形势的任何计划。美国政府的官员们知道"马歇尔计划"、德国西部占领区的重建与统一，以及在日本实施的"反向"（reverse course）政策都将被视为对莫斯科的威胁，但是华府的决策者们依然义无反顾地向前推进这些举措。他们把上述国家看得极为重要，因为这些国家拥有潜在的工业和经济能力。正因为如此，这些国家属于最优先考虑的事项。苏联人可能会做出消极反应，但他们不得不屈从于美国的优势力量。中国在当时并不被认为非常重要，因为它被视为一个贫穷、落后且无可挽回地陷入内部冲突之中的国家。当时，是恐惧激发美国在优先考虑的重要地区采取冒险行动，而力量又使得美国的冒险成为可能。因此，恐惧、力量和战略是《权力优势》这本书最重要的主题。

此外，我还说明了社会、经济和政治需求是如何塑造军事义务的。当时，华府官员们下定决心一定要重建和笼络德国与日本。但是他们也承认这样做会在整个西欧和亚洲引起巨大恐慌。为了缓解这些恐惧心理，美国政府的官员们不情愿地承担起了保卫潜在伙伴国和友好国的义务。例如，《北大西洋公约》的签订以及北约组织的成立不仅仅是用来承诺保护缔约国未来不受苏联侵犯。实际上，这些军事承诺——以及对菲律宾、对澳大利亚和新西兰做出的其他军事保证——都是为了缓解巴黎、伦敦和其他国家的恐惧心理而采取的举措，因为这些国家都在担心一个恢复元气和东山再起的德国或者日本可能会对他们国家的安全构成潜在威胁。

尽管我们很容易理解美国政府的官员们为什么要把德国、西欧以及日本看得那么重要，但是我们很难解释为什么冷战会扩散到印度支那地区、朝鲜半岛、伊朗、中东以及其他被称为"第三世界"的国家和地区。在这里，我再一次阐释了华府的战略思维是如何塑造冷战发展的演变进程的。1947—1950年，让美国的决策者们越来越深信不疑的是，他们重建和笼络西欧、德国和日本的努力成功与否，取决于他们对第三世界外围地区市场和原材料的保护。日本需要在印度支那和东南亚地区出售它的工业制成品以换取石油和其他自然资源，西欧也需要伊朗和中东的石油。根据华府战略家们的说法，如果第三世界外围地区逐步被吸引到苏联或者新成立的中华人民共和国的影响范围之内，那么欧洲和亚洲的工业核心地区就不能永久性地与美国联系在一起了。

尽管把地缘政治、威胁认知、政治经济融为一体是《权力优势》的主题，但是本书还阐释了战略与预算制订之间的交集问题。美国政府官员们的地缘政治思维使得他们对美国的预算提出了过高的要求。像詹姆斯·福莱斯特（James Forrester）这样的国防官员们相信美国所追求的目标超过了能力所及，并且他想获得更多资金分配给各大军种。然而杜鲁门总统却认为国内的优先事项不容忽视，通货膨胀的势头必须得到遏制。在本书中，我阐述了战略如何使令决策者极为痛苦的关于优先事项的预算抉择成为必要。只有到了朝鲜战争爆发后，杜鲁门才批准了国家安全委员会第68号文件中要求的大幅增长的军事开支。该文件是在整个冷战时期所有国家战略文件中最为著名的。在发生这一变化之后，我开始阐释美国政策在1950—1953年之间是如何从防御性的追求权力优势的战略转变为进攻性的和霸权式的追求权力优势的战略。

当撰写本书时，我在得出结论方面殚精竭虑。我对冷战形成时期整个美国的冷战战略提出了一项有质感的评估。我既没有对美国的冷战战略进行过分赞扬，也没有对它进行一味批评，而是对它做了非常细致入微的评价。我强调，美国的冷战政策部分是明智的，部分是愚蠢的，但大部分都是谨慎的。美国政府的官员们在重建和笼络西欧、德国与日本方面做得非常明智甚至是非常出色。在1947年春到1950年春之间的关键岁月里，他们非常明智地将主要精力都集中在了经济重建而不是重整军备上。当时，他们正确地把握住了这一点，即冷战时期压倒一切的优先事项就是要让资本主义更加有效地运作起来。他们还意识到赢得人心非常重要，因为当时的人们深受战争之害，饱受经济大萧条之苦，他们对市场经济和民主进程的信心早已被他们的亲身经历击得粉碎。另一方面，这些明智的美国决策者们也会经常犯下严重的错误。他们夸大了苏联的力量和克里姆林宫意识形态的吸引力，将革命民族主义和共产主义混为一谈，低估了冲突的地方性根源，并将第三世界外围地区看得过于重要。他们还夸大了意识形态联系的重要性，并且低估了众多共产主义领导人的民族主义抱负的影响。他们曾考虑过制订一项分裂莫斯科和北京的楔子战略，但没有去执行。在第三世界的其他地方，他们还常常与名誉扫地且不得人心的上层统治阶层建立了联系。他们以为这些人将会成为美国可靠的合作伙伴，但是这些人往往也有他们自己的议题要完成。

制订战略是一件非常困难的事情。甚至智者有时也会制定出愚蠢的政策，这不足为奇。由于杜鲁门总统和他的顾问们都不清楚斯大林的意图，而且又常常担心最坏情况的发生，因此他们对克里姆林宫所怀有的恐惧心理、苏联的历史经历、苏联人对德国入侵和西方包围的记忆都做了最小化处理。他们之所以在犯了错误而且缺乏同理心的情况下还能够达到目的，就是因为他们手中掌握着优势力量。华盛顿在那几年里拥有的核垄断、核优势和战略空中能力使得美国政府的官员们能够冒得起风险。但是，这些官员们还是希望能够避免核战争的爆发。实际上，他们在朝鲜战争期间之所以不愿意将战争扩至鸭绿江另一侧，主要是出于这样一种忧虑，即采取这样的行动可能会激活中苏联盟并触发一场与苏联的全面战争。总之，这些智者尽管有时也会犯一些愚蠢的错误，但在大多数情况下还是非常谨慎的。

尽管美国的决策者们非常害怕共产党人在法国、意大利和希腊取得胜利，担心其在德国西部、日本和朝鲜半岛南侧实施的占领政策因失败而产生严重后果，但是他们还是不那么在意中国革命的成功。正如我在本书中所表明的那样，虽然他们非常认真地权衡了直接干预中国革命的利弊，但最后还是断定中国问题属于一个不重要的优先事项。像乔治·凯南（George Kennan）这样的决策者们当时认为，中国过于虚弱以至于无法影响华盛顿与克里姆林宫之间不断发展演变的地缘政治和意识形态冲突，而且它还有可能成为实际上消耗苏联资源的一个国家。当然，美国遏制政策的意图就是要阻止苏联的影响扩散到像联邦德国、西欧和日本这样具有巨大工业潜力的地区。如果遏制是成功的，美国政府的官员们希望斯大林的继任者们能够逐步明白他们不会赢得冷战。但这要取决于美国证明民主资本主义优于苏联体制的能力，还有华盛顿的盟国在这方面的证明能力。

美国政府的官员们从未想到，在毛泽东去世之后的一代人的时间里，中国就开始作为一个强大的国家出现在国际舞台上，其经济增长一直以来都令人刮目相看。随着作为全球性竞争对手的苏联烟消云散，美国的许多观察家们现在都在盘算着与中国进行一场冷战，甚至是一场热战。与此同时，美国的国际关系专家们还就新兴大国挑战现有霸主地位时的战争前景问题进行了大量描述。那么有没有从美苏早期冷战中可以吸取的适用于当今世界的经验教训呢？另外，今天美国面临的挑战类似于二战后克里姆林宫带来的挑战吗？

经验教训是存在的。首先，今天美国面临的挑战和当时苏联带来的挑战是不一样的。在二战后民主资本主义极度混乱、前途极不确定的背景下盛行的那种意识形态竞争现在已不复存在。当时的苏联提出了一种不同的现代化模式，而这种模式（曾一度）在全球大部分地区都拥有巨大的吸引力。今天的中国并不代表同样类型的意识形态挑战。中国已经践行了许多新的做法，不仅抛弃了自给自足的政策，拥抱了国际市场，而且接受和吸收了消费文化。尽管有着不同的文明价值观和政治体制，但是中国不会像克里姆林宫在冷战高潮时所做的那样，用一种彻底改变国际事务的传教士冲动来处理世界事务。

其次，当前也不存在同样类型的地缘政治竞争。今天的美国没有理由担心欧洲和亚洲的大部分地区会逐步落入敌视美国生活方式的意识形态阵营中去。美国在西欧和东北亚依然拥有强大的伙伴国。在冷战初期，美国的确有理由担心——尽管这种恐惧与威胁本身并不成比例——法国、意大利、联邦德国、中国和日本的国内形势可能会为苏联扩大其势力范围提供天赐良机。但是今天这些情况都不存在了。虽然中国现在专注于把自己的影响力扩展到南海及周边地区，但这根本无法与冷战开始时苏联对美国决策者们所理解的本国利益构成的直接和间接威胁

当今中美两国的领导人需要认真思考那些塑造了对方对威胁和机会认知的记忆、文化意象（cultural tropes）和历史经验教训，还应仔细思考如何管控彼此间的恐惧，同时还要考虑如何调控自身因感到国力增长而骄傲或因感到国力衰落而焦虑的心态。

相提并论。确切说，中国的举动类似于美国20世纪初期在加勒比海、中美洲以及南美等地区的影响力投射行为。当时的世界霸权国家英帝国非常巧妙地适应了美国实力的增长。因此，美国政府的官员们今天需要进行类似的考量。懂得何时该遏制、何时该适应是战略的一个关键组成部分。

但是这种意愿取决于同理心。在冷战初期的那几年里，苏联和美国的领导人很难理解对方的看法、焦虑和恐惧。双方都不看重历史记忆的重要性，这些历史记忆包括美国的珍珠港事件、纳粹德国对苏联的侵略和占领所造成的巨大痛苦。对当今中美两国的领导人而言，需要做的就是认真思考那些塑造了对方对威胁和机会认知的记忆、文化意象（cultural tropes）和历史经验教训。他们应当仔细思考如何管控彼此间的恐惧，同时还要考虑如何调控自身因感到国力增长而骄傲或因感到国力衰落而焦虑的心态。

但是中美两国领导人还需要非常认真地权衡利益得失。冷战之所以一直维持冷状态，就是因为美苏领导人最后终于明白，他们可以共同生活在彼此的优先事项之中这一关键问题。华府的官员们，尤其是在冷战初期的那几年里，小心翼翼地选取了他们的优先事项，从而避免了在东欧与苏联的对抗，就像他们后来在朝鲜战争期间避免了扩大战争范围一样。苏联人之所以尊重美国在西欧、联邦德国和日本的主导地位，就是因为他们知道这些都被认为是对华盛顿至关重要的利益。如果这些利益受到了挑战，就可能会导致一场斯大林不想要的战争。所以，今天中美两国的政府官员们也都应当能够明白他们的优先事项——避免核对抗、控制核扩散、打击恐怖主义、促进全球贸易、保护海上航道以及应对气候变化——要比中国周边海域存在的摩擦根源更加重要，后者牵扯了他们大量的日常关注。战略就是对优先事项做出选择，明智的选择就是以理性的方式，将自身的利益和价值观与潜在对手进行调和，在努力追寻对全球公域的共同承诺的过程中，潜在对手有可能成为朋友或者盟国。

当然，对中美两国领导人而言，他们最重要的优先事项必须是要确保他们国内经济和政治体制的生存能力。实际上，冷战就是一场如何组织政治经济和推动社会文化生活现代化的竞赛。西方之所以赢得了对苏联的冷战，不是因为它拥有强大的军事能力或者高超的外交智慧——虽然这些并非无足轻重，而是因为它为自己的人民提供了一种优越的生活方式。而这样的结果是二战后的人们根本无法预测到的，因为当时全世界有相当多的人都认为自由资本主义不是停滞不前、萎靡不振、就是令人压抑，认为指令经济和国家计划不仅是大势所趋，而且还是实现现代化的快车道。然而，华盛顿、伦敦、巴黎、波恩、东京和其他国家的领导人重新校准了他们政府的能力，培育经济增长、促进社会福利、支持教育事业、资助科学技术研究，同时努力维护他们之间的和平——这些目标超出了1945年大多数人的想象。总而言之，西方政治家们之所以赢得了冷战的胜利，就是因为他们能够让本国的体制更加有效地运行。我个人认为，当今世界上最重要的两个国家的领导人应当时刻牢记这一点：他们不应当被拖进大国竞争的陷阱之中，因为这将会把他们的注意力和资源从最重要的事情上转移开来——本国国内体制和生活方式的生存能力。

> 当今中美两国领导人应当时刻牢记一点：不应当被拖进大国竞争的陷阱之中，因为这将会把他们的注意力和资源从最重要的事情上转移开来——本国国内体制和生活方式的生存能力。

自主武器如何变革未来战争——
《无人军队：自主武器与未来战争》评介

朱启超 龙 坤

内容提要： 保罗·沙瑞尔的近著《无人军队：自主武器与未来战争》全面考察了自主武器的发展历史、当前进展与未来趋势，探讨了人工智能对未来战争的多重影响。贯穿全书的核心问题是战场上生死攸关的决策权是否应该让渡给机器？沙瑞尔结合自身知识背景和丰富阅历，通过大量实地考察和专家访谈，对这一问题进行了多维度探讨。沙瑞尔界定了自主武器的相关概念，梳理了自主武器的优势与风险，并考察了自主武器对战略稳定性、战争法则以及战争伦理的影响。沙瑞尔还对自主武器国际军备控制进程的现状、问题及原因进行了深入分析，并提出了相关解决方案。虽然作者的立场和观点有其局限性，但该书为推动人工智能与未来军事变革的深入讨论，提供了有益参考。

关键词： 人工智能 自主武器 战略稳定 战争伦理 国际人道法

自主武器对于现代战争样式、战争伦理、军队建设模式和国际战略稳定的冲击，正受到联合国军控与裁军会议、各国政要、军队将领和防务智库专家广泛关注，也成为新加坡香格里拉对话、北京香山论坛、世界和平论坛等研讨的热门话题，关于人工智能、自主武器与军事变革方面的学术研究成果也不断出

朱启超 国防科技大学前沿交叉学科学院国家安全与军事战略研究所所长、国防科技战略研究智库研究员。龙坤 国防科技大学文理学院硕士研究生、国防科技战略研究智库实习研究员。

现，[1]美国智库新美国安全中心专家兼科技与国家安全研究项目主管保罗·沙瑞尔（Paul Scharre）的近著《无人军队：自主武器与未来战争》（Army of None: Autonomous Weapons and the Future of War）就是其中有代表性的一部。[2]沙瑞尔在书中全面考察了自主武器的发展历史、当前进展与未来趋势，探讨了人工智能对未来战争的多重影响。该书一经出版，便迅速登上亚马逊军事类图书畅销榜，成为比尔·盖茨（Bill Gates）推荐的年度五佳图书之一，[3]并荣获2019年度"威廉·E. 科尔比奖"。[4]贯穿全书的主线是战场上生死攸关的决策权（life-and-death decisions）能否让渡给机器？这样做是合法和正确的吗？如何理解自主武器的优势和劣势？自主武器对于国际法、战争伦理和战略稳定性会带来哪些冲击？针对自主武器的军备控制能否成功？本文将对书中讨论的上述问题做简要评述。

一、自主武器的概念、历史与正负效应

关于人工智能与自主性的概念，现实中常常出现模糊不清的情况，以致陷于不同语境下的无端争执。在部分人的印象里，人工智能是《终结者》[5]等科幻作品中向大众灌输的杀人机器形象，而在另一些人看来，人工智能只不过是"鲁姆

---

[1] 代表性成果有：徐能武、葛鸿昌：《致命性自主武器系统及军控思考》，《现代国际关系》，2018年第7期；封帅、鲁传颖：《人工智能时代的国家安全：风险与治理》，《信息安全与通信保密》，2018年第10期；Nathan Leys, "Autonomous Weapon Systems and International Crises," *Strategic Studies Quarterly*, Vol. 12, No. 1, Spring 2018, pp. 48-73; Frank Sauer, "Autonomous Weapon Systems and Strategic Stability," *Survival*, Vol. 59, No.5, 2017, pp.117-142; Patrick Lin, *Autonomous Military Robotics: Risk, Ethics, and Design*, US Department of Navy, Office of Naval Research, December 20, 2008, http://ethics.calpoly.edu/ONR_report.pdf, 2019-03-01; Andrew P. Williams, Paul Scharre, "Autonomous Systems: Issues for Defense Policymakers," https://www.researchgate.net/publication/282338125_Autonomous_Systems_Issues_for_Defence_Policymakers, 2019-03-01; Paul Scharre, "Autonomous Weapons and Operational Risk," Ethical Autonomy Project, Center for a New American Security, February 2016, https://www.files.ethz.ch/isn/196288/CNAS_Autonomous-weapons-operational-risk.pdf, 2019-03-01。

[2] 参见[美]保罗·沙瑞尔：《无人军队：自主武器与未来战争》，朱启超、王姝、龙坤译，北京：世界知识出版社，2019年版。

[3] Bill Gates, "When Ballistic Missiles Can See," *Gates Notes*, December 3, 2018, https://www.gatesnotes.com/Books/Army-of-None, 2019-03-01.

[4] "Paul Scharre Wins Colby Award for Book *Army of None*," April 23, 2019, https://www.cnas.org/press/press-release/paul-scharre-wins-colby-award-for-book-army-of-none, 2019-03-02. 威廉·E. 科尔比奖（William E. Colby Award），全称为威廉·E. 科尔比军事作家奖，该奖项于1999年由佛蒙特州诺威治大学的威廉·E. 科尔比军事作家研讨会成立，旨在表彰本年度为促进了解军事历史、情报行动或国际事务作出重大贡献的作品，具有较大的国际影响力。

[5] 《终结者》(*The Terminator*)是美国著名科幻电影系列，著名电影杂志《电影周刊》在评选20世纪最值得收藏的一部电影时，此片以最高票数位居第一。目前，该系列已经出品包括《终结者1》《终结者2：审判日》《终结者3》《终结者2018》《终结者：创世纪》等电影。

巴"[1]扫地机器人等生活产品。在一些人看来，自主性代表着机器具备"灵魂"或自我觉醒的意识，而在另一些人看来，自主性只不过是自动化的高级形式。大多数人对这些概念的认识尚处于一种朦胧的状态，而论述人工智能的作品又对此多语焉不详。对于这一问题，沙瑞尔在本书开始部分就给出了明确界定。他指出，自主性是赋能机器人的认知引擎。没有自主性，机器不过是任由人类操控的冰冷器械。在现实生活中，自主性并不意味着机器拥有灵魂或自由意志，而是一种机器自主执行某项任务的能力。理解自主性（autonomy）主要有三个维度。第一个维度是机器承担的任务类型，这些任务类型的重要性、复杂程度和风险不一，依据具体的任务可以界定其是否为自主系统。理解自主性的第二个维度是人机关系（human-machine relationship），据此可以将自主系统分为半自主（semi-autonomous）、有监督的自主（human-supervised autonomous）以及完全自主（fully autonomous）的系统。在半自主系统中，人处在 OODA 回路之中（in the loop），[2] 即机器执行一部分任务后，会停下来等待人类的指令授权再采取下一步行动。在有监督的自主系统中，人处在 OODA 回路之上（on the loop），机器能自主进行观察、判断、决策和行动，但人可以监督系统的运行，并在必要时进行干预。而完全自主系统则能够独立完成 OODA 回路，人处在回路之外（out of the loop）。理解自主性的第三个维度是智能程度（intelligence）。根据这一标准，可以将自主系统划分为自动的（automatic）、自动化的（automated）和自主的（autonomous）。自动系统是指简单的、基于阈值的系统，很少涉及决策过程，例如老式的恒温器。自动化系统是指一种相比自动系统更为复杂的基于规则的系统，需要考虑更多的输入条件并权衡变量，例如现代数字化可编程恒温器。自主系统则是指内部机制难以被用户掌握的复杂系统，它是目标导向的和自我指导的，例如无人驾驶汽车，只需要给予它一个目的地，过程全由机器自主规划和行驶。系统的复杂性与用户对于系统行为的可预测性是成反比的。系统越复杂，用户对其理解和预测的难度就越大。在此基础上，沙瑞尔将本书的核心概念——自主武器（autonomous weapons）界定为能够独立完成搜索目标、决定打击目标以及打击目标等全部作战任务周期的武器系统。[3] 根据前述自主性的分类，自主武器可以分为半自主武器、有监督的自主武器以及完全自主武器。通过概念的辨析与界定，沙瑞尔为人们理解人工智能与自主武器提供了一种更为清晰的框架，拨开了人工智能相关概念的迷雾。尤其是其按照人与 OODA 决策回路关系划分

---

[1] 鲁姆巴（Roomba）是美国 iRobot 公司出品的自动清洁机器人的名字，广受消费者喜爱。

[2] OODA 决策回路理论是约翰·博伊德（John Boyd, 1927—1997）提出的。OODA 意指 Observation, Orientation, Decision, Action，即观察、判断、决策、行动。美军认为，规划军事行动和相关战略都可以用这一理论进行分析。博伊德当过战斗机飞行员，曾供职于美国空军参谋部装备战术需求分部，以美国空军上校军衔退役，还提出了战斗机设计影响空中格斗水平的"能量机动理论"。

[3] ［美］保罗·沙瑞尔：《无人军队：自主武器与未来战争》，第57页。

自主系统程度的方法，简洁明了，为思考未来人机关系与战争形态提供了清晰思路。

基于这些概念，沙瑞尔回溯了自主武器的发展历史，并介绍了目前世界上业已存在的自主武器以及正在发展的相关项目。沙瑞尔指出，军事领域的机器人革命并非有意促成之举，而是在美军将大量机器人投入反恐战场的同时，不经意间走进了这场革命。从加特林机枪（自动武器），到精确制导武器（半自主武器系统），到"宙斯盾"（Aegis）作战系统（有监督的自主武器系统），再到"哈比"（Harpy）无人机（完全自主武器系统），沙瑞尔敏锐洞察到武器系统自动化程度不断提升的趋势。接着，沙瑞尔审视了世界上以美军为代表的正在进行的自主武器项目，包括远程反舰导弹（LRASM）、快速轻量化自主（FLA）、拒止环境下的协同作战（CODE）、对抗环境中的目标识别与匹配（TRACE）等。沙瑞尔注意到一场围绕机器人武器的军备竞赛正在悄然展开，并重点考察了韩国的SGR-A1型哨兵机器人、英国的"硫磺石导弹"（Brimstone）、英国的雷神无人机、俄罗斯的"平台-M"作战机器人等案例。他指出，自主武器军备竞赛最大的危险在于，由于担心他国率先研制出自主武器而使自身处于劣势，各国因而竞相开发自主武器。使这个问题变得更复杂的是，自主武器背后的驱动力量——人工智能是一种极其强大的技术，且大部分是软件，这意味着它可以被免费复制，并在转瞬之间跨越国界。此外，这类技术的门槛并不高，相关的技术知识很容易获取，高中生都可以制作出机器人。[1]

与所有技术和武器系统一样，自主武器也会带来正反两方面效应。自主武器的正面效应，或者说军事价值，主要体现在三个方面。一是能显著降低人力成本。以目前远程控制的无人机为例，一架美军"捕食者"无人机背后需要数十人进行操控和数据分析。如果提升无人机的自主性，使其能自主执行相关任务，无疑将大大降低人力成本。[2] 二是拥有远高于人类的反应速度。根据约翰·博伊德（John Boyd）的OODA回路理论，作战双方谁能更快而准确地完成"观察、判断、决策、行动"这一回路，谁就更容易获得胜利。因此，利用机器远超人类的反应和决策速度将带来决定性的军事优势。美军认为，自主武器有望将这一回路的时间压缩至微秒乃至纳秒级，从而改变战争的游戏规则，尤其是在饱和攻击的情况下更为重要。[3] 三是能够在通信拒止的环境中实现自主作战。目前，依靠人类控制的武器装备均存在一个明显短板，那就是严重依赖通信，而电磁领域的对抗异常激烈。一旦通信被切断或干扰，武器系统就会失去控制，而提升武器系

---

[1]［美］保罗·沙瑞尔：《无人军队：自主武器与未来战争》，第142—146页。

[2] United States Office of the Under Secretary of Defense, "Unmanned Systems Integrated Roadmap, FY2011–2036," October 2011, p.50, https://info.publicintelligence.net/DoD-UAS-2011-2036.pdf, 2019-09-02.

[3] United States Air Force, "Unmanned Aircraft Systems Flight Plan, 2009-2047," May 18, 2009, p.41, https://fas.org/irp/program/collect/uas_2009.pdf, 2019-05-02.

统的自主性则有望解决这一棘手问题。

另一方面，自主武器也可能带来一些负面的风险和挑战。首先，自主武器的使用存在误判和误伤的风险。沙瑞尔指出，激活自主系统的本质在于人类将信任授予机器，而造成系统误伤的原因主要有两方面，要么是人类过于信任自主系统，对其有着"毫无保留和不加批判的信任"；[1] 另一种是对于自主系统缺乏信任，在需要发挥自主系统优势的时候没有使用自主系统。在第一种信任过度的情况下，自主系统可能以操作员预想之外的方式执行任务，就可能造成事故。为了阐述这一发现，沙瑞尔选取了两个代表性案例。第一个案例是发生在2003年伊拉克战场上的美国"爱国者"导弹部队误伤友军事件。在这一事件中，"爱国者"（Patriot）防空系统误将"龙卷风"（Tornado）友机误认为是反辐射导弹而击落。第二个案例是发生在1988年波斯湾的"文森"号驱逐舰（Vincennes）击落伊航655号客机事件。"文森"号驱逐舰战斗情报中心的人员不够信任自动化，而误将这一民用客机判断为伊朗的F-14战机，将其击落，造成290人全部遇难。[2] 这两个案例分别从信任过度和信任不足正反两方面表明，只有在恰当的场景恰到好处地信任和使用自主武器，才能避免误伤事故的发生。自主武器的第二个风险在于，推动网络空间的自主武器化可能导致"闪战"（flash war）的降临。沙瑞尔从美国股市应用自动交易算法出现故障，而引发了"骑士资本噩梦"（Knightmare）和"闪电崩盘"（Flash Crash）事件，自然联想到未来如果军事领域大量运用了自主系统，就可能会引发"闪战"。尤其是在网络空间，因为与物理空间的交互需要漫长时间不同，这一空间与股市极为相似，系统与系统之间的交互常常是以微秒来计算的。可能人类还没意识到，事故的灾难性后果就已经造成。最后，自主武器背后的支撑技术——人工智能本身存在脆弱性。引入更多自动化的元素意味着增加系统中的软件，而软件是由代码组成的，代码越多，存在漏洞和错误的概率以及遭受黑客攻击的风险就越大。同时，系统的自主性越高，复杂性就越高，用户对其理解和预测故障也就变得更加困难。目前，推动人工智能迅速发展的深度神经网络就存在容易被"欺骗"的脆弱性和不稳定性，且这类弱点往往与人类的常识和直觉不符，使得人们很难理解。针对这些风险，沙瑞尔在这里引入了查尔斯·培洛（Charles Perrow）的"正常事故理论"（normal accident），并考察了军事领域接近高可靠性的两个案例——美国海军"潜艇安全"项目（SUBSAFE）和"宙斯盾"作战系统，指出发挥人的干预作用才是实现高可靠性的关键。沙瑞尔强调，信任不等于盲目的信仰，需要在信任的基础上加强验证，并保持人在自主武器系统中的有效干预，作为"失

---

[1] John K. Hawley, "Not by Widgets Alone: The Human Challenge of Technology-intensive Military Systems," *Armed Forces Journal*, February 1, 2011, http://www.armedforcesjournal.com/not-by-widgets-alone/, 2019-04-02.

[2] ［美］保罗·沙瑞尔：《无人军队：自主武器与未来战争》，第186—187页。

效保护装置"或"断路器",才能有效管控自主武器带来的风险。

二、自主武器如何影响战略稳定性?

战略稳定性是20世纪的战略家针对核武器所创造的理论概念,指的是一种维持现有和平的状态,而不稳定性是指可能爆发战争的危险状态。用这一概念来分析自主武器,会得到一些有意思的结论。

战略稳定性主要有两种,一种是"先发打击稳定性",另一种是"危机稳定性"。那么,自主武器究竟对战略稳定性会产生哪些影响呢?沙瑞尔分别从半自主武器和完全自主武器两个不同层面进行了考察。首先,自主武器如何影响先发打击稳定性?双方由于担心对方的报复自身难以承受,而自己又无法破坏对方的反击能力,因此不敢发动打击,这就形成了先发打击稳定状态。一些学者认为,无人机蜂群等半自主武器会更有利于进攻,降低武力使用门槛,因而会破坏先发打击稳定性。但沙瑞尔指出,这种论断忽略了防御方也拥有无人蜂群技术的情况。假如攻击方和防御方都拥有无人蜂群技术,那么攻防平衡并不一定会被打破。

其次,自主武器如何影响危机稳定性?从完全自主武器的层面来看,这类武器摆脱了对于通信的依赖,自然降低了攻击卫星系统等通信设备的必要性,进而减少先发打击的冲动。从这一角度来说,自主武器有助于提高先发打击稳定性。但另一方面,完全自主武器使武器系统完全脱离了人的控制,使得人无法控制危机自动升级,也无力终止战争。从这一角度来说,完全自主武器又降低了危机稳定性。关于这一问题,沙瑞尔举了一个很有意思的例子,1812年发生的新奥尔良战役正是在双方终止战争决议的消息没有到达战场的情况下发生的,造成了2000名士兵无辜阵亡。[1] 国家领袖和军事主官想要终止战争,但是却无力掌控战争进程。自主武器充斥战场的时代,是否也会发生类似的悲剧?这一点值得深思。同时,自主武器在速度方面的优势将加快战争节奏,缩短人类的决策时间,容易导致危机中的仓促应对和不必要的危机升级,这也会降低危机稳定性。

领导人心理也是影响危机稳定性的一大重要因素。[2] 在本书中,沙瑞尔特别关注了心理层面的影响。他指出,将自主武器引入战争中相当于引入了除冲突双方领导人之外的又一大变量,而这一变量在目前看来是难以预测和解释的。但与

> 要在信任的基础上加强验证,并保持人在自主武器系统中的有效干预,才能有效管控自主武器带来的风险。

---

1 [美]保罗·沙瑞尔:《无人军队:自主武器与未来战争》,第343页。
2 罗伯特·杰维斯(Robert Jervis)的著作《国际政治中的知觉与错误知觉》是这一领域的代表作。参见:[美]罗伯特·杰维斯:《国际政治中的知觉与错误知觉》,秦亚青译,上海:上海人民出版社,2002年版。

我们的直觉不一致的是，沙瑞尔指出，正是由于在多数人的认知中，自主武器都是不可预测的，战略稳定性反而有可能得到提升。这里面的逻辑可以称为"疯狂机器理论"（mad robot theory），[1] 即自主武器行为的不可预测性反而引发了双方领导人的警惕，增强双方的相互威慑效力，进而提升稳定性。但同时沙瑞尔也强调，机器难以理解其行为可能带来的后果以及领导人的真实意图，没有办法像人类一样具有同理心且考虑全局，从而可能在危机中"将绳结越打越紧"，[2] 无法从战争的边缘悬崖勒马。

总体来看，沙瑞尔对于自主武器与战略稳定性这一议题的讨论是开放性的，人工智能技术正在快速发展和应用，很多影响目前还只是初露端倪。因此，自主武器究竟会增强战略稳定性还是破坏战略稳定性，目前还难有定论，需要进一步观察和研究。

三、自主武器如何挑战传统战争伦理？

自主武器的战场应用会带来很多伦理挑战，而沙瑞尔在这一部分的阐述可谓全书最精彩的部分，引人深思。沙瑞尔将自主武器形象地描述为"没有灵魂的杀手"（soulless killer）。[3] 没有人类的道德判断，机器在射杀帮助塔利班游击队侦察的小女孩时就会毫不手软，而不会像人类战士一样心存怜悯。这一点切中了人类与机器的一大本质区别——基于同理心与怜悯的道德判断，而这种道德判断是人之为人的重要表征。

当前，结果主义（consequentialism）与道德主义（deontological ethics）是讨论自主武器与伦理关系的两种主流框架。结果主义流派认为，对一件事情进行道德判断主要看它所造成的结果。而道德主义流派宣称，一件事情的对错是由其本身的规则决定的，与结果无关。[4] 结果主义在分析自主武器的伦理问题时，关注点主要放在自主武器对于战场伤亡尤其是平民伤亡这一结果的影响上。对此，沙瑞尔总结了自主武器可能会带来更多杀戮和伤亡的几点可能性。一是没有怜悯之心的机器会消除因心软而放过对手的现象。沙瑞尔援引了哲学家迈克尔·沃尔泽（Michael Walzer）对战争中的同理心与怜悯问题的研究成果，认为人类战争中存

---

1 ［美］保罗·沙瑞尔：《无人军队：自主武器与未来战争》，第354页。

2 这一隐喻源自古巴导弹危机期间赫鲁晓夫写给肯尼迪的信件，赫鲁晓夫奉劝肯尼迪不要采取冒险性行动将两国推向全面核战争的深渊，乃至两国领导人都无法停止（即将绳结越拉越紧，乃至拉绳子的人都无法解开，最终只能剪掉绳子）。参见 Department of State Telegram Transmitting Letter from Chairman Khrushchev to President Kennedy, October 26, 1962, http://microsites.jfklibrary.org/cmc/oct26/doc4.html，2019年5月3日登录。

3 ［美］保罗·沙瑞尔：《无人军队：自主武器与未来战争》，第306页。

4 同上书，第307页。

在很多因怜悯而放对手一条生路的现象,这一现象也被称为"赤裸士兵"时刻("naked soldier" moments)。[1] 而在自主武器的面前,这一现象很可能会不复存在,因为机器和算法只知道僵硬地执行程序任务,而不会存在任何所谓的怜悯之心。从这一角度而言,自主武器可能会比以往带来更多的战场伤亡。二是自主武器将人从瞄准和击杀的决策链条中移除,就会减轻甚至消除人在进行杀戮时所产生的道德责任和心理负疚感,从而导致更多的杀戮和伤亡。这一逻辑在于,人类不是一种冷血动物,对于自我犯下的杀戮行为或多或少都会存在心理负疚感。无论是冷兵器时代的短兵相接、手刃对手,还是当今以远程操控导弹来击毁敌方基地,看到自己的行为造成了与自己同为人类的对手或平民死亡,都会不可避免地带来武力使用者的心灵冲击感和负疚感。问题在于,将杀戮的决定让渡给冰冷的机器,或赋予机器以道德主体地位,无疑会增加杀戮的心理距离,弱化人类在杀戮问题上的道德负疚感,从而减少对于暴力使用的克制,甚至没有人感到有必要阻止自主武器的使用,这才是最令人担忧的结果。

另一方面,沙瑞尔也总结出了自主武器帮助减少战争中伤亡和暴行的可能性。首先,机器的冷酷性特征使得它们不会像人类一样因为人性恶念而对平民或俘虏施加酷刑、谋杀或强奸等暴行。在历史上的战争中,往往存在着人类的种种战争罪行,手握强大武器的士兵在某一刻萌生了人性邪恶的欲念,而无法抑制住内心的堕落,往往会将战争法则抛之脑后,从而使无辜的平民或俘虏惨遭暴行。而机器是冷酷的,没有人类的七情六欲,自然也就排除了这些基于人性欲念的暴行。其次,自主武器的精确性也有助于减少附带损伤。正如精确制导弹药能够有效减少人员伤亡一样,自主武器将成为下一代精确制导武器,比人类更加精确可靠,不会感到恐惧、嫉妒、愤怒,不会寻求报复,更不会背叛、逃跑和自杀。理论上,只要能对它进行有效编程,使之遵守战争法,就能在必要时进行杀戮,在行为非法时立刻终止,成为遵规守纪而不知疲倦的"完美士兵"。最后,随着技术的进步,理论上可以制造出遵守战争法则的自主武器,即为自主武器设计一个"伦理调节器",阻止自主武器进行非法或不道德的行为,从而减少平民的无辜伤亡。自主武器系统还可以充当士兵的道德顾问,从而改善人类在战争中基于欲念的暴力行为。[2]

道德主义是分析自主武器影响战争伦理的另一种理念。这种理论认为,自主武器在本质上就是"毫无人性的、反人类的和不道德的",[3] 即便它可以挽救更多的生命,也是错误的、根本不可取的。在这一问题上,沙瑞尔援引了哲学家彼

---

[1] Michael Walzer, *Just and Unjust Wars: A Moral Argument with Historical Illustrations*, 4th Ed., New York: Basic Books, 1977, pp.138–142.

[2] [美]保罗·沙瑞尔:《无人军队:自主武器与未来战争》,第320页。

[3] 同上书,第322页。

得·阿萨罗（Peter Asaro）的观点。阿萨罗认为，讨论自主武器与伦理，最根本的问题就是其对于人的尊严和人权的影响。自主武器杀害人类，从根本上就侵犯了人的尊严。基于算法的杀人决定是武断的，没有经过人深思熟虑的生杀决策，是对人权和人类尊严的根本侵犯。[1] 但沙瑞尔对这一论断提出了尖锐质疑。在人的尊严方面，沙瑞尔认为，从来没有任何法律、道德或历史传统规定，战斗人员需要为敌人提供在战争中有尊严死亡的权利。相比自主武器杀人，人在战争中被敌人操控的机枪射杀、炸弹粉碎或被基于仇恨的人类间种族清洗和屠杀，都不存在任何尊严，也没有理由让我们感觉更好。因为，暴力和残酷向来是战争的本质，也是使对手屈服的必要手段。沙瑞尔指出，在分析自主武器与战争伦理问题时，我们需要分清楚哪些问题是关于战争本身的，哪些是关于自主武器的，而不能将二者混为一谈。例如，批评自主武器侵犯人的尊严问题就明显超出了自主武器的边界，而讨论到了战争的残酷性，而这一点是亘古未变的，与自主武器本身关系不大，因此意义也不大。

自主武器的战场运用还可能会剥夺军队专业人士做出生死攸关决策的权利，从而切断人类与武力使用之间长期存在的必然联系。很长时间以来，在波诡云谲的战争迷雾和相互矛盾的价值观中做出判断和决策，就是军队专业人员的职责所在。然而，自主武器的发展和应用可能会对这一传统造成冲击。在自主武器时代，军队专业人员的传统职能可能会被自主武器系统取而代之，武力使用将不再是人类的特权，生杀大权也不再是人类的专属，其本身存在的必要性也会遭受质疑。完全自主武器甚至会将感情因素彻底从战争中移除，使杀戮变得毫无人性和人道。

四、自主武器如何冲击国际人道法原则？

现有的国际武装冲突法（也称为国际人道主义法，International Humanitarian Law）主要有三个核心原则——区分性原则（the principle of distinction）、相称性原则（the principle of proportionality）和避免不必要痛苦原则（the principle of avoiding unnecessary suffering）。[2] 自主武器是否受到国际人道法的规制，主要就看能否符合这三条核心原则。对此，沙瑞尔进行了详细考察，得出了一些富有启发性的结论。

区分性原则是指，在战争中发动攻击时必须区分军事目标和非军事目标，不能故意攻击对方平民和其他民事目标。深度神经网络在目标识别领域的准确性，使得自主武器在区分军事物体和非军事物体方面有一些优势，但是这仅限于合作

---

[1] [美] 保罗·沙瑞尔：《无人军队：自主武器与未来战争》，第325页。
[2] 同上书，第283页。

目标,在非合作目标和杂物等信号混杂进来之后,便仍然十分困难,且本身容易受到"欺骗攻击"。自主武器在区分军人和平民方面则存在更大的难度。因为,现实战斗中往往牵涉各色各样身份的人,军人、平民、警察、叛乱分子等混杂不清。在战争的乱局中,连拥有情境分析和判断能力的专业军人都很难做出区分,遑论冰冷而僵硬的机器。相称性原则是指,军事打击的必要性必须超过预期的民事附带损伤。在太空、深海等没有平民存在的环境中,自主武器符合这一原则并不困难,因为这里几乎不涉及对平民的附带伤害。但在人口稠密的地区,这一问题就变得十分棘手。问题的关键在于,自主武器很难判断和权衡军事必要性与附带损伤之间的比例关系。尤其是涉及平民伤亡时,需要复杂的道德推理能力,权衡多种行动方案的利弊及预期影响,而目前人工智能尚未实现这种能力,因此将自主武器部署战场会对这一原则带来很大冲击。避免不必要痛苦原则禁止使用会造成超出其军事价值的多余痛苦的武器,例如爆炸子弹、化学武器、激光致盲武器等。但问题是,这一原则很难对自主武器形成规制,因为自主武器主要涉及的是决策过程而非伤害机制。总的来看,目前的人工智能技术还很难使自主武器符合这三大颠扑不破的原则。但当前技术发展日新月异,人工智能已经在德州扑克、智力问答、围棋等人类智慧领域一路攻城略地,未来技术能否发展到符合这三大原则的程度,或者是否需要为自主武器另外制定国际人道法原则,还有待进一步观察。

除了这三大核心原则外,还有一些国际人道法规则也值得参考。例如,"攻击时的预防措施"(Precautions in Attack)规则要求准备或决定攻击的一方应采取一切可行的预防措施来避免伤害平民。但这一原则需要视具体的作战环境和可用的作战手段而定。此外,"退出战斗"(hors de combat)[1]法则强调禁止伤害已经投降或无法战斗的参战人员。退出战斗包括被俘获、明确表示投降意愿以及无意识或因伤病而丧失作战能力的人员。第一种类型比较容易做到,但后两种类型就比较困难。问题的关键在于,机器人不能识别假投降、假受伤等涉及辨别人类意图的情形,容易受到敌方的欺骗。

另一大挑战是自主武器可能带来"问责空白"(accountability gap),即没有人能够为自主武器造成的后果负责。自主武器可能会误杀平民,这时产生的责任归属问题就变得十分棘手。战争中的问责制使得受害者或其家属能够通过"报应性司法"(retributive justice)惩罚犯罪者,以此阻止未来的非法行动。问责空白更大的危害是它可能引发一场道德危机,使得战场上的杀戮变得更加随意,因为没有人需要为此负责。此外,公众良知(public conscience)也是一个重要概念。但作者认为这一概念只不过是一根"脆弱的芦苇",很难在推动自主武器军备控制上发挥实际效力。因为,这一概念并没有写进国际法,什么才算是公众的良知

---

[1] 法语,意指"out of the fight"或"no longer able to fight",即主观上愿意退出战斗或丧失继续战斗的能力。

并没有一个固定的标准，很难进行测量，也容易受到"预设因素"的影响。[1]

总体而言，目前围绕自主武器对现有国际人道法冲击的辩论还在继续，很多问题仍悬而未决。例如，现有国际法是否足以规制自主武器的战场运用？是否需要为自主武器建立新的国际法规范？自主武器究竟能减少还是加剧平民伤亡？尽管这些争论目前并没有结果，但沙瑞尔一针见血地指出，在战争法则这一问题上，有一点必须要明确。那就是，制定于人类主导战场行动时代的传统战争法则，约束的对象不是机器，而是人类本身。因此，要想使传统国际人道法继续适用和有效约束自主武器的战场运用，就必须保持人类对攸关生死决策的控制权。毋庸置疑，如果让机器掌握完全的生死决策权，无异于使战争行为脱离战争法约束的缰绳。

> 要想使传统国际人道法继续适用和有效约束自主武器的战场运用，就必须保持人类对攸关生死决策的控制权。

五、针对自主武器的军备控制能否成功？

自主武器的军备控制问题已成为继核武器、生化武器、网络武器等议题之后的最新话题，也是各大国际安全论坛的焦点。在这一问题上，沙瑞尔秉持现实主义观点，认为制造更先进的军事人工智能系统是一种难以阻挡的趋势，希望各国不将人工智能这一强大而泛在的技术军事化，无异于期望各国不将电力运用至军事领域，是一种幼稚到了天真的想法。但同时，他又对致命性自主武器军备控制怀有一些希望。

沙瑞尔将人类在武器系统中扮演的角色分为武器操作者（essential operator）、失效保护者（fail-safe）以及道德判断者（moral agent）。他认为，随着武器系统自主性的提升，第一种角色的作用会越来越被淡化，后两种角色的重要性则会日益突出。从国际象棋世界冠军加里·卡斯帕罗夫（Gary Kasparov）被"深蓝"（Deep Blue）系统击败后开发出"半人马象棋"（centaur chess）的故事中获得启发，沙瑞尔预测，未来最好的作战系统将会是混合人机认知系统，即"半人马战士"（centaur warfighters），这是一种既发挥人工智能在信息处理精准性和可靠性方面的优势，也发挥人类决策鲁棒性和灵活性的复杂系统。但是，"半人马战士"这种理想化的人机编组模式，在有些情况下未必适用。当自主武器系统要求反应速度快于人类时，就需要采取有监督的自主武器系统。例如，当来袭导弹呈现饱和攻击态势时，实现自主防御就变得很必要。因为，在这种情况下，人类的反应速度可能根本无法有效应对，而这种代价可能是致命的。此外，当人类操作员与武器系统之间的通信受阻时，完全自主武器系统的重要性就凸显了。[2] 因为，完

---

1 [美] 保罗·沙瑞尔：《无人军队：自主武器与未来战争》，第296—299页。
2 同上书，第364—371页。

全自主武器不需要与人类操作员进行通信就能自主做出相关的作战行动，因而排除了对通信的需求。

在全书后半部分，沙瑞尔系统梳理了人类历史上主要的军备控制案例，总结出了影响军备控制成败的三个主要因素：对武器使用的可怕后果的认知、对武器军事价值的认知以及参与军备控制行为体之间的合作。[1] 沙瑞尔发现，成功的军备控制主要有两个共同特征，一是人道主义原因，即这类武器的使用造成的不必要痛苦或平民伤亡，超过了其军事应用价值，比如集束炸弹和地雷。另一个特征是这类武器威胁到了战略稳定性，比如核武器和化学武器。[2] 近年来，国际上在推动致命性武器军备控制上已经进行了很多努力，出现了多样化的平台和主体。联合国《特定常规武器公约》（Convention on Certain Conventional Weapons，CCW）就是官方多边会谈机制的代表。近年来，该机制已经就致命性自主武器军备控制议题召开了多次正式会议，并成立了专门的政府专家组（Group of Governmental Experts on Lethal Autonomous Weapons Systems，简称 GGE on LAWS），吸引了近百个国家、大学科研机构和非政府组织参与进来。[3] 此外，国际红十字委员会、"阻止杀人机器人运动"（Campaign to Stop Killer Robots）[4] 等非政府组织也在积极地推动致命性自主武器系统的军控进程。尽管如此，自主武器军备控制的总体进展依然缓慢，并没有取得实质成果。沙瑞尔认为，这一困境的形成主要有三方面原因。一是定义问题。各国对于自主武器的定义并没有统一的认识，概念边界无法划定。二是技术问题。目前，自主武器的使用方式、使用环境以及对未来战争的影响仍不明晰，尚处在争论之中。三是政治原因。各国都希望从自主武器这一新兴领域最大限度地维护本国国家利益。更为关键的是，当前推动自主武器军备控制的主体是非政府组织而非主权国家，且参与的国家中并没有军事大国，而历史上成功的军控禁令大多由军事大国主导。正是由于这一现状，目前致命性自主武器军备控制的前景并不乐观。

尽管困难重重，但目前在致命性自主武器系统这一问题上，各国就保持必要的人类干预这条底线已达成了基本共识。沙瑞尔指出，要真正限制自主武器，需要明确关键概念，从理论上阐释某些自主武器的危害大于作战效用，并保证透明度。为此，作者提出了四种方案：一是禁止使用完全自主武器；二是禁止以人为

---

1 [美]保罗·沙瑞尔：《无人军队：自主武器与未来战争》，第373—374页。

2 同上书，第386—387页。

3 关于这一机制近年讨论LAWS问题的主要观点和进展，可参见笔者发表的论文：徐能武、龙坤《联合国CCW框架下致命性自主武器系统军控辩争的焦点与趋势》，《国际安全研究》，2019年第5期。也可参见联合国CCW官网：https://www.unog.ch/80256EE600585943/(httpPages)/8FA3C2562A60FF81C1257CE600393DF6?OpenDocument，2019年6月5日登录。

4 "阻止杀人机器人运动"成立于2012年，目前已经发展成为近百个国际、区域和国家非政府组织组成的全球联盟，旨在预先禁止使用完全自主武器，保持人对武力使用的有意义的控制。参见其官网：https://www.stopkillerrobots.org/，2019年6月5日登录。

目标的自主武器;三是为自主武器建立行为准则;四是创建保持人类判断在战争中作用的通用准则。[1] 沙瑞尔强调,权衡人类决策对于自主武器干预的必要性,需要凝聚社会各界的智慧进行讨论,而不仅仅是学者、律师和军人的事情。为了避免出现一个各国武装力量皆无法控制的未来,世界各国需要进行积极合作。不难预见,这本书的问世也将进一步推动这一领域的讨论,并为国际社会探讨应对自主武器扩散的"药方"提供一些思路和启示。

六、结语

文面如人面。《无人军队:自主武器与未来战争》一书呈现的丰富内容,折射出本书作者保罗·沙瑞尔的丰富阅历。沙瑞尔1997年至2001年就读于美国圣路易斯华盛顿大学(Washington University in St. Louis),获得物理学学士学位和"优秀毕业生"称号。从华盛顿大学毕业后,沙瑞尔加入了美军特种作战司令部第75游骑兵团三营特种作战监视小组,担任狙击手和指挥官。在此期间,他三次被派驻阿富汗战场执行任务。2005年,他回到圣路易斯华盛顿大学攻读政治经济与公共政策硕士学位,并在2006年顺利毕业。随后,他被派往伊拉克战场,在伊拉克迪亚拉省第486民政营民政阿尔法工作队担任民政事务专员。2008年,沙瑞尔被调入美国防部负责政策的副部长办公室担任军事力量规划师(force planner)。在这里,他领导国防部工作小组起草了《国防部3000.09指令》,[2] 并制定了美军在武器系统自主性、情报监视侦察、定向能等技术领域的防务政策。[3] 2012年,他又升任负责国防政策的助理国防部长的特别顾问(Special Assistant to the Under Secretary of Defense for Policy),为制定无人自主系统、新兴武器技术等领域的防务政策发挥了关键作用。2013年,沙瑞尔离开五角大楼,进入了美国知名智库新美国安全中心(Center for a New American Security, CNAS)担任高级研究员和"科技与国家安全"(Technology and National Security)项目主任,领导该中心在人工智能、自主武器、未来战争等领域的研究。沙瑞尔著述颇丰,出版了《超级士兵》《自主武器与人类控制》《自主

---

1 [美]保罗·沙瑞尔:《无人军队:自主武器与未来战争》,第395—401页。

2 U.S. Department of Defense DIRECTIVE 3000.09, *Autonomy in Weapon Systems*, November 21, 2012, https://cryptome.org/dodi/dodd-3000-09.pdf, 2019-06-07.

3 例如,沙瑞尔参与撰写了《2012国防战略指南》(*2012 Defense Strategic Guidance*)、《2010年四年防务评论》(*2010 Quadrennial Defense Review*),以及《部长级战略规划指南》(*Secretary-level Planning Guidance*)。参见 U.S. Department of Defense: Sustaining U.S. Global Leadership: Priorities For 21st Century Defense, January 2010, https://archive.defense.gov/news/Defense_Strategic_Guidance.pdf, 2019年6月7日登录; Quadrennial Defense Review Report, February 2010, https://dod.defense.gov/Portals/1/features/defenseReviews/QDR/QDR_as_of_29JAN10_1600.pdf, 2019年6月7日登录。

武器与作战风险》《20YY：机器人时代的战争》等多份高影响力的报告，[1]并在《纽约时报》《华尔街日报》《时代周刊》《外交政策》《外交事务》《国家利益》等媒体和学术刊物上发表多篇文章和评论。他还担任美国外交关系委员会（CFR）的见习会员，多次在美国国会参众两院的武装力量委员会提供证词，并受邀在联合国、北约、五角大楼、中情局等机构举办的会议上发表演讲。[2]

从上述经历可看出，沙瑞尔既有基层的锤炼，又有高层战略规划的经验，还有着文理结合的教育背景，因此被比尔·盖茨称为"实战经历与高层战略思维兼备的思想家和作家"。[3]文理结合的知识背景和丰富的工作阅历，使得沙瑞尔在处理自主武器与战争这一严肃主题上具有灵活的驾驭能力，在字里行间不时闪现出独有的洞察力，既体现出作者对人工智能的热情和期待，也流露出对自主武器可能破坏稳定性、挑战伦理道德、威胁战争法则的深深担忧。更难能可贵的是，沙瑞尔并没有仅仅站在美国的角度去审视自主武器与未来战争，而是某种程度上有着一种对全人类的终极关怀。沙瑞尔在全书的最后引用了科幻电影《终结者》中的一句经典台词，"未来并没有被设定。没有天定的命运，而是人类主宰自己的未来"。作为一个整体，人类可以决定将人工智能技术用于何种目的，也可以决定是否赋予机器足够自主性，使其决定自身行动而不受人类判断和决策影响。一言以蔽之，授权的基础是信任，人类对机器信任的多寡，一定程度上决定着机器将如何运转及其结果。人类可以合理地运用人工智能，建立一个更加安全、更多同情和关爱的世界，一个更少痛苦、事故和暴行的世界，一个运行良好但保留人类在必要时施加干预能力的人类主导的智能世界。或者，人类会被机器的快速运算速度、近乎完美的精准性等种种优点所诱惑，从而毫无保留地完全信赖机器，最后可能给世界带来灾难性后果。沙瑞尔强调，针对自主武器的军备控制，需要社会各界的参与和讨论，才能做出真正符合人类共同利益的明智选择。[4]

当然，这本书也难免存在一些局限性。例如，沙瑞尔指出，短期来看，自主武器将使得军事大国变得更加强大。但长期来看，随着这类技术和武器装备的扩散，天平会逐渐朝着相对弱小的国家倾斜。但他并没有详细分析自主武器对世界权力动态的影响机制及其背后的深层原因。对于致命性自主武器军备控制这一日益凸显的全球问题，沙瑞尔也只是简单地提出了四种方案，并没有对此进行深入阐述。此外，沙瑞尔在书中的一些观点和立场，也明显带有美式霸权色彩以及

---

1 参见保罗·沙瑞尔的个人主页：https://www.paulscharre.com/analysis，2019年6月10日登录。

2 参见新美国安全中心对沙瑞尔的介绍，https://www.cnas.org/people/paul-scharre，2019年6月10日登录。关于沙瑞尔的个人简历，可参阅 https://s3.amazonaws.com/files.cnas.org/documents/Scharre_Paul_Bio_050819.pdf?mtime=20190508103555，2019年6月10日登录。

3 Bill Gates, "When Ballistic Missiles Can See," *Gates Notes*, December 3, 2018, https://www.gatesnotes.com/Books/Army-of-None, 2019-06-11.

4 ［美］保罗·沙瑞尔：《无人军队：自主武器与未来战争》，第405—406页。

面对其他国家的某种优越感。例如，在引言部分，他将叙利亚、伊拉克等国视为"流氓国家"（rogue states），认为这些最残暴的政权会无视自主武器军备控制协议，从而可能使人类面临最为黑暗的噩梦。[1] 在正文中，沙瑞尔使用"尖阁列岛"指代"钓鱼岛"，[2] 且没有做出特别说明，无疑有偏袒日本的倾向。在后记中，他点名批评了中俄两个大国，指出"俄罗斯正在利用机器人传播虚假信息，企图破坏西方民主国家的政治制度"，而中国则"正在朝着一个技术反乌托邦的监视国家发展，试图通过人脸识别技术和社会信用体系加强对公民的管理"。[3] 这些论断无疑都有失客观，存在着美式思维常见的偏见，需要读者在阅读过程中仔细甄别。

---

1 ［美］保罗·沙瑞尔：《无人军队：自主武器与未来战争》，第8页。
2 同上书，第229页。
3 同上书，第462—463页。

《中国国际战略评论》征稿启事

《中国国际战略评论》(*China International Strategy Review*)是由北京大学国际战略研究院主办的每年两期的刊物。刊物主要发表国际战略相关领域的学术研究和政策研究成果，既包括"大战略"层面的宏观评论展望，也涵盖对现实国际问题的微观分析探讨；既以国内学者的论述为主体，又向海外学者的真知灼见敞开大门。刊物致力于为中国的对外战略决策提供智力支持，引导公众全面、准确、理性地认识国家安全与国际战略问题，尤其重视兼具战略性、现实性和开创性的科研成果与国际事务评论。热诚欢迎海内外学者惠赐佳作。

来稿内容依次包括：题目、作者姓名、内容提要（250—400字）、关键词（3—5个）、正文。文章篇幅（不包括注释）为8000—10000字，注释（页下注）务须规范谨严。另请提供作者简介及详细通讯地址。刊物仅接受原创性稿件，来稿文责自负，恕不退稿，稿件寄出3个月后未收到用稿通知可自行处理。刊物出版后即付稿酬，并赠样刊两本。刊物将逐步实行双向匿名审稿制度，对来稿有删改权，如有异议，请来稿时注明。

投稿请以电子邮件方式将文章电子版发至编辑部电子信箱：gcisr@pku.edu.cn。

《中国国际战略评论》编辑部

图书在版编目（CIP）数据

中国国际战略评论2019（下）/ 王缉思主编. —北京：世界知识出版社，2019.12
ISBN 978-7-5012-6138-3

Ⅰ.①中… Ⅱ.①王… Ⅲ.①国际形势—研究—2019 ②对外政策—研究—中国—2019 Ⅳ.①D5 ②D820
中国版本图书馆CIP数据核字（2019）第270339号

责任编辑	袁路明
责任出版	赵　玥
责任校对	陈可望
封面设计	山　峰

书　　名	中国国际战略评论2019（下）
	Zhongguo Guoji Zhanlüe Pinglun 2019 (Xia)
主　　编	王缉思
出版发行	世界知识出版社
地址邮编	北京市东城区干面胡同51号（100010）
电　　话	010-65265923（发行）　010-85119023（邮购）
网　　址	www.ishizhi.cn
经　　销	新华书店
印　　刷	北京虎彩文化传播有限公司
开本印张	787×1092毫米　1/16　16¼印张
字　　数	350千字
版次印次	2019年12月第一版　2019年12月第一次印刷
标准书号	ISBN 978-7-5012-6138-3
定　　价	48.00元

版权所有　侵权必究